敍事研究與敍事心理學

本土之探索與實踐

五南圖書出版公司 印行

推薦序

恭喜瑞斌出版此書！這是很棒的一本書，華文本土學者終於有一本好的敘事研究的方法書籍了！

收到瑞斌邀請希望為此書提供推薦短句，但因為我很喜歡這本書，實在無從只寫50字，太不過癮了！由於瑞斌在第一章中先說了「牛排」跟「牛絞肉」的隱喻，我就隨著瑞斌這隱喻順勢說下去囉！

如果本書每一章是個大漢堡，你當它是一塊塊被絞碎的漢堡肉，唏哩呼嚕就吞下去，那就太可惜啦！細看一下，驚訝發現每一章用的牛部位是很不同的。至少目前可分辨：第二章「從本體論到方法論之基礎」，介紹本體論、認識論到方法論，這可是布滿牛筋的腿腱子，得細火慢燉，否則無法下嚥。第五章說明敘事研究如何資料蒐集及資料分析並提供實例，這肯定是最受青睞的菲力，是整隻牛最軟嫩的「腰內肉」。整個第二篇介紹各種領域議題之應用與研究實例，第七至十一章以已完成的研究論文切入，強調敘事研究的應用，不用懷疑這是牛肋條，俗稱「牛五花」，帶有豐富的油脂又能吃到骨邊濃郁的牛肉鮮味，燉一整鍋牛肉湯放冰箱，下個麵就是牛肉麵，方便、實用、省事。我自己最喜歡第三章「敘事空間的特性及作用」整理出敘事中介空間成立的兩種條件與特性，以及在中介空間中敘事交流可能產生的作用與療癒性，這必定是肩胛部位柔軟的「翼板」，切厚片煎烤、佐啤酒與好友最佳。

總而言之，瑞斌為大家端上的是材料扎實豐富、烹調細膩的全牛大餐，值得對敘事研究有興趣以及懂美食的你，反覆品嘗，細細回味。

黃素菲

陽明大學人社教育中心退休教授

目錄

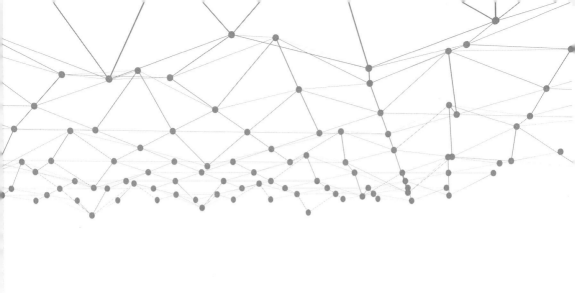

第一篇
知識論與方法論之建構

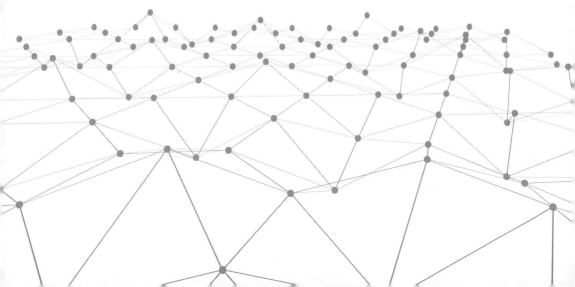

總論與概說

第一節　敘事研究之濫觴

敘事（narrative；或譯為「敘說」）研究法是在後現代典範轉移中，十分重要的一支路線，也逐漸擴增其影響力。可以從相關文獻發現，「敘事」已從方法技術、思維模式層次，提升到認識論或是本體論層次的趨勢。在認識論、本體論層次的論述，例如：Ricoeur（1984）在《時間與敘事》提到我們生活在一個暫時性的世界裡，所以必須建構敘事，只有透過敘事，我們才能夠在不斷變動中找出秩序與意義。Sarbin也曾說：「故事擁有本體論的地位，我們永遠被故事所圍繞。敘事之於人就像大海之於魚。」（Heaven, 1999）Barthes（1977/1978）亦曾主張敘事是無所不在，而且是跨歷史與文化的。他說：

> 敘事出現在神話、傳奇、寓言、故事、小說、史詩、歷史、悲劇、戲劇、喜劇、默劇、繪畫、彩繪玻璃窗、電影、漫畫、新聞、會話裡面。而且在無限多元的形式下，敘事出現在每個時代，每個地方、每個社會；它自有人類歷史便已開始，沒有一個民族可以沒有敘事。所有階層，所有人類團體都有自己的敘事……敘事是國際性的，超越歷史的，超越文化的，它自然存在，如生命。（頁80）

Denzin（1999）亦指出，敘事研究（或作者稱為「解釋性研究」）的焦點在於「深刻的生命經驗——徹底扭轉或塑造個人對自己或未來生命意義的經驗」。而此種經驗Denzin稱之為「主顯節」（epiphany），他並解釋主顯節是「個人生命中難以抹滅的互動時刻，……有可能徹底扭轉當事人的生命。……一個人經歷了這樣的經驗之後，就不可能再和以前一樣

了」（Denzin, 1989/1999）。至於為何要聚焦於個人之主顯節，就Denzin的看法，認為這是一個關鍵點，真正能去扣連個人之苦惱與更大的社會及公共議題兩者。所以如同Denzin所述（Denzin, 1989/1999）：

苦惱乃個人傳記的一部分。公共議題則永遠是歷史與結構的。傳記和歷史交會於解釋的過程之中。在解釋的過程之中，個人的生命與苦惱被扣連到一個公共的歷史社會結構。個人苦惱的爆發，往往發生於個人或集體的危機時刻。個人生命中的主顯節往往巨細靡遺地闡明了這些苦惱……。這些存在性的危機與轉捩點經驗，將個人一下子推進公共場域。他的問題也因此變成了公共的議題。

Bruner（1990）則主張人類有兩種認知模式──敘事模式與典範模式（邏輯科學），所以故事形式也是人組織相關訊息，學習與建構知識的基本取向。另外，在認知領域的記憶主題研究裡，同樣發現所謂外顯記憶可以清楚區分為語意記憶（semantic memory）、情節記憶（episodic memory）（Nolen, Fredrickson, Loftus & Wagenaar, 2009/2010）。而情節記憶就是個體對於自身生命史事件的記憶，它是按照時間性及敘事結構來記憶儲存。換言之，敘事或故事的型態既是一種人類認知模式，也是一種記憶形式，因此，我們可以說敘事或故事對於人應是一種重要的學習管道或形式。

當敘事研究逐漸蓬勃與受到重視之後，對於敘事的相關作用也漸漸開始被研究與提出。過去相關研究或文獻提到敘事有一些重要的作用，包括教育學習的作用，協助個體增進理解、詮釋，甚至提升後設認知等（Lauritzen & Jaeger, 1997）。其次，敘事很重要的作用與自我建構有關，包括增進自我認識、再確定自我認定（Cox & Lyddon, 1997; McAdams, 1995; Ricoeur, 1988；曾肇文，2005），甚至協助自我轉化（如陳筱婷，2009）。另外，也有提到敘事有助於學習生活問題解決，或加入社群、形成社群感等（Lauritzen & Jaeger, 1997）。

第二節 敘事研究之定義與範圍

一、相關概念定義

Murray（2003）將「敘事」（narrative）定義為對一連串事件加以組織與解釋，包括賦予故事角色能動性以及推論事件的因果關係；而敘事也被視為故事（story）的同義詞（Polkinghorne, 1988）。Murray（2003）也指出敘事分析的目標是要生產一個完整敘事，檢視敘事如何被結構，如何和更大脈絡產生關聯。Polkinghorne（1988）則將「敘事」定義為「以故事形式來表達的組織基模，包括產生故事的過程，故事的認知架構及結果」。換言之，敘說者在敘事過程中，建構並呈現了他對世界與自身的了解，而研究者也是透過敘事形式的解讀，發現敘說者生命或是經驗資料的意義系統。Polkinghorne（1988）也說明敘事性意義是一種認知的歷程，將人類經驗組織成具有時間性、意義性的情節。他進一步主張，形成情節（plot）是敘事中的一個重要步驟，它是指將重要而單獨的事件組合而成的主題（theme）。透過有意義的情節可以使每個事件變成連貫與一致，情節可以將複雜的事件編織成一個單一的故事。

換言之，當使用敘事或故事作為研究之材料及分析形式時，便可以稱為敘事研究。而心理學領域中，Sarbin（1986）直接提出了「敘事心理學」（narrative psychology）以區別及替代長久被實證主義或機械論占據的傳統主流心理學。Sarbin（1986）甚至更進一步主張：「心理學即敘事」（頁8）。因為Sarbin（1986）認為「敘事」是人類之根本隱喻，如同前述學者都提到，人類行為與認知是以敘事為組織原則，人是以敘事結構來理解、思考、想像並進行決策。

有學者主張心理學的敘事傳統，最早可追溯到佛洛伊德的精神分析理論（Spence, 1982）。簡言之，對熟知心理學理論的人來說，應該很容易明白佛洛伊德其實是說故事的高手，他經常使用希臘羅馬神話之人物或詞彙來演繹心理學理論。例如：戀母情結使用伊底帕斯王的神話故事，其實也是用其神話的敘事結構來詮釋男童發展的複雜心理歷程。總結來說，敘事心理學強調故事在心理學領域的重要性，於是敘事影響心理治療師傾

聽病人的方式、病人說故事的方式以及心理學家進行研究的方式（Kim, 2018/2016）。

二、敘事研究範圍釐清

　　根據筆者個人協助碩博士生敘事研究論文口試之經驗，發現研究生經常引用Lieblich等人（1998/2008）對敘事研究的分類架構。Lieblich等人（1998/2008）的分類架構看似清晰，筆者卻覺得是個災難的開始。因為從效果來看，它不但沒有釐清敘事研究之範圍，反而更加混淆，使用該架構之結果，就是讓大家認為幾乎所有語言資料的分析都等於敘事研究。換言之，變成一個「敘事研究」各自表述。Lieblich等人（1998/2008）將敘事研究分為四類，包括整體—內容、整體—形式、類別—內容、類別—形式等，以下分別引用原書說明並逐類討論：

　　整體—內容的閱讀模式，係以一個人完整的生命故事所呈現的內容為焦點。當使用這個故事的個別段落時，諸如敘事的開展句或結束句，研究者仍是根據從敘事其餘部分所顯示的內容或故事的整體脈絡，來分析這個部分的意義。此種閱讀方式，類似於臨床的「個案研究」（case studies）。（Lieblich等人，1998/2008：頁16）

　　第一類，按照其說明，整體—內容類型是以整體故事脈絡進行分析，並以故事內容為分析標的。而Lieblich等人（1998/2008）所說明及示範的例子，基本上研究者會反覆閱讀整體故事，再從整體故事浮現或抽取出貫穿整個故事的生命主題。基本上，這與多數研究者所做之敘事研究相一致，所以應無問題。

　　整體—形式為基礎的分析模式，是藉由省視整個生命故事的劇情或結構，來發現其最為清晰的表達方式。例如，敘事的發展是喜劇或悲劇？故事的發展在敘說者的生命中是漸入佳境，或者是每況愈下呢？研究者可能要在故事的整體進展中，找到其高峰或轉捩點。（Lieblich等人，

1998/2008：頁16-17）

　　第二類，依據上述說明，整體—形式類型是針對整體故事之敘事型態或結構進行分析，相對來說，它較不看故事內容之細節。而Lieblich等人（1998/2008）所說明及提出之範例，是使用敘事進展的型態，包括「前進敘事」（生命狀態或曲線向上成長）、「倒退敘事」（生命狀態或曲線向下衰退）、「穩定敘事」（生命狀態或曲線持平不變）等3種型態對許多參與者敘事資料進行分析。這類研究雖然較少見，但它確實是對故事整體做分析，只是關注於敘事結構型態，而非故事內容。

　　類別—內容取向較為近似「內容分析」（content analysis）。研究主題的類別已被明確定義，文本中分離的段落則被抽離出來、分類，再聚集到這些類別／群聚之中。在此模式裡，常可見到對於敘事進行量化的處理。類別可能非常狹隘，例如：所有敘說者所提及之發生於生命歷程中的特定政治事件，或所有指涉政治事件的段落，都會被從文本中抽取出來分析。（Lieblich等人，1998/2008；頁16-17）

　　第三類類別—內容類型是針對故事之內容進行類別分析，而且分析單位非常小，可能是句子，甚至是語詞。因此Lieblich等人（1998/2008）才會說這類敘事研究如同內容分析。但其實這是嚴重的謬誤，包括認識論典範以及方法的謬誤。因為內容分析有其自身的發展脈絡，與敘事研究完全無涉，重要的是內容分析屬於「後實證主義」典範，等於是質性研究中的量化研究，完全不同於敘事研究所屬的詮釋現象取向或社會建構論典範。尤其是後實證主義與詮釋現象取向二典範間有哲學立場巨大落差與不相容性。

　　其次，在分析方法上，內容分析之分析單位是以小單位的語詞或句子為主，但敘事研究應該最小至少是以單元故事（episodes）或情節（plot）為單位，最大是整體故事。且內容分析在分析時從未有個體層次之分析步驟，而是將所有語料直接歸納或抽取類別，換言之，內容分析完全缺乏，也不看個人生命脈絡。筆者在課堂教學上常給學生的隱喻，內容

分析如同「牛絞肉」，它可以做成「漢堡排」，但你完全看不出來這些肉來自牛的哪些部位，也分不出到底是和牛、美國牛或澳洲牛。另一方面，敘事研究如同「牛排」，它可以清楚看到這肉來自牛的哪個部位，以及這隻牛其肉質的肌理、油花等獨特脈絡。

筆者並無任何比較不同方法優劣之意思，如同漢堡排與牛排各有愛好者，但無論如何不該混淆兩者。可是Lieblich等人（1998/2008）將內容分析與敘事研究兩者混爲一談，基本上是相當嚴重的錯誤，如同指鹿爲馬，造成質性研究領域的研究者或學生不必要的混淆。換言之，當研究者採用類別—內容類型之分析法，只要運用內容分析即可，而不須宣稱自己是「敘事分析」，後實證主義者並不需假裝自己是後現代取向者。

類別—形式的分析模式則聚焦於每個獨立敘事單元的敘事風格或語言學特徵。例如：敘說者所使用的是何種隱喻？他使用被動或主動語式有多麼頻繁？界定此一特性的實例，從一個文本或數個文本中聚集而得，並可加以計數，如同類別—內容的閱讀模式一般。（Lieblich等人，1998/2008；頁16-17）

最後，類別—形式這類方法，如同前一類的狀況，這其實也不是敘事研究的常見類型，反而較接近語言學或語意分析（semantic analysis）之方法。如同該書Lieblich等人（1998/2008）所舉範例，敘事文本中的情緒內容之語言學分析就相當典型。此類研究能歸納出敘事文本中有關情緒或心理困擾的語法規則，諸如：「表述期待或預期外的事件發生之副詞」（如「突然地」）、「指稱某經驗在其意識覺察的心理動詞」（如「我想」、「我了解到」等、「特別強調或淡化經驗之形容詞」（如「眞的」、「非常」；「可能」、「好像」）等等。基本上，語言學是針對人類自然語言之規則或語言結構進行分析，分析單位包含詞彙及句子。但語言學、語意分析自有其專業領域及發展脈絡，與敘事研究之發展也同樣不相涉，研究目的與作用也不相同，實在沒有必要將兩者混爲一談。

總結而言，Lieblich等人（1998/2008）的敘事研究四類架構中，類別—內容、類別—形式等二類並不屬於敘事研究，不宜也不應納入，以免

造成學術概念不必要之混淆。質性研究原本就是多元差異，廣泛接納各種不同取徑之方法，內容分析、語意分析與敘事研究不同，但都有其各自的發展脈絡與目的，強行合併不但沒有任何好處，還會造成更多的誤解與混淆。而最基本的分辨便在於分析單位之不同，敘事研究之分析單位應該是單元故事（episodes）、情節（plot）或是整體故事，而內容分析、語意分析之分析單位都爲詞彙或句子。

其間最大差異，在於敘事研究之分析資料爲敘事文本，必須帶有故事脈絡之屬性或特徵，但其他質性研究則不需要，只需要語言資料即可（包括論說文、抒情文），不一定是故事（敘事文）。爲了更精確掌握敘事之特徵與屬性，下一節將提供相關說明。

第三節　敘事之特徵與屬性

若提到敘事之結構性特徵，最廣爲人知的是Labov的觀點。Labov（1972）認爲一個完整形式（fully formed）的敘事包括6個共同元素：摘要（abstract），簡短描述及總結整體敘事內容；導向（orientation），包括敘事的時間、地點、情境、參與者；複雜的行動（complicating action），即事件演進的順序；評價（evaluation），即行動的重要性、敘說者的態度；解決（resolution），最後發生什麼事；結語（coda），拉回到現在對未來的展望。可以說Labov（1972）所提之敘事結構的特徵或元素是相當完整的，從整個故事的前情提要或預告，到故事基本構成的核心要素，即人、事、時、地、物，再加上後設性對故事之評論及展望等。但就實際經驗上，許多敘事或故事倒不一定會涵蓋後設性對故事之摘要、評論及展望等，但敘事或故事本身的基本元素，即導向、複雜的行動、解決等應該都會包含。

接近Labov的敘事結構觀點，Clandinin與Connelly（2000/2003）則借用杜威的理論，並提出了「三度敘事探究空間」。相對而言，較Labov的敘事結構架構更爲簡潔，並具有基本核心屬性。Clandinin與Connelly（2000/2003）主張敘事探究必須在三度空間中進行，而所謂三度空間即包含：時間性、空間性以及社會性。時間性即故事中的時間向度，故事及

事件當然是沿著時間軸發生及開展；時間性包含過去、現在、未來的時間焦點與意識。另外，故事的敘事時態可區分順敘法、倒敘法，此處敘事時間性並未規定必須採順敘法講述故事，而是所有事件或單元故事都應該要帶有時間標籤，以便分析資料時能夠判斷及排列事件發生順序。

第二向度是空間性，Clandinin與Connelly（2000/2003）原本稱為「地點或情境」，但最重要的是他們將空間性再區分為向內一向外。敘事向內的一端或內在心理世界是指敘事向我們展開主人公或主要角色的內在世界，包括情感、期望、評價、態度、世界觀，甚或決策歷程；敘事向外的一端或外在世界是指敘事也展現主人公或主要角色所身處的環境脈絡與世界。這個向度也是筆者在指導或評閱敘事文本之重要檢核點。有些故事太過聚焦於主人公內在世界而缺少其所處的情境與環境，文本充滿內在對話與個人認知、感受，甚至接近意識流的書寫，這雖然讓讀者清楚主人公之內在狀態，卻完全無法連接到其身處情境與外在事件。另一種極端的敘事文本正好相反，故事太過聚焦外在事件，主人公所處環境以及發生的各種事件，但卻完全缺乏其內在感受、認知決策等心理歷程，自然這會讓讀者難以進入主人公的內在心理狀態。因此，好的敘事資料之蒐集與文本建構必須能兼顧空間性向內一向外之雙向深厚描述。

第三向度是社會關係，或是故事中的社會向度，包含主人公與重要他人的關係以及彼此間實際互動狀態。當然敘事文本中社會向度之呈現與陳述也會有精細程度的差異，它可以概略的陳述彼此關係遠近、性質的說明，也可以詳細的呈現二人互動情境與場景，甚至是對話內容。

某種程度來說，「三度敘事探究空間」對敘事研究十分重要，甚至可以說，能掌握三度敘事探究空間，也就掌握敘事研究之關鍵。而且所謂三度敘事探究空間正是敘事或故事脈絡。換言之，一篇缺乏故事脈絡的文本，其實已經不能稱為「故事」或「敘事文」了。另外一方面，敘事探究空間也有微觀與巨觀之分，一個故事可以聚焦在主人公與其妻子、兒子、女兒等家庭關係脈絡之微觀互動；但我們也可以拉長鏡頭、拉大視角，把這個家庭故事放置在台灣第一度股市上萬點、大家樂盛行等「台灣錢淹腳目」的時空背景中，在此社會歷史背景下，即身處社會價值劇烈崩解之關鍵時代，於是故事又可以有新的分析或詮釋觀點。

　　總結而言，敘事研究對於敘事文本之呈現與分析必須具備「三度敘事探究空間」或敘事脈絡，亦即時間性、空間性、社會性。即便敘事研究可以容納多元的取向或方式，但所分析的文本資料內容若無時間性、空間性、社會性，或去除個別故事脈絡者，並不適合武斷的命名為「敘事研究」，這應該是敘事研究共通的基本底線。

第四節　敘事研究之類型

　　如同前文所述敘事研究之核心基礎，主要是文本資料必須帶有時間性、空間性、社會性等敘事脈絡，而且資料分析過程也必須保有上述敘事脈絡的特性，因此我們也就不能採用Lieblich等人（1998/2008）的四分類架構，以避免方法論的混淆及誤用。因此為提供敘事研究之類型，我們參考Kim（2018/2016）著作中將敘事研究分為三類，他稱為自傳式、傳記式與以藝術為本等類型的敘事研究。但我們參採其基本架構，再調整修改成符合本書的觀點。此分類架構的特性比較是以故事之資料來源做區分，亦即故事資料取自研究者自身故事或傳記、他人之故事或傳記，或是既存的藝術創作作品，像是小說、電影等。

　　依據Kim（2018/2016）之看法，自傳式敘事研究包括自傳與自傳式民族誌；傳記式敘事研究包括教化小說、生命故事／生命歷史與口述歷史；以藝術為本的敘事研究，包括文學為本的敘事探究（創造性非虛構小說、短篇小說、長篇小說、詩等），以及視覺為本的敘事探究（攝影敘事、影像發聲、檔案片、數位敘事等）。去除掉Kim個人特殊偏好之教化小說之外，三大類基本上資料來源分別為研究者自身故事或傳記、他人傳記或故事，或是既有的藝術作品。但是，筆者發現其中有一關鍵屬性及界定需要特別提出來討論。

　　Kim（2018/2016）引用Barone與Eisner（2012）以藝術為本的研究之定義與取向，以藝術為本的研究定義為一種「表達性質的形式來傳達意義的歷程」（頁187）。Barone與Eiser（1997）提出藝術為本的研究之主要特徵，包括：(1)創造視覺真實；(2)呈現模糊性；(3)使用表達性語言；(4)

使用脈絡性與地方性語言；(5)促進同理；(6)研究者／作者個人化署名；
(7)呈現美學形式（引自Kim, 2018/2016）。由此觀之，Barone與Eisner之
研究以降確實推動了藝術型態的敘事研究之社群與發表，一項研究僅以小
說、詩、非虛構故事、紀錄片、照片等或各種藝術形式來表達。但其實跨
進這一步，對社會科學之範疇與界定是非常基進與解構的，它主張藝術創
作與表達即研究，這打破了研究與藝術之界線。換言之，當創作者／研究
者嘗試貼近一種社會現象或心理歷程，並嘗試用某種藝術形式創作出藝術
作品，便是一項「研究」。研究者僅負責創作表達，不負責分析與詮釋，
單純故事說完了，讀者自行感受與理解。

　　假設接受這個範疇界限之打破，未來所有藝術創作者，如同小說
家、詩人、電影導演、報導文學作者都變成了「研究者」，他們真的都自
認為是研究者嗎？假設藝術創作者作品符合上述7點特徵，不就代表他們
屬於研究，那如果他們自己原本都沒有研究的動機與目的呢？還是說只
有敘事研究者進行文本藝術創作，不做任何分析或詮釋，才能稱為「研
究」，何以藝術為本的敘事研究在「社會科學」中如此特別，可以跟其他
取向不同？如此這般，究竟對社會科學是進步，或是另一種迷途？

　　因此在這樣的思路與考量之下，即便Polkinghorne（1995）認為
建構寫出故事文本本身就是一種分析（即為「敘說分析」或narrative
analysis；相對於另一種「敘事的分析」或analysis of narrative），但筆者
擬採取實務上較謹慎保留的策略。因此，筆者知道有一個取向及社群是採
以藝術為本的敘事研究，筆者接納敘事研究之多元異質性，但因該取向在
社會科學的基本界定與範疇上難以說服筆者，因此本書對以藝術為本的敘
事研究採取存而不論的保留態度。本書在敘事／故事與社會科學的立場採
用柯志明（1995）之觀點，基本上社會科學接納敘事的理解，兩者相輔
相成，但敘事並非替代科學之分析與詮釋功能。換言之，本書認為敘事研
究在社會科學的範疇中，研究可以且應該呈現敘事文本，但還是必須對敘
事文本進行直接而明顯的分析與詮釋之工作，不能「單純寫個故事」。
如同柯志明（1995）主張研究者「詮釋愈多，理解愈深」，對讀者有機
會後設性地看見研究者敘事觀點或結構，有助於進一步加深反思。柯志明
（1995）也提醒有些讀者會一廂情願的完全接受或跟隨故事，因為故事通

常都有自圓其說的傾向。總結來說，本書立場主張：敘事研究者作為一個社會科學家，不能單純做一個藝術創作者，還必須扮演好影評人或藝術評論人的角色。

是故本書在此立場下，對Kim（2018/2016）之分類架構做修正調整，我們完全聚焦於敘事文本來源或蒐集方式來區分，同樣分為三大類，稱為自傳式、互動式以及現存文本等類型之敘事研究。當然，如同Kim（2018/2016）所言，分類架構是為了學術討論，某個研究者之敘事研究可能不屬於任何一類，可能是創新或個人獨特之立場。

一、自傳式敘事研究

第一類自傳式敘事研究主要資料來源是研究者個人之傳記資料、敘事文本，它包含較常見之自我敘說研究、自傳式民族誌等，換言之研究者同時也是故事提供者、傳主或故事主人公。但由於前述對敘事研究之範圍界定，因此若僅僅只是寫出個人自傳、傳記文學等作品，而無對自傳或生命故事進行詮釋、分析與反思，本書仍舊傾向不歸屬於敘事研究。

自我敘說（self-narrative）是指個體隨時間變化而對和自己有關的事件間之關係所做的陳述。個體在看自己的時候，除非把它和自己的過去、現在連結在一起，否則將是荒謬不可解，因為理解的達成需要把事件放在進行中與後續事件中的脈絡來看。在發展一個自我敘說時，個體會想去建立生活事件和生活事件間連貫的一致性連結，個體會將生活事件理解成系統性的相關。也因個人目前的認定並非一個神祕突發的事件，而是對生命故事理解的結果。這種敘事的創造可能是給個人生活意義和方向的基本要素（Gergen & Gergen, 1988）。

翁開誠（1997）認為「自我敘說」在敘說自己生命故事的過程中，可以發現影響自己生命起伏、演變的意義脈絡，由此不但可能領悟出自己過去生命的動向，也可建構出自己生命未來的方向與力量。因為是自己記得的過去經驗，也就是關於自己的長期記憶，而長期記憶基本上都有個特性，亦即過去經驗中對自己有意義且有組織的，才會留存在長期記憶中。因此，長期記憶（也就是所記得的有關過去之經驗）是個發現有關個人

之意義結構的重要機會。故透過訴說自己生命故事的過程，很可能是個探索、發現自己生命意義脈象的機會。

Crossley（2000/2004）則用了近似的詞彙，稱為「個人敘事」（personal narrative），即指此工作是試著將不同部分自我整合成一個有目標與說服力的整體故事，而個人敘事表徵了人們透過敘事來組織與建構個人生活的方式。Crossley並進一步指出要建構個人敘事主要可以靠自傳及心理治療等二種方法，並推薦可以參考McAdams（1993）所提出的自傳方法。他提到進行方式可以找1位理解自己的傾聽者做對談，也可以自己和自己進行，不過他所建議的程序比較是訪談謄稿的方式（Crossley, 2000/2004）。

自傳式民族誌（autoethnography）是Ellis與Bochner（2000）首先提出之方法。Ellis與Bochner定義「自傳式民族誌」是一種書寫與研究的自傳類型，它展現多層次的意識，連結了個人與文化。自傳式民族誌研究者會向後、向前凝視，先透過民族誌的廣角鏡聚焦在其個人經驗的外在社會與文化面向；然後向內觀看，揭露脆弱受傷的自我，那個受文化詮釋所影響而且可能改變、折射或抵抗文化詮釋的自我。

自傳式民族誌文本通常以第一人稱書寫，文本呈現各種不同形式，如短篇故事、詩、小說、相片短文、個人札記、期刊、片段與分層式的寫作、社會科學散文等。Ellis與Bochner（2000）強調這些個人故事如同「召喚式敘事」（evocative narratives），他們指出「evocative」這個字是相對傳統主流的「再現式社會科學」（representational social science），其工作帶有表達與對話的目的。而且自傳式民族誌採第一人稱書寫、單一個案、類近小說或自傳的說故事型態，所以挑戰了傳統主流研究的假設與界線，諸如研究者—參與者二分；多個案的普遍化（generalization）目的；社會科學—文學界分；從被動接收知識的讀者變成主動對話的參與者；從理性行動者模式變為富含情感經驗等。

初步來看自我敘說研究與自傳式民族誌似乎很相像，也有看到研究者將兩者混用，但其實兩者之研究目標完全不相同。Kim（2018/2016）指出自傳式民族誌之研究目標是「在較大的社會與文化脈絡中，系統性地分析研究者的個人經驗」。因此，Kim（2018/2016）說，即便自傳式民族

誌是自我表達的行動，但可以進一步釐清：

　　……目標並不是將「聚光燈」照在你的生命中，縱情抒發自己，而是要依據你的個人經驗來突顯社會與文化規範的問題。要達到這個目標，必須是在個人主體上現歷史性、文化性與政治性，進而採取自我表達與自我敘說的行動。（頁168）

　　換言之，自傳式民族誌之主要研究對象並不是研究者／傳主之生命或自我，而是社會結構與文化規範，只是以研究者個人傳記、經驗爲田野觀察案例及民族誌報導素材而已。但另一方面，自我敘說之主要研究目標就是透過敘說研究者／傳主之生命故事或生命史，達到深度自我認識，形成內在連貫性，甚至能建構自我認定（Laine, 1998; McAdams, 1995; Murray, 2003）。總而言之，兩者之研究目標有明顯不同，適當的區分應該較適宜。

二、互動式敘事研究

　　本書第二類稱爲互動式敘事研究。Kim（2018/2016）之第二類爲「傳記式敘事研究」，主要是針對他者之傳記或生命敘事進行分析研究，但他人傳記或故事來源還可分二種，一種是互動式的，尤其是常見的深度訪談；第二種是既有現存文本，也就是書籍、雜誌之傳記或故事報導，於是我們可以蒐集甘地、歐巴馬等人傳記資料做分析。有鑑於第二種資料蒐集方式是針對現存文本，因此我們統一將它歸納到第三類型，另爲避免概念誤解，也將本類別名稱改爲「互動式敘事研究」。

　　因此本類互動式敘事研究至少包括生命故事／生命史、口述歷史、詮釋人類學之民族誌研究等。Kim（2018/2016）歸納對他者之敘事研究，其中一類稱生命故事／生命史（life story／life history），也被稱爲生命敘事，它是以研究對象之生活與個人歷史爲焦點的敘事研究。或如Atkinson（2012）指出生命故事是「將生活視爲整體，並且對個人生活進行深入研究的方法」（頁116）。生命故事／生命史之方法運用已經有一段時

間，而且廣泛的應用於社會學（如Bertaux & Kohli, 1984）、心理學（如McAdams, 2001）以及人類學（如Peacock & Holland, 1993）等人文社會科學中。本書將生命故事／生命史視爲一般對他人深度訪談其生命故事之常見方法，至於此方法應用之專業領域、視角之微觀─巨觀等，各有運用之不同差異。

　　口述歷史則來自歷史學領域之方法，相對於檔案文件資料整理之方法，它是採用透過人物訪談所得到的歷史。另一方面，口述歷史有對抗或對立於政治領袖、王公貴族、商界成功人士等官方歷史或主流史觀，因此口述歷史也有針對庶民或平民百姓之個人生活所映照的歷史之意味。如同英國知名口述歷史學者Thompson（2006）所言：

　　　不僅讓領導者成爲英雄，也讓大多數不知名的人成爲英雄……它將歷史帶入社群，也從社群中帶走歷史。它幫助沒有權力的人，尤其是長者獲得尊嚴與自信。……同樣的，口述歷史也對歷史的迷思、傳統歷史的專制提出挑戰。它爲歷史社會意義的基進轉變提供了方法。（頁31）

　　口述歷史可以定義爲：「口頭的、有聲音的歷史，它是對人們的特殊回憶和生活經歷的一種紀錄」（楊祥銀，2004；頁7）。乍看之下，口述歷史似乎與生命故事／生命史方法十分接近，但Kim（2018/2016）透過Atkinson（2007）之觀點協助分辨兩者。因爲口述歷史仍屬歷史之記載，因此關於重要問題、資料選取與編輯等都還是以研究者爲主；而生命故事則相反，敘事（受訪）者對於故事的重要焦點，以及其對故事賦予的意義或觀點則成爲優先（Kim, 2018/2016）。

　　最後加入一類是詮釋人類學之民族誌研究，詮釋人類學是由知名人類學者Geertz所提出。事實上Geertz在敘事研究領域之推進也有重要地位，Geertz所提出的「深厚描述」、「地方性知識」等概念也都成爲敘事研究或敘事取向典範之重要觀點。可以說Geertz爲人類學領域進行了詮釋學或敘事的轉向，他將過去從事人類學田野工作後，最後撰寫的民族誌視爲敘事文本，換言之民族誌即故事。如同潘英海（1992）曾專章介紹Geertz的人類學理論，並指出其認爲人類學者其實是在對文化進行詮釋的工作，如

同該文所說：

　　當事人的行動是該文化的最原始或第二層次的詮釋者，而人類學的
了解已是第二或第三層次的詮釋。當事人以其象徵性行動書寫出該文化的
意義，而人類學者針對該具有意義的象徵性行動做另一層次的解讀。所有
的人類學了解的本質都如同小說是「建構」出來的，這並不是說人類學的
研究是假的、沒用的，而是人類學的了解只是「好像」（as if）這麼一回
事。（頁402）

　　因此如上所述，人類學者之田野觀察與互動後，所撰寫的民族誌如
同故事文本，而敘事文本將進入宛若世界的特性將在第二章深入討論。換
言之，Geertz強調人類學的民族誌研究必須進入行動者的意圖或是當地人
的意義結構或架構，才得以詮釋當地之文化（劉以霖，2013）。另外雖然
心理學對人類學的民族誌研究較不熟悉，但本書加入此類方法，主要是因
爲民族誌研究之對象包括文化現象、一個特定社群（如部落）或組織等，
並不限於單一或少數個體層次，這是一般生命故事／生命史方法較不擅長
的。

　　例如：Geertz（1973）曾針對峇里島人之鬥雞比賽現象發表民族誌研
究，並稱爲「深層遊戲」（Deep play）。換言之，我們也可以採用人類
學方法，進到特定場域或社群之中，透過參與觀察或訪談的互動方式蒐集
資料，最後針對所研究的特定現象、社群或組織建構敘事文本，並進行討
論與反思。亦即敘事研究並非只能是個體生命經驗或生命史，一個家族、
部落、政黨、企業或學校等社群或組織同樣可以進行敘事研究。

三、現存文本敘事研究

　　如前所述，本書基於社會科學之基本立場而暫不納入以藝術爲本的
敘事研究，但過去的藝術創作作品可以是現存之敘事文本，例如：長短篇
小說、電影、影集、漫畫等，這些敘事文本其實都可以進行敘事分析之研
究。另外，加上過去已出版或寫成的各種名人傳記、個人回憶錄等傳記作

品，當然也可以進行敘事研究。因此，上述這些本書通稱現存文本敘事研究。此類現存文本敘事研究，其下還包含心理傳記以及文藝作品之敘事研究。

　　如同呂格爾曾將敘事文再區分兩種文類，即歷史敘事以及文學敘事，歷史敘事是指涉實體與生活世界之描述文本，後者則是虛構的敘事文本（黃冠閔，2013）。而針對歷史之敘事文本做研究的典型代表就是心理傳記。所謂「心理傳記」是指「明顯地使用系統化或正式的心理學知識或理論於傳記研究，並連貫出具啓發性的故事」（丁興祥、賴誠斌，2001，頁81）。

　　事實上心理學領域已經有長遠的心理研究歷史，早從佛洛伊德研究達文西，到Erikson研究馬丁·路德及甘地等（丁興祥、賴誠斌，2001）。而台灣則是由丁興祥教授自美國學習後帶進台灣，而後指導碩博士研究，業已開枝散葉。簡言之，心理傳記之特長便是針對特定歷史或當代人物，蒐集其現存傳記或生命敘事文本，再進行彙整及分析，因此也成爲本類現存文本敘事研究之代表。

　　另一方面，若非針對眞實人物的生命歷史文本做研究，另外就是虛構文本，包括文學的長短篇小說，戲劇的電影、舞台劇、電視影集，甚至是動漫等創作作品等，其實都可以進行敘事研究之分析。與生命歷史文本不同，文藝虛構作品並不直接指涉實體或生活世界之事件，呂格爾引學者觀點稱此爲「二級指稱」，主張作品世界指向的是本體的存有（Ricoeur, 1978/2016；李彥儀，2009）；相關觀點將在第二章詳細論述。

　　目前心理、社會領域較少進行虛構文本之敘事研究，相關研究大多在文學、藝術以及傳播領域，筆者嘗試搜尋學術資料庫，便找到不少研究實例。例如：吳紅雨（2012）針對中國熱播之愛情電視劇進行文本分析；陳龍廷（2011）針對台灣本土布袋戲嘗試歸納其敘事模式；趙庭輝（2019）針對變性人電影《男變女》進行敘事文本分析等，即是對不同類型戲劇之敘事研究。另外，歐麗娟針對《紅樓夢》之賈寶玉分析男性成長模式；張淑棉（2008）則以鍾文音作品《昨日重現》及《中途情書》來分析其陰性書寫的敘事方法與風格，這些則是對不同文學作品之敘事研究。但如同上述文學、藝術及傳播之研究，可以看見其中探討性別、成長發展、愛情

等，其實都跟心理學課題有關，便能發現此類研究方法對心理、社會科學的應用潛能。

第五節 說說作者及本書緣起之故事

一、對故事最初的觸動

　　既然是敘事研究的專書，總能講講故事吧！說起故事的源頭，筆者並不像敘事大師的典型生命故事，從小伴著爸爸或媽媽的睡前故事下入眠，也沒有慈祥阿公或阿嬤講著鄉野傳奇或歷史故事。說真的，筆者的爺爺奶奶是農夫農婦，爸爸是藍領工人，媽媽是家庭主婦兼家庭代工者，兒時最經常的印象是「沒人陪我玩」，若寫完功課沒事，通常就看著母親做各種家庭代工，可能裁縫成衣、雨傘等。印象最深刻直接感受到故事的魔力，已經是大學時期以後了，因為原本讀了工專工業管理科，所以就跳過文青階段。五專時比較熱衷的課外讀物是大眾心理學、心靈雞湯型勵志書以及知名高階領導者的管理心法等，都是反映想去除身上弱質性格，成為強者的期待。

　　直到退伍插大考進到輔大心理系，才聽到「生命敘事」的取向。但讓筆者第一次有所體會的，並非是敘事治療或敘事研究的作品，而是鹿橋的《人子》，記得當時好像是參加同學自組讀書會而讀到此書。書中有多個短篇故事，而故事的主題與人物都不複雜。但透過不同故事角色、場景，講著類近的故事主題或情節，讓筆者突然具體了解什麼是敘事原型以及文本交織性。表面不同的角色、場景，可能其實是說著相似的敘事結構，但是結局卻不一定一樣，於是故事有了各種不同變形。第一次感受到，短短的（虛構）故事也能夠刺激我們很多的想法。如同書中最後一章〈渾沌〉所寫（鹿橋，1994）：

　　汪洋上有一個航海手。他同時間的老人在小船上閒談欣賞了許許多多故事。這些故事之外又有千千萬萬，或然，未然，未必然的可能。他們就閒閒地比較、討論。

不但這一個故事裡的花廳有點像另一個故事裡的花廳，……。

老道士有點像老法師，老法師又像那有學問的老祖父，老祖父又有點像是那位藥翁。大家又多少令人想起那老猩猩。

航海手和老人彼此看看，也覺得彼此竟也長得差不多。

年輕的鷹師、王子、花豹、小蓓蕾也都合成一個意象。

他們的思念就合在一起，他們繼續在想。他們不用談話，因為他們已經合成一個人了。（頁235-236）

而後再次被故事直接震撼打到，是開始工作階段與太太去一起看舞台劇《暗戀桃花源》。由於是特殊的戲中戲，而且劇中因緣際會讓《桃花源》及《暗戀》二部戲左右一起排戲。二部戲一古一今，一喜一悲，一寓言一寫實，透過二部戲背景之反差以及時空交錯，營造出某種荒謬感。但其實二部戲卻是某種相互呼應，家庭關係遭背叛失意而想遁逃到平靜的烏托邦空間，但卻充滿不真實的虛假感；因戰爭而失去的年輕愛情成為無法割捨的部分，讓主角江濱柳生命滯留在過去記憶的世界，卻與身邊照顧吃喝拉撒的江太太演著不同的劇本，即便在同一生活空間。

於是每個人在某種程度來說，都是同一部大戲的演員，但是其中一小組人其實在演另一部戲（像是《暗戀》），另一組人也演出不同部戲（像是《桃花源》）。終極來說，每個人都只是在各自演出自己的戲劇，我們同一個舞台，看似在演對手戲，其實只是藉對方繼續演個人生命的獨角戲。而且其實筆者也是透過此戲劇才稍稍能進入及理解所謂戰後「外省一代」的生命處境與狀態。這也是筆者第一次感覺到透過小小舞台、少數演員就讓人感受到故事震撼的魔力。

二、學術基礎之淵源到本書之緣起

本書的初稿與基底來自於筆者在心理學領域多年探索與專研敘事研究的成果，包括方法論論述以及在不同主題研究之應用。而這些學術能力與基礎之培養大都來自輔仁大學心理系，或許應該稍加說明筆者個人學思之源頭。

　　輔大心理系在筆者就讀時期，因緣際會有幾位老師類近的共同興趣，都是對當時另類的質性研究有興趣，沒想到他們就漸漸耕耘成質性研究之重鎮。由於本書是敘事研究，所以筆者在此只介紹對個人在敘事研究方面有影響的老師，而非整個系所的質性或人文取向所有老師。

　　丁興祥老師是質性研究方法論的大師，本身對科學哲學及質性研究各種典範知識如數家珍，開設「人文與社會科學方法論」課程，內容非常廣泛而豐富，對質性研究及研究典範建立扎實的基礎。因丁老師是博學愛書之人，不論領域，除了心理學，其他哲學、社會學、歷史等經典原著，他都會詳細閱讀原典。但讓筆者印象最深刻的是，筆者覺得丁老師真是個天生的「說書人」，任何課程他都能講得口沫橫飛、生動有趣，讓學生聽得津津有味。事實上，在質性研究開展初期，也都有其他老師來旁聽丁老師的課程。

　　另外，丁興祥老師另一個專長是心理傳記，他於加州大學戴維斯分校進修博士，直接受教於Alan C. Elms，學習心理傳記。返國後，於輔大心理系教授「心理傳記學」相關課程，開始指導很多學生對知名人物進行心理傳記研究，例如：沈從文、梁啓超、張愛玲、太虛大師等（丁興祥，2006；張繼元、丁興祥，2012）。而這樣的專長及說書人的特質，也貫穿在他所有教學上，例如：人格心理學課程，他會詳細介紹心理學家的個人生命故事，並告訴學生想了解此學者為何會提出這樣的心理學理論，最好是進入他的生命史中。或者說，每個心理學理論最典型、最能詮釋的案例，恰好也是那個心理學家自己。筆者有幸修習丁興祥老師的「人文與社會科學方法論」、「人格心理學專題：心理傳記學」等課程，幫助自己在質性研究打下了堅實的基樁。

　　夏林清老師是弱勢草根運動的實踐者，同時也是田野場域中的行動研究者。出國讀博士前，夏老師身上就積累了多年勞工運動的實踐經驗，博士階段直接師承哈佛教育學院的Chris Argyris以及麻省理工學院的Donald A. Schön。Argyris與Schön合作建立了「行動科學」與「組織學習」的方法，夏老師返國後便在課堂上教授相關課程，並透過持續性的翻譯書籍及專業訓練，引入他們的知識與方法。Argyris與Schön二人在實作方法上還是有所不同，Schön相當擅長於使用敘事文本作為反映思考的重要材料，

他並指導了夏林清老師以故事敘說完成博士論文（夏林清，2004）。

筆者在碩博士期間，曾經修習了夏林清老師開設的「行動研究法」、「家庭關係與個人發展」、「諮詢心理學」等相關課程。夏老師在課堂上，書或論文閱讀討論占比通常不到一半，剩下的時間多是學生分享個人經驗之敘事與反思文本，然後是同儕回饋及教師之反映。而同學分享的故事素材就因課程而異，家庭課程可以看到不同面向之個人家庭故事，有些文本經驗很深刻而情感濃烈，課程中教師、同學之集體平台就承接這些深深淺淺、片片段段的故事。而「行動研究法」、「諮詢心理學」等就較多專業工作者過去之工作困境或是目前行動試驗的文本，大家再練習從專業工作處境故事中反映環境結構以及行動者的行動視框。如今來看，當時課堂的訓練幫助我們能快速進入專業工作、個人、家庭之故事文本，而且只要片段（不見得完整）的故事，就足以作為進一步探究與反思的素材。

夏林清老師對多數學生或筆者而言都接近「俠女」形象，一方面敢於起身對抗結構體制，毫無懼色；另一方面針對學生內在矛盾也能犀利開刀，但看到學生弱勢脆弱的經驗故事，也能溫柔地接住。筆者能夠直接在其課程學習，同時接受她及工商組劉兆明老師共同指導博士論文，獲益良多。筆者也從中學習到閱讀各類故事文本以理解進入其經驗世界，並學習從故事文本進行反思，以回到行動者主體。

翁開誠老師於明尼蘇達大學進修諮商心理學博士，雖然仍採實證方法來研究同理心，但接觸到敘事研究及敘事心理學的論文，也種下以故事進行助人實踐的種子。返國回到輔大心理系後，翁老師開始在課程及諮商工作自己嘗試進行創新的試驗，例如：以看電影及反思來訓練同理心、以說故事方式進行個別以及團體諮商等。另外，在個人知識與方法體系上，翁老師揉合人本心理學、儒家心學、詮釋學、批判理論，甚至美學等，創造出獨特的體系，而且是知識／實踐／倫理或價值論皆合為一體的體系（翁開誠，2006；翁開誠，2011）。

筆者在碩博士期間，曾經修習了翁開誠老師開設的「解釋性研究法」、「同理心」、「成人性格發展」等相關課程。翁老師的課堂氛圍獨特，如同當時筆者「同理心課程期末報告」所形容，其課程像是「一條深

邃而寧靜的甬道，或者像是戀戀風塵的第一幕『舊式火車悠悠的穿過許多漆黑的隧道』」。或者說，翁老師的課程很像侯孝賢的電影，緩慢、平淡卻能慢慢的直抵每個人生命的內在核心。總之，從翁老師的課程中，筆者學習到以看電影及討論反思來增進同理心與敘事性理解，以說故事與提取生命主題的方式來進行團體及個別諮商。而且筆者覺得翁開誠老師像是一位儒者或修士，總是不斷自我修練，所以能夠像山一樣穩定接納他人各種深厚故事，這就是值得學習的專業態度。

　　另外筆者就讀博士班時，曾經參與了一個田野調查大型計畫案，此經驗對筆者之敘事能力有很大的學習磨練。此計畫是「台北市沒落產業勞工歷史研究」專案（丁興祥、潘英海、翁開誠，2003），它是台北市勞工局的一個研究案，但執行設計同時搭配在台北市勞工教育中心開設「勞工口述歷史研習營」，以及在輔大心理所開「田野研究法」課程，希望訓練與引導學生與勞工本身一同進行口述歷史及田野研究，最後得到有價值的研究結果。筆者旁聽「田野研究法」課程，並參加「勞工口述歷史研習營」，便進入了此專案。

　　專案中我先後參與了士林紙業、倉儲運輸聯合工會、新光紡織部分的勞工研究。在暑假約兩個月期間，我體驗到田野研究迷人之處，當時隨身帶著錄音機、照相機、筆記本，主要以一家五堵的貨櫃場為田野。當時隨著報導人的引領與介紹，開始和貨櫃場工作者接觸、訪問、觀察，而且像是滾雪球般的擴大與深入，過程中充滿興奮與緊張的情緒，然後記錄了不少田野筆記。過程中關係的建立，許多陌生工作者的熱心協助，都讓筆者感動，以及資料採集逐漸豐富，研究問題從模糊到清晰，則是挖寶與探險的興奮感。因為有此田野經驗磨練，有機會學習關係建立、田野觀察以進入參與者的生活世界，包括實地環境、照片、相關文物等，其實都有助於更進入參與者的生命故事。

　　另外，在參與過程中，我也深度訪談與書寫了3位中年男性勞工的生命故事，這些也激發我內在父母作為勞工階級的情感。但更直接的是，筆者練習與生命背景差異很大的敘說者訪談，且都能順利進入他們的世界。最終完成勞工口述歷史及生命故事三篇：〈台西男人討生活：士紙男性勞工之生命故事〉、〈日落基隆港——二線碼頭倉庫管理員之口述歷史〉、

〈勞動者的烏托邦？：新紡關廠抗爭男工的生命故事〉。這些過程也讓筆者不斷練習寫故事的方式與風格，說句真話，從沒人教過筆者如何寫故事。都是逐字稿拿來就試著建構故事，第一人稱或第三人稱，單音或多音文本……，反正都可以試試。很幸運，故事成品都被團隊夥伴、老師及敘說者本人所接納，甚至後來新紡、士紙工會運動者出版他們的工會運動書籍，都邀請筆者將上述生命故事作品收錄出版。總之，輔大心理系的教師、專案資源及整體環境幫筆者建立敘事研究方面扎實的知識與能力。

但是除了輔大心理系這些知識傳承的基底外，還有二位詮釋現象學及敘事哲學的大師對筆者整體知識體系之完備與建構有很大幫助，所以也應該交代。一位是余德慧教授，他曾任教台大心理系，後至花蓮之東華大學族群與文化關係研究所。很可惜筆者無緣修習余德慧老師之課程，吸收余老師之知識與方法，但因為余德慧老師早年創立並擔任張老師月刊之主編，因此筆者在五專階段接觸大眾心理學時，就讀過余老師在張老師月刊的文章。當時覺得余老師寫給一般大眾的文章，相當柔軟感性，能夠觸動內在，但又有些文藝氣息。

而後就讀研究所碩士班時，余德慧老師取經海德格等而建立的詮釋現象學取向之心理學研究已經自成一格，不但發表學術論文，也開始指導碩博士論文。但當時筆者在無課程或專業訓練的輔助下，其實很難讀懂余老師及其學生之學術論文，只覺得他們的文字總是晦澀難懂，敘述總是迂迴蜿蜒，因此即便感覺言之有物，還是感覺冷僻難接近。

真正對筆者有實質影響，已經是成為學者之後，晚近在撰寫相關研究計畫及論文之需要下，精讀了余老師個人知識體系的重要著作《詮釋現象心理學》（余德慧，2001），以及過去相關論文。應該是筆者之知識層次已有成長，沒想到此回再詳細閱讀《詮釋現象心理學》，居然有很大啟發，而且感覺自己是真正讀懂了余老師的想法。而這可能跟一經驗有關，主要是先前曾與彰師大劉淑慧教授、當時輔大心理系博士生彭心怡及甫從彰師大輔諮系畢業的盧怡任博士組成研究團隊，致力於將《易經》智慧轉化為生涯諮商輔導方法（洪瑞斌、劉淑慧，2013；劉淑慧、洪瑞斌，2013）。由於彰師大劉淑慧教授長期投入現象學理論與研究且非常專精，所以當時在團隊研究之過程，也耳濡目染的對海德格、余德慧之詮釋現象

學更加親近熟悉。

　　總之再探余老師之理論，余老師提出的「中介空間」以及心理學及社會現象本質上都是中介性等觀點，讓筆者突然有醍醐灌頂、打通任督二脈之感覺。相關中介空間之特性與內容說明，將在本書第十章詳述，請再參閱。而余老師之《詮釋現象心理學》及相關論文則實質影響及幫助了筆者科技部專題計畫《探索故事的力量：敘說研究／活動其作用之探究》（洪瑞斌、趙娟黛，2021）之提出，以及一篇論文〈在之間：敘說研究／活動中的中介空間〉（洪瑞斌等人，2021）之發表。

　　另一位影響筆者之詮釋現象學及敘事哲學的大師是呂格爾，當然他就更不可能直接受教，只能透過作品文本來相遇了。事實上，筆者在撰寫《探索故事的力量：敘說研究／活動其作用之探究》研究計畫（洪瑞斌、趙娟黛，2021）與〈在之間：敘說研究／活動中的中介空間〉論文（洪瑞斌等人，2021）時，就已經直接、間接閱讀呂格爾之作品與知識體系了。所以當時讀到並弄懂呂格爾的三層摹擬論便驚為天人，因為此理論架構有很大重要性與核心性，而筆者也將三層摹擬論視為敘事研究或敘事介入的方法論基礎架構。

　　但讓筆者更深入呂格爾的知識體系也是有一機緣。前述108年科技部專題計畫《探索故事的力量：敘說研究／活動其作用之探究》（洪瑞斌、趙娟黛，2021）時，雖順利通過一年，但複審委員卻有提供更深入的意見回饋，其中提到：

　　本研究計畫的預期貢獻，提到「採呂格爾的三層摹擬論為基礎，修正敘說三層再現之基本架構」，依照目前的研究規劃，難以連結如此成果。「活的隱喻」是Ricoeur的重要概念，它產生了新的語意適當性；被塑造的情節則創造新的事件的組織一致性。也因此，才需要進行「前構—形構—再構」（pre-figuration, configuration, re-figuration）的三層再現。本研究兩年規劃，無論是第一年的學生作業分析或是第二年的敘說研究者自我反思分析，都難以呈現「活的隱喻」的敘事研究。申請人的方法論有其合理性，但如何從方法論到認識論，再到本體存有論，需再加以規劃。

　　複審之審查意見中的「隱喻」一詞，似乎像是朝筆者打亮了一盞燈。就筆者長年對敘事研究之關注與探究，已經探討過「認識論與眞實觀」、「研究倫理或倫理學」、「中介空間」等重要議題，因此109年科技部專題計畫（洪瑞斌，2020）便以「隱喻」作爲本體論核心點，重新整理敘事研究之整體方法論架構。過程中，筆者詳細閱讀及整理呂格爾《活的隱喻》一書以及蒐集到所有隱喻主題之心理學、哲學、文學相關作品，最終也打造完成筆者之敘事研究之知識論、方法論完整體系。當筆者建構出整體敘事研究之體系後，才回觀發現目前中文作品並無類似完整體系之介紹，於是也促使筆者動念要把所有過去累積的敘事研究方法論作品重新整理，再出版成書。可以說因著呂格爾的知識體系，幫助筆者建構出完整的敘事方法論之知識，也間接促成本書之問世。而相關敘事研究的本體論到方法論之論述與整理，將在第二章詳細說明。

第六節　本書之章節規劃

　　本書整體規劃出二大篇，包括第一篇「知識論與方法論之建構」、第二篇「各種領域議題之應用與研究實例」。第一篇是爲敘事研究之方法論基礎，從研究典範哲學觀到具體資料分析方法之介紹，希望藉由本篇之各章，讓讀者建立敘事研究之重要方法論基礎。第一篇共包含六章，第一章「總論與概說」即爲本章，主要提供敘事之基礎概念與觀念澄清，並且對本書之緣起與架構安排提供說明。第二章「從本體論到方法論之基礎」就提供敘事研究之典範與方法論基礎，並依序從本體論、認識論到方法論之特性做介紹。第三章「敘事空間的特性及作用」是整理出敘事中介空間成立的2種條件與特性，以及在中介空間中敘事交流可能產生的作用與療癒性。第四章「敘事研究的眞實性以及品質參照標準」則從哲學的眞實層次或眞實觀來論述敘事研究的眞實性，然後再進一步討論及歸納敘事研究的品質參照標準。第五章「敘事研究之資料分析」則說明敘事研究如何進行資料蒐集及資料分析，並提供一個資料分析的實例供讀者參考。第六章「研究倫理議題」介紹敘事研究之研究倫理議題，也讓讀者了解本取向之

之倫理考量並不同於生醫領域等實證主義典範之研究。

　　接著第二篇主要是提供敘事研究之應用實例，透過介紹已經完成的研究論文，讓讀者理解敘事研究如何應用在各類心理學領域之主題。而各章研究實例之選入，除了考量多元領域議題之不同外，另外還考慮「單一個案－多重個案」以及「自傳式－互動式－現存文本式」等類型，希望提供不同形式之敘事研究給讀者多樣性參考。第二篇共包含五章，第七章「家庭關係與自我發展」提供一個研究實例，該研究者透過自我敘說研究歷程，開啓重新理解父親並進行關係中的對話。第八章「生涯發展」提供一個敘事研究應用在生涯領域之實例，此研究訪談多達10名青年，最後萃取一初步理論架構，並討論本土化及華人文化議題。第九章「成年男性發展」針對成年男性發展之中年危機轉化議題，提供一研究實例，該研究進入李安導演之傳記故事，再進行男性發展危機之反思。第十章「組織行為」也提供一研究實例，特別針對一個組織諮詢經驗，進行反思性書寫，最後發現及探討「組織多重真實性」這個組織現象，並思考如何應用於組織諮詢中。第十一章「研究關係中的敘事交會」則討論當敘事研究之研究關係中產生敘事交會時，對研究者、研究參與者雙方可能都會有所學習成長及改變。

第二章
從本體論到方法論之基礎[*]

第一節　緒論

　　若從詮釋學的發展歷史來看，一般認爲詮釋學有兩次重大轉向，第一次是施萊爾馬赫將詮釋學從釋經學及語文學之特殊規則轉變爲適用於所有對話的一般詮釋學；第二次詮釋學大轉向則是海德格從狄爾泰的認識論基礎轉向解決存有論的問題，換言之，海德格的詮釋學再度從人文科學的方法論轉爲面對人的存有之現象學詮釋，這便進到本體論或存有論層次（孫雲平，2011；Palmer, 1969/1992）。

　　而後呂格爾繼承海德格的詮釋學基礎，其旨趣維持在人的存有論，但方法上有了敘事的轉向。換言之，要貼近人的存有只有透過敘事文的迂迴途徑，這便是從海德格的《存有與時間》到呂格爾的《時間與敘事》進展（沈清松，2000）。余德慧（2001）承接海德格、高達美、呂格爾的觀點，主張人所生活及存在的社會世界都必須在中介空間裡，而心理學則應探究這個中介世界的心理學。其曾在專著論及：

　　　　人的世界裡所有的關係都是中介。按此說來，所有的心理學都是文化的心理學，都是社會的心理學。在這裡，文化的、社會的心理學並不是指不同科別的心理學，而是指心理學的根本性。因爲社會本身、文化本身就是完全的中介。（余德慧，2001，頁135）

　　換言之，從詮釋學第二次轉向後，便主張要抵達人的存有需要靠迂迴

---

[*]　本章之初稿曾發表如下：洪瑞斌、鄧明宇（2022）。敘事宛若隱喻：探究隱喻特性在敘事取向典範的作用。中華輔導與諮商學報，65，93-126。本章以此文爲基礎修改。

途徑，只是語言或敘事文的迂迴。若依余德慧（2001）的論點來看，這個轉向是徹底的，因爲它所探究的本體，不再是客觀的實在界，而是由語言或故事所給出的中介世界。所有敘事活動的進行都在中介空間中，洪瑞斌等人（2021）認爲在說／寫故事、聽／讀故事的中介空間裡，具有互爲主體性（inter-subjectivity）、文本交織性（intertextuality）等特性。

總之，人無法直接觸及生命或世界，當人開始想要溝通或反思自身活動或生命經驗，就必須透過語言、象徵、圖像、劇碼或故事等表徵或再現。從第一度人的行動與生活世界，轉換到第二度被言說、表徵給出的中介世界需要靠摹擬的工作，但人也只能在中介世界中建構及賦予意義，這便是敘事研究整個本體論、認識論的哲學基礎。本章主要工作，便是從本體論、認識論到方法論介紹敘事研究的哲學典範基礎。

第二節　敘事研究之本體論：隱喻的宛若世界

隱喻對於敘事取向之研究與諮商似乎有著關鍵的作用與意涵，諸如詮釋學及敘事學的重要學者呂格爾曾以專書《活的隱喻》（Ricoeur, 1978/2016）來詳加探究。以此來看呂格爾《活的隱喻》之工作，便是視隱喻在生活世界以及中介空間等二個世界間的轉換與摹擬有其重要作用。如同Ricoeur（1978/2016）書中闡明隱喻除了概念詞語轉移的修辭學特性外，隱喻還有詩學特性，甚至隱喻還能到達本體論的層次。換言之，Ricoeur（1978/2016）將隱喻當作敘事的核心特性及相關作用，並從隱喻來申論敘事的本體論、認識論、方法論特性，因此本書跟隨Ricoeur，視敘事與隱喻互爲表裡，以增進敘事方法之哲學理解與重要論點。

一、敘事的本體論特性：二級指稱

呂格爾在《活的隱喻》的研究，從亞里斯多德的《修辭學》（Rhetoric）與《詩學》（Poetics）出發，因爲他發現「隱喻」的獨特性在於同時具備修辭及詩學的雙重功能。換言之，修辭透過其三重結構「修辭—證明—勸說」，達到說服功能；而詩歌的三重結構是「詩歌—

摹擬—淨化」，使其達到淨化功能，但隱喻似乎同時具備兩者（Ricoeur,
1978/2016；李彥儀，2009）。呂格爾引用亞里斯多德的定義，指出
「隱喻」是把一個事物的名稱轉用於另一個事物，亦即「名稱的轉移」
（Epiphora of the Name）（Ricoeur, 1978/2016）。因此，隱喻作爲方法論
是以名詞轉移或故事建構來對世界或現象摹擬，但呂格爾並未停留於此，
他再將隱喻／詩／悲劇之摹擬繼續推向存有論或本體論的位置（Ricoeur,
1978/2016）。

　　「模仿」這個概念歸根到柢可以作爲理解語境的索引。這意謂著，任
何話語都不能排除我們對世界的歸屬性。所有模仿，甚至創造性的模仿，
尤其是創造性模仿，處於「在世」（being-in-the-world）的領域，就它上
升到情節而言，它顯示了這種「在世」。我從亞里斯多德的「模仿」中所
看到的便是想像物的眞實性，是詩的本體論發現的能力。陳述因模仿而生
根，隱喻的偏離屬於表達現存事物的偉業。……將人描述成「行動著的
人」，將所有事物描述成「活動著的」事物，很可能是隱喻話語的本體論
功能。（頁58）

　　由於前面提到詩歌語言的無指稱部分，呂格爾再借用弗雷格的指稱
（Bedeutung; reference）概念，並進一步區分爲話語的「一級指稱」與
「二級指稱」。呂格爾認爲「一級指稱」指向現實世界，而「二級指稱」
則指向作品的世界（a world of the work），且作品的世界便是指向本體
論。因此呂格爾主張隱喻與詩都是指向本體論的「二級指稱」（Ricoeur,
1978/2016；李彥儀，2009），而且「世界是文本所展現的世界總體」
（張震，2009，頁62）。因爲隱喻指稱本體論的世界，最終呂格爾提出了
「隱喻的眞理」。隱喻指稱的不是現實世界簡單的還原或對應，而是「創
造式摹擬」了存有的世界，也就是宛若的世界。
　　而呂格爾所稱的宛若世界，也是藉由敘事或隱喻進一步建構成故事
或意義的世界（沈清松，2000）。呂格爾討論兩種文類，一是歷史，一
是文學，前者指涉實體及生活世界之描述文本，但後者詩或虛構敘事的文
本，被認爲指涉某種有意義的世界（黃冠閔，2013）。但無論是歷史故事

或是虛構故事，都還是宛若的世界（沈清松，2000）。同樣的，沈清松
（2000）提到敘事文之創造性摹擬，其實照亮了任何表徵語言均不曾獲知
的真實，且虛構敘事（如小說或詩）不只是表徵某種真實，而主要是在創
造一種真實。

　　如同亞里斯多德主張詩的目的在於創造一個在現實生活找不到的情節
（muthos），而此情節相同於敘事邏輯，都是人的創造物，亞里斯多德稱
之為詩學（poiesis）（沈清松，2000）。呂格爾認為詩歌語言或隱喻所反
映的世界觀，既是基於意義張力與辯證作用的認識論，也是二級指稱的解
釋所隱含的真理觀。甚至二級指稱所重新描述的真實、真理，應是能修改
既有的世界與真實之概念（李彥儀，2009）。假設難以理解二級指稱非現
實世界或本體論，或許可參考漢娜‧鄂蘭對藝術品的論述，鄂蘭認為藝術
品脫離現實脈絡及實用需求，但卻具有顯著的恆久性，她說此恆久性不受
自然的衰亡影響。而且藝術品所建構的非關交易或生存的世界，它能改變
生存世界暗啞無聲的憂鬱（Arendt, 1958/2016）。易言之，這裡的藝術品
相當於隱喻與詩都是二級指稱，所以其永恆不朽性便是指向超越或存有的
本體性。

　　另外一個例子或可參考《莊子》。因為《莊子》多使用寓言或隱
喻，使我們在「x宛如y」的框架中看到存有世界。例如：莊子用庖丁解牛
的故事，表達了道家對於存有的觀點（沈清松，2006）。這個故事告訴我
們，人應如何運用足以掌握生活複雜性的實踐藝術，而且終究可以依循自
然的規律並且贏得自由。換言之，若能接近此境界，現實中的「廚師」便
宛若生命的「藝術家」。如同道家「道法自然」之觀點，其本體或存有論
是摹擬自然規律的。

　　總結來說，相對於一級指稱的現實世界，敘事或隱喻的本體論特性是
朝向二級指稱，但何以敘事的創造性摹擬就能指向存有的本體論呢？或許
如沈清松（2000）所說，敘事文是由人物的摹擬所組成的，最後還有存在
的摹擬，關鍵在於雅斯培所稱人類存在之界限處境，多數人皆會遭遇這類
狀況，並且在此決定性的處境中導向自己的歷史。所以下面嘗試進入界限
處境之討論。

二、從界限處境到存有與超越

　　如同前述談到敘事（或悲劇）、隱喻有指向非現實世界的二級指稱之特性，但如何朝向存有或超越卻不清楚。沈清松（2000）提到雅斯培對呂格爾影響很大，也影響其敘事理論。雅斯培的「界限處境」、「密碼」與象徵等概念影響呂格爾，而且也增補完整了呂格爾的理論，因此本文加入雅斯培之觀點以補足此缺口。

　　雅斯培所謂的「界限處境」（Grenzsituation）是指人自身能力所無法改變之處境，包括死亡、痛苦、掙扎、罪惡感等，而且這些又是所有人類無法逃避的共同處境。雅斯培認爲界限處境的重要功能之一，就在於將人類經驗朝向超越界的實在來開放（黃藿，1992）。余德慧（2001）也有類似的主張，他指出海德格的深淵（abground）概念之核心性，由於人的存在必須依賴語言與意義系統，在某些處境讓語言的秩序破裂或消除時，就是處於深淵。他舉一個朋友說的故事，一位太太到丈夫辦公室抓外遇，不但抓到了，而且發現丈夫外遇對象居然是男性，語言的秩序轟然破裂，人就突然陷落深淵（余德慧，2001）。同時余德慧（2001）也說：

　　人在破裂處才發現自己的靈。在破裂之處，原來理所當然的、語言所攀爬的關係和仰賴都消失，如此人才找到他的存有。（余德慧，2001，頁46）

　　於是在界限處境、深淵之中，人才朝向或通往存有或超越之途。相關研究發現，在界限處境或創傷經驗常常對敘事時間性及意義架構產生破壞性。如洪瑞斌（2009）針對中年男性探究長期失業之經驗，發現失業取消原有職銜、價值來源等，造成失業者知覺過去生命或經驗沒有意義、未來無希望，而現在是處在莫以名之的失語狀態。林耀盛（2009）在震災心理創傷者的研究中同樣發現，由於過去賴以生存的意義架構被此重大事件衝擊摧毀，而陷入「瘖啞無語性」狀態。

　　一般而言，創傷之心理症狀即「創傷後壓力症候群」（簡稱PTSD），最明顯特徵就是不斷重複經驗創傷的感覺，這包括當時事件之

畫面重播或回溯，以及重新經驗事件當時的身體感覺與情緒，令人困擾的是，這些重複都是強制的、無法控制的。有意思的連結是，事實上這些症狀正是先前界限處境經驗的重播或再現，而且同時包括身體感覺及圖像畫面，彷彿經驗一再重播是在提醒及等待故事被重說與重構的機會。若以李維倫（2022）的意識三重構作論的觀點來看，可能因為意義結構遭破壞，使行動者無法移動到語意意識，只能被困在圖像意識以及體感意識二層次之間，不斷無限迴圈，直到重建新的意義架構可言說為止。

　　至於如何從界限處境通往超越或存有，雅斯培稱為「躍昇」（sprung），並說明躍昇過程有三步驟（黃藿，1992）。第一步是從世上的經驗事物躍昇至「普遍認知者的實質孤寂」（substantielle Einsamkeit des universal Wissenden），意指跳出世界之外成為旁觀者，觀看事物之變幻無常。第二步是從對事物的思考躍昇至「可能存在的照明」（Erhellen möglicher Existenz），意指即便站在世外之旁觀者，卻發現仍離不開受困的經驗事物，而朝向「可能存在」意識的覺察。第三步從經驗層次的可能存在到「界限處境中的真正存在」（wirkliche Existenz in Grenzsituationen），意指從個人的可能自我，到自己塑造新意義的自我，時間焦點從「以前」再到「未來」的有意識內在行動（黃藿，1992）。簡言之，在界限處境中的躍昇應該首先是「間距化」（distanciation）以及在行動者—敘說者—讀者間位移的過程。而後則是意義架構的重構過程，最後才會導向新的可能自我及行動。

　　雅斯培曾說明超越的模式，他認為「存在照明」是真正的超越，對比另一種「世界定向」。「世界定向」是指理性科學的求知，追求的是對客觀世界的普遍的客觀真理。「存在照明」則相反，追求的是個人主觀的真理，是主體認定遵循的，加上行動實踐，朝向真實自我的實現（黃藿，1992）。換言之，相對於世界定向是指向客觀世界，即「一級指稱」；存在照明是指向存有或中介世界，也就是「二級指稱」。另外，雅斯培認為密碼解讀也是通往超越界或存有的方法，他將象徵區分為「指意象徵」及「直觀象徵」，前者象徵是客觀的、普遍的，符號和意涵可分開，相當於一級指稱；而「直觀象徵」就是密碼，它是直觀的、意義未定，不斷更新面貌，因此沒有最終形式，同樣相當於二級指稱（黃藿，1992）。

　　如同前述雅斯培論及躍昇所需的間距化，其實可發現敘事迂迴的必要性，透過從難以言說的經驗中逐漸說出故事，才有機會跳出至旁觀者（讀者）位置，進而有機會重構意義。另外，有時須留意故事中直觀象徵的隱喻，才可能解讀超越界的密碼。

　　或許人確實經常是在體驗到生命的有限性時，才開啓朝向無限或超越性開放的可能，而界限處境是最易體會生命限制之處（沈清松，2000）。例如：一場「倫理的極限處境：從罕見疾病談世界照顧的樣態」工作坊中，有罕見疾病基金會資深志工媽媽分享罕病兒子永強的故事（曾雅麟、劉達寬，2021）。永強是黏多醣症患者，2歲以後就停止成長，10歲時就離世了。雖有身體限制，但仍維持對唱歌、跳舞、球類運動、打擊樂、繪畫等興趣。後來永強身體糟到不能去上學，某天醒來他覺得身體更無力。母親看到他的狀況忍不住哭了，永強卻反過來安慰母親，自覺他的生命雖然短暫、痛苦，但會發光發亮，鼓勵人更有勇氣。後來他寫下這首詩，並在生命終了前仍然認識新朋友，影響了相遇的人（曾雅麟、劉達寬，2021）。永強這首詩充分展現了從界限處境的有限性到存有的超越或無限性。

　　我的身體沒有辦法幫助別人，我的心卻可以幫助別人；
　　我的身體很脆弱，我的心卻很堅強；
　　我的身體是硬的，我的心卻是柔軟；
　　我的身體沒有翅膀，我的心卻可以到處飛翔。

　　另外，沈清松（2000）認為神話是指向人的歷史性與共同界限處境之中，因為神話都是有關事物起源的敘事文。他進一步說明，神話本質上是一種把過去的原初時間與今日的時間連結起來的敘事文。而且神話總是與典禮儀式相連結，因為藉由儀式化形成一種行動典範，神話才能繼續影響後代社會群體的生活世界（沈清松，2000）。換言之，神話並非指稱現世之現實世界，也是屬於二級指稱，有可能協助面對人類共有的界限處境，引導朝向存有及超越。

三、創世之敘事與原初之劇碼

　　從前面所說神話與原始儀式可能關照人類共有的界限處境，而指稱到存有或超越。我們好奇原始人類部落究竟如何開始說故事？或者進入敘事摹擬的宛若世界或意義空間，究竟是不是人的本體性需求？

　　人類最早的敘事作品不是文字符號而是洞穴壁畫。不同地方都有原始洞穴壁畫，包括法國、西班牙、印尼等，壁畫內容大多色彩鮮明、形象生動，有群體狩獵、動物狂奔、野牛中箭及各類動物等圖案（李賢輝，2021；趙珮宇，2019）。這些壁畫經測定約為1至4萬多年前所做，為人類最早藝術品，也是最原初的敘事性圖像（李賢輝，2021；趙珮宇，2019）。

　　這些原始人類的洞穴壁畫，不是為欣賞娛樂而作，因為洞穴幽暗隱密，平時無人居住，必須持火把特別深入才能看到（李澤厚，1996；李賢輝，2021）。李澤厚（1996）認為這些史前洞穴壁畫是為了進行圖騰巫術或儀式而作，是原始巫術儀式的遺存物。相關資料同樣提到這些壁畫被認為與原始巫術與儀式有關，可能為確保狩獵成功的儀式，面對打獵之高度危險情境，祈求戰勝恐懼，成功捕殺獵物帶回充足食物（李賢輝，2021）。

　　李澤厚（1996）談到美學的起源，提到《說文》解「美」字從「羊大」做說明，意指戴著羊頭裝飾的大人，而大人是指執掌圖騰巫術、圖騰樂舞的祭司或酋長，頭戴羊頭裝飾進行圖騰巫術或動物扮演的展現。他也提到「舞」的初文是「巫」，因為在甲骨文中巫與舞是同一個字。換言之，原初的藝術文化可能都是從原始祭儀逐漸發展出來（李澤厚，1996）。

　　或許可以想像某次原始部落集體狩獵之艱辛歷程，最後捕獲獵物大豐收，返家後之狂喜，讓大家不自覺歡喜的唱歌跳舞，也試著重演或再現了當時打獵的激烈過程，漸漸發展成巫術儀式或舞蹈。而後可能為了增加經驗摹擬的逼真性或是儀式傳承的傳播性，因而繪製了洞穴壁畫。日後若是部落之狩獵失敗，族群面對飢荒的界限處境時，可能就會更加重視狩獵巫術儀式，透過壁畫及歌舞儀式，再現了過去打獵的經驗，面對野獸的勇

敢，英雄的強大能力或團隊合作的精神，最後獲得豐碩的成果。但壁畫及儀式演出的傳奇故事，不一定是同一代的人，而後代進入先人成功經驗的宛若世界或許提升了當下面對危險的勇氣，也提升了面對未知及失敗的力量。

李澤厚（1996）提到這些原始圖騰巫術及儀式在文化上的作用：

> 一方面團結、組織、鞏固了原始群體，以喚起和統一他們的意識、意向和意志。另一方面又溫習、記憶、熟悉和操練了實際生產—生活過程，起了鍛鍊個體技藝和群體協作的功能。（李澤厚，1996，頁6）

他進一步推論，就是這些原始人類之圖騰巫術與儀式活動，逐漸形成人類集體之社會文化（李澤厚，1996）。換言之，在洞穴壁畫之前，更早的敘事摹擬是透過儀式性再現與表演的巫術舞蹈或劇碼，只是這些儀式的程序或舞碼難以如壁畫、雕刻或器物等人造物長期流傳。李維倫（2022）曾提出「意識三重構作論」，他指出與生活世界中行動或活動最接近的就是體感意識，因此最原初敘事較易使用戲劇或舞碼來摹擬，而後才是藉由繪畫移動到圖像意識層次，待人類語言系統成熟後，最後才以口說或書寫的故事文本抵達語意意識層次。而且原初敘事的摹擬也才讓人類開始有意識的反思，也從原初反射性行動的生活世界，進入充滿意義性的宛若世界。有關意識三重構作論將於第四節再做說明。

Polkinghorne（1988）曾主張人類進化過程及存在經驗有2個關鍵閾限點（threshold point），就在於從物質轉變為生命，以及從生命轉變為有意識的進化關鍵。他並以此區分出人類存在經驗的3個範疇或真實層次，即物質、有機與意義等3個範疇。而且人類是一種綜合性的存在，它融合了物質、生命與意義等範疇或是同時交互運作（Polkinghorne, 1988）。或許可以說，當第一件敘事作品—儀式性舞蹈或劇碼出現時，就是人類意識性、反思性誕生之際，它開始讓人類進入意義範疇或宛若世界，也創造出意義建構的世界。而且即便人的存在經驗是3個範疇並存，但人類再也無法退回無意識的純粹物質或有機世界，人只能在隱喻或敘事摹擬中不斷建構與重構意義了。據此似乎可以同意，人不斷進入敘事摹擬的意義空間或

宛若世界，應該是人的本體性需求或特徵。

　　從原始人類最初的敍事性質圖騰儀式及壁畫，我們移動到另一個現場，即新生嬰兒與母親／照顧者關係世界中，嬰兒如何形成自我及他者之認識。看似不相關的場景與處境，卻有清楚相似性。包括從無意識、無意義的生存活動，發展到有意識與意義成形的狀態，差別只是從集體人類的意識與心智發展，轉換到個別新生兒的意識與心智發展歷程。

　　翁士恆（2021）從客體關係論裡發現，在人我關係倫理裡存在一個「第三空間」（the third space）或過渡空間（transitional zone），而這個空間協助了從母嬰融合到母嬰分離，也協助嬰兒之自我發展從未成形（formlessness）到成形。如同Winnicott（1971/2009）提出了「過渡空間」的概念，他主張在嬰兒「自我」的主體與母親「他者」的客體之間，存在一個暫時性的意義空間，此空間裡有著尚未形成自我以及他者的象徵意義，並等待分裂與成形。因此過渡空間的「過渡性」是具有「未成形」的概念，「未成形」是未來意義尚未形成，是一個「尚未存在」的可能存在，但同時卻也象徵著「成形」的未來性與時間性（Winnicott, 1971/2009；翁士恆，2021）。

　　而這第三空間之空間性就具體展現在所謂「過渡性客體」（transitional object），這個象徵物或空間貯存了有關母與嬰的代表性象徵與符號，同時也是介於母親與嬰兒間的存在。過渡性客體常見的是嬰兒熟悉的玩具熊、毛毯、小被子、布娃娃等。Winnicott曾舉泰迪熊作為過渡性客體的實例，兒童透過投射與想像的作用，使用泰迪熊複製母親與他的關係。泰迪熊有時代表母親，而兒童可以投射對母親的愛與恨，把對母親的占有與破壞行動外化出來（acting out；像是抱、親或咬）；有時泰迪熊也可能是自己的象徵，自己扮演「母親」，與泰迪熊複製共演母親對他的愛與照顧行為（Winnicott, 1945；翁士恆，2021）。

　　換言之，嬰兒在面對親密客體的分離經驗，當然是嬰兒的界限處境，他面臨照顧者離開、世界崩解的威脅，自然難以承載。他與過渡性客體一起敍事性的摹擬了母嬰關係正負向互動的劇碼，在這樣的敍事劇碼反覆經驗中，他漸漸確認了我與母親是不同主體，但我與母親有著穩固的客體關係或信任感。我們幾乎可以說嬰兒就自我療癒與理解的需要，自行導

演與經歷了原初的第一場心理劇，他不但選角玩具熊演出重要客體，有時也換角由他替身演出自己。最終，以客體關係理論來說，孩童要建立形成穩固的內在客體，也就是內在心裡的母親意象或是概念化的母親符碼。同樣可見在建立或形成母親意象（圖像意識）與符號象徵的母親（語意意識）前，需要從生活世界中之行動最接近的體感意識層次開始（李維倫，2022），因此新生兒的原初敘事還是以戲劇劇碼來摹擬。

過渡性客體基本上就是母親／重要客體的隱喻或象徵物，至於玩具熊或小毛毯與母親有何相似之處呢？根據依附關係研究之「接觸舒適論」發現（Gerrig & Zimbardo, 2002/2004），應該是擁抱、接觸過渡性客體之舒適及安全的身體感覺與母親相近。另外，玩具熊或小毛毯等往往長時間與嬰兒、母親一起接觸、陪伴睡覺等，所以或許也有嗅覺氣味的相似性。不論是觸覺或嗅覺的相似性，都再次符合前述，體感意識層次最接近生活世界中的行動經驗，隱喻或敘事的摹擬也從這裡開始。

翁士恆（2021）指出Winnicott（1953）之後進一步將過渡空間提升至關鍵位置，他說這個空間：

> 就是「體驗」的發生之處，將人類的經驗儲存於此，等待著適當時機，指認著與他人的關係，是一種「人文公共儲存所」。（翁士恆，2021，頁115）

換言之，當上述將客體關係間的過渡空間擴大到人類文化的集體中介空間，或許我們也可以從客體關係理論僅聚焦於人我關係加以擴大，將其僅指涉自我、客體未成形擴充到普遍性的「意義未成形」。

因為Winnicott將這個中介空間視為讓人可以「遊戲」（如兒童的傳統或電子遊戲）與「文化體驗」（如成人的小說、電影等藝術或表演）的創造力發展潛在空間，而且這個空間是充滿象徵符號或隱喻以及想像力的運作（Winnicott, 1971/2009；翁士恆，2021）。換言之，Winnicott將「文化體驗」視為過渡現象與遊戲的延伸，人類從遊戲發展成為文化體驗，並成為文化的基礎。最後Winnicott用「人文公共儲存所」來指稱人類集體的想像、遊戲的空間或世界，所有個體或群體都能對它投入貢獻，而且我們

除了在此儲存，也可以在此提取（Winnicott, 1971/2009）。透過這樣的討論，很清楚Winnicott所說遊戲的第三空間，其實等於是隱喻或敘事摹擬的中介世界，因為Winnicott終身所研究的「遊戲」，正好也是敘事的創造性摹擬經驗。

最後，我們可以整合本小節及前幾節之重點，人的生命及發展歷程總是在意義未成形中，朝向與通達存有與超越之境地。最常見而顯著意義未成形之狀態，浮現於生命敘事的裂縫中，也就是界限處境，例如：生命創傷事件、失業、失婚，或是生命威脅的極限處。另一種不明顯意義未成形之狀態是海德格（Heidegger, 1927/1989）所稱的「沉淪」（fallen），沉淪是指人進入非本真的存在狀態，斷絕未來不同自我發展的可能性。而造成沉淪的原因就是日常生活常軌的重複性造成封閉性的循環，使人進入無意義或虛無狀態。不論是界限處境或是沉淪狀態都顯現因生存條件而產生有限性或諸多限制，而且失去語言或敘事可指稱的意義詮釋空間。

對照來看所謂意義成形狀態，即是存有及超越之境，是具有創新與無限性，也使人接近本真自我狀態，但本真自我並非一種實存的樣貌，而是朝向可能性或發展潛能的自我狀態。亦即宛若世界是意義建構的世界，它是一個辯證性創造的歷程，因此要從意義未成形處抵達意義成形之處，

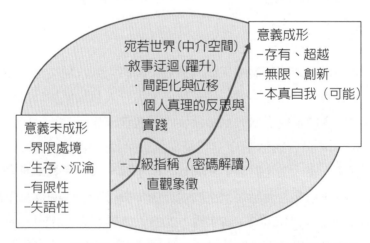

圖2-1　從意義未成形到意義成形之辯證性創造歷程示意圖

資料來源：敘事宛若隱喻：探究隱喻特性在敘事取向典範的作用。洪瑞斌、鄧明宇，2022，中華輔導與諮商學報，65，頁115。

需要一個隱喻或敘事構成的宛若世界或中介空間。在此宛若世界或中介空間中，透過敘事的迂迴，讓人能夠對自身生命經驗產生位移及間距化，而且有機會對個人真理進行反思與實踐、重構意義架構等。另外在宛若世界中，也有機會使用隱喻或直觀象徵進行密碼解讀（黃囊，1992）。

第三節　敘事研究之認識論

一、詮釋學循環

敘事之哲學源頭來自詮釋學，因此敘事的認識論也從詮釋學再做修正與推展。詮釋學認識論之重要概念是詮釋學循環（hermeneutical circle），它基本上是部分與整體間的辯證關係。像是 Palmer（1969/1992）所說：

> 一個單獨概念從它所處的語境或視界中獲得它的意義；然而視界是由眾多不同的因素構成，視界給這些因素賦予了意義。通過整體與部分間的辯證之相互作用，它們就把意義互給了對方。（Palmer, 1969/1992, p. 98）

具體來說，例如：一個句子與單一語詞的關係，整體句子是由各語詞所組成，但單一語詞的意義需要放在整個句子中來觀察。當然，同樣的原則可以放到單一段落與整篇文章或單一情節與整篇故事的理解。換言之，一個基本原則是人理解某物是將它與已知的某物做比較（Palmer, 1969/1992）。

而後海德格將詮釋學循環定義為理解與詮釋間的循環，理解是已確定的因果關係或前在知識，所以是「先在結構」（Vor-Sruktur）。而詮釋則屬「宛若結構」（Als-Sruktur），針對未知或未定之處。換言之，詮釋學循環變成在已知處與未知處之間的辯證性循環。但對呂格爾來說，先在結構並不是因果關係知識，而是語意結構以及情節結構等，後者並引入結構主義李維史陀對神話敘事的「神話元」分析來說明。最後並推衍出行動

語意學（因為象徵的資源，可以視行動宛若文本）作為「可理解的結構」
（沈清松，2000）。

　　沈清松（2000）認為從詮釋到陳述歷程，是從理解再將故事說出，
因此主張呂格爾的詮釋學循環應是在詮釋與建構之間的循環。重點是，詮
釋學循環不應是封閉的循環，而是不斷螺旋向上，擴大認識者之理解歷程
（沈清松，2000）。另外，到呂格爾時，基本上已不說「宛若結構」，
只用「宛若」（as if）此概念，即是敘事的摹擬或形構，也就是透過說故
事、寫詩建構出一個世界（沈清松，2000），如同後面將詳述呂格爾的
「三層摹擬論」。

二、宛若世界之辯證性

　　呂格爾認為敘事具有「隱喻的真理」，而且它其實隱含在隱喻本身的
語意結構中，它是一種張力結構（張震，2009）。在隱喻中，「是」意謂
著「像……」，於是「是」同時包含著「是」（to be）與「不是」（not
to be）。換言之，隱喻本身就包括語意的同一性與差異性的對立統一體，
因此是一種張力關係（Ricoeur, 1978/2016；李彥儀，2009），同時也是辯
證型態（張沛，2003）。所謂隱喻的真理，因「是」正是「存有」的真
理，因此隱喻的真理不僅僅是一種認識論的真理，更是一種存有論的真理
（張震，2009）。

　　換言之，「視x為y」，或「言說x如同y」，同時也表示x不是y。呂
格爾指出隱喻的張力原則或辯證理論包含3個層次，即內容與表達手段間
的張力（陳述中的張力）；其次是字面義與隱喻義之間（兩種解釋間）的
張力；最後是相似作用中同一性與差異性間的張力（繫詞功能中的張力）
（Ricoeur, 1978/2016；黃冠閔，2013）。但黃冠閔（2013）指出在隱喻的
張力型態下，同時也反映了意義與感官之間的融合，而且中介發生在融合
與張力兩者之間。

　　另外隱喻的辯證或張力型態也出現在敘事「三層摹擬論」中的形
構，也就是故事的建構。沈清松（2000）提到情節作為一種形構的作用，
就是在把協調—不協調這種異質性綜合體或辯證性組合呈現出來。整個情

節布局（emplotment）的主要結構是由「不協調中的協調」（discordant concordance）及「協調中的不協調」（concordant discordance）來形成。而環境與主角角色、特質相一致即是協調，而與其角色、特質不一致即是不協調。他並指出相關概念呂格爾是從結構主義之對立「神話元」來調整，可以說呂格爾從結構主義的二元對立，轉變爲動態辯證之發展（沈清松，2006）。換言之，隱喻與運用隱喻敘事所建立的宛若世界本身就是辯證性的型態。

如同前述，沈清松（2000）認爲敘事的詮釋學循環不是封閉的循環，而是開放循環，能擴大認識的歷程。至於敘事與隱喻如何帶來認識的擴大，黃冠閔（2013）從呂格爾的論述中找出了隱喻及敘事對想像與語意創新的面向。黃冠閔（2013）說明呂格爾在意義與指涉的辯證性中，以「草圖勾勒」（esquisse）來說明意指的雙重性，而且隱喻的草圖勾勒帶入一個未知的指涉場域（黃冠閔，2013）。換言之，概念草圖能幫忙帶入意義的預感，呼喚著意指的成形，使得隱喻產生了想像力。在概念尚未明確成形之前，這種對於意義的預感使可能的想像放在一個未知場域，讓意義得以在此場域成形（黃冠閔，2013）。

隱喻及敘事帶動的開放性詮釋循環及認識擴大，除了前述形構的作用外，也可能回到前構的行動層次。呂格爾使用現象學的「想像變異」（variations imaginatives），提供了對於未來行動籌劃（projet）中可能選項的構想，如同隱喻中的草圖勾勒，這也是「行動的預感想像」（l'imagination anticipatrice de l'agir）（黃冠閔，2013）。黃冠閔（2013）指出：

這種連接使得籌劃（投向未來）與敘事（轉向過去）兩者之間能夠彼此交換，產生雙重效果：籌劃從敘事取得圖式與框架，而敘事從籌劃取得預感的能力。（黃冠閔，2013，頁24）

沈清松（2006）指出「隱喻」並不限於「語詞」的層次，它亦出現於「語句」與「作品」的層次，至於隱喻的指涉，則在於隱喻所構築的「宛如世界」，或說是一個由意義所組成的世界。黃冠閔（2013）則強

調：

> 隱喻的真理觀是一種雙重的真理：在字面義上，以繫詞的「不是」為索引，在隱喻上則以「是」為索引。這種指涉不完全脫離實在世界，也不肯定一種純然在文本內部的真理，而是從現實世界挪移而開啟另一種存有論價值的表述。（黃冠閔，2013，頁19）

換言之，從詮釋學循環到敘事的循環，敘事經過形構表徵化的說出或寫出後，再經過閱讀的再構，此時視域融合作用使讀者內在框架、腳本有所擴大及修改。最後再回到行動者位置時，他對於世界的理解或未來的想像已經有些新的不同，並據此新框架回到生活世界做行動實踐及展演。因此，從某種程度來說，隱喻及敘事的真實是帶有建構的真實。可以說隱喻在認識論的辯證性是持續存在於敘事「三層摹擬論」的各層次歷程中，包括協調─不協調、相似─相異、一致─不一致等多重的二元辯證，也在辯證中擴大了認識，建構了真實。

總結來說，人無法直接接觸（客觀）現實世界，人所能理解與存有的世界，只能迂迴透過文本作品的世界，於是透過隱喻，揭示了這「世界」的認識論特徵，此宛若世界必然同時存在相似性以及偏離性之辯證性或張力型態。但呂格爾並不將差異性或偏離性視為偏誤，而認為是一種創造性，也是「活的隱喻」之生命力所在。可以說隱喻的真理並非來自絕對的真實，而是擬真或是建構的真實。因此隱喻或敘事文本並非現實世界無限複製的瑕疵品（無法100%複製），隱喻或敘事文本是對人存有之世界的無限創造，尤其偏離性才是這世界「活的」出口。

第四節　敘事研究之方法論：修正的「三層摹擬論」

一、增補呂格爾的三層摹擬論

敘事研究之方法論架構可採用呂格爾的「三層摹擬論」（沈清松，

2000）。洪瑞斌等人（2021）曾增修了呂格爾的「三層摹擬論」，來建立敘事研究／活動裡的中介空間作用及歷程。他們以呂格爾「三層摹擬論」爲本，進一步將三個層次中的主體位置、活動及文本詳細區分出來，作爲敘事的中介空間的核心理論架構。呂格爾的「三層摹擬論」之核心概念爲「mimesis」（或拉丁文「mimêsis」）。「mimesis」一詞沈清松（2000）翻譯爲「再現」，其他包括翻譯爲「模擬」（黃筱慧，2017）、「模仿」（陳學毅，2013）、「擬構」（黃冠閔，2013）等。但其實「mimesis」並非生活世界的再現，取「再現」容易有再現或還原的誤導，而是模仿、擬構、擬態、仿製的意義。換言之，面對「生命」的抽象與複雜性，人們無法直接指稱或接觸，只有透過故事的迂迴路徑才能到達，因此故事文本其實是「生命」模仿、擬構。筆者認爲，這很接近中國傳統在說明對古書畫仿製時所用的「臨摹」一詞，因此本書取「摹擬」譯詞。

　　呂格爾指出一篇敘事文預設了一敘事者與其接收者（讀者），而敘事者（故事主人公）、敘事文本、讀者，三者之間有著密切關係。於是呂格爾提出了「三層摹擬論」，用以說明前述三者的複雜關係（沈清松，2000）。所謂「三層摹擬論」即指從「摹擬1」的「前構」（pre-figuration），經過「摹擬2」的「共同形構」（configuration），最後到「摹擬3」的「再構」（re-figuration）等三個程序（沈清松，2000；陳學毅，2013）。而「摹擬1」或「前構」是指敘事的前結構，主要是人在時間中主被動的行動過程以及整個存在狀態，具體包含了「意義結構」、「象徵資源」、「時間性」等內涵（沈清松，2000；陳學毅，2013）。簡言之，摹擬1是敘事者（行動者）在生活世界中發生行動經驗後，故事未說之前的「前結構」。

　　「摹擬2」或「共同形構」是透過情節（plot）、情節布局（emplotment），以及彼此間的組織，把所有事件形構成一個故事。換言之，把先前事件經驗或行動世界轉述成情節的布局與安排，敘事文本就誕生了。在「摹擬3」中則可以達到「再構」（re-figuration），因爲此時讀者藉著閱讀的行動，再把故事讀回去，從故事中建構出一個世界。一個故事所指涉（reference）的就是讀者從其中讀出的世界（沈清松，2000）。

簡單來說「三層摹擬」，「前構」是指從人的主被動行動與存在的生活世界，進到預備被言說、被象徵指稱之觀念世界；「共同形構」是指敘事前的認知或感受，透過情節布局而建構或組織之敘事型態或故事文本；「再構」是讀者閱讀文本，再建構另一個詮釋的世界（沈清松，2000；陳學毅，2013）。

　　丁興祥與張繼元（2014）之論文主張「自我敘說之建構如同『詩』的建構，透過賦比興的歷程，人生如詩」。因此丁興祥與張繼元（2014）採用吳怡（1996）「中國整體生命哲學」的「生、理、用」循環模式，以及《詩經》的「賦、比、興」美學原則，再加上呂格爾提出了「三層摹擬論」，提出一個自我敘說作為生命實踐的方法論。他們認為生命經驗透過「自我敘說」之記憶選擇及「賦」的描述（形構）成為故事文本，故事再透過「詮釋」或「比」（再構）得到新理解或新視框，最後新理解或新視框再經由「起情動念」（興）投入生活或生命的建構與實踐。丁興祥與張繼元（2014）認為第二步個體對自身故事文本的「比」、「再構」即是「隱喻」，只是隱喻廣泛的包含想像力、視框轉換的活動。所以個體重新閱讀自己的生命故事文本，可以透過想像的隱喻，整體性的重新理解「生命」，帶動前述之重新架構或視框轉換的作用；於是個體對自身生命理解便有新的頓悟或理解。

　　筆者留意到李維倫（2022）曾在研究中提出意識三重構作論之結構與運作模式，似乎正好能填補上述提到的理論缺口。李維倫（2022）認為在經驗中行動者的意識意向性結構可區分為三種意識層次，即為語意意識（關注於意義）、圖像意識（關注於圖像或隱喻），以及體感意識（關注於身體感覺或感官知覺經驗）。重點是三個意識層次有高低排列，並以體感意識最為基礎與原始，語意意識最抽象、複雜，而圖像意識介於兩者之間。且三層次間的轉移運動並無跳躍，換言之「圖像意識」成為一、三層次間轉換移動的中介層，需要經過中間的圖像意識才能順利抵達。

　　沈清松（2006）同樣談到從無意識的身體行動及欲望，轉化為有意識的語言及意義表達過程，中間需要非語言的表象協助。如其所言：「欲望首先透過非語言的表象表達，即透過將x表達為y的方式，這表示它們具備一種『宛若的結構』（as-structure），就如同在隱喻的情形一般。」

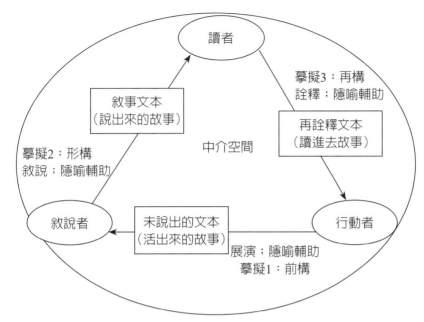

圖2-2　修正呂格爾「三層摹擬論」之敘事中介空間架構圖

資料來源：敘事宛若隱喻：探究隱喻特性在敘事取向典範的作用，洪瑞斌、鄧明宇，2022，中華輔導與諮商學報，65，頁101。

（沈清松，2006，頁24）而這些非語言的表象，廣泛包括音樂、舞蹈及其他表演藝術，甚至包括「夢」都是從身體欲望轉爲圖像式語言，再協助轉爲語言意義；這與李維倫（2022）看法相同。

　　由於前述「摹擬2」便是從過去發生過的身體行動經驗建構爲故事文本，因此是從體感意識轉化爲語意意識，才能產出語言、文字之文本；相反的，「摹擬1」便是從內在讀過的故事文本，或是自我認定之個人生命腳本，再於生活世界脈絡中落實演出，因此是從語意意識再轉化爲體感意識，以便體感意識意向進一步引領實際行動。因此，依據李維倫（2022）的意識三重構作論之結構與運作模式顯示，通過中介層的「圖像意識」將更容易或有利於轉換移動的完成。而「圖像意識」當然就是圖像的想像或隱喻的運用了。

　　總結而言，我們發現可採洪瑞斌等人（2021）的敘事中介空間架構爲基礎，加上李維倫（2022）的意識三重構作論之結構與運作模式的增

補，形成更完整的模式架構。基於隱喻可以進入「圖像意識」，以及重新架構或視框轉換之作用，在「摹擬1」、「摹擬2」、「摹擬3」的轉換移動過程都可經由隱喻之協助，順利完成轉換。在上述對於隱喻與敘事方法論之討論過程，可發現「摹擬」與「隱喻」在概念上的同質相似性。如同前面所說，我們迂迴使用敘事文本來摹擬「生命」，但文本與生命間的轉換移動，也並非容易或自然產生，於是轉換過程或路徑中「隱喻」的圖像視覺特性便成為一把通關的關鍵鑰匙。

二、隱喻的詩學特性

呂格爾發現敘事與隱喻共享一重要特性或內涵，即摹擬。在《詩學》中，隱喻被放在「陳述」的標題下，情節（muthos）作為悲劇6個要素之一，情節的定義即對行為的摹擬。而悲劇或詩歌也就是人類行為世界的摹擬，也因此它有淨化情感的功能（Ricoeur, 1978/2016；李彥儀，2009；張震，2009）。呂格爾指出，亞里斯多德認為：「摹擬始終是對獨一無二的東西的摹擬」，也是「對自然（phusis）的摹擬」；而自然對希臘人來說是有特殊生命力之意涵（Ricoeur, 1978/2016）。

另外，呂格爾引用並修正赫斯特（Marcus B. Hester）談詩歌隱喻的意義性，並歸納出三種特性。包括：(1)詩歌語言的表達是「意義與感覺」的融合；(2)詩歌語言本身有其厚度，另成為一種實在、一種材料（stuff）；(3)詩歌語言可建構一種虛構的經驗，而無所指稱（非真實世界之現象）。以上3點呂格爾修正成詩歌語言指涉到想像域中的意義（Ricoeur, 1978/2016；李彥儀，2009；黃冠閔，2013）。

呂格爾認為詩歌語言的本質特點是「意義與被喚起的一系列意象的融合」，而這種融合構成「意義的圖像性」。換言之，隱喻的意義圖像性並非觀念的簡單聯想，而是一種建構意象的方法（Ricoeur, 1978/2016；李彥儀，2009；黃冠閔，2013）。呂格爾指出了詩歌與隱喻的另一種特性，即具有意象性或圖像性，而且它是同時融合語意及圖像兩者。因為提到詩歌及隱喻的語意與圖像性，令筆者想到一首最具畫面性的作品，即馬致遠的元曲《天淨沙‧秋思》，如下：

枯藤老樹昏鴉，小橋流水人家，古道西風瘦馬。

夕陽西下，斷腸人在天涯。

　　此作品前三句都是情景描寫，描繪外郊偏鄉之秋景充滿荒涼蕭瑟之感。當然這些外在景象都是爲了寄寓內在情感，因此悲秋黃昏之異鄉是在烘托憂傷漂泊的旅人；其中則以「斷腸人」來比喻極度悲傷的異鄉旅人。從此例可以看見不論是整體詩詞以及隱喻，確實都是同時融合了圖像及語意的神奇綜合體。

　　此處我們應該處理一下，相關文獻不斷出現將「隱喻」、「詩歌」、「敘事文」三者交互混用或相互指涉的問題。呂格爾曾引用比爾茲利所說的話：「隱喻是微型的詩歌」（the metaphor is taken as a poem in miniature.）（Ricoeur, 1978/2016；李彥儀，2009）。另外，張震（2009）歸納呂格爾的觀點，指出：

　　我們可以把隱喻看作一種「縮微的作品」，而作品則可以被看成是一種「被強化或擴大的隱喻」，隱喻與文本的關聯本身就是一種詮釋學的關聯。（張震，2009，頁62）

　　因此，「隱喻」既是詩歌，也是敘事文的微縮型態。由此觀之，隱喻、詩歌、敘事文三者擁有相同的屬性特徵，只是大小篇幅與複雜度的差別，因此基本上隱喻、詩、敘事三者屬於一體同構。

　　總結來說，從隱喻的詩學特性可以看到，敘事及隱喻作爲探究的方法論一方面在於摹擬，如同隱喻是對原事物或某現象的摹擬，敘事是對人類現象或世界的摹擬。另外，隱喻具有同時融合圖像性及語意性的特性，有助於在敘事三層摹擬的轉換過程更能順利進行。

第五節　以三層摹擬論來說明不同類型敘事研究

　　如同前述，修正版三層摹擬論可以當作敘事研究的核心理論框架或硬核。當我們將上述修正版的「三層摹擬論」運用於理解不同種類的敘事研究時，也能更清楚區分其間的差異。按第一章對敘事研究之分類，包含自傳式敘事研究、互動式敘事研究以及現存文本敘事研究等3類，此處各舉一種典型研究類型作為代表。自傳式敘事研究取自我敘說研究，互動式敘事研究取訪談式敘事研究，而現存文本敘事研究則舉心理傳記研究來說明。

　　敘事研究之活動必須包含蒐集敘事文本資料，可能來自深度訪談、自我書寫或既有傳記或作品文本等，而後研究針對敘事文本資料進行深度閱讀與分析，即為讀者位置。依據三層摹擬論，當「敘事文本」與讀者相遇，讀者對故事文本進行詮釋與解讀，帶著互為主體性，讀者建構了一個「再詮釋文本」。而如前述的視域融合，「再詮釋文本」是同時敘說者A與讀者B的視域，融合而成的新版本。另外，假設「敘事文本」與讀者自身生命故事有文本交織性時，將產生情感認同與感通，進一步改變或增進讀者B之自我認定。換言之，讀者B之內在故事腳本也將調整或重建，這便是「讀進去的故事」，所以讀故事不只是了解與詮釋他者的故事，其實也在理解自我，重構內在生命故事腳本。然後「再詮釋文本」或「讀進去的故事」引導了讀者B的未來行動，所以轉換為行動者B的角色，使B在生活世界與環境中的行動演出有所不同。下面嘗試檢視不同類型敘事研究。

一、自我敘說研究

　　自我敘說研究一般被視為研究者書寫自身生命故事並進行整體性反思之研究過程，並從書寫歷程擴增自我認識或自我認定。若以上述修正式「三層擬構論」架構來看「自我敘說研究」，可以清楚理解其歷程，自我敘說研究之過程，完整包含了「擬構2：形構」、「擬構3：再構」、「擬構1：前構」三階段的歷程，雖然較為複雜，但可以完整觀察三階段轉換

歷程。若簡化來說，自我敘說研究大約可分爲3個步驟：

1. 研究者依自己的方式與步調，書寫生命故事文本。
2. 研究者將所有生命故事文本整體性重新閱讀與詮釋，並進行多層次反思。反思過程可能產生重新架構、情感感通、自我認定等作用。
3. 研究者將其反思所得頓悟與學習嘗試轉化爲行動，回到生活世界、社會關係中調整試驗。

　　換言之，自我敘說研究的起點，研究者本身是「敘說者」角色，嘗試以文字敘說／形構出生命故事文本。亦即「未說出的文本」轉爲「敘事文本」，這過程並不容易，因爲可能有潛意識情感的阻抗，或是經驗難以語言描述等困難。然後「敘事文本」大致書寫完成時，研究者必須位移至「讀者」角色，開始進行詮釋／再構。研究者需要整體性閱讀、反思文本，並對自己的故事重新詮釋與理解，反思的深度端賴研究者是否成功位移至「單純的讀者」，才可能與「敘事文本」產生互爲主體性，看見「文本中的我」如同他者，便進一步擴大視域或產生新架構，後續的情感感通以及自我認定也隨之產生。此階段如果順利，便能產生「再詮釋文本」。

　　部分自我敘說研究可能到「再構」的歷程就結束，但部分研究會持續進行下個階段，即回到生活世界的實踐。由於再構而產生「再詮釋文本」，那是帶著新的視框或另類敘事的新故事版本，代表研究者對於自我認定的建構、生命意義結構、內在故事腳本可能有所改變。帶著新的「再詮釋文本」，研究者位移至行動者（actor；或稱「演員」亦可）角色，行動者如同演員，將新的內在生命腳本在生活世界中展演出來，也就是從敘事、語言的世界回歸生活世界去做行動實踐，此即「前構」。可以看到，自我敘說研究可能完整走完一輪「三層擬構論」的敘事建構循環，而且過程中研究者必須經過三種角色位移。

　　以張怡婷與洪瑞斌（2018）之研究爲例，首先是第一作者對自身設計師生涯歷程做回顧與書寫故事文本，此即「形構」階段，作者形容它是直接、暢快的把職場事件的回憶及情緒感受傾倒而出，如同「嘔吐」。接著作者位移至讀者角色，進入「再構」階段，不斷閱讀、反思文本，但該作者發現也如同面對自己嘔吐物難以接受，因爲作者從反覆出現的行爲模式與腳本發現自我的陰影面。然後作者以書寫方式做自我—陰影對話，經

整合後，重新建構人際模式與生涯腳本。最後，作者帶著人際及生涯腳本的新架構回到職場試驗與實踐，試著在生活世界把它演出或活出來，這就是「前構」階段。而實際狀況是作者減緩了工作中的人際衝突，並有信心承擔一獨立產品線設計，並且持續朝向理想生涯願景靠近（張怡婷、洪瑞斌，2018）。

二、訪談式敘事研究

在訪談式敘事研究中，研究者針對其研究問題邀請合適的研究參與者，建立並確認合作關係後，便進行深度訪談，邀請受訪者講出其生命故事，再做整理、分析等。整個訪談式敘事研究之敘事活動的歷程是涵蓋「三層擬構論」架構的「擬構2：形構」以及「擬構3：再構」等2個階段。相較下面的心理傳記研究，多了一個步驟程序，雖複雜度增加，但也能對敘事活動之歷程有更廣的認識。若簡化來說，訪談式敘事研究大約可分為3個步驟：

1. 研究者依其研究主題邀請適合的參與者，對參與者進行深度訪談，以引導、蒐集及初步理解其生命故事文本（口語言談式文本）。

2. 研究者閱讀、理解口語言談式文本，經詮釋並重新撰寫參與者之故事文本。

3. 研究者對故事文本做主題或結構分析，並延伸討論及反思；同時個人可能產生視域融合、情感認同感通、自我認識及認定之作用。

若以「三層擬構論」架構來看，研究參與者或受訪者是「敘說者」（例如：A），他在訪談的空間中，在研究者（即「讀者」；例如：B）引導下講出其特定生命故事，此即「文本A」，「文本A」為口語言談式文本（含錄音檔與逐字稿）。而後研究者為「讀者B」，再針對口語言談式文本A，嘗試整體理解、詮釋。接下來研究者角色位移至「敘說者B」，將自身所理解的故事以自己的方式敘說／形構一個新版本的研究報告文本，稱為「文本B」。「文本B」之所以與「文本A」不同，因為同時融合了A與B的視域及情感認同等，所以是新的版本。研究者與一般讀者不同的是，會將「內在文本」外化，而非僅停留於心中「內在文本」。

最後，研究者再針對新建構敘事文本（B）做討論、反思，此時亦有可能對研究者個人產生敘事的視域融合、情感認同感通、自我認定等作用。

　　試舉江政彥（2017）的論文爲例，該研究主要針對澳洲打工度假的背包客進行深度訪談，蒐集他們的生涯故事，當然這就是「形構」階段，過程包含訪談、謄錄與閱讀逐字稿。然後作者以其理解，再重新建構與書寫參與者的故事，以及進行敘事主題分析，最後寫成研究論文，此即「再構」階段。作者文中反思提到，自己也是因生涯迷惘而赴澳洲打工度假，經過此歷程才決心轉換並承諾念諮商研究所。而聽他者故事，看見他人生命意義的追尋及生涯的承諾與實踐，也讓作者增強自己的選擇，協助面對主流價值的挑戰，堅持朝向心理師的生涯方向前進（江政彥，2017）。透過作者的反思文本，我們確實看到再構「讀進去（內在）的故事」不只是詮釋他者的故事，同時也在確認或強化自我，甚或重構內在生命腳本。

三、心理傳記研究

　　所謂「心理傳記」是指「明顯地使用系統化或正式的心理學知識或理論於傳記研究，並連貫出具啓發性的故事」（丁興祥、賴誠斌，2001；McAdams & Ochberg, 1988）。但心理傳記研究也可包含「口述歷史」之訪談，但那就會跟一般敘事研究中採用「深度訪談」之研究非常相近與重疊。因此本研究爲了將不同敘事活動做互斥性分類區隔，此處所討論之心理傳記研究僅涵蓋及選取「針對傳主之現有歷史文本（不論初級次級），不做訪談互動者」。

　　若以前述修正呂格爾的「三層擬構論」架構來看，心理傳記研究之過程主要集中在「擬構3：再構」此步驟，相對單純。若簡化來說，心理傳記研究大約可分爲3個步驟：

1. 研究者依其研究主題或興趣選定傳主，蒐集及初步閱讀傳主之傳記或生命故事文本。

2. 研究者將所有文本整體性理解與詮釋，並重新建構及撰寫傳主之故事文本。

3. 研究者對故事文本延伸討論及反思，同時個人可能產生視域融合、情感

認同感通、自我認識及認定之作用。

以「三層擬構論」架構來看，研究者（例如：B）並未直接接觸敘說者（即傳主；例如：A），而是從既有「敘事文本」來認識，因此主要在「擬構3：再構」程序。研究者作為讀者，蒐集及閱讀傳主之敘事文本（版本A，但實際是多重版本），然後閱讀文本，嘗試理解、詮釋、摹擬傳主之生命。然後，轉化為讀者所理解建構的文本，一般讀者只會轉為自身腦中或心中的「內在文本」，但心理傳記研究者不同的是，會將「內在文本」外化，撰寫出研究者重新擬構的傳主敘事文本（版本B）。最後，研究者再針對新建構敘事文本（版本B）做討論、反思，此時有可能對研究者個人產生敘事的視域融合、情感認同感通、自我認定等作用。

例如：洪瑞斌（2012）的研究就選定對自己有意義的傳主——李安導演，因為缺乏管道直接接觸訪談傳主，所幸李安是影藝圈知名人物，因此研究者便廣泛蒐集他的傳記作品、資料，以及他的電影作品、影評報導等各種相關資料。由於這些資料都是現成的，可能是傳主受訪影片、他人撰寫其傳記、電影作品及評論報導等，所以故事都已被說或寫出，便沒有「形構」階段。而後作者反覆閱讀所有文字或影音資料，嘗試整體性建構李安的生命故事並寫出文本，此即「再構」階段。最後，作者透過對傳主故事討論及反思成年男性之困境與轉化歷程，並回頭對自身中年危機議題有新的頓悟與觀點，「讀進去（內在）的故事」確實對研究者內在自我或生命腳本有所影響及改變（洪瑞斌，2012）。

可以看到心理傳記研究的特色便是集中於「再構」工作，研究者作為積極讀者角色，必須自主性的反覆蒐集、解讀敘事資料，最後還得拼湊、建構出一個統整的新版故事。換言之，在心理傳記研究中，讀者的主體性以及責任是相對較高的。

第六節　結語

整體來說，本章梳理了敘事研究之本體論、認識論、方法論之基礎。在本體論層次，由於人所能接觸與認識的世界只能靠敘事文本及隱喻來摹擬，所以是一個宛若的世界。隱喻、詩、神話或其他敘事作品是指向非現實世界的二級指稱，也就指向這個充滿象徵、文本及意義的中介空間。換言之，人之存有寓居於這個宛若世界裡，但一般狀態人不易體驗或接近存有與超越，卻在界限處境之意義破裂、模糊等未成形之處，反而是朝向存有或超越的契機。透過隱喻的直觀象徵及敘事迂迴所帶來的位移與間距化，帶動人對其個人真理進行再反思與實踐。總而言之，敘事的本體論所指向的存有、超越或本真自我是一種朝向與接近的狀態，並非穩定不變的實存或終極解答，而是一種開放的可能性。因為此刻接近存有、本真自我狀態，可能下一刻又遭逢界限處境或陷落日常的沉淪中，因此敘事典範主張人的存有、超越是一種不斷建構與成為（becoming）的過程，如同隱喻的多義性、辯證性以及創造性。

其次，在認識論層次，敘事及隱喻本身是辯證論知識，具有張力型態。敘事如同隱喻，在摹擬人所認識的世界或存有的生命時，本身就包含「是」（或協調）與「不是」（或不協調）。但這辯證性有助於促進理解—詮釋—建構間之詮釋學循環，而且是開放的循環。另外，「隱喻的真理」或過去所說的敘事真理，其實就是建構真實或多元真實。而且敘事或隱喻與「世界」間的偏離或差異部分，並非現實世界劣質副本的誤差問題，反而是文本作品世界裡創造性或創生力量的來源。

最後，在方法論方面，敘事方法論之核心即呂格爾的「三層摹擬論」。而隱喻具備詩學的摹擬以及圖像—語意融合之特性，可以支撐敘事方法論。一方面，摹擬作用本身就是「三層摹擬論」程序運作的主要基礎。另外，隱喻可以增補「三層摹擬論」架構，不論是「前構」、「共同形構」、「再構」等3個文本轉換的程序，都可以使用隱喻之圖像化特性，增加轉換的容易度。

表2-1　敘事研究的本體論、認識論、方法論基礎

	核心基礎概念	說明
本體論	宛若世界 ・二級指稱 ・從界限處境到超越	・直觀象徵 ・位移與間距化 ・個人真理之反思與實踐
認識論	・詮釋學循環 ・辯證論之知識	・理解—詮釋—建構間之往復循環 ・隱喻真理=創造性摹擬=建構或多元真實
方法論	・三層摹擬論 ・使用隱喻增加圖像性	・前構—共同形構—再構之敘事循環 ・隱喻具有圖像—語意融合之特性

　　末了，我們可以用詩人布萊克的名句，「一沙一世界，一花一天堂」，當作本文結語。這裡並不是說以「沙」或「花」來比喻世界是最適當的，而是我們必須承認，關於世界、生命等本體性的理解與知識，我們終究只能依靠隱喻、詩、故事來摹擬，並且在無限摹擬版本之轉換或改變間，產生重新架構、不同詮釋的可能空間，而正是這自由空間提供了人類存有的生命力與創造力。或許最終我們可以這樣說：我們寓居於宛若的世界，故事是這世界的建材，隱喻是這世界的鑰匙。當鑰匙轉了，世界也就可能動了。

第三章
敘事空間的特性及作用[*]

第一節　中介空間之現形

余德慧教授主張「中介性」是詮釋心理學致力追尋的，甚至說所有心理學都是中介（世界）的心理學。簡言之，在二個主體之間，並非第三者或第三主體，而是一個空間的概念，學者稱爲「中介（界）空間」（liminality）、「中介性」（mediation）或「在之間」（between and betwixt）（余德慧，2001; Speedy, 2007/2010）。如陳慧玲（2017）所言，語言或各種象徵形式存在這個空間，所以可以用中介空間來指稱。爲了容易理解中介空間或中介性，有些學者使用劇場、藝術品或遊戲來比喻。例如：余德慧（2001）承接高達美的觀點，主張藝術品的美就是完全的中介性。他說：

所有的藝術本身，比如戲劇（play），乃至於遊戲，都必須要用完全的中介性才能徹底了解。意即，藝術並不是由於本身存在著某些成分（element）而提供了美。就像一場球賽裡我們不能說球員就是球賽，也不能說規則就是球賽，而是球員、規則、裁判和觀眾一起給出的整體中介叫做game。同樣地，一齣戲，不能光講它的背景、劇本、演員或聲光，而是它們整個給出了一個中介性。（余德慧，2001，頁135）

余德慧（2001）進一步將中介空間的整體性、完型性稱之爲「完全的中介」（total mediation），並進一步闡釋其特性：

---

[*] 本章之初稿曾發表如下：洪瑞斌、鄧明宇、陳祥美（2021）。在之間：敘說研究／活動中的中介空間，載於汪文聖（編）。華人倫理實踐：理論與實務的交會（3-40）。臺北市：政大出版社。本章以此文爲基礎修改。

意即，我們活在事情裡頭，事情是一種碰觸（encountering），在所有碰觸中，我們建造一個世界，那個世界既不在你那裡也不在我這裡，而是在你我之間，也就是在一個完全的中介裡。語言也是如此，在人和人之間才有語言，語言的本質就是在中間。語言一給出就在公開區，公開區就是中介。（余德慧，2001，頁131）

因此所謂中介性是不在任何主體身上，而是在主體之間，在敘說者與閱讀者之間，在藝術品與欣賞者之間。簡言之，中介空間非我非你，在你我中間，但裡面卻同時有我有你。余德慧（2001）也指出中介性包括說不出的生活世界以及語言給出的世界，此二者相互交織。

學者認為中介空間對主體而言具有反思性，而反思性的產生也來自於從個體行動之生活世界進到語言給出的敘事世界。換言之，人活過的生活或生命是原初的、尚未言說的，當人嘗試回觀自己生活或生命，並且把它言說出來，就進入敘事文本的世界，反思與理解就此展開。如同余德慧（2001）所說：

如果沒有歷史，中介是很薄的。人在中介裡的理解其實是來自於他的經驗，也就是來自人懂得閱讀他的歷史經驗。所有的理解都來自於兩個不同的世界，亦即原初的第一次和「再」（re-）的世界。（余德慧，2001，頁161）

透過敘事文本讓個體穿梭於生活世界、敘事世界，呂格爾曾提出相當重要的觀點，即「三層摹擬論」，而後洪瑞斌與鄧明宇（2022）再加以修正、精緻化。相關理論內容已於第二章說明（參見圖2-2），此處不再贅述。簡言之，在敘事的中介空間中，主體先是在行動者位置，依據過去個人經驗、社會文化大敘事等所形成的生命腳本與價值目標等，在所處生活世界中行動與選擇（當然也會有不可控的機遇因素），形成「活出來的故事」或「未說出的文本」（即「摹擬1」的「前構」；pre-figuration）。而後行動者轉換至敘說者位置，嘗試將未說出文本說／寫出來成為外化的

敘事文本（「摹擬2」的「形構」；configuration）。然後，主體位置再轉為讀者，但讀者可以為其他人或自我本身（自我敘說），讀者對敘事文本做詮釋與理解，形成讀進心裡的故事版本或融入自身內在生命腳本（「摹擬3」的「再構」；re-figuration）（沈清松，2000；張怡婷、洪瑞斌，2018；陳學毅，2013）。最後，主體再從讀者轉換成行動者（或展演者）位置，再將重新架構或修改後的生命腳本在生活中實踐或展演出來，是故每個人身上的敘事循環皆是持續不斷的運轉著。

透過呂格爾觀點可以清楚看到，一個行動生活世界，經過文本世界，再到讀者詮釋世界的過程，透過敘事文本的迂迴，於是「我—你」關係從讀者—敘說者間的互動，轉為讀者與故事文本間的交往關係。正如呂格爾所說：「閱讀的行動讓讀者了解敘事作品的意義，經過語言表達的經驗指涉著正在開顯的世界與時間」。呂格爾努力的方向並非解讀或還原文字的世界，而是搭建文字世界與「讀者世界」的橋梁（陳學毅，2013）。進一步也可發現，不同世界的穿梭或轉換約略有二段，前半段是敘說者／行動者試著將自身生活經驗言說或敘寫成故事文本，後半段讀者願意參與、投入故事文本，透過閱讀建構一個其詮釋與理解的另一個新世界。對讀者而言，與反思性有關的還有時間或歷史性，包括文本所述的時間、歷史以及讀者自身所處的時間、歷史，兩者差距也促進反思擴增。

（古代）文獻的現身永遠在一個中介裡，亦即當代。我們的閱讀就開啟了文獻的現身，而文獻出現就給了一個當代（the contemporary）和文獻的中介，只有在當代的文獻。因而文獻永遠是不斷在封住、打開，再封住、再打開。（余德慧，2001，頁142）

於是余德慧（2001）承接高達美、呂格爾的觀點，主張人的關係互動、社會世界的建構都必須在中介空間裡，因此心理學最重要的方向或取徑應該就是研究這個中介世界如何建構與作用的心理學。總結前述文獻來說，不論是高達美、呂格爾或余德慧的論點皆同，透過藝術品或敘事不過是透過象徵或文字的媒介，嘗試創造一個中介空間，讓不同主體能在此空間相遇、交會，最終希望達致或趨近所謂的存有或真理。

第二節　中介空間之特性

敘事活動或說故事需要在中介空間裡，但並非所有對話或言談的空間都是中介空間。所以我們先回顧中介空間之重要特性或條件，主要包括有互為主體性以及文本交織性。以下分別回顧之。

一、互為主體性

中介空間重要特性之一是互為主體性（inter-subjectivity；或譯為「主體間際性」）。互為主體性與「我—你」關係（I-Thou relationship）關聯很深。馬丁・布伯（Martin Buber）可以說為互為主體性概念立下了哲學基礎根源。在Buber（1937/1991）重要著作《我與你》中，區辨了由2種態度或哲學觀而形成雙重世界，甚至是2種知識體系，一是「我—你」（互為主體性）世界，其二是「我—它」（I-It）（主客二元對立）世界。而且他強調不是區分為兩類人，而是每個人身上都具有此雙重性。

馬丁・布伯主張人之存在也寓居於「你」之世界。在其間人與存有者的「你」相遇或遭逢（encounter），這時候存有者對我來說，已不是與我相分離的對象。基本上這也有兩層意義，一是當我與「你」相遇時，我不再是應用、操弄物的主體，我不是為了滿足我的任何需要而與你建立關係。因為「你」便是世界，有如神明，存有者以唯一的力量整個統攝了我，我必須以我的整個存在，我的本真自性來接近「你」，與「你」交往。其二，當存有者以「你」的面容呈現於我，其不再是世界中有限之物，「你」即是絕對存有者，我不可冷靜地分析「你」，比較「你」（Buber, 1937/1991）。

值得注意的是，高達美主張敘事文本本身就能作為一個被相遇的「你」，不能只被視作一種作者「生命的表達或再現」。本文本身有其特定的意義，本文即是主體。因此「我—你」關係並非僅止於人對人（person-to-person）的關係，因為訴說的能力是在於本文之中，而不是在作者身上（Palmer, 1969）。高達美進一步強調，他所說的理解是一個開放性的歷程（「我—你」），而非封閉性（「我—它」），因這樣的開放

性使得文本具有了「你」的位階，產生說話的空間（鄧元尉，2009）。
另外如同高達美所舉人欣賞藝術品的例子，同樣都是互爲主體性或「我—
你」關係的典型範例。余德慧（2001）承接高達美的觀點，提供了我與你
之間的辯證過程說明。

　　當我們接觸藝術作品時，作品其實是以異己者的方式打開了世界。
而在了解事物時，我們不僅僅不加深我們自己，反而是強化了異己者的觀
點。這異己者不是原來就在那裡，而是以一種要求的方式向我們逼過來，
使原本很微弱的異己者部分突然變大了。理解之所以能夠打開世界，是因
爲己者與異己者的辯證，這樣的辯證關係，使得人終於在中介區裡完成了
己者與異己者共存的狀態。（余德慧，2001，頁139）

　　如同前述，二個主體投入互爲主體性的空間中，過程透過辯證的關
係，最終將達到共同存有的狀態。總結而言，眞實的相遇或遭逢必然會在
互爲主體性（二主體之間）的空間中，所以主體不能停留在自己的封閉世
界或既有位置上，但主體也未拋棄或脫離自我；最終希望獲致共同存有的
狀態。

二、文本交織性

　　早期余德慧（1996）將中介空間稱爲「草擬空間」（discursive
space），他並援引牛津大學教授Dreck Gregory之觀點做說明：「草擬性
的基本意義是指一種不斷被重寫、重演的狀態，認爲文化並不是某種固定
的文本或意義，而是在時空的多變之下，不斷更易。以戲劇爲例，它最主
要的特性是它會不斷被不同的詮釋者重演」。換言之，對中介的心理學來
說，文化並沒有終極的核心或原型，文化比較像是大水庫的空間概念，不
論是故事、劇碼、藝術形象都有無限的版本，版本與版本之間都有共通性
連結，當然也存在著殊異性，而這就與「文本交織性」有關。

　　文本交織性（intertextuality；或譯爲互文性）是指書寫的、視覺的，
乃至生活中的文本交織引用、相互指涉的現象或性質（李玉平，2006；

趙金婷，2007）。趙金婷（2007）指出：「基本上，任何單一文本都無法真空存在，……某一文本在不斷參照或引用其他文本的交互過程，藉以成就其自身的意義。文本具有生產力，之前的文本據以重新建構當前的文本」。文本交織性之概念首先由Kristeva提出，Kristeva深受Bakhtin「對話理論」（dialogism）的影響，他主張文本裡的每個字都是書寫主體、接收者以及其他文本遭逢或相遇的空間（Kristeva, 1986）。因此Kristeva（1986）說：

　　「文學詞語」是文本界面的交匯，它是一個面，而非一個點（擁有固定的意義）。它是幾種話語之間的對話：作者的話語、讀者的話語、作品中人物的話語以及當代和以前的文化文本……任何文本都是由引文的鑲嵌品構成的，任何文本都是對其他文本的吸收和轉化。文本互織性的概念代替了互爲主體性，詩學語言至少可以進行雙聲閱讀。（Kristeva, 1986，頁36-37）

　　換言之，「文本被建構成引述的馬賽克；所有文本都吸收並轉換了其他文本」（Kristeva, 1986），也有學者以「拼布」比喻一個文本是由各種文本拼織而成的（Genette, 1992），都相當傳神易懂。但其實文本交織性主要應用於2個不同領域，第一種是應用在文學的文本分析；第二種則是應用在閱讀心理學，後者之文本交織性是讀者的腦海中產生作用（吳敏而，2013）。

　　如同Fairclough（1992）指出：「所有口頭和書面文本均由其他文本交織組成，都必須在其他文本的矩陣脈絡中顯現其意義，……使得讀者的閱讀超越當前的內容，連結到腦海中其他文本的記憶，構成解釋的意義網絡」。閱讀心理學認爲讀者在閱讀文章時，爲了建構其心理表徵而開始選擇、組織、連結、轉換到一個「內在的文本」（inner text），隨著讀者文章閱讀之訊息不斷輸入，這個暫時的文本也將不斷調整，直到所有輸入訊息都調整好或閱讀完成。讀者內在記憶文本的來源，包括當下的文本作品以及過去曾經看過、聽過的文本建構。由於閱讀需要讀者在當前文本及舊文本間，創造一個「文本互織迴路」（intertextual loop），因此文本交織

性被視爲閱讀理解的重要策略（Lenski, 1998；趙金婷，2007）。

文本交織性開始從文本本身特性向讀者之社會行動層面擴大。例如：Stephens（1992）說：「從讀者、文本、其他文本，以及重要的社會文化影響的交互關係中製造意義，這個歷程可以用文本互織性一詞來總括。」李玉平（2006）區分了狹義及廣義的文本交織性，狹義文本交織性指一個文學文本與其他文本之間可論證的互涉關係；廣義的文本交織性指任何文本以及賦予該文本意義的符碼、知識系統、表意實踐之間的互涉關係。換言之，狹義文本交織性僅限於文學文本，但是廣義文本交織性卻廣泛包括人類的各種藝術作品、知識領域，甚至社會、歷史、文化等都可視爲文本（李玉平，2006）。

簡單來說，狹義及廣義之差異來自「文本」定義之不同，究竟是被書寫的「文本」，抑或是作爲世界隱喻的「文本」。我們可以更精細的區分文本，或許借用呂格爾的「三層再現論」，若三層再現可以理解爲三層文本（廣義的文本），那文本可以分爲（生活世界）未說出的文本、敘事的文本（敘說者嘗試寫下或說出的故事文本）、（讀者）閱讀再詮釋的文本。根據呂格爾的觀點，我們認爲在廣義的使用下，讀者個人生活世界或自身生命歷史也成爲一個（尚未被言說或已被說過的）文本。

如同前面提到呂格爾主張的閱讀行動不是還原解讀文字文本，而是連結文字世界以及讀者世界，亦即閱讀行動結合了文本、讀者居住與其打造出來的世界。甚至他說文本世界與讀者世界是具有交叉、重疊性，而且直到讀者相遇、相結合、相互影響之時，文本世界才眞正成爲作品（陳學毅，2013）。當我們加上前面採用「文本」作爲世界之基本隱喻的廣義用法時，「讀者世界」立刻變成讀者生活或生命未被說出（或曾被說出）的敘事文本。準此，「文本交織性」不再只是當前文字文本與讀者過去（讀過）內在記憶或承載文化之敘事文本中有關類近之處，還包括當前文字文本與讀者自身生命故事（說過或未被說過）文本之相互交織、指涉與呼應現象。

第三節　中介空間之作用或療癒性

由前面文獻可理解中介空間的特性包括互為主體性及文本交織性。另外，在中介空間中的敘事活動，可能產生某些作用或療癒性。我們也嘗試從文獻加以整理，歸納包含視域融合、情感認同、感通、自我認定等。

一、視域融合

所謂「視域」（Horizont/horizon）就是「地平線」或天地的交界處之內的最大範圍。轉入詮釋學的意涵變為一個人視線所能達到的最大範圍和界線，但隨著主體移動，視域可以不斷地延伸擴大，此範圍和界線並非固定（何衛平，2001）。

從文本的解讀經驗來說，兩種不同視域的差異，其一文本是作者在其特定歷史條件下創造出來的；其二理解者也有自己特殊的視域，而此視域亦是由其個人的歷史境遇所形成的。所謂理解正是經歷這兩種視域的融合，解決不同歷史性及視域的矛盾差距（何衛平，2001）。理解者對文本的把握，或對任何一個不同視域的把握，都有賴理解者將自己當下的視域移置到一個更寬廣之視域裡，此更寬廣視域便包含了文本的歷史視域以及理解者的歷史視域。可以說當我們進入歷史時，我們自身的視域以及歷史視域不但不會被取消，反而會建構一個更為寬廣的視域，因為它容納了（作者）歷史和（讀者）現代的整體視域，進而在此過程中帶來我們自身視域和歷史視域的一致性（何衛平，2001）。

詮釋者在文本提問引導下，依據自己視域重新建構了更清晰的問題，此問題重建是兩者視域首度融合；而後當詮釋者發現文本視域與自身視域有衝突時，他會依照文本意義修正自己既有視域形成新視域；接著再以修正後之視域再次進行文本詮釋，如此反覆循環工作會直到詮釋者自身與文本兩者視域達到融合一致為止，這就是視域融合的歷程（吳澤玫，2004）。詮釋者與文本兩者融合後所獲得的新視域是更具普遍性或更高層次的，因為融合前詮釋者視域僅限於個人範圍，未能完全涵蓋文本意義；而融合前文本視域亦僅限於過去歷史的詮釋，無法應用在詮釋者當前處境

中。但是兩者融合後之新視域，同時可含括詮釋者以及文本，成為更普遍、更寬廣的視域（吳澤玫，2004）。更重要的是透過詮釋，詮釋者理解了文本意義，而且藉由詮釋者，（歷史）文本也產生了當代的意涵。

如同前面提到高達美將文本之閱讀詮釋與藝術作品欣賞做比擬，高達美認為當人對藝術作品體驗時，便開顯出了一個世界。假若我們不僅把作品看作是一個對象，而且看作是一個世界時，接觸藝術作品讓我們自身世界的視域以及自我的理解都被擴大了，此時此刻我們會以一種「新的眼光」去觀察世界（Palmer, 1969/1992）。更進一步說，高達美指出當人們欣賞一部偉大作品並進入其世界時，實際上是一種朝向存有真理的趨近。藝術的重要性並不僅止於它給人審美愉悅之感受，而在於它揭示了存有（Palmer, 1969）。余德慧（2001）同樣引用高達美討論藝術品之例子，來說明讀者或詮釋者之視域如何擴增及融合。

> 葛達瑪說，當我們碰觸藝術，在我們世界出現的視域非常廣闊，這視域讓我們看到新的東西，就像初次看到一個全新的世界。我們平常事物裡看不到新的世界，是因為它早就在我們的生活當中；藝術品使事物突然出現一道光亮，將世界之窗打開。因此，藝術作品本身並不是脫離我們的、獨立的作品……；相反地，在我們與一個藝術作品碰觸、接近時，我們並不是走到異國（foreign）領域，事實正相反，當我們與藝術品在一起，我們得到更完全的現身（fully present），因為我們進入了一個開放的完全中介的世界。這樣的碰觸和進入，其實就是理解本身的完成（fulfilled）。（余德慧，2001，頁140）

二、情感認同

當讀者進入中介空間與敘事文本相遇，除了前述視域融合比較係指學習者認識之改變外，本研究認為學習者產生認同以及感通將是情感面的重要變化。「認同」（identification）（他者）概念首先來自精神分析理論，認同是指個體自他人之處接受種種特徵（態度、行為模式、情緒）的

潛意識過程。在成長的過程中，認同作用有其重要性，兒童藉由模仿其父母的特徵與態度，而感覺與父母同在，獲得雙親的力量，以降低分離焦慮，獲得信心（Atkinson et al., 1987/1990）。而後社會學習論反對認同是潛意識過程，主張兒童模仿父母是因為會獲得獎勵，而且老師、媒體英雄等也是認同模仿的對象，此觀點認為認同是新行為的模仿學習（Atkinson et al., 1987/1990）。

　　生涯楷模可視為一種替代學習或模仿的角色楷模（role model），而且社會學習論學者對於透過角色楷模之觀察或替代學習，並進一步產生自我效能，已經有很豐富的相關研究與論著（Bandura, 1977; 1982）。學習者透過觀察別人的行為模式，以及觀察其行為的後果，而獲得間接學習的歷程，即稱為觀察學習或是替代學習，而學習者所觀察的對象則稱為角色楷模（Bandura, 1977）。

　　根據Bandura（1977）的自我效能理論，提升自我效能的方法有4種，替代學習就是其中一種。換言之，替代學習是個體透過觀察已獲得成功的他人，以此提高自身的自我效能感，並提升行動嘗試之意願與動機（Bandura, 1977）。雖然閱讀生涯楷模故事並非讓學習者直接接觸或以影像接觸，讓學習者觀察角色楷模之各種「行動」與作為，但社會學習論認為，除了直接模仿外，象徵模仿（symbolic modeling）也是有效的觀察學習法（方朝郁，2015）。換言之，電影、童話故事中的英雄人物所傳達給閱聽人的正向性格或價值觀就屬於象徵模仿。

　　但是，認同不僅僅是模仿父母或楷模行為層面表現，而是個體表現出如同他就是父母或楷模一樣，換言之，這有角色取替（role taking）過程，涉及主體角色之同理、轉換，甚至合一，而且有情感面的連結與交流。如在陳慧玲（2017）的論文中，她舉了個人自我分析的歷程，包括相關的生命故事及夢境。在過程中她覺察到自己的精神分析督導成為其移情與認同對象，經過自我分析與探索發現，督導的特質「博學淵深、自信而有傲氣、對理念的堅持不移、不懼權威」等，讓她召喚出內在遺忘已久的「理想自我」。分析歷程中也讓她想起12歲之前認同的楷模是孔子，因為「孔子自在地講學、宣揚仁道、不畏困阻、卓然不群的畫面，是她人生指向唯一的教科書」，也引導她一生從事教育工作生涯定向（陳慧玲，

2017）。從此例子中可看出，認同歷程帶有情感的連結或移情層面，而且不論是生活世界中的可接觸楷模或是歷史文本中的楷模，都有很清楚前述的文本交織性以及互爲主體性（或我一你關係）存在。楷模的相遇及故事文本的相互交織，一方面碰觸並召喚了其「理想自我」，另一方面也增加了其自我認識，甚至確認自我認定；而後者在後面小節也會再討論。

三、感通

「感通」一詞最早出自《易經‧繫辭上傳》：「易無思也，無爲也，寂然不動，感而遂通天下之故，非天下之至神，其孰能與於此。」黃冠閔（2009，2011）曾針對牟宗三、唐君毅2位哲人，整理他們哲學思想中的感通論。黃冠閔（2009）提到唐君毅以「感通」作爲重要的基本原則，諸如以「感通」來解釋孔子的仁道，包括對自己的感通，對他人的感通，對天命鬼神的感通。唐君毅（1986）晚年也曾提到：

> 凡有所感，不論爲對外在事物之感，與對內心事物之感，皆能應之以當然之道，而人之生命心靈之行於此當然之道，即無阻隔之者。此之謂感而遂通。（唐君毅，1986，頁448）

翁開誠（1997；2002）首先將生命故事創作者與讀者之間的心理歷程稱爲「互爲主體性的故事性思考」（narrative thinking of inter-subjectivity）。接著翁開誠（2011）認爲，在這般互爲主體性的故事交流與對話下，兩者間便發生相互感通，他進一步主張如此故事交流感通既是人際美感的體現，也是倫理關係的實踐，甚至才是心理知識最重要的部分。換言之，翁開誠（2011）指出在生命存有的探究上，美學、倫理以及知識是一體三面不可分割的，亦即將自己與他人的生命，透過相互敘說或故事化的過程，以達致「以美啓眞、以美顯善」。他曾闡述道：

> 我相信，美是開啓善與眞的鑰匙。最初的生命美感（惻隱之心，不忍人之心）啓動了仁，也啓動了善與眞。……個人若能自許是自己生命藝

術的創作者，追求創作出自己的生命之美，同時也就能欣賞、參贊他者的自我創造，而善就在其間生成，眞也在其間開顯。（翁開誠，2006，頁187）

翁開誠（2011）提到針對不同群體可以透過團體或課堂等集體敘事故事的設計，催化達到集體探究、共同開顯、集體感通、集體實踐的歷程。他說：

作爲團體的領導者，……催化團體成員之間發展互爲主體的關係。……自我敘說的主角，除了可以經歷前面所說的「我，我說，我感，我是，故我在」之外，還有一群現場可以立即回饋的欣賞者。既是欣賞者，就無權干涉創作者的創作，但仍然有責任與權力分享出欣賞者自己的靈魂在主角的生命故事傑作中冒險的體驗。眞情的觸動與流露，感通的不僅是發言者與主角之間，更會是整個團體集體性的感通。原本一個個孤單的個體，就在這種共感之下，融合成了一體。隨著一個個故事的出場，一股股感通的流現，更大更深的共感隨之積蓄著。（翁開誠，2006，頁83）

此段說明淺顯易懂的提供了如何透過互爲主體性的感通過程，進一步達到所謂更高層次的位格以及共同體（community）的最佳註解。總結而言，自我與他者互爲主體性的交往對話，尤其是透過敘事作爲途徑（說故事或讀故事），或敘事作爲隱喻（人或生命宛如敘事文），都可能發生無法替代的情感性作用，包括學習者對故事主人公或作者產生認同，對文本中社會歷史文化產生認同，甚或在關係倫理間產生共同之感通，朝向超越個體之共同體。

四、自我認定

自我的生成往往來自我與他者之間、內與外之間的互動，認定也在發展過程中從認同他人逐漸到自我認定。McAdams（1995）提出自我可分爲三層次：第一層爲個體相對穩定的傾向與特質（trait）；第二層則是

個人關切（personal concern），即因脈絡而異的人格，包括動機、因應策略、領域技能、價值觀等；第三層則是自我認定（identity），由個人與自己的過去、現在與未來對話所建構出來的，屬於一種敘事性結構。而Murray（2003）認為透過敘事讓人澄清生命的連續性，界定自我，並且提供了自我概念的架構以及認定。Ricoeur（1988）則提出「敘事性認定」（narrative identity）概念，意思是指主體其實是在自身所說的個人生命故事中認識自己。甚至主張只有在敘說生命故事的過程中，自我才會存在（Ricoeur, 1986）。主要是因為透過自傳歷程（process of autobiography）或說故事，個體藉由選取、組織、呈現其生活經驗內涵的過程，才能將生活經驗視為具有連貫性的整體（Crossley, 2000/2004），這就是指藉由敘事進行自我或認定的統合與建構。Crossley（2000/2004）回顧相關文獻後進一步指出，嚴重的創傷或危機事件，諸如絕症、喪親、遭性侵等所造成之個人信念、目標、價值等意義系統的摧毀，其實也是原本連貫的生命敘事、自我認定的崩解，而治療其實是在生命敘事或故事中進行修補與重新建構。

　　呂格爾嘗試以《自我宛若他者》（Ricoeur, 1990/2010）一書建立他的「自我詮釋學」，其中相當完整的論述了自我的相關議題，主要包含3個層面的內容（沈清松，2000；陳若吟，2011）：

1. 經由語言分析（或敘事）之迂迴以達到對自我的反思。

2. 經由同一與自性之比較來確立自我。

3. 經由自性與他性之辯證以釐清自我。

　　第一個層面即前述所提，個人對自我的探索與理解必須透過語言及敘事的迂迴路徑始能發生。在第二層面，呂格爾區分並比較了「同一」（法「memete」；拉丁「idem」；英「sameness」）與「自性」（法「ipseite」；拉丁「ipse」；英「selfhood」）二概念之間的差異來釐清自我。而兩者也是在自傳式的敘事文，或個體關於自我一生的故事裡顯示出來（沈清松，1990；陳學毅，2013）。自我的「同一」不只是數量上的相同（「一個自我」）、性質上的一致，更是被視為連續性的同一個人，即自我在時間之流的恆常性（沈清松，2000；陳若吟，2011）。

　　敘事性認定是從生命中的自我轉至敘事文中的角色（自我），我們

是透過情節布局建構角色的認定。在故事起始到結局的脈絡中，在情節布局的架構下，敘事中角色自我呈現出某些「協調性」（concordance）與「不協調性」（discordance）。「協調性」是指與角色性格相符合的一致性規範行動或模式，但是「不協調性」則反映故事主人公命運轉折或是過程中角色的轉變。而呂格爾「同一」或「自性」概念的差別，似乎就是呼應主人公故事「協調性」與「不協調性」的對應性想法（沈清松，1990；陳學毅，2013）。

簡言之，就研究者所理解「同一」與「自性」之差異，同一是指自我在生命敘事中重複、一致性的部分，具有跨時間的穩定性；但自性則是在生命敘事中改變及超越的部分，也顯現個體自我的獨特性面向；而且個體敘事中的穩定性加上獨特性面向，才共同構成與發展其「自我（認定）」。如同沈清松（2000）歸結呂格爾之論點，人的生命故事宛如一敘事文，是由情節中人物之同一與自性所組合的整體，因此不只是性格的同一，還有其故事的獨特性，進一步表現為人一生的整體性。超越於每一個別行動上，還有整體生命敘事的統一性或整合性，此即顯現個體之自我認定。而且，一個人的自性更體現了其生命故事的獨特性價值或是倫理與自我忠誠的實現（沈清松，2000）。所謂「敘事性認定」就是「協調性」與「不協調性」之間，不變與改變的結構之間的辯證下所詮釋出的敘事形構（陳學毅，2013）。

再進入到第三層面，「自性」與「他性」之關係。沈清松（2000）歸結了呂格爾的基本論點，「自我」是透過「自性」與「他性」之間是交互辯證而發展的，由於自我必須不斷的面對他者，也因此個體自我會不斷的調整，這是一個開放性的辯證歷程。呂格爾（Ricoeur, 1990/2010）對自我與他者之論述是從列維納斯之「他者哲學」進行修正，他假定自我對他者的接受性，兩者間的相互性，以及共同體之性質在原初時就已存在。簡單來說，呂格爾指出「自性」與「他性」之間是交互辯證、置換，或者說自我之自性與內在他者之相互交談才得以建構完整自我、更高層次的位格。

除此之外，當然個體自我與外在他人的互動交談也是自我或認定形成的重要來源。例如：Taylor（1989）在其書《自我的來源：現代認同的形

成》之中提出，個體的自我解釋（self-interpretation）必定會與他人有所關聯，自我不是孤島般的獨自一人，自我是和特定的他人對話，因此透過在某些重要社群中的對話網絡（webs of interlocution），自我就在其間生成（Taylor,1989）。如同沈清松（2000）評論呂格爾哲學也有類似看法：

> 如果說行動皆有承受者，那麼敘事也有聽敘者。……自我的意義則是完成於相互的敘事。換言之，人的自我也是在與他人的相互交談，尤其是在與像師長、朋友、親戚、所愛的人……等等的交談中形成的。換言之，能說出有意義的話，並且與重要他人（significant others）說話，相互敘事，相互傾聽，相互回應，這對於自性的形成而言，是健全之道的基本要素。（沈清松，2000，頁176）

高達美雖沒有呂格爾在自我建構方面那麼細緻的討論，但也算精闢而清楚。當我們面對他者如同藝術品的審美經驗時，對因為他者的同一性和自性，也將帶動讀者的自我認識與認定，因為過程將更能認識自己的同一性與自性，也就提升了自我認定。

> 在體驗一部藝術作品時，我們並不是進入一個陌生的領域，而步向時間和歷史的範圍之外：我們並未脫離自身，或者與無關審美的因素離開來。相反地，我們自身變得更為充分地呈現出來。我們深深領悟到那之為世界的他者（the other）其同一性和自性（selfhood）時，我們就將充實了自我理解；當我們正在理解一部偉大的藝術作品的同時，我們帶有著既有的經驗，也帶有著我們將要扮演的角色。（Palmer, 1969/1992，頁195）

簡言之，自我並未脫離他者，個體要形成自我認定需透過貼近與看見（敘事中）他者的同一性和自性，才能達成。總結而言，自我認定的完成仰賴主體與他者（個體、故事、藝術品皆可）之間必須進入中介空間，其中存在著互為主體性、文本交織性的條件。而且自我認定之所以可能達成，2個主體同時也經驗到視域融合、情感認同感通，藉由碰觸與理解他者，我們終能提升自我認識及認定。

第四節　結語

　　本章嘗試說明余德慧教授詮釋心理學的重要概念「中介性」或「中介空間」，因為中介空間便是敘事研究或活動進行所依賴的空間。綜合而言，中介空間具有互為主體性、文本交織性等2個重要特性。某種程度來說，此兩者也是個體進入中介空間之條件，若沒有這2種特性存在，個體與文本或他者之間將很難產生相遇或會心交流。

　　而當個體（主體）進入敘事的中介空間中進行故事交流時，可能產生的作用與療癒性包括視域融合、情感認同、感通、自我認定等。換言之，當個體進入中介空間中互為主體性的進行說／聽故事或是寫／讀故事等交流時，確實可能產生上述作用。其中視域融合是指個體認識的擴大，透過讀他人或自我（不同版本或觀點）的故事，讓自己看到不同的世界或視野。情感認同是個體對他者的認同仿效，從他人的故事中，產生對他者的情感認可，並想學習仿效其生命或特質。感通是與他者情感連結，透過故事的交流，直接產生感動或相互生命呼應之連結感，而引發後續行動的內在力量。最後自我認定，則是透過讀他人或自我的故事，讓個體對自我概念、生命主題、未來方向等更加確認與篤定。

　　但其實有作用的敘事活動不一定是敘事取向的心理治療，即便是敘事研究活動，只要符合互為主體性及文本交織性，都可能產生上述4種作用或療癒性。因此，其實可以說，敘事研究並不只是研究！以下本書有3章，就提供3個研究實例，顯示原本從敘事研究出發，最後卻產生某些療癒作用或朝向行動實踐，它們包括：第七章「家庭關係與自我發展」、第九章「成年男性發展」、第十一章「研究關係中的敘事交會」。

第四章
敘事研究的真實性以及品質參照標準[*]

第一節　緒論

　　想像你若遇到下面一個虛擬的故事，這類故事在敘事研究開展的初期常常碰到，屢見不鮮；而這也是質性研究之研究者在早期階段可能面對的日常處境。

　　有一位碩士生做了自我敘說的論文，過程的艱辛就不多述。主要是他寫完論文，通過了口試，口試委員也相當肯定其自我敘說研究歷程與成品，該生也自覺對自身生命有深刻的整理與改變。而後他將論文於某專業學會年會發表爲壁報論文；過程中，他和其他質性研究論文的研究生相濡以沫，交換心得。後來，有位資深教授到會場逛逛，正巧經過他的論文，看了一下題目，變了臉色，瞄了一下內容就開口問道：「你這論文寫你個人故事，先不談研究貢獻問題，我作爲一個讀者，如何確認你說的故事是眞的，會不會只是自說自話？或是虛構故事博取同情？如果這樣你如何證明研究的信效度呢？」現場的緊張加上位階的差距使他一時語塞，回應虛弱。倒是那位教授又高昂的講了十幾分鐘，才滿意的轉到別攤，但該生腦袋也只剩空白螢幕以及耳邊嗡嗡作響。事後該生與指導教授討論，教授問他，這樣問題可以如何回應。該生大致可以說出敘事研究典範所追求的眞實及眞理並不同，但是要再深入討論就有困難。

　　本章的緣起出自這類故事，類似反覆的經驗促發本文的論述工作，「自我敘說」作爲自我探究、整理，甚或認定建構之途徑，符合許多研究生的需求，於是學生前仆後繼的選擇投入。但是一離開指導教授及系所的

---

[*] 本章之初稿曾發表如下：洪瑞斌、陳筱婷、莊騏嘉（2012）。自我敘說研究中的眞實與眞理：兼論自我敘說研究之品質參照標準。應用心理研究，56，19-53。本章以此文爲基礎修改。

特定保護空間，就顯得十分虛弱。另外一部分則是我們其實相當缺乏論述的武器。像這類敘事研究之真實以及品質標準等基礎問題，其實沒有被深入論述。而「自我敘說」作為敘事研究的一種形式，應該屬於邊緣中的邊緣（相對於主流實證典範科學）。因為碰到前述問題，其他質性研究最後會祭出擋箭牌：「本研究逐字稿（或是分析結果）全都經過研究參與者的確認同意，所以沒問題」。

　　有趣的是，我們何以肯定研究參與者同意的版本就是真實？研究參與者是否有可能會刻意修飾、記憶扭曲或潛意識防衛？研究參與者有無可能基於兩人關係匪淺或是利益交換，而與研究者同盟共謀？更進一步推想：當研究者問參與者：「你是否經常憂心忡忡？」「你小時候經常擔心媽媽或爸爸會不見？」等幾十或幾百個這類問卷題目，而參與者回答「是」或「有點同意」時，何以研究者就能肯定是代表真的或真實？換言之，當虛假與虛假一致時，呈現高度的內部一致性係數，仍然可以被認為是可靠與可信的？

　　令人質疑的是，類似的問題為何從自問自答到我問他答，還有從豐富脈絡的故事變成去脈絡的簡短答案，可信度就會提高？還是問更多人就比較可信？那有沒有可能大家一起騙你呢（如同曾參殺人）？不過，一再批判主流研究典範對建立敘事研究的論述幫忙不大，我們還是先回到不同典範哲學之真實觀來討論。

第二節　回到根本的思辨：哲學本體論的真實

　　前面提及敘事研究的作用及知識旨趣，似乎不同於主流研究典範。一般對研究典範或取向最簡單的分類，大約可以區分為3種主要典範，包括實證主義典範、實踐與批判典範、詮釋典範等（Argyris, Putnam, & Smith, 1985；夏林清、鄭村棋，1989）。實證主義典範的旨趣在控制與預測世界，致力於發現現象背後一套共通、普遍的法則，並能在環境中應用以預測與控制世界。實踐典範則在於促使世界改變與社會實踐，由於真理是被建構的，既存知識通常為少數權威服務，研究的作用在批判與解構主流意

識形態，朝向解放與改革社會。詮釋典範的旨趣在於理解研究對象及現象本身，欲理解的對象與現象並非客觀世界，而是其主觀如何建構世界（洪瑞斌，2005）。更進一步來說，詮釋典範朝向對不同個體或群體互為主體性的理解，背後其實還有多元主體間相互溝通與對話的目的（洪瑞斌，2010）。而敘事研究屬於詮釋典範，其旨趣便是理解自我及生命，並邀請他人（讀者）對研究者生命做溝通或對話。

　　簡單解釋了敘事研究之典範後，再回到本章所關切的問題。承緒論故事問題，當我們閱讀一個人的生命故事並詢問這故事是真是假，涉及的是「真實」之哲學議題。若自我敘說在詮釋典範之下，那這類研究的「真實」與實證主義典範的「真實」又是否相同？一般我們可採Spence（1982）所區分的歷史真理（historical truth）以及敘事真理（narrative truth）兩者來回應。歷史真理是指諸如社會、歷史事件或個人傳記裡所指稱的各種事件或經驗具有的事實基礎，簡言之是真實發生過或確有其事；相對敘事真理並非在意是否真實發生，但它究竟關心什麼呢？如同歷史真理我們可以透過他人證言、歷史紀錄或文獻資料等多重來源作為考據，但敘事真理如何掌握或確知呢？Riessman（1993/2003）也認為敘事當然追求的並非歷史真理而是敘事真理，而且它已假設事實是經解釋過程後才產生的，事實與解釋相互形塑。Riessman進一步也說明敘事本身就是主觀建構過程：「情節並不是完全單純而清白，它們隱藏了一系列的主題，決定了哪些事被包含、哪些被排除，而事實與虛構合併在一起。」換言之，事實與虛構並非辨別歷史真理與敘事真理差異的方式，因為敘事是事實與虛構的混合體。

　　Erikson（1958/1999）的心理傳記代表作或許是敘事真理的好例子，在《青年路德》一書中，他使用了馬丁·路德在修道院「唱詩班發狂」事件作為建立或闡述其認定危機理論的經驗例證。Erikson旁徵博引的整理對此事件的各種解釋與看法，但對於此事件是否真的發生，兩派意見都存在。但他主張：

　　　　就算裡面有點假貨，也無關緊要，因為傳說的製造與歷史事實一般，也是歷史專家歷史著作的一部分。……只要這傳說不與公認的歷史相

牴觸，只要它帶著一點眞實，只要它能產生與心理學理論相一致的意義。
（Erikson, 1958/1999）

　　另外依White（1992）的說法，他認爲故事的建構，本質上不是完全無中生有，因爲文化沉積關於人（personhood）以及關係的故事，都屬歷史性的建構並在群體裡協商而得。可以說他又進一步打破事實與虛構之界線，被視爲虛構文本的小說、寓言、神話故事，也被認爲帶有歷史性，透過它所反映類近的不同歷史事實、人類共通處境、心境與反應。綜合而言，所謂敘事眞理關注的是生命故事是否反映心理眞實，人類類近的內在機制以及共享文化的深層核心或基本假設下的文化劇本或原型。
　　更重要的界分則見於Lincoln與Guba（1985）在質性研究法的專書，他們曾從哲學本體論來整理「眞實」的層次，而歸納了四個層次，分述如下：

一、客觀眞實（objective reality）

　　來自素樸的實在論（naive realism），主張僅有一個絕對眞實。如果時間足夠而且有好的研究方法或原則，我們便可以接近這個唯一的客觀眞實。而整體是部分的總和，所以需要更多的研究來累積。對應上來說，它接近於實證典範之觀點。
　　對實證典範來說，知識是對經驗世界的正確描述與預測，而且眞實是客觀而唯一的。也因爲如此研究必須致力去除主觀、非理性成分，因爲都是偏離客觀世界的誤差，換句話說，研究者必須保持價值中立，不將自身主觀價值放入研究中。所以研究或知識的旨趣在「控制與預測世界」，而這世界是外在於人的客觀世界，亦即透過因果關係的假設驗證，獲得普遍的、簡約的理論原則，最後能用以預測與控制世界（Argyris, Putnam, & Smith, 1985; Morgan, 1983；洪瑞斌，2005）。此眞實的隱喻接近偵探或檢警辦案，蒐集眾多不同證據，選取重要關鍵證據，去除無效雜訊或假資料，透過反覆推論與歸納的往復過程，得出最後眞相。

二、知覺真實（perceived reality）

　　主張客觀眞實是存在的，只是人們無法完全認知到。眞實如同「瞎子摸象」一般，都只限於其自身經驗的知覺範圍內，都只是眞實整體的部分集合。與客觀眞實不同之處在於，沒有任何一個人或群體可以在某一時間點認知到眞實的全貌。和客觀眞實相同的是，一樣相信有一個跳脫於人之外的眞實存在，它也相當於後實證典範觀點。

　　後實證典範之本體論及知識旨趣是接近實證典範的，仍舊致力於控制與預測客觀世界。但是它承認現今科學知識仍舊所知有限，因此接受知識探究的多元路徑與方法，較寬容的接受不同的質性研究法，但目標仍在拼湊出那個客觀眞實。此眞實的隱喩如同在完全黑暗的地底坑道或千年古墓中，探險家僅有一支有限電力的微弱手電筒，每一次研究如同打出一道燈光探索，即便努力探索，對整體地貌還是所知有限。

三、建構真實（constructed reality）

　　主張眞實是每個個體心中主觀所建構出來的，不同個體有不同理解，因此是多重眞實（multiple realities）。但建構眞實仍然關聯於實際的客觀或物理實體，例如：事件、人物、物體等，只是它組織、重整這些實際現象以獲得整體意義。建構眞實既不是創造一個衍生物（純粹虛構），也不是形成單一眞實（符合客觀），而是呈現每一個體的多重建構性（滿足公平標準）。而且此本體論認爲團體協議決定眞理（truth），觀察意見受公眾一致性所增強。就典範分類而言，它接近於建構主義或詮釋典範。

　　對建構／詮釋典範來說，知識是了解主體在生活經驗中如何建構其世界，而且眞實是主觀的，沒有所謂單一、絕對的眞實存在。也因爲如此研究要能開展，必須依靠研究對象本身及其主觀世界，但由於研究者也會有自己的主觀世界，所以研究者本身價值立場很難避免，只是必須清晰交代。而研究與知識的旨趣在於理解研究對象及現象本身（Argyris, Putnam, & Smith, 1985; Morgan, 1983；洪瑞斌，2005）。

　　由於建構主義或詮釋典範接納多重眞實，因此目標便不是求取唯一眞實，而是致力於讓不同主體之多重眞實浮現、並存，並能相互理解與同

理。假設因爲公共政策或團體決策需要形成集體的單一政策或決策時，就是以充分呈現的多重眞實進行協商與對話，嘗試形成一個協商後的眞實版本。當然大家明白這並非唯一眞實，只是暫時的協商共識。

四、創造眞實（created reality）

主張根本沒有所謂的眞實存在，眞實最好理解成一種量子波函數，直到觀察者做出觀測前它並未實現（not realized）。量子力學的「測不準原理」說，人無法預測次原子的現象，只能推估其發生的機率，而且因爲我們選擇去測量某些屬性，也才創造了這些特定屬性。量子物理學家認爲，每種可能的狀態創造了各種不同而平行的宇宙，直到它被觀測或知覺。生命的行動就是參與的行動，從量子力學學到的新概念「參與者」（participator），替代了古典理論的「觀察者」（observer）一詞。量子力學認爲任何小心、中立的觀察、量測，將無可避免地影響、介入所觀察、量測的結果（這是從原子或中子的物理現象就如此）。

就典範分類而言，它較接近於批判取向或實踐典範。對實踐／批判典範來說，知識是主觀世界與客觀世界結合的產物，他們同樣認爲眞實是多元而主客觀並存的，因此多重主客觀之間就需要透過辯證的方式來認識。另外他們主張知識與權力相互結合，統治階層爲維持其治理權，而形塑一套主流知識及論述以深植大眾意識，因此必須批判主流論述，解構虛假意識，才能發掘在地或另類知識。知識的獲得是透過實踐（praxis）而來，研究是一種涉入與承諾的過程。而且研究者應有清晰的價值立場，並致力於實踐其理想價值，所以研究與知識的旨趣就在於促使改變與社會實踐（Argyris, Putnam, & Smith, 1985; Morgan, 1983；洪瑞斌，2005）。

五、敘事研究之定位

以此4種層次眞實之架構來放置敘事研究，敘事研究應屬於詮釋現象典範或社會建構論典範，這類方法論的眞實立場應屬第三類「建構眞實」。建構眞實主張眞實原本就是多重建構、多重解釋，甚至有學者認爲對組織的理解具有多重眞實性本身就有反思作用（洪瑞斌，2010）。換

句話說，站在建構眞實的本體論立場，其他讀者、研究者不用問我：「你的故事是眞是假？」而是應該問：「你的故事具有多重眞實或觀點嗎？」「重要關係人的故事版本爲何？」或「這是一個『弱小孩童』的故事，如果是以『有力量的成人』角色敘說，會是怎樣的故事版本？」等這一類的問題。

　　Hyden White作爲一歷史學者，他打破文學（小說）與歷史兩者間虛構與事實的界線，因爲歷史編纂學、文學與神話皆共用相同的意義生產系統，即編織情節的方式，也由於所謂「歷史」是人類過去事件或歷程，所以若將之作爲表徵或再現之對象，唯一的方式只有敘事或情節化（emplotment），他認爲這就是一種「虛構」（White, 1987/2005）。如同White引述Roland Barthes的說法，他主張歷史論述是意識形態的闡述，或者是虛構的闡述。Roland Barthes說：「敘說並不顯示，並不模仿……（它的）功能也不是去『再現』，而是去建構一種景觀。」（White, 1987/2005）。因此，White（1973）指出在歷史論述裡，敘事的作用在於將歷史事件列表轉變爲一個故事，因此編年史中的事件、行爲者與機構都會被編碼爲故事要素。White的論點就像他引用Benedetto Croce的名言：「擁有眞實歷史的首要條件是建構一段敘事。」但是由歷史學家來解構小說與歷史之差異，可以說相當基進，所以他應較接近前述「創造眞實」的立場。

　　總結而言，自我敘說的眞理與眞實並不同於一般實證典範所追求的客觀眞實或歷史眞理，係因背後之典範不同所致。Kuhn（1970/1994）提出典範（paradigms）的概念，他認爲科學發展歷程是經過典範建立、典範常態化與維持、典範危機與新典範建立等不連續之過程。不同典範擁有不同思維、信念系統與語言系統。而且典範是由某科學社群逐步建立、遵循而共享的，但與其他典範之間有著清楚的「不可共量性」（imcommensurability）。而後Guba與Lincoln（1994）整理出相對於主流實證主義典範外之其他另類典範，包含後實證主義、批判理論（實踐典範）與建構主義（詮釋典範）等。他們並詳細整理這些不同典範其各自的本體論、認識論與方法論等，且都各不相同，所以不同典範也應該有不同的研究要求與品質標準。因此，詮釋典範或建構主義也並非完全沒有標準

或是真理的虛無主義。所以下面回到關切的問題，思考「敘事研究的真理或真實性要求為何？」以及「敘事研究的品質標準又可能有哪些？」

第三節　深思敘事研究之真實性問題

　　回到碩士生與資深教授的虛構故事，該生以論文呈現故事及背後觀點或主張，資深教授則質疑挑戰他。Habermas曾提出「溝通行動理論」，而且他對比主流實證典範的「目的理性」（goal-oriented rationality），提出了「溝通理性」（communicative rationality）。根據其「普遍語用學」，他指出任何一個有效的言說行動（speech act）都預設著4種有效宣稱，即可理解性宣稱（comprehensibility claim）、真理宣稱（truth claim）、真誠性宣稱（sincerity）、正當性宣稱（rightness claim），四者分別指涉於4個世界，分別為語言、外在客觀世界、內在主觀世界與社會世界。而當聆聽者都能接受言談裡所指涉的不同世界，溝通行動就算成功，也就取得某種相互理解與共識。但是當有效宣稱遭質疑，言談的背景共識不被接受時（尤指真理宣稱及正當性宣稱），就必須靠「論述」（discourse），即採用表述性論證（discursive argument）可使溝通者重新達成一致性意見，重新建立背景共識（張世雄，1987；陳更新、賀玉英，1992）。

　　若以Habermas的架構來重新思考或理解上述溝通行動，顯然該教授質疑碩士生論文的有效宣稱，因此溝通不成功，但重要的是受挑戰的為何種宣稱。從該教授的問題中，主要關心的是客觀真實的真偽問題，所以屬「真理宣稱」。但是前面的討論也告訴我們，敘事所關注的真實應是建構真實，關鍵在於內在主觀世界的有效性，亦即「真誠性宣稱」與前者是不同層次。所以下面就這兩項進行討論與思考。

　　既然「真理宣稱」（外在真實）與「真誠性宣稱」（內在真實）分屬為兩個層次或範疇，就可以視為兩者並非對立的兩極或兩類，換言之就可以用這兩個層次同時來觀察某一敘事文本或論文。但一般來說，我們很容易混淆這兩種真實層次，以較極端的狀況來區辨，某些敘事文本是可能與客觀或歷史真實不符，卻與內在真實一致或具真誠性；反之，某些文本也

可能符合於客觀真實，卻有較低的內在真實或真誠性。以下會更進一步的討論。

一、不符合客觀真實不代表缺乏真誠性

我們先思考看看在哪些情況下，可能發生敘事文本與敘說者內在主觀真實相一致，卻與外在客觀事實不相符？可能有這樣的故事文本嗎？

首先可能跟敘說者記憶的扭曲或建構有關，從認知實驗心理學到司法心理學的研究或案例都得到一個清楚的結論，人的記憶是容易扭曲變形與充滿建構性。甚至在心理治療的一些案例也發現，透過治療師的晤談，可能不自覺的誘導、植入某些想法或意念到個案心裡，甚至建構出未曾發生的事件，像是童年遭受性侵犯（邱惟真，2002）。而實徵研究的例子，諸如研究者可以透過一群參與者對一故事的層層閱讀、轉述而建構出不同特色的故事文本（Bartlett, 1932）。或者研究者提供參與者假的童年事件（混合著真實事件），請參與者進行精緻的回憶，並且持續追蹤，最後參與者接受而且建構了此一虛假的童年記憶（Loftus & Ketcham, 1994/1998）。而類似的實驗在學齡前兒童操作，透過反覆閱讀、聽、回想，也能建構出虛假事件的記憶（Ceci, Huffman, & Smith, 1994）。

可是生命敘事或自傳書寫除了部分可依賴日記、個人事件記錄或資料、照片等傳記史料來回溯與拼湊外，大部分都還是靠「記憶」。所以對實證典範來說，個人故事、自傳、回憶等是建立在漂浮而不穩固的基礎上，但其實這問題也非敘事研究所獨有，所有依靠記憶回憶與回溯來回答與反應的研究，都得承受記憶建構性的問題。但對建構主義者來說，這其實不算是問題，因為對個體而言，他所建構（或虛構）的記憶跟其他事實記憶一樣，同樣對個體的自我認識、評價或行動產生影響。總之，敘說者可能因為記憶的扭曲或再建構，而提供了一個與外在或歷史事實不符的故事，但這仍反映或貼近其內在真實。

另一種狀況是敘說者太過關注於表達內在心理真實，而對外在事件或真實的描述就顯得單薄、模糊，甚至會建構填補。榮格自傳可以說是這類故事的代表，他在該書〈序〉中，很清楚地為其自傳的性質定調。

Jung（榮格）認為包括夢、幻覺等潛意識浮現的內在體驗才是重要生命事件，反之，外在發生的事、相遇之人等，反而不值得特別書寫（Jung, 1989/1997）。

例如：在自傳裡提及一個門鈴事件。在那之前的幾天，Jung的家人、兒女們紛紛遇見鬧鬼的怪事，Jung有著不祥的感覺，並感覺空氣中充滿靈體。那天是星期日下午，有著陽光的夏日。突然間門鈴響起，有人應門，卻沒有看到任何人影。此時Jung看到鈴在動，女傭也看到了，他們目瞪口呆。Jung也感覺到它們在移動，愈來愈多亡靈進來，擠得密密麻麻，所有人都感覺房裡沉悶窒息。Jung心想這是怎麼回事，就聽到旁白的聲音：「一群亡靈從耶路撒冷回來，在那兒他們並未找到他們尋求的東西。他們祈求我讓他們進來，想聽我的訓示。於是，我開始向他們布道。」後面的話語隨Jung的筆尖流出，他進入自動書寫狀態，共花了三天左右才寫完。當Jung書寫之後，亡靈消失，他感覺房裡變安靜，空氣變清新。而這些寫成的東西就是後來出版的《向亡者七次佈道》（*Seven Sermons to the Dead*），Jung認為它是諾智教派大師巴西里德斯（Basilides）以神傳的方式，所寫出的諾智教派諭示（Jung, 1989/1997; Murray, 1998/1999）。

此故事相當清楚的反映出Jung所稱的「心靈真實」（the reality of psyche）（Segaller & Berger, 1989/2000）。畢竟靈魂看不見，也是未知現象，即便其他家人也有怪異的感覺，或看到難以解釋的移動現象，但直接聽到或看到智者與亡靈的也只有Jung。倘若這事件在場其他人缺乏清楚的感知，或獲得相同現象證據，嚴格來講，此事件之客觀事實證據並不堅實而且無法證明。但這故事卻充分展現Jung之內在主觀真實，所以是真誠的，不論智者與亡靈是否屬實。

另一種常見的虛構故事是寓言，藉由故事傳達某些重要的觀點、道理或價值，而故事明顯是虛構的。最有名的應該是莊子的《莊子》（或稱《南華經》），這整本書由許多寓言構成，後世多評論此書極富文學美感，也闡述了道家的重要思想精神。舉其書中的一個故事為例：

魯國有個被砍去腳趾的人，名叫叔山無趾，靠腳後跟走路去拜見孔子。孔子對他說：「你極不謹慎，早先犯了過錯才留下如此的後果。雖然

今天你來到了我這裡，可是怎麼能夠追回以往呢？」叔山無趾說：「我只因不識事理而輕率作賤自身，所以才失掉了兩只腳趾。如今我來到你這裡，還保有比雙腳更爲可貴的道德修養，所以我想竭力保全它。蒼天沒有什麼不覆蓋，大地沒有什麼不托載，我把先生看作天地，哪知先生竟是這樣的人！」孔子說：「我孔丘實在淺薄。先生怎麼不進來呢，請把你所知曉的道理講一講。」叔山無趾走了。孔子對他的弟子說：「你們要努力啊。叔山無趾是一個被砍掉腳趾的人，他還努力進學來補救先前做過的錯事，何況道德品行乃至身形體態都沒有什麼缺欠的人呢！」叔山無趾對老子說：「孔子作爲一個道德修養極高的人，恐怕還未能達到吧？他爲什麼不停地來向你求教呢？他還在祈求奇異虛妄的名聲能傳揚於外，難道不懂得道德修養極高的人總是把這一切看作是束縛自己的枷鎖嗎？」老子說：「怎麼不徑直讓他把生和死看成一樣，把可以與不可以看做是齊一的，而解脫他的枷鎖，這樣恐怕也就可以了吧？」叔山無趾說：「這是上天加給他的處罰，哪裡可以解脫！」（李耳、莊周，2006／不詳）

　　顯然「叔山無趾」這人是莊子虛構的，自然也不可能跟孔子、老子對話，因此故事中孔子、老子的話語也是莊子建構的。但這個故事或全本書的虛構性並不影響莊子這本書的價值，事實上他借寓或借喻的方法，確實更貼切或傳神的表達他內在的想法與思考。

　　以上3種可能情況的故事可能是客觀眞實性低，但卻具眞誠性。綜合而言，故事文本的眞誠性與否，並非只在於符合歷史事實，而是敘說者是否眞誠反映或傳達個人感受、內在狀態，敘說者不能有意欺騙、隱匿等。眞誠性並非客觀事實眞僞，而是是否做出與自己內在想法及感受相符的陳述和表達。

二、真誠性較低的狀況

　　另一個故事的例子，也可以用來討論眞誠性問題。1981年《華盛頓郵報》記者Janet Cooke撰寫了一篇兒童藥物濫用的深度報導，其中描述了一個兒童案例的故事，作者也說明爲保護當事人而更換了姓名。而後該文獲得廣大迴響，並獲得該年普立茲獎的殊榮。但榮耀的降臨卻使故

事戲劇化轉折，眾多的關切與追蹤最後使作者坦承故事主角是虛構的人物，「他」是眾多相似處境兒童的綜合體，而非真實存在的某人。最後作者被該報社解僱，普立茲獎委員會也收回了該獎項（Cohan & Shires, 1988/1997；胡紹嘉，2006）。

　　這個故事引發了許多討論，包含「為了保護故事主角或當事人，我們可以變造或更換當事人基本資料嗎？」「那界線與尺度何在？」其次，「我們可以對幾個當事人或同一類訪談個案，嘗試進行某種敘事分析，得出某種共同的故事結構或腳本，再重新建構一個整合版故事嗎？」還有「作者可以為了某種目的，像是為了得獎、吸引讀者，或是激起他人的同情、熱情或同仇敵愾的情感，而編造或誇大某些未發生的故事嗎？」假設我們是聚焦在真誠性的準則上來談，第一個問題應該可以，而變更的界線應該依據「敘事真理」，亦即身分資料的變造不應影響作者欲討論的議題，以及欲闡明的啟示。其次混合數位當事人資料與故事，重新整合成一個新故事，應該也是可以接受的敘事資料處理或分析方法之一，例如：黃元亭（2001）的論文就有過這樣的處理，當然論文還是要說明處理的過程與方式，並留心若過於想求取共性而造成的強制性。最後故事可否因目的性或工具性的使用而誇大或編造故事？故事自然有很多用途，特別是態度說服與改變，或是情意教育，而各種不同的目的或工具性溝通行動也往往存在；推到極致詐騙集團也不過是編造故事來影響人的情緒、行為之高手。所以暫且先不討論道德正當性，放在真誠性準則上，在意的是說故事背後目的或意圖是否明白揭露，其次是故事編寫及處理方式也應說明。

　　所以回到前段故事，Cooke的做法問題並不大，但極小部分的隱瞞卻足以摧毀可信賴感，也失去了真誠性，如果他能坦誠說明主角並非真人，而是數名兒童的綜合故事，目的是為了保護個別當事人，以及描述此族群類似處境與同共情節，並增加文章的可看性等，其實就具有真誠性。

　　但繼續深入思考就浮現一個顯著的問題，文本是否符合內在主觀感受或想法，其實他人很難判斷。還有，有沒有可能因潛意識的壓抑、防衛，甚至是幻覺、妄想等精神狀態，而扭曲敘說者個人記憶或知覺。換言之，若敘說者不是有意矇騙，而是潛意識防衛或知覺扭曲，使故事偏離客觀事實時，還算是真誠的故事文本嗎？

舉個故事來討論，吳台齡與吳吟（2009）曾講述一個少年性侵害加害人的案例故事，他們呈現了多重真實版本。該文主要作者為該少年的精神治療醫師，從晤談與治療中形成個案故事。該版本中少年犯行是輕微的，一次一時衝動但未達成犯意，另一次是類近約會強暴的模糊情境。另外少年曾犯有過失傷害致死案件，和一群朋友幫人出氣打死一名高中生，因此不久後要移往另一矯正學校服刑。直到後來其叔叔出現，才得知少年並無另一案件。隨著另一種真實版本被揭露，作者開始蒐集與查證各種來源，包含輔導人員、法院裁定書、觀護人、個案母親等，也開始看見多重真實。例如：母親說明個案父親並非幫派分子，只是沒有工作的男人。當然，差異最大的是和醫師說的版本與法院版本。裁定書上描繪個案性犯罪的模式，每當性衝動時就尋找鄰居落單女童以威嚇暴力性侵，他反覆犯案共有3名被害女童、6次強制性交。當然裡面也未曾提及過失致死的前案件。而後作者再與個案澄清為何會有如此不同，個案情緒激動，平復後，個案解釋，可能因長期吸食安非他命導致精神症狀與幻聽，以致誤信幻覺或妄想訊息而不自知。最後作者推論與討論個案的建構自我，認為個案為了在監獄環境求生存，暴力犯應該比強姦犯更被其他受刑人接受與尊重，因而用不存在的事件故事建構一個自我面貌。

假設我們接受吳台齡與吳吟（2009）的詮釋，將這故事拉到我們前面的討論，那重點就在於個案究竟是無意識的防衛與精神症狀，或是有意識的扯謊，因為若是前者，則個案的「本意」還是真誠的，只是潛意識騙了「自己」。但研究者認為這或許不是重點，現代主義總是預設人的內在有一個中心實體，但中心何在也是個難題。當後現代主義傾向自我是建構而多重時，「真誠」的主體也顯得飄忽不定。所以研究者認為重點不在意識或潛意識，而是故事文本是否反映多重自我與多重聲音。假使如個案所解釋，個案對現實的理解應是充滿混亂、矛盾的，有幻聽的聲音、意識自我的疑惑，加上法官、警察的訓誡，輔導員、醫師的關心；其他獄友、家人甚至被害人的反應，所有不同聲音不斷反覆而且喧嘩，但個案對作者述說的卻是單方面而乾淨的故事，在這個點上判斷該少年給的故事真誠性較低。

簡言之，敘說者意識及潛意識層面作用是很難立即判斷的，研究者認

為也不應是文本眞誠與否的判準，反而假若每個人都是多重自我的建構，那在故事中是否包含多重聲音，甚至與重要他人的聲音對話，這應該才是「眞誠性」的判準。

三、「眞誠性」的後現代轉向

於是，在這樣的思考脈絡下，我們發現「眞誠性」似乎需要進行後現代轉向。相關學者曾區分「sincerity」與「authenticity」的不同，sincerity是指公開發言與眞正感受與想法一致，自我是誠實、眞切的對他人呈現（Trilling, 1972; Avolio & Gardner, 2005）。因此前者是對他人，authenticity則較偏向個人與自我的關係。Authenticity定義爲「擁有自己的個人經驗，包括個人的思考、情緒、需求、欲望、信念等。因此它包含自我覺察（self-aware）以及根據個人眞我（true self）來行動，而且表達自己的方式是和內在想法及感受一致」（Harter, 2002; Gardner, Cogliser, Davis, & Dickens, 2011）。研究者認爲兩者應該無明顯性質差異，而且authenticity的定義較廣，可以涵蓋sincerity；故在本文將兩者都稱爲「眞誠性」。

但從「眞誠性」定義也發現前述的問題，「眞我」要如何發掘，又如何確定「眞我」？這變成一種難題，也受後現代主義對主體性消失的批判。Sparrowe（2005）曾將「眞誠性」（authenticity）概念做了後現代的轉向或是敘事的迂迴工作，Sparrowe主張「眞誠性」並非直接對個人內在價值與目標做自我覺察，以及設法讓表達聲音、行動、內在價值與目標維持一致性；眞誠性反而發生於對自傳式回憶的一趟敘事之旅，亦即透過對生命史一系列事件敘說，得以重新審視個體特質如何外化爲行動。而一致性（consistency）也變成敘事文本中的一致性，以及文本自我在不同事件、轉折點、不同矛盾處境或決策中能夠顯現其統合性或連貫性。

另外Sparrowe（2005）從Ricoeur的觀點出發，並指出他者（others）與自我有兩種關聯，一是在重構一個人的敘事認定時，他者可作爲想像變異的一個來源；其次他者也可能是與我們自身生命歷史相互纏繞的人。他進一步說，個人另類的故事線（alternatives），主要是從他者敘事情節中

取得的（甚至虛擬的他者也可以），但這並不是不真誠（inauthenticity）的意思，反而是敘事性真誠（narrative authenticity）的品質保證標章（Sparrowe）。換言之，另類故事線的浮現，透過他者聲音之反映或加入而成為多重聲音文本（multivocal texts）等，應該可以成為自我敘說真誠性的品質標準，也和前節討論一致。

　　以下再舉「科學管理之父」Taylor（泰勒）的故事來做進一步思考。Taylor來自顯赫的世家，但因為身體因素放棄進入哈佛就讀，反而進入工廠當學徒，後來因他較長時間都在鋼鐵工廠所以升任主管，便開始他一系列的工作研究與改革。1898年他進入伯利恆鋼鐵廠繼續進行多項實驗，他以科學的方式來設計工作的方法。其中知名的例子如他研究出平均工人每鏟為21磅，然後設計標準的鏟子，改變工人自帶鏟子的習慣。而且他也改變工廠生產配額以及績效與薪資的標準。最後他報告令人振奮的結果，整個鏟煤工作有大幅改變，每個工人從每天鏟16噸提升到59噸，工資成本每噸7.2分降至3.3分，工人工資從每天$1.15增至$1.88，而鏟煤工人的人數從600人減少到140人（彭游、吳水丕，1985；Gabor, 2000/2001）。

　　另外Taylor提供了一個在他工作改革實驗下的成功案例故事，也是他認為的一流工人──施密特（Taylor所取的假名）。施密特是一個荷蘭移民，Taylor形容他力大無窮、頭腦簡單、心智遲緩，甚至有些粗鄙，但重要的是，他有任勞任怨的工作態度，並且願意配合Taylor設定的各種高工作標準，接受獎勵然後快快樂樂的多賺點錢回家（Gabor, 2000/2001）。這個案例也成為後來宣揚Taylor科學管理原則時，廣為流傳的典範故事。

　　以上是從Taylor的研究報告以至於後續管理學教科書而來的故事版本，但如果你有機會看見其他資料來源，從勞工觀點的相關書籍或歷史資料等，你會看見漂亮的數據之後有著完全不同的故事。

　　另類版本的故事，其實工廠工人很快發現Taylor新訂定之生產配額的嚴苛性，使其過度身體消耗，也有變相減薪的效果，這激起工人的抗爭。不但很少人能真的達到Taylor訂定的工作標準，甚至很多伯利恆的工人撐不到兩、三天就崩潰了，施密特是少數能夠達到嚴格標準的工人。但Taylor用強硬手段處理，最後工人不是受不了離開，就是被Taylor開除，最後就只剩下140人。Taylor所到之處輕易就造成工人與工會的反對，激

化勞資的對立，並導致美國國會的調查。離開伯利恆後他就開始擔任企業顧問，到處宣揚「科學管理」的福音，但他始終都是正反評價兩極的爭議性人物。1911年Taylor出版了著名的《科學管理原則》，總結了他多年科學管理試驗的結論，此時他的聲勢也到達頂峰，同年他也接受國會調查，但任何調查與反對聲浪都無法阻擋科學管理的巨輪，調查結果也未對他有實質的影響與懲罰（Gabor, 2000/2001）。

後來，也有人追查並找到那位「施密特」，多數Taylor描述的性格特徵多為戲劇化誇大。他雖為低階勞工及移民，在那個年代卻能讀書與寫字，雖然性好酒色卻常慢跑健身。但也有符合Taylor所說的部分，他的確十分努力攢錢，甚至參與Taylor的工作分析實驗之後，他還買了一塊地並利用工餘慢慢蓋了房子（Gabor, 2000/2001）。

Taylor在其論著中指稱的科學管理實驗與組織變革的敘事，明顯忽略了另一面的聲音與真實。不論他是有意或無心忽略，如同前段所討論，只要敘事文本明顯存在對立觀點或另類敘事，但卻完全沒呈現或對話時，就視為缺乏「真誠性」。即便Taylor在其報告或著作中（還是可視為廣義的敘事文本）呈現了精確的量化數據，強調了科學實驗的程序與精神，但它還是「真誠性」較低的研究文本。他一面倒的推銷「科學管理」原則，反而失去了讓後續讀者進入「科學化、理性化的變革」以及「人性化或勞工權益」等二方對話與辯論的機會。總而言之，當敘事文本並未努力讓另類故事線浮現，或者成為多重聲音文本時，在真誠性的標準上，就無法提升敘事研究之品質。因為對後現代主義或建構主義來說，多重真實或多重聲音總是自然存在的，只要敘說者保持真誠與開放態度，放掉完全控制的焦慮（現代性）與造神的期待（傳統性），就會開始發現眾聲喧嘩之美。

第四節　嘗試提出敘事研究的可能品質參照標準

從前段對本體論、方法論的討論，我們知道敘事研究之典範採取的是建構真實，關注的核心是「真誠性」，自然它研究的品質標準與實證研

究典範有所不同。相關學者已經提出一般實證研究典範的信效度，品質標準並不適用於質性研究，而進一步提出不同的標準，例如：「可信賴度」（trustworthiness）（Riessman, 1993/2003）、「眞誠性」（authenticity）（Lincoln & Guba, 2000）等。我們採納這些學者的意見，並更進一步思索與提出敘事研究的品質標準。

一、多重眞實性

　　因爲敘事研究的眞實層次是建構眞實，它預設了任何現象描述或故事都有多重詮釋的可能性，而無所謂「對」、「錯」。又如前段討論我們很難推斷敘說者內心否眞誠，但回到故事文本上，我們可以期待故事文本裡含有多重觀點、多重聲音的特性。它可以是敘說者自己具有新舊或不同位置（角色）的觀點，也可以加入敘說者重要他人的聲音。

　　但切莫混淆的是多重眞實性並非「三角檢定」（triangulation）概念（Patton, 1990/1995），因此多重聲音與觀點的文本並不是交互檢驗需要證明客觀眞實，也沒有預設一定要取得共同同意的共識；多重眞實性也不是「瞎子摸象」般的後實證主義；多重眞實性認爲每個人的眞實原本就不相同，可以對話、溝通，但不一定要分出對錯、勝負。所以保持文本的多重眞實性可以讓讀者有複雜理解與想像，而且可以刺激對話性。

　　Riessman（1993/2003）提出敘事研究的「說服力」（persuasiveness）標準，應考慮所有可能的觀點與解釋並提供佐證資料，但他也提到說服力也無法避免與修辭與寫作風格有關。Lieblich等人（1998/2008）則提出「寬廣度」（width）標準，意指研究應提供全面性訊息或充分的各種證據，讓讀者可以自行判斷或詮釋。另外Lincoln與Guba（2000）也認爲社會建構研究要注意公平性（fairness），他主張所有利害關係人的觀點（stakeholder view）、聲音都應該在文本中看到，應有公平與平衡報導的機會，這跟此項原則也有關。

　　另外，多重眞實性在研究實例上，莊騏嘉（2009）以及陳筱婷（2009）的自我敘說研究都將自己生命故事文本交給父母親閱讀，再進行討論與對話。此做法除了在處理研究倫理議題外，更重要的在於增進文

本的多重眞實與聲音，因此父母的觀點與聲音也能夠在研究論文中呈現。當然在做法上不一定只能使用這種方式，只要能達成文本的多重眞實性即可。

二、眞誠性

如同本章詳細討論眞實性之哲學觀點，敘事研究並非追求客觀眞實，而是主觀眞誠性。Riessman（1993/2003）曾提出敘事研究的一項品質標準——「實用性」（pragmatic use），他建議所有研究、分析過程皆應說明或透明，包括如何形成解釋、研究進行過程、資料如何轉化與分析等。換言之，敘事或研究文本皆經過剪裁、分析、詮釋等處理或建構，有時從敘事文本本身只能讀到某些面向，所以研究者提供研究過程的描述或反思資料，將有助於讀者提升可信賴度，因爲讀者較容易從研究歷程與狀態訊息判斷此敘事研究的「眞誠性」。

以研究實例來說，洪瑞斌（2005）、陳筱婷（2009）等敘事研究都在論文中清晰而細緻的呈現其研究歷程與狀態轉變，包括呈現研究日誌、札記隨筆、夢的紀錄、論文討論紀錄（與指導教授或同儕）等。當然也可以將研究歷程建構成另一種故事文本，或針對研究歷程進行反思與討論。

三、精細性

由於敘事研究透過深度訪談以及故事性理解，往往能描述及解釋人類許多複雜脈絡及動態變化的經驗，因此有助於協助心理與社會科學揭露許多幽暗未明的知識。如同Lincoln與Giba（2000）提出建構論研究的品質標準爲「眞誠性」中，其中一項「教育眞誠性」（educative authenticity）是指能增進對他人建構的理解。而前述敘事研究之「三度敘事探究空間」是研究之基本架構，因此敘事內容須同時涵蓋歷史或時間性、情境脈絡或空間性，以及人際或社會互動等（Clandinin & Connelly, 2000/2003）。因此敘事研究所描述與分析的資料是相當接近現象場或經驗本身，也就較多數研究法更具複雜的脈絡性。

另外，一個好的敘事文本通常被期待能包含主顯節（epiphany）或具

備深厚描述（thick description）的特性。深厚描述的敘事「不只是報導事實，還包含行動背後的意向、意義、行動的脈絡與條件、行動的發展與演進。所以深厚描述超越事實與表象，刻畫出個人在經驗中的細節、脈絡、情緒、聲音、意義，深厚描述喚起了個人的情緒性與自我感」（Denzin, 1989/1999）。而主顯節即個人生命關鍵事件或轉折點（Denzin, 1989/1999），因此在敘事研究中，敘說者生命歷史中的關鍵事件或主顯節應該被涵蓋，而且應該要對經驗脈絡深厚描述之。如此深厚描述與精細脈絡之敘事文本確實有助於透過個人活生生的經驗，揭露主流論述或知識無法涵蓋與解釋的另類敘事，而後累積這些另類敘事便有可能形成「在地的知識」。

四、解構性／頓悟性

如果前項所指涉的較偏向普遍或群體知識，那本項就指涉個人知識。研究者可能進行自我敘說研究，那麼目標當然是形成個人知識。但即便不是自我敘說研究，研究者在定題聚焦某一群體受訪參與者或是某一傳記傳主時，相當程度也是從個人生命經驗與議題出發，因此在深度閱讀進入受訪參與者或傳主生命經驗時，往往能達到回應或解答研究者個人生命困惑與問題之目的。換言之，閱讀及理解他人故事，有助於對個人知識、生命議題之頓悟。如同Lincoln與Giba（2000）所提出「真誠性」品質標準中，有一項「本體真誠性」（ontological authenticity）係指個人建構擴增或意識提升，便與本項相同。

另外，對自我敘說研究來說，研究者／敘說者之生命書寫並非只是把已知的記憶或故事說／寫出來而已，透過這個歷程也將提升意識，擴增個人建構。換言之，個人視框與觀點將被解構與重構，而個人的故事與生命意義也將被重組或有新的觀點或認知。所以，我們也可以從研究者能否透過生命書寫或自我敘說歷程重構或擴增既有觀點，進而判斷自我敘說之研究品質。不論是自我敘說之解構—重構性，或是其他敘事研究之頓悟性發生，其實都跟前項「精細性」有關，不論是自我或他者之故事，都需要達到深厚描述或精細脈絡，才可能產生解構或超越既有視框之新發現或新觀點。

　　舉例來說，莊騏嘉（2009）從一個「聽話乖順的小孩」，初期自我敘說時，卻懷疑自己的記憶與聲音的可靠性，到最後接納自己的童年感受與聲音，同時也能理解父母的處境與狀態。陳筱婷（2009）則從與母親親密與衝突的關係，及「以優異成績與表現來證明自己」等狀態出發，最後母女關係軟化求取新平衡，而且發現了長久忽略卻影響自身的父親生命存在。此二篇研究之研究者生命視框，不但產生位移，也有清楚的擴增與重構。

五、統整性

　　Riessman（1993）與Lieblich等人（1998/2008）都提出敘事研究第一個重要品質標準是「統整性」（coherence），包括故事要「深厚」（thick），重要的生命主題會在文本中反覆呈現或出現，不同的部分或片段能夠構成一個完整的意義或圖像等。因此在敘事研究上，隨著生命故事的書寫、拼湊、回觀與反思等，最終生命故事也要形成內在連貫性或統整性。

　　許多學者都指出生命敘事與自我認定的建構有很大關聯與作用。例如McAdams（1995）說：「認同本身是外化的以及涉入的生命故事，或個人神話（personal myth）。」或是Cox與Lyddon（1997）則提出「自我宛如敘事」（self as narrative）。Laine（1998）同樣注意到敘說個人的生命，其實是建構其認定的方式。他進一步提到某些生命階段中的轉型或分裂的經驗，使人的自我認定需要調整或重構，如投入新職、失業、退休等，而敘事就提供一種了解過去並且超越過去的方法。Murray（2003）認為透過敘事讓人澄清生命的連續性，界定自我並提供了自我概念的架構以及認定。Ricoeur（1988）則提出「敘事認定」概念，即「主體在他們所說的，關於自己的故事中認識自己」。換句話說，當生命故事書寫達到內在連貫與統整性時，敘說者的自我認定也將形成或重新建構。

　　舉研究實例來說，洪瑞斌（2005）在完成敘事研究與故事書寫後取得「工人之子」的新認定。陳筱婷（2009）則在自我敘說研究的最後階段認定自己是「赤腳仁心的敘事頑童」。莊騏嘉（2009）則在完成生命故事

書寫後反思自我狀態，自覺接近「取回自我聲音的深海人魚」或「剪掉繩索的小木偶」。雖然後現代主義或社會建構論認為「自我」並非實體而是不斷建構，所以自我是多重形象之投影，並隨身處脈絡而呈現各種不同樣貌。但人類作為意義追尋的有機體，自我認定的建立或生命意義的統整，可視為每個行動者面對其生命無既定意義之難題的不斷奮鬥之驅力。

六、召喚性

如同Ellis與Bochner（2000）所言，自傳式民族誌如同召喚式敘事。換句話說，敘事研究或自傳式民族誌所屬的詮釋典範，其研究目的還帶有對讀者（他者）做溝通、表達與對話的目的。所以書寫的敘事文本希望對特定或不特定讀者群體具有相當的召喚性（evocability）或吸引力。而Lincoln與Giba（2000）所提出的「真誠性」品質標準中，就有「催化真誠性」（catalytic authenticity），指能刺激或鼓勵行動實踐；以及「戰略真誠性」（tactical authenticity），指能啟動參與者力量以進行行動，此二項應與召喚性緊密關聯。

另外，自我敘說研究者也常提到，自我敘說工作是從感通自己，進而能夠感通或感動他人（Riessman, 1993/2003）。也就是說，文本能讓他人感通或感動是文本具召喚性的主要條件，至於如何讓人感動，就是不易確定的工作。翁開誠（2002）曾說明生命敘事工作：

　　……通過我不斷重說我的生命過程，我的生命不斷的被我重新創造。我於是成了我生命的藝術家，我開始尋找、具現我生命的美感；即使是看似的悲慘、哀怨、無意義的生命經驗，也就有了機會被我自己轉化成具有美感的藝術作品。……通過故事，我們可以創造出自己生命的美好；通過故事，我們也可欣賞出別人生命的美好。（翁開誠，2002）

因此，敘事文本所呈顯的生命美感，也是讓讀者感動或受召喚的一種狀態。當然上述只是供參照的一般原則，至於敘事文本如何能夠朝向或達到生命美感的狀態，實難簡短及明確交代。而且實務經驗上發現，有時

故事缺乏美感或感動，往往不是寫作技巧或修辭學的問題。另外，敘事研究者還有兩個可參考的實務做法，一是敘事文本至少要先能感動自己。其次，可以依靠研究團隊同儕或指導教授作爲協同研究者，當爲最早的讀者，詳細反映讀者閱讀文本觀點以及感受。尤其是當敘說者的文本無法感動自己，或者是自己有感覺，讀者卻讀不到時，就明顯需要更多歷程反思與對話的探究工作。

第五節　結語

本章嘗試從哲學典範、本體論、方法論層次來思考敘事研究之眞實性議題，基本上，敘事研究屬於社會建構典範，追求的是敘事眞理，背後的根基是「建構眞實」，所以眞實原本就是多重而交互建構的。換言之，它所追求的並非客觀、唯一的外在眞實或眞理，而是眞誠的反映與表現內在世界或心理眞實。最後本章並根據過去研究經驗提出幾項敘事研究之品質參照標準，包括：敘事研究文本中具有多重眞實性；研究者及敘事研究文本具有眞誠性；敘事研究文本具有精細性或深厚描述；敘事研究歷程帶來解構性、頓悟性及超越既有視框；敘事研究文本具備內在統整性；敘事研究文本對讀者具有召喚性等。當然這些品質參照標準並非絕對的，它是研究者從過去經驗累積而得出的一點想法，主要提供自我敘說研究同好參考，並希望提供敘事研究社群相互對話，漸漸形成同識的討論素材。

事實上，一直以來主流實證典範對敘事研究的質疑十分常見。例如：「說故事可以算是社會科學研究嗎？」「這樣的寫作不符合科學研究論文的體例！」「呈現個人故事對社會或學術研究有何貢獻與重要性？」等等。同樣以Habermas的觀點來看，主流典範者對敘事研究的質疑，應該並非來自語言文法的可理解性，更多來自「正當性」（rightness）的質疑（張世雄，1987）。根本上，他們其實挑戰這樣的研究方式、書寫形式、相關做法是否符合科學研究社群的「共識」。而當正當性被質疑時，就靠成員間不斷相互論述與對話，這大抵也是本章企圖提供敘事研究社群參照對話之基礎。但如Kuhn所言，不同典範原本就存在不可共量性，而

且也來自不同科學社群之共享信念或語言系統（Kuhn, 1970）。所以除了在向主流典範社群做論述與對話的同時，另一方面敘事研究或詮釋典範之社群成員，也應逐步反思、討論自身典範之相關方法論議題。

　　關於質性或敘事研究論文書寫格式議題方面，蔡敏玲（2001）、胡紹嘉（2006）已經做過論述的努力。蔡敏玲（2001）從主流典範標準寫作格式批判出發，並提出質性研究寫作的建議。胡紹嘉（2006）則從「為何不能用小說方式來寫論文？」提問為起點，並且做到書寫文體與論述內容的雙重解構，相當精采。另外，翁開誠（2011）教授將其多年以生命敘事進行教學、助人及研究工作之反思凝聚於〈敘說、反映與實踐：教學、助人與研究的一體之道〉一文中。此文可謂一甲子煉一丹，此文既是翁開誠個人的實踐知識，也是其敘事哲學觀或價值論，值得敘事研究的同好們多參閱。本書延續著這些前輩的努力工作，並希望更多敘事同道也能用各種風格敘說出自己所主張的「真理」，並能逐漸匯集成敘事研究社群自身的共識，以取得「學術研究世界」的正當性。或者大家覺得不需要有共識，那也希望社群都能多多努力發出各種不同聲音，讓我們充分沉浸在眾聲喧嘩之美。

第五章

敘事研究之資料分析

第一節　緒論

　　本書第一篇主要聚焦敘事研究知識論與方法論之建構，因此前面幾章已經介紹了敘事研究的基本概念介紹與總論、本體論到方法論之基礎、敘事研究的眞實性及品質參照標準等。但作爲研究法的專書，應該還是要說明實際敘事研究如何執行與操作，因此本章主要嘗試提供敘事資料的處理與分析，以供讀者參考與學習。

　　依此目的，本章按照研究程序做介紹及討論，先討論敘事資料如何蒐集完成，包括以深度訪談蒐集資料、現存文本之資料蒐集等。而後，接著再討論及分享如何建構與撰寫故事文本。最後，本章分享敘事文本之分析方式，相關敘事研究分析法是很多元的，不同學者都能提供不同分析方式。而本章提供2種可行方式，包括多個案之資料分析可參考Crossley（2004/2000）的敘事心理分析法來進行；另外，單一個案之資料分析可參考筆者自行發展的生命主題與敘事結構分析法。爲了更能具體而清楚的看到分析歷程，本章特別提供一個資料分析實例，筆者取用電影《小丑》的敘事文本嘗試進行分析。這應該是不同於多數敘事研究之專業書籍，能夠按部就班的展示如何進行，每步驟皆具體說明並提供實際例子。以下便依程序逐一說明。

第二節　敘事資料之蒐集完成

　　進入資料分析前必須先完成資料蒐集，敘事研究之資料自然是故事或敘事文本。資料蒐集的方式及來源依據第一章將敘事研究分爲3類，分別爲自傳式敘事研究、互動式敘事研究、現存文本敘事研究等。其中自傳式

敘事研究包括自我敘說、自傳式民族誌等，兩者傳主或敘說者即為研究者本身，因此就是自行想辦法書寫故事或敘事文本。另外2類包括深度訪談蒐集資料，以及現存文本資料，以下分別討論。

一、深度訪談之資料蒐集

　　互動式敘事研究最常見的就是針對參與的敘說者進行深度訪談，以蒐集相關敘事資料。關於敘事研究之訪談，注意事項並不多，只要訪談者能夠與敘說者建立信任與同理之關係，剩下就是盡可能催化敘說者多說故事了。最需要注意的是研究者是否訪談問題過於結構化，而接近「焦點訪談」，因為過於結構性焦點問答，將會破壞敘說者說故事的動力，這是由於敘事或故事有其自身結構，當研究者過於結構的一問一答，反而會讓故事難以自然流動及說出。下面提供一個碩士論文部分訪談大綱之實例（林青璇，2023），大約可顯示出有時研究者若將訪談問題設想得太詳細、太結構，很容易就變成簡單一問一答的方式，反而不利於說出故事。

　　………

2. 探討「母親」在孕育聽多障礙兒上，面臨的困境的壓力。

　　問題2-1 新住民母親在台灣孕育子女的心理壓力為何？

　　　　2-1-1　請談談從懷孕到分娩過程及心情是如何的？

　　　　2-1-2　請談談您的健康狀況及經濟狀況？

　　　　2-1-3　當經濟狀況不好時，有誰可以支援您？

　　問題2-2 新住民母親孕育聽多障兒之成長與照護歷程為何？

　　　　2-2-1　聽損子女剛出生時，誰來照顧？成長過程有哪些事情留下深刻的印象？

　　　　2-2-2　當家庭有聽多障兒時，家人有什麼反應？對整個家庭有什麼影響？

　　　　2-2-3　平時由誰帶子女回診？

　　　　2-2-4　子女出生時的健康狀況如何？

　　　　2-2-5　請談談配置助聽器的過程。

3. 探討聽多障兒新住民母親面對挫折的因應與新住民家員的相處及調適。

問題3-1 聽多障兒新住民母親在面對挫折的因應為何？

3-1-1　寶寶剛出生時，誰來照顧？有什麼事情，留下深刻的印象？

3-1-2　當您知道您的子女有聽力損失缺陷時，當時的反應？如何調整？花了多長時間？

3-1-3　聊聊您的丈夫健康狀況？

3-1-4　嫁來台灣後與家鄉的聯繫情況如何？

3-1-5　當您的家庭或生活感到沮喪和不安時，會向家人以外的人尋求幫助嗎？他們如何幫助您？

………

（林青璇，2023；頁129-130）

當然這樣的訪談大綱也不一定談不出豐富故事，假設訪談者在訪談當下能放掉訪談大綱，僅將訪談大綱視為檢核表（作為自我檢視是否訪談有遺漏），訪談的過程能夠尊重與順從訪談對話的動力，從對方的回應及內容再往下深問，而非打斷對方敘事動力，再將談話硬拉回訪談問題的結構裡。是故，敘事研究之訪談通常不建議讓敘說者事先閱覽訪談大綱，即便是參與敘說者要求，就是希望避免敘說者被建立一套研究者預設的問題結構，在敘事訪談時能依據敘說者內在故事結構或是訪談當下的對談動力而談出來。

因此，敘事研究的訪談形式以接近非結構為佳，訪談開始，以一開場白做場面構成，說明研究之主題與目的、進行的方式等，以及今天訪談希望敘說者多說某面向的經驗與故事等，後面即引導敘說者開始說故事。另外，還需注意的是，雖然訪談以非結構為佳，但希望敘事內容能夠具有時間的結構性，就是敘說者所說的故事，期待能帶有時間標記或結構。當然，訪談進行並不一定要用順敘法，即便倒敘法也可以，只要順著訪談對話的動力，但是希望各事件經驗都能辨識時間順序或發生之時間標記。以下再提供另一個碩士論文訪談大綱之實例（丁嘉妮，2008），它較接近敘事研究所思考與設計的訪談大綱。一方面它比較接近敘事研究訪談問題，

只簡單訂下訪談主題或主軸；另一方面，可以看到第2題等於請敘說者建立一個時間軸架構，使得整體敘事資料都將呈現於時間架構中，而後等於依照研究關注不同主題面向（壓力、因應、資源因子等），再次回顧整個故事歷程，以及加上後設性反思問題。敘事研究的訪談架構可以參考類似的設計。

1. 您照顧曾／現有的憂鬱症家人歷經了多長的時間呢？
2. 我想邀請您在這張空白紙上畫一條線，然後依照時間順序標示從「家人發病」到「現在」，所發生深刻印象的事件、當時的心情，或任何您想寫的資料。
3. 家人發病後，您是主要的照顧者嗎？家中還有沒有其他的照顧者？
4. 在您與生病家人相處的過程中，有沒有深刻印象的事件？當中有沒有一些棘手的挑戰、待掙脫的困境、重大衝突或感覺高壓的時刻？
5. 面對這些挑戰，您當時的心情想法是什麼？當時，通常如何因應這些壓力與難題呢？
6. 現在的您好不容易度過了這些挑戰，接下來我想您有助於您度過挑戰的原因。首先，請問幫助您度過挑戰的原因中，有沒有哪些與您個人因素／特質有關？過程是如何發生和發展？
7. 再請教您，幫助您度過挑戰的原因中，有沒有哪些與您周圍的人事物有關的因素，過程如何發生和發展？
8. 整個與生病家人相處經驗的回顧，您有沒有發現哪些自己難得的地方？
9. 整個與生病家人相處經驗的回顧，在您生命意義的層面上，是否有新的想法或發現？
10. 對您說，這些新的想法和發現，您覺得在往後的生活會如何影響您？
11. 如果其他她的憂鬱症照顧者有類的經驗，您會給他她們什麼建議，幫助他她們更快恢復穩定？（丁嘉妮，2008：頁163）

總結而言，敘事研究之訪談以接近非結構為佳，當然訪談者心中必

須清楚想採訪或聽到的故事，因此訪談大綱僅僅是提醒自己聚焦之訪談主題或主軸。相關研究訪談經驗顯示，有時當下以爲是與主題無關的經驗或故事，事後整理發現其實是有關的，訪談當下說故事有其自身的動力及結構，訪談者應該尊重它。而訪談資料的品質自然跟研究關係建立直接相關，而且因爲訪談結構化可能有所干擾，訪談次數也變得較有彈性，所以訪談者及敘說者應有心理準備，可能比原本預計訪談時間或次數更多。無論如何，都是爲了創造暢所欲言、自由自在說故事的情境與空間。

二、現存文本之資料蒐集

　　如同第一章在敘事研究分類中提出有一類是現存文本敘事研究，它又分爲心理傳記研究及以藝術虛構敘事文本之敘事研究。換言之，前者是對歷史或傳記之敘事文本，後者是對藝術創作的、虛構的敘事文本，但對資料蒐集而言，更重要的區分或許是單一文本或是多重文本。所謂單一文本通常是現存文本之作品，其敘事文本之豐厚、細緻程度已經足夠，因此就鎖定此單一文本進行分析，例如：對小說《紅樓夢》、《大亨小傳》，或是電影《戀戀風塵》、《時時刻刻》（The Hours）等進行敘事研究的分析。當然，單一文本基本上沒什麼蒐集資料的困難或問題，不過有些經典作品會有再創作的文本交織性現象，因此一本經典小說或劇本也可能有不同版本（例如：小說會有翻拍電影或改編舞台劇，經典童話或神話故事也會有不同版本），若版本間差異大或分歧，又會進入多重文本之狀態了。

　　現存文本之多重文本蒐集最典型的就是前述之心理傳記研究，我們在第一章有簡要的介紹。因爲心理傳記需要先設定特定研究傳主，企圖理解傳主生命或詮釋其特定心理議題，例如：沈從文（賴誠斌、丁興祥，2002）、張愛玲（張慈宜、丁興祥，2012）、馬偕（徐柏蓉、陳昭儀，2008）等。而心理傳記研究過程就需要廣泛蒐集傳主的各種相關傳記資料，包括一手資料如日記、書信、受訪紀錄、文章（傳主個人寫作）、自傳，以及二手資料如報導、身邊親友受訪、他人所寫傳記、相關論文等。所以現存敘事多重文本之資料蒐集，會面臨的較大問題或挑戰是資料的不一致，因此過程需要不斷比對、比較以及選擇。至於心理傳記進行之詳細

程序，可以參考心理傳記之專書或論文介紹，目前不論專書或論文都有豐富的中文作品或翻譯。例如：Runyan（1988）在專書中所介紹的「了解個體生命暨研究者知識進展之流程」，就是許多心理傳記研究者常引用或採用的進行架構。

第三節　故事之建構與撰寫

當敘事文本之資料蒐集完成後，就可開始整理資料。若是透過訪談的敘事研究，整理資料的第一步與其他質性研究無異，就是謄寫逐字稿，這部分雖然辛苦，但也沒有特殊技巧，就是按部就班將錄音檔轉成文字稿。當然，有些研究者受限於人力或時間效率而委請工讀人員代謄稿，或者現在也有錄音檔轉文字的專用軟體，特別留意謄稿之正確率與品質需要檢視與控管。但研究者若非自行謄稿，建議研究者記得要反覆聆聽錄音檔，因為錄音檔資料是更貼近訪談互動現場的資料，能夠提供更多更細微的資訊，聽錄音檔的過程也可能浮現更多的好奇與想法。

待逐字稿謄錄完成，就算是得到研究基本運用的原始資料，雖然最原始的資料是錄音檔，但對研究使用之便利性來說，還是逐字稿較便利。因此逐字稿之初稿需要再做處理，包括研究者校對除錯、逐字稿人名或機構名之匿名（包括以代號、化名取代或模糊化處理），最後再請參與敘說者協助檢核，包括是否理解有誤、錯別字以及匿名處理是否合宜等。總之經過校對、匿名，並經參與敘說者檢核確認後，逐字稿才算完稿。

逐字稿整理好，就可以開始撰寫故事文本。但此處處理順序並非一成不變。像筆者之習慣是從逐字稿組織及建構出故事文本，但Crossley（2004/2000）所提出的敘事心理分析之方法就是先對資料進行（主題）分析，等分析出整體詮釋架構時，再增加故事脈絡，形成故事文本。所以先撰寫故事或先詮釋分析都有人採用，也都可以。而若以筆者先撰寫故事之經驗，有一好處是當研究者嘗試結構化成一完整故事時，其實研究者內在已經對逐字稿進行組織、分析與詮釋的工作，而形成一整體性理解。

至於故事的撰寫，基本上是相當藝術性的工作，但是確實可以學習與

進步。說句實話，筆者在碩博士階段之訓練中，從來沒有老師直接教導如何寫故事，但筆者確實有很多機會練習寫故事，包括自己修課之訪談作業或電影反思作業、擔任研究案之助理、接外包工作協助寫故事，到後來自己博士論文之個案故事等。不過筆者確實也沒問過任何一位老師，究竟如何寫故事。通常就是逐字稿拿來，反覆閱讀後開始構思。因為練習的次數很多，於是還可以嘗試用不同的風格及寫法。

　　通常剛開始可先考慮要用第一人稱或第三人稱書寫。以第一人稱文體書寫故事，乃是故事主人公自我獨白之風格，好處是對讀者來說容易理解與貼近主人公內在狀態。以第三人稱文體書寫故事是研究者以全知觀點擔任故事報導者或旁白者，好處是研究者較容易以故事編輯後製的角色進行故事的編修，例如：忽略不重要的歷程，簡單一句話帶過，或是將關鍵事件、主顯節強化描述或感受。因此，研究者可以用與故事主人公的心理距離、是否儘量維持參與敘說者聲音或是多點空間對故事做編輯，來考慮選擇第一人稱或第三人稱文體書寫。

　　當然，也可以折衷融合前述兩者，寫成第一人稱、第三人稱兩種聲音交錯的文體。其中，以第一人稱讓故事主人公來發出原始聲音，然後研究者扮演旁白者做後設式的講述與評論，然後穿插讓2種聲音交錯出現。這樣書寫文體的好處，當然是想融合兩者之優點，保留故事主人公的原始聲音（所以我們通常會剪入情緒強烈的聲音，或顯現主人公觀點及價值的逐字稿），另一方面研究者也有足夠的故事剪輯空間。當然，2種聲音交錯也需要安排或編輯得宜，因為也可能弄巧成拙，讓讀者感覺突兀或難以閱讀。相關具體範例可參閱第十三章第四節「楊大哥生命故事：勞動者的烏托邦？」

　　前面提及筆者在敘事研究學習階段曾大量練習故事撰寫，就筆者曾練習過的寫作風格中，較特別的還有採劇本風格，就是在重要事件部分，寫成不同角色間對話的劇本，凸顯社會互動張力及主人公的特質。其他或許還有日誌文體及風格，但研究者需要蒐集到參與者之不同時間階段之日記文本。或者是一個組織、團體經歷一個延續性重大事件（例如：某企業之關廠與罷工事件），研究者若採田野民族誌的方式觀察及蒐集資料，便能以時序性事件日誌方式來呈現。

　　但研究者若是初學者或沒把握的狀態，以第一人稱文體寫故事應是較爲簡易的入門方式。進行方式相對簡單，只要用逐字稿來剪輯，先依照時間順序或主題（意義）結構來排列前後章節段落，並將同一事件或主題之文本片段予以匯集在一起。換言之，就是把逐字稿片段按時間順序排列，按相同事件或主題之文稿片段集中放置在一起。假設過程中能形成或浮現章節標題名稱，就暫列下來，若前面沒有出現，最後再做章節命名也可以。另外筆者學習到，若閱讀逐字稿時看到敘說者有漂亮、精煉或力道強大的「金句」或「隱喻」，通常都會明顯的標示出來，等到要命名章節標題時，再看看這些敘說者「金句」或「隱喻」，有沒有適合當作哪一段的標題。這種做法有多重好處，一是可以保留敘說者的原音，其次這些簡短有力的句子或隱喻往往讓敘說者的心態與特質表露無遺，而且採用這些「金句」命名故事的章節自然也很貼切。等到故事結構組織及架構好，最後研究者就進入各段進行修辭，把逐字稿文本中的冗詞贅句修改調整，改成順暢的文章即可。因爲逐字稿是口語對話文本，所以自然會充滿片段、重複、不完整的句子，把這些調整成順暢、完整之文章即可，故事即撰寫完成。

　　總結而言，就筆者所有讀過之相關文獻及學者作品中，並未有任何故事撰寫之規則與指導，因此書寫文體格式或可不拘。研究者可就讀者需求考量、凸顯故事主角特質以及反映作者個人風格等來決定故事文體與風格。研究者若是較沒把握，可選擇第一人稱文體書寫，故事書寫之方式與處理程序較爲簡易、容易上手。最後，故事寫成長篇或短篇篇幅，也沒有特定規範，可能要看發表之期刊字數規定，若爲碩博士論文則較無字數之限制。

第四節　對敘事文本之分析

　　當建構完成故事或敘事文本後，將進一步對敘事文本進行分析。不過如何對敘事文本進行分析的方法也相當多元，只要能對故事資料有效分析即可。所以不同學者都有他們自己發展的方式，例如：Riessman

（1993/2003）在其專著中就介紹了3種分析模式，而Lieblich等人（1998/2008）的書中雖有2類之定義範圍不被本書所接受，但其餘整體─內容、整體─形式等2類也可以供讀者需要時參考。可以說分析方法多元、有彈性，只要能夠合理的對整體或單元故事做分析即可。因此，以下筆者分享自己較常用的分析方式，但只是眾多可能方式之一，並非絕對標準或準則。

一、多個案敘事資料分析之參考做法

　　而筆者指導碩士論文，最常教導學生參考Crossley（2004/2000）的敘事心理分析之方法，尤其是其中表徵意象（imagery）、主題（themes）分析之應用。由於Crossley（2004/2000）之分析方法比較容易按步驟具體操作，所以筆者後期指導碩士論文，只要是多個案之訪談式敘事研究，幾乎都參考此方法，例如：江政彥（2017）、葉邦彥（2017）、黃婷郁（2018）、李姵儀（2019），溫允言（2023）、劉一蓁（2023）等。而實際分析方式，先對每個受訪參與者之敘事資料完成個別分析表，將事件或單元故事按時序排列於表格中，然後再對各事件之表徵意象、主題進行分析。若事件或單元故事太多，有必要時，按時序可再區分出幾個階段。

　　然後，待每位參與者之個別分析表完成之後，再進行跨個案整合分析。這個整合分析步驟可能容易，也可能困難，通常研究者在逐一進行個別分析後，應可大致感受到不同個案間之故事特徵的相似性，或是在時間發展上是否有類似的敘事結構。因為整合分析不外乎異中求同，但這有個重要前提是，個案間敘事結構及故事特徵必須有相似性，若差異性過大時，將會有整合困難，或是強制整合也將造成概念化抽象程度過高，失去敘事脈絡的問題。假設訪談個案間之故事異質性大時，通常建議將所有個案故事嘗試做歸類，同類別之個案再做整合分析，例如：若分類有2類故事，就做2個整合分析，得到2類之敘事結構。例如：溫允言（2023）訪談4位民航機師成為飛行員的生涯歷程，結果發現生涯敘事可以分2類，一類是先通過航空公司甄選考試，再由公司培訓；另一類是甄選未通過，但仍自費到國外受訓，取得飛航執照後，再次參與航空公司甄選。因此，就區

分自費受訓、公司培訓這2類，分別進行整合分析，而整理出2種生涯歷程結構。

以多個案之訪談式敘事研究來說，完成整合分析之後，應該就能進入討論與反思工作了。至於是否可能無法整合出共同敘事結構，筆者自己的研究與指導論文並未發生此狀況，但協助口試審查之論文確實有看過這樣研究，該研究訪談3位參與者，3位敘事特徵及結構各自不同。因為敘事研究所訪談之參與者數量不多，這是由於敘事研究之訪談深度較高，並非內容分析式的焦點訪談，因此較難採訪大量參與者，所以可能取樣不多，且參與者間異質性大，而缺乏明顯共通性。若是此狀況，也就不用勉強整合共性，反而可以討論個案間之差異性比較。

二、單一個案敘事資料分析之參考做法

當單一個案之敘事資料分析時，筆者常採用一種自行發展的方式，它部分跟Crossley（2004/2000）的敘事心理分析相似，不過它不是為了整合出跨個案敘事結構，而是能夠更具體而清楚的抽出敘事資料中的生命主題。筆者暫且命名為「生命主題與敘事結構分析法」。例如：第九章中的李安生命故事、第十章設計師傅主的敘事分析等，都是使用此方法，以下為了讓讀者能夠更清楚的參考如何進行資料分析的過程，擬提供一個資料分析實例。

（一）分析步驟說明

首先將筆者發展的敘事分析方法做說明。此敘事分析法之步驟包括：(1)閱讀敘事文本，標示重點；(2)按時間軸列出關鍵事件或單元故事；(3)對關鍵事件初步編碼，提取意義；(4)嘗試將意義編碼區分出重要面向，即生命主題；(5)嘗試描述不同生命主題間之關聯性，形成敘事結構。以下分點述之。

第一步，反覆閱讀敘事文本，標示重點。基本上，此方法是從故事文本進行處理，因此完成故事稿後進行較佳，當然若想直接從逐字稿進行閱讀分析也無不可，只是逐字稿尚未故事化整理，較難閱讀。而標示重點是為了協助後續挑出關鍵事件或單元故事。

　　第二步，按時間軸列出關鍵事件或單元故事。接著將敘事文本中之關鍵事件或單元故事整理出來，整理時須以時間軸排列。整理方式採大事紀表格或生命軸線形式都可以，主要就是摘要描述關鍵事件或單元故事，並且建立時間架構。此處正好可以回應第一章敘事研究的定義與範圍，本書特別強調研究分析之單位至少是事件或單元故事，而非字詞、句子，而且分析必須涵蓋時間性。

　　第三步，對關鍵事件初步編碼，提取意義。針對每個事件或單元故事進行初步編碼，以便提取出事件歷程中之重要意義。至於編碼並無特別規定，可先開放進行，因為後續都可再修正調整。另外，當下一步重要面向或生命主題區分出來後，還可以回頭檢視或調整初步意義編碼。實際格式範例可參考表5-1「《小丑》之單元故事與初步編碼整理表」。

　　第四步，嘗試將意義編碼區分出重要面向，這些面向再做適當命名，即生命主題。從前一步初步意義編碼中，可以觀察出同一類或同一面向之意義編碼，再嘗試區分或提取出幾個重要面向，再對這幾個面向命名。這些重要面向即生命主題，而生命主題的特性就是會在個體之生命故事中不斷重複或循環出現，但重複或循環也不是完全複製，可能會有變化性發展，有時是循環向上，有時是循環向下。其次，同一面向生命主題有時會涵蓋正反兩面或兩極，像是「重要關係緊密vs.疏離」，在每個事件或單元故事中，某個主題可能為正向或是負向。最後第五步，嘗試描述不同生命主題間之關聯性，形成敘事結構。此即將第四步驟所匯集或抽取的幾個生命主題，透過關鍵事件之範例，嘗試觀察及描述幾個生命主題彼此間之關聯性。此步驟可參考下面所舉實例，以便具體理解。

（二）成魔之道：以電影《小丑》之敘事分析為例

　　此處舉一分析實例供讀者參考學習。因為若要具體清楚，勢必須附上冗長之故事文本作為原始資料，但如此又會徒增不小篇幅，最後筆者決定舉知名電影《小丑》作品（Phillips, 2020）為例。若要進入此作品敘事資料，請讀者事先至影音平台或找到DVD欣賞完電影《小丑》。另外，選取電影作品作為實例還有一作用，就是讓讀者了解此方法並不限於訪談稿或文字文本，第一章所說的「現存文本敘事研究」，不論是影音敘事或小

說文本，都可以運用此方法做分析。以下引用電影《小丑》之影評文章之電影簡介簡要說明：

　　《小丑》是一部2019上映的美國劇情犯罪驚悚電影，由陶德菲利普斯執導，瓦昆菲尼克斯、勞勃狄尼洛、薩琪畢茲主演，改編自DC漫畫反派「小丑Joker」，故事講述一位從小被母親暱稱爲「快樂」，希望能爲世界帶來歡笑的男子亞瑟‧佛萊克，想藉由演出脫口秀實現他多年來的夢想，因此他透過學習其他喜劇演員的幽默特質來增進自己的搞笑能力，但事與願違，在經歷多次的挫折之後，望著回家路上那一條漫長的階梯，他心裡隱藏的邪惡也逐漸顯露出來……。（如履的電影筆記，2019）

　　首先，由於分析對象並非文字文本，所以反覆閱讀敘事文本，標示重點部分，就略有不同。但也是需要反覆觀看電影，若有影音檔可以自行暫停、重看，或是直接跳到或切換到某情節段落，應該比較方便；而標註重點也變成需要對每個單元故事或情節段落記錄事件重點。就筆者分析此電影來說，至少看過3次，才能完整而不遺漏相關故事重點。接著，進行第二步，將影片重點記錄之筆記按時間順序整理到表5-1之左側欄位。這邊可能會略有疑問的是，對關鍵事件或單元故事之切割或涵蓋範圍，因爲是電影作品，不像文本之章節結構，但也不可能用每個場景劇幕之轉換就視爲一單元故事，因爲會太多單位，過於細瑣。所以某些銜接性的短劇幕，就會考慮要放在前面單元故事或後面的單元故事中。不過此問題影響並不大，因爲就算單元故事之切割範圍有所差異，也不影響後面的重要面向或生命主題之區分或抽取。

　　接著就針對表5-1左側欄位之每個關鍵事件或單元故事進行初步編碼，提取其中意義，並書寫於右側欄位中。通常一個關鍵事件或單元故事中，可能不只包含一種意義，所以編碼也不一定只有一點。因此，條列式逐一列出即可。此步驟完成後就可得到表5-1，當然此分析表也可以再反覆檢視及修改。

表5-1　《小丑》之單元故事與初步編碼整理表

	關鍵事件或單元故事	初步編碼
1.	・（扮小丑）街頭舉看板工作被不良青少年作弄，被圍毆，毀看板 ・去心理治療，與治療師沒交集，只想要開更重的藥 ・（看電視）想像參加莫瑞秀錄影，個別對話，得到莫瑞認可 ・回公司被老闆責問，顧客投訴，人和看板都不見 ・同事藍道給左輪手槍，以自我保護，稱兩人是兄弟	・投入工作，卻被霸凌 ・老闆未關心，只有責罵 ・同事關心連結 ・（想像）得到專業楷模／父親認可 ・社會福利體制沒效用，僅以藥物壓症狀
2.	・至兒童醫院工作為病童表演，不慎掉槍 ・回電公司，老闆開除亞瑟，因藍道說亞瑟跟他買槍	・投入工作，結果搞砸 ・老闆指責，解除工作 ・同事背叛
3.	・搭地鐵回家，遇到3個男人騷擾一位女性。大笑症狀引3人注意，轉而霸凌亞瑟，亞瑟開槍反擊，殺死3人 ・逃跑躲進無人公廁，卻自發性跳舞 ・（想像）與鄰居單親媽媽親熱	・被路人霸凌，暴力反擊 ・陰影自我「小丑」初現 ・想像親密關係
4.	・個別諮商說到「無存在感」，卻發現治療師沒有在聽 ・治療師說到市府刪計畫預算，取消諮商服務。亞瑟無法拿到藥	・發現治療關係從未連結 ・被社會資源體制放棄、排除
5.	・到PUB表演脫口秀，自己狂笑場 ・（想像）單親媽媽來看自己的表演，變成女友約會	・投入表演工作，實質表現不好，但想像受歡迎 ・想像親密關係支持
6.	・回家偷拆母親的信件，發現自己是湯瑪斯・韋恩的兒子，質問母親，母親承認，但顧全對方不能公開 ・去韋恩家外，遇布魯斯少爺，表演與互動。詢問管家，管家否認，說是其母有妄想症，亞瑟生氣離開	・發現「生父」，但被他人否認 ・與「弟弟」互動連結
7.	・回來發現媽媽生病中風，救護車送醫 ・警察到醫院問案，說先到家中問媽媽，媽媽突然很激動而發病，亞瑟否認犯罪 ・照顧媽媽，（想像）單親媽媽女友來陪伴	・因病危，重要關係受威脅 ・司法體制代理人造成母親危害 ・專業父親看見自己，但卻嘲笑亞瑟

	關鍵事件或單元故事	初步編碼
	・醫院電視看到莫瑞秀播自己的脫口秀片段，本來很開心，後來發現莫瑞嘲笑自己。	
8.	・潛入慈善晚會找到湯瑪斯認父親，得到否認，並說亞瑟是被領養，其母被關進療養院，有精神病。亞瑟無法接受，湯瑪斯打他一拳，警告他別接近自己兒子 ・回家躲進冰箱，接到莫瑞秀電話邀約通告，亞瑟答應	・連結「生父」（上流人士）被拒，還詆毀媽媽和自己 ・被專業父親邀請工作
9.	・去療養院調資料，發現媽媽有妄想症、自戀人格，病歷詳載收養亞瑟卻不照顧，並任由男友虐待，喚起童年創傷記憶 ・闖進鄰居單親媽媽家，單親媽媽驚恐，發現兩人之間是自己幻想 ・去醫院，悶死母親。說「我曾以為自己的人生是一齣悲劇，現在才發現是一齣喜劇」	・遭母親背叛、傷害，與母親連結崩解，為報復摧毀客體 ・想像親密關係幻滅 ・宣示「小丑」才是真我
10.	・在家演練上莫瑞秀 ・洗澡，畫小丑妝慶祝 ・同事藍道、蓋瑞來探望，慰問母親死亡，但其實藍道想知道亞瑟對警方的供詞。亞瑟殺了藍道，放蓋瑞走 ・穿好小丑裝，在階梯自發性跳舞	・練習表演大秀 ・向背叛同事報仇 ・成為陰影「小丑」
11.	・警察來找，一路逃跑 ・逃進地鐵滿車民眾扮小丑。民眾與警方衝突，警察誤殺一名乘客，民眾群激憤，怒毆警察至重傷 ・亞瑟逃走	・司法體制代理人威脅 ・用策略反擊，除去司法代理人
12.	・上莫瑞秀，介紹自己是「小丑」，要帶給大家歡笑 ・看筆記講笑話，講死人梗，來賓、莫瑞回說不能開這種玩笑 ・自述地鐵殺3人，與莫瑞激辯，辯說自己殺的是人渣，邊緣人沒人關心，且莫瑞本身就是壞人 ・直播現場槍殺莫瑞，面對鏡頭自在表演	・決定用自己方式表演藝術 ・「小丑」公開現身被大眾觀看，自在表演 ・與主流階層價值（偽善）對抗，為自己價值正當性發聲 ・暴力弒除主流階層代表／過去專業父親

	關鍵事件或單元故事	初步編碼
13.	・被逮捕，街頭到處暴動，底層模仿小丑 ・湯瑪斯夫婦在街頭被槍殺，留下小兒子 ・囚車被群眾撞毀，群眾救出，放到車頂。亞瑟醒來，站在車頂，以血補小丑妝，接受周圍群眾擁戴 ・再度被捕，不再與治療師談心理，殺了治療師，再度逃走	・「小丑」成為底層群眾英雄 ・上流人士代表／想像生父被追隨者暴力消滅 ・拒絕體制矯正，否認疾病症狀，「小丑」為唯一自我

　　接著嘗試將表5-1右側欄位中之意義編碼區分出幾個重要面向，即抽取出生命主題。由於反覆觀察便可發現同類的意義編碼反覆出現，所以就試著區分出不同重要面向，例如：可以看到工作狀態或專業發展、被霸凌或壓迫、社會體制的救助或排除威脅、親密關係連結的正負向狀態以及陰影自我的現身等。然後，斟酌思考後再將重要面向命名，得到亞瑟／小丑之生命主題包括：工作專業不順vs.獨特發展、被霸凌——忍受vs.暴力反擊、社會體制——救助vs.排除與威脅、親密關係連結vs.拒絕與傷害、陰影「小丑」現身。

　　一般來說，輔助資料分析進行只會做一個分析整理表，作用應該足夠。但此處為了讓此分析實例更清楚，讓讀者更容易理解，因此特別再整理出表5-2「《小丑》之生命主題整理表」；而且為了讓敘事結構呈現更簡潔清晰，筆者再將關鍵事件或單元故事予以合併，此時從時間軸的狀態變化，便能很容易的區分較大階段。合併後，亞瑟／小丑之故事發展分為5階段，分別為：「快樂」亞瑟、意外反擊／陰影初現、嘗試建立專業及親密關係未成、報復壞客體／認同陰影「小丑」、「小丑」成名作表演。總之，最後敘事分析呈現時，時間軸切割可以維持以事件或單元故事，也可以用階段來區分，特別是故事之時間軸或生命史涵蓋很長，以事件呈現會過於細碎時，就再歸納為較大階段。最後，以時間軸及生命主題進行整體分析，整理為表5-2。

表5-2　《小丑》之生命主題整理表

時間階段	重要事件	工作事業不順vs.獨特發展	被霸凌：忍受vs.暴力反擊	社會體制：救助vs.排除&威脅	親密關係連結vs.拒絕&傷害	陰影「小丑」現身
「快樂」亞瑟（事件1）	・街頭舉著看板工作被不良少年霸凌 ・去心理治療，只想要開更重的藥 ・想像參加莫瑞秀錄影，得到認可 ・藍道給手槍，稱兩人是兄弟	・投入工作，卻挫折 ・老闆未關心，只有責罵	・被霸凌只能忍受	・治療師不理解，僅以藥物壓症狀	・同事關心連結 ・（想像）得到專業楷模／父親認可	
意外反擊，陰影初現（事件2-4）	・至醫院為病童表演，不慎掉槍，回電公司，老闆開除亞瑟 ・搭地鐵回家，遇3名男人騷擾、霸凌，亞瑟反擊，槍殺3人，躲到公廁跳舞 ・諮商發現治療師沒在聽，市府刪預算，取消諮商服務，無法拿藥	・投入工作，結果搞砸，老闆指責，解除亞瑟工作	・被路人霸凌，暴力反擊	・被社會資源體制放棄、排除	・同事背版 ・想像建立伴侶關係	・陰影自我「小丑」初現
嘗試建立事業及親密關係未成（事件5-7）	・到PUB講脫口秀、自己狂笑 ・（想像）與單親媽媽交往 ・發現自己是湯瑪斯兒子，母親承認親子認	・投入工作，表現不佳，但想像受歡迎		・司法體制代理人造成母親危害	・想像伴侶關係支持 ・發現「生父」，但他人否認	

時間階段	重要事件	工作事業不順vs.獨特發展	被霸凌：忍受vs.暴力反擊	社會體制：救助vs.排除&威脅	親密關係連結vs.拒絕&傷害	陰影「小丑」現身
	・去韋恩家遇佈魯斯，表演互動，詢家否認關係，說母有妄想症 ・母中風送醫，警察到醫院問案，說先問母，母突然激動發病 ・電視看到莫瑞秀播自己脫口秀，卻發現莫瑞秀嘲笑自己				・與「弟弟」互動連結 ・母病危，重要關係受威脅 ・專業父親看見自己，但卻嘲笑	
報復還擊體制，認同陰影「小丑」(事件8-11)	・找湯瑪斯認父親，遭嚴正否認反出舉警告 ・回家接到莫瑞秀電話邀約通告 ・去療養院調查發現真相，母收養虐待，喚起創傷記憶，回醫院悶死母親 ・闖進單親媽媽家，發現兩人關係是幻想 ・在家演練莫瑞秀，畫小丑妝 ・同事來慰問母親死，但藍道只擔憂被牽連，亞瑟殺了藍道 ・穿好小丑裝，在階梯自發性跳舞	・被專業父親邀請工作 ・練習表演大秀	・向陷害害背叛同事報仇	・司法體制代理人威脅 ・用策略反擊，除去司法代理人	・連結「生父」被拒，遭誆騙毀母親相信自己 ・發現遭母背叛，報復體設密害 ・想像伴侶關係幻滅	・認同並成為陰影「小丑」

時間階段	重要事件	工作專業不順vs.獨特發展	被霸凌：忍受vs.暴力反擊	社會體制：救助vs.排除&威脅	親密關係連結vs.拒絕&傷害	陰影「小丑」現身
「小丑」成名作表演（事件12-13）	・警察追捕逃進地鐵，擠滿扮扮小丑民眾，挑起警民衝突毆警，亞瑟逃走 ・上莫瑞秀，介紹自己是「小丑」，自白地鐵殺三人沒做錯，與莫瑞激辯指責莫瑞是壞人，直播槍殺莫瑞，面對鏡頭自在表演 ・被逮捕，底層群眾認同小丑，街頭全面暴動 ・湯瑪斯夫婦街頭被槍殺，留下兒子 ・群眾救出亞瑟，醒來站在車頂接受群眾擁戴，小丑妝 ・再被捕，拒絕治療，殺了治療師，再度逃走	・決定用自己方式表演藝術，「小丑」自在表演	・暴力弒除主流階層代表／嘲笑自己的專業父親	・已不畏懼司法體制威脅 ・拒絕體制矯正，否認疾病症狀，「小丑」為唯一自我	・上流人士代表／想像生父被暴力消滅	・「小丑」公開現身及表演，被觀看 ・對抗主流階層（為善）價值，為自己價值正當性發聲 ・「小丑」成為底層群眾英雄

最後筆者再以表5-2來闡述生命主題間關聯，以形成敘事結構。亞瑟／小丑故事之第1階段「『快樂』亞瑟」，亞瑟投入工作卻受挫，主要是遭受霸凌，但也只能忍耐，老闆完全未關心，只有責罵，而亞瑟尋求心理治療卻不被理解，只能拿藥來控制症狀，所幸有資深同事支持，並以兄弟相稱，而且想像著與楷模莫瑞接觸並被認可。接著第2階段「意外反擊／陰影初現」，同樣工作出錯受挫，但結果卻遭同事背叛出賣，因此被老闆開除；又遭遇霸凌，但這次不同的是亞瑟意外反擊，除去威脅來源，再去心理治療結果完全沒被同理，而且福利制度刪除；最後陰影自我「小丑」初現。

對照1、2階段之主要差異，在於被霸凌壓迫時的反應不同，亞瑟順從內在動力反擊，沒想到結果及感覺都很好。電影中以亞瑟自發性身體動作與舞蹈，來象徵陰影自我「小丑」及動力之浮現。而且可以看到「快樂」亞瑟其實是極度壓抑的自我，充滿快樂正向的面具，但卻是母親過度教養的結果，「強迫大笑」症狀既是負向情緒的過度制約與因應，卻也造成內在張力憂鬱與外在面具間的巨大差距。

第3階段「嘗試建立專業及親密關係未成」，不論是專業或親密關係都嘗試往正面開展，嘗試到PUB表演脫口秀，結果自己狂笑場。因為亞瑟其實隔離真實情感，因此無法感受笑點在哪，只能機械式的筆記與模仿，以及強迫性地大笑調適壓力，所以其實表現不好，但亞瑟想像自己大受歡迎。另一部分嘗試建立各種親密關係，結果有正向及負向變化，包括以想像建立伴侶關係支持、發現「生父」但他人否認、與「弟弟」互動連結、母病危原初重要關係受威脅、被專業父親看見卻嘲笑自己等。可以看到親密關係對亞瑟之關鍵性，只是這階段看似許多正向新進展，但卻又出現無效或負向狀態，尤其原初唯一的親密關係——母親病危受到威脅。比較像是進兩步退三步的狀態。

第4階段「報復壞客體／認同陰影『小丑』」是個關鍵轉折的階段，但不是典型谷底翻揚，而是墜落地獄。亞瑟還是很想連結起另一重要關係——「生父」，結果不但被拒還被詆毀。於是亞瑟想破除或查證眾人的謠言，結果沒想到卻發現殘酷真相，母親居然才是自己生命受苦的來源，感覺遭母背叛傷害，亞瑟難接受於是報復摧毀客體。這個原初親密關係之崩

解是內在轉換的關鍵點，加上想像的伴侶關係幻滅，代表亞瑟內在正向自我也全面被摧毀，於是完全認同陰影自我「小丑」，再也沒有任何正面力量抗衡了。而後順手殺了陷害背叛自己的同事，逃避警察追捕也策略反擊，讓他們無法再威脅自己。

第5階段「『小丑』表演成名作」則是讓「小丑」初試啼聲，建立群眾知名度及影響力的狀態。收到原初專業父親莫瑞之節目通告工作，但小丑知道對方只是想羞辱他製造笑果，於是亞瑟直接讓「小丑」出場，而且決定用自己的方式表演藝術，由於無法感受到一般的開心與幽默，小丑就聽從內在陰影力量，因為暴力與對抗其實也是行動藝術與美學。結果電視節目直播的大秀是小丑以行動弒除偽善的主流階層價值代表莫瑞，在公開被觀看下，小丑成為底層群眾的英雄。可以說，此階段是「小丑」認定之進一步提升與凝聚，專業表演不再偽裝模仿而是順著內在陰影的力量外化，暴力對抗也變成表演藝術。而且暴力反擊也是小丑對抗霸凌、對抗主流價值或上層階級壓迫的行動策略。既然內在已無任何正向客體，小丑除去舊的專業父親，同時也是主流權威的代表莫瑞，而原本想像的生父同時也是上流階層代表湯瑪斯也被底層支持群眾去除。最後即便被逮捕，但小丑已不畏懼司法體制威脅，拒絕體制矯正，否認疾病症狀，「小丑」為唯一純粹自我。

綜合亞瑟／小丑的故事主軸可以說是「成魔之道」，亞瑟的生命處境與辛苦遭遇無法建構健康整合的自我，而是形成一種強迫適應性面具自我。換言之，亞瑟生命之辛苦，除了身處邊緣、被排斥、被壓迫的處境之外，也在於他不只不快樂，還被迫假裝快樂。故事發展因著工作投入卻不順利及挫折而有發展壓力，但環境之霸凌與不當對待，還有社會體制之無效協助，甚至排除與威脅成為一種背景主題，也形成生命困頓之基礎。但亞瑟生命改變及轉折的啟動點是受霸凌時無意之暴力反擊，它是不同於以往的反應，這也讓內在陰影之動力開始流動與浮現。

但是讓自我完全讓渡給內在陰影之關鍵，則是親密或客體關係的全面瓦解，極度缺乏愛與支持的亞瑟，有著功能不佳及神經質的母親，偶爾同事提供微弱的兄弟情誼，但他努力用想像與行動去增加更多情感連結，想像的伴侶、生父、弟弟、專業父親或楷模等。但過程中，一次次被背叛、

拒絕、否定以及幻滅，終於讓亞瑟所有正向自我及客體完全瓦解。當然，關鍵是發現母親的背叛與傷害，已經潛抑遺忘的創傷記憶，讓亞瑟還能維持母親愛的知覺，但殘酷的真相與資料讓這基礎崩解。「原來母親為了自己的目的只是把我當工具，原來母親不只不愛我，還是我生命痛苦的根本來源」。因背叛之恨，讓內在陰影動力想摧毀客體，亞瑟順從陰影力量，也就全面認同陰影自我小丑，甚至自我完全讓渡給陰影小丑。而後小丑更加聽從內在力量，以暴力與對抗來發展新的問題因應策略、發展社會實踐行動策略、發展專業藝術工作模式，而且透過電視傳播，小丑也成為底層群眾的新英雄。換言之，這故事並不是將自我與陰影整合成更高自性的「個體化歷程」，而是自我全然崩解，轉成陰影化的過程，也就是「成魔之道」。

　　總結來說，這是個悲傷的故事，相對於韌性故事的正向翻轉，亞瑟／小丑的轉化是負向轉折。亞瑟與韌性故事主角相似的是，同樣都有極端不利的家庭環境與童年，但亞瑟並不像韌性故事主角還是能建立（父母之外）替代性的正向客體與關係。而故事發展也走向相反方向，亞瑟並非逐步增加資源、關係、專業與自尊，而是逐步喪失資源、專業、自尊與關係。而當亞瑟之核心親密關係與客體瓦解的那一刻，也就朝向完全認同與臣服陰影自我「小丑」。所以這也是個警世的故事，沒有天生的惡人或魔鬼，而是當一個人不斷被否定、背叛與傷害，連最後保有的一點正向關係與自我都被摧毀時，轉化成魔也是自然的事。

第五節　結語

　　本章嘗試具體說明敘事研究中的資料分析方式。特別是介紹筆者自行發展的生命主題及敘事結構分析法，對單一個案敘事資料來說，它相當適用。而且就分析程序來說，步驟也是具體易操作的。例如：以Lieblich等人（1998/2008）提出之整體─內容的分析方式來說，它最後分析結果也是得出重要主題，但它的程序如何形成這些主題卻相當模糊或充滿難以言說的內隱知識。如同下面摘述他們的步驟說明：

1. 將整個材料閱讀數次以上，直到一個型態（pattern）浮現為止，通常是以整個故事為焦點的形式出現。仔細的、同理的且以開放的心去閱讀或聆聽。……

2. 將你對個案的初步及整體印象寫下來。記下與你一般印象有出入的例外情況，以及故事中不尋常的特徵，例如相互矛盾或未完成的描述。……

3. 決定這個故事中從頭到尾所顯露的一些特定內容焦點或主題（theme）。一個特定的焦點經常會被重複敘說，敘說者提供更多相關的細節，使其在文本中特別凸顯出來，而可以歸諸於某個主題。……（省略後面第4、5點）（Lieblich等人，1998/2008，頁90-91）

　　上述雖只部分摘述Lieblich等人（1998/2008）之步驟要點，但閱讀起來真的不是很具體、似懂非懂。而且究竟如何將故事文本具體進行分析與操作，還是充滿內隱知識與技術，似乎只能心領神授或是多加練習體會。但本章所提供的生命主題及敘事結構分析法，所有步驟及進行方式相對都較具體，按其程序一步一步的落實，便能清楚歸納出故事的生命主題以及敘事結構。透過這些生命主題及敘事結構，研究者便能整體掌握敘說者生命故事之關鍵特徵與獨特型態。而前面提供的電影《小丑》之敘事資料分析實例，可提供敘事研究之學習者仔細研究及參考。

　　不論如何，還是需要再次強調與提醒，敘事研究之資料分析並無統一之程序與標準，只要符合第一章所提的敘事研究之定義與範圍即可。其他不同學者所提出的敘事資料分析方式都可以參考、比較以及學習，甚至也能夠創造新的分析方法，再分享至敘事研究之學術社群，將有助於整體社群知識與技術之提升。

第六章

研究倫理議題[*]

第一節　前言

在臺灣研究倫理審查制度的推行，首先於2000年頒布「人體研究法」，而生物醫學領域便開始建立事前審查式的人體研究倫理審查制度，以規範研究受試者之保護。2013年，國科會公布「研究計畫人類研究倫理審查制度第二期試辦方案」，將人體研究法擴大適用到「人類研究」之非生物醫學類專題研究計畫。國科會認為，「人類研究」只要是以『人類』為對象，使用觀察、介入、互動方法或其他方法進行研究即納入，於是目標便是逐步在人文及社會行為領域實施研究倫理審查制度，如同生物醫學領域一樣。而後教育部也頒布了「人體研究倫理委員會查核要點」，對於如何設置、運作、評鑑大專院校之研究倫理委員會訂定規範並開始實施（戴伯芬，2014）。學術界不論是個別教師或學校也開始熟習、演練相關研究倫理審查制度。研究倫理審查制度的推行，原本是立意良善的政策，但後續卻衍生了諸多問題，例如：審查制度形式主義、實際規訓學校干擾學術自主、造成研究資源與機會更加不平等（戴伯芬，2014）。

對進行學術研究工作來說，除了具備嚴謹的研究架構、研究設計及分析資料的專業能力外，在研究過程中亦不可輕忽作為資料提供者—研究參與者的權益及保障，使其不因參與研究而造成身心權益之損失，這是研究倫理的首要目的，也是多數研究所同意的共識。但在筆者開始接受相關研究倫理課程訓練時，除了增進研究倫理概念的基本認識，卻也浮現更多的疑問。因為從整個制度、規範到做法，明顯都是從生物醫學領域移置過

---

[*]　本章之初稿曾發表如下：洪瑞斌、莊騏嘉、陳筱婷（2015）。深思敘說研究之研究倫理議題：回到倫理學基礎探討。生命敘說與心理傳記學，3，55-79。本章以此文為基礎修改。

來，對於實驗設計、問卷調查的心理學研究形式與典範都尚可適用，但對多元而複雜的質性研究類型來說，是否有許多不適用或需要再思考之處？

所謂研究倫理，基本上是將倫理學中探討的道德原則應用於研究場域中，促使研究者能爲研究過程及結果把關，然而是否眞的有一個放諸四海皆準的普世價值，來推斷一切的道德行爲呢？或者把現行的研究倫理原則（生物醫學觀點）一體適用於各種社會人文領域中的不同研究典範，是否適當？本章將聚焦於近期於質性研究中日漸受重視的「敘事研究」，回顧與探討這種強調深入研究參與者之生命與關係的方法，其相關研究倫理的議題。具體而言，本章將先回顧現行研究倫理審查之相關準則，然後回到倫理學之哲學基礎進行爬梳，這包括傳統研究倫理根源的「道義論」、「契約論」，與朝後現代轉向的「社會建構論」及「交往互動論」。接著從倫理學之精神再回來討論研究倫理原則，最後再試著回應目前研究倫理審查制度之相關爭議。

第二節　研究倫理之現行準則以及研究倫理審查

在涉及以「人」爲對象的研究論文中，不論量化或質性研究都在研究倫理的部分，希望研究者可以做到對研究參與者的意願尊重，如此才能進一步討論更細節的研究施行方式或做法，以確保研究參與者是在資訊及專業知識盡可能對等的情形下做出決定。而這其中不難發現，量化研究常以匿名爲主來發放研究問卷、量表，達成其保護研究參與者的目的；質性研究則常以簽署研究同意書，並盡可能對個人資料做到保密或無法辨識，來保障研究參與者的權益。

追溯這些用以保障研究參與者的研究倫理施行細則來看，發現研究倫理之發展，可以追溯至二次世界大戰以前，當時對研究倫理仍缺乏有系統的討論，觀念亦不普及，但已經有應關切受試者生理福祉的想法（蔡甫昌、林芝宇、張至寧，2008）。「紐倫堡守則」（the Nuremberg Code）便是爲了譴責在二次大戰期間，對納粹醫師暴力濫用受試者的反省。當時

在德國及中國東北等地之德軍與日軍方提供大量戰俘，讓醫師進行各種不人道的人體試驗，包括進行活體解剖、蓄意使之感染疾病、試驗非標準化療法、試驗人體對嚴苛環境（如異常氣壓、溫度、吸入毒氣、通過電流）之耐受程度等。戰後，納粹醫師為其規劃執行所謂「安樂死計畫」（the euthanasia program），以及違反人道的人體試驗行為而受到審判。但在審判過程中，發現當時並沒有關於如何進行人體相關研究的公認標準，因而提出「紐倫堡守則」（蔡甫昌、林芝宇、張至寧，2008）。

　　而後世界醫學大會（World Medical Association）在紐倫堡大審後通過的「赫爾辛基宣言」（the Declaration of Helsinki），則是研究倫理歷史上第一次由醫學領域專家發起，且關注在有治療目的的醫學臨床研究。並特別強調「適當的風險—利益比」和「獨立的研究審查」之重要，也就是說，所謂的研究應經過獨立、適當組成的倫理委員會審查通過後始可施行，且委員會有權監督研究的進行，而研究須由由合格的人員來執行，使其合乎科學法則，並審慎評估可預期的利益與負擔（蔡甫昌、林芝宇、張至寧，2008）。在這裡所說的獨立研究倫理委員會審查，也促成美國機構審議委員會（Institutional Review Board，簡稱IRB）制度的建立。

　　而促成象徵美國在保護人類受試者的經典代表「貝爾蒙報告書」（Belmont Report），則是美國為回應其「衛婁布魯克肝炎研究」（Willowbrook Hepatitis Research）、「塔斯吉吉梅毒研究」（Tuskegee Syphilis Study）等醜聞而提出的一套廣泛原則。「衛婁布魯克肝炎研究」是1955年為了研究肝炎的預防方法，而刻意將肝炎病毒注射於收容機構的智能障礙少年。而「塔斯吉吉梅毒研究」是1932至1972年期間，為研究梅毒的自然病程，而對罹患梅毒的非洲裔美國人所進行的長期研究，但當時抗生素對於梅毒的療效已獲確認，研究人員卻未曾使用新藥物來治療病人，引起社會很大爭議。因而促成「貝爾蒙報告書」的制訂，並期能藉之導出具體的規則與法規；它所強調的包括：「取得受試者知情同意」、「適當的風險—利益比」、「確保弱勢族群不被鎖定為危險研究的受試對象」（蔡甫昌、林芝宇、張至寧，2008；戴正德、李明濱，2012）。意即除了受試者是知情、自願參與研究，研究者應告知受試者其研究已知風險的本質和影響程度、研究中併發其他未知風險的可能性，和研究預計帶給

他們和其他人的益處，且為考量弱勢族群的權益不被剝削或犧牲，研究者更應特別留意和提醒，以減少研究傷害之可能性。這也是研究倫理中最重要的3個基本原則：尊重人格、利益原則、正義原則（蔡甫昌、林芝宇、張至寧，2008；劉靜怡，2008）。

從研究倫理發展的脈絡來看，不難發現「研究倫理審查」之原則主要來自生物醫學研究之源頭，其主要預設研究者和被研究者的關係為主客二元論，並藉由制定一合法的契約，來確認彼此權利義務的關係。IRB制度便是在這樣的基礎下設立，希冀透由不同專業背景的人員來審查和監督研究過程中的倫理議題，以避免法律糾紛，並確保維護研究參與者的人權和福祉。而台灣國科會日前也針對各部會補助或委辦的人體研究（Human Subject）計畫，要求應經過IRB審查通過，並鼓勵大學等研究機構成立相關「研究倫理委員會」，以確保審查品質。

因為「研究參與者知情同意書」為研究倫理審查過程中之實質審查、檢視要件，因此我們可以將其中規範項目視為倫理要求之具體原則。其中除掉研究計畫相關資訊說明有5項之外，其他依前述三個基本原則來歸納，即尊重人格（取得受試者知情同意）、利益原則（適當的風險—利益比）、正義原則（確保弱勢族群不淪為危險研究的受試）。結果發現尊重人格有3項（如：研究參與者可自由決定參加研究與否，研究過程中亦可隨時撤銷同意或退出研究參與）；正義原則有2項（如：研究參與者之納入與排除條件）；而利益原則則多達7項（如：可預見之風險、發生率和處理方法，及造成損害時之救濟措施；預期效益：(1)科學效益、(2)對研究參與者之益處、(3)提供參與者之報酬等）。就算將隱私權保密相關的2項單獨分出來，風險—利益考量仍舊是最細緻的、繁複的要求評估及說明。

從「研究參與者知情同意書」的歸納分析中，我們發現它其實就是研究者與「受試者」之間的「定型化契約」。於是兩造雙方將權利義務以及可能過程講清楚，尊重受試或參與者的自主意願，而且必須避免弱勢者被誘導或強迫而受迫害的情況，本質上現行研究倫理原則背後主要就是依賴「契約論」，以及少部分「道義論」的哲學思想。從前述發展歷史軌跡可以理解對生物醫學研究來說，某種專業知識、醫病關係之不對等的壓迫

性，加上較常面臨研究參與者生理方面後果的高度傷害風險（劉靜怡，2008），使得研究倫理著重於清楚評估風險—利益、尊重自主意願的「社會契約」觀點是合理的。

　　但另一方面，對人文社會科學研究，甚至是晚近發展的質性研究典範來說，由於質性研究之發展性與彈性的特色，以及強調關係即研究核心之基本假設，IRB制度所採用的「契約論」倫理原則是否真的那麼合適？換言之，相關質性研究中針對研究參與者所進行的訪談、田野調查，甚至是協同合作的行動研究，多數涉及研究關係漸進的深刻交往互動、故事以及生命的交會（encounter），且關係的深入交往既影響研究品質，也關乎質性研究追求的價值。或者說質性研究中追求的多重真實或多元性、脈絡性、互為主體性、啟動力量（empowerment）等價值，是否能以彼此權利義務清楚的一紙法定契約來接近或完成？為了回應這些問題，下面本章將回到倫理學之哲學根源，更深入的回顧與思考。

第三節　回到倫理學之哲學基礎

　　當我們討論研究倫理相關議題時，不能只從表面的原則與條規來思考，為了更深化思考與論述，筆者嘗試回到倫理學之哲學基礎。從過去相關的倫理學文獻中，約略可以歸納為二大路線或主軸，一是「道義論」；另一路線是「契約論」。簡言之，西方倫理哲學從功利主義（Utilitarianism）出發，以追求個體之主觀快樂增加，痛苦降低（陳特，1996；Hartman & DesJardins, 2008/2011）。但可討論的是，後果論的功利主義或快樂主義或許是價值學，但真的可以歸於倫理學嗎？換言之，如果「所有可欲（desirable）的行為都是道德的」，那顯然就是一個自我中心、勝者為王的世界，基本上沒有什麼行為是不道德的。功利主義或快樂主義自然有其明顯的問題，例如：它是以行為的後果來決定行為的合理、合法性，但其實這樣的預設並無法成立。或者說它並未解決倫理學所關切的核心問題（陳特，1996；Hartman & DesJardins, 2008/2011），即人在社會中生活，或人如何與他人共存。換言之，在人的無窮欲望下，自利行

爲的實踐，勢必與其他人產生各種衝突。因此，關於「道德或良善」之人的行爲原則與條規必須有其合理來源，其中一種來源訴諸先驗的、絕對的形上學，或說是抽象的理念，另一種則訴諸社會集體性；前者即「道義論」，後者則屬「契約論」。

一、道義論

康德倫理形上學（實踐理性批判）是一般理性形上學（純粹理性批判）的一部分。它表現了以主體角度對客觀世界分析的立場，可以說近代西方哲學此一主客二元論傳統從笛卡兒到康德集大成（李幼蒸，1997）。

康德認爲理性給人們意志的命令有二種，一是「假然命令」（hypothetical imperative），二是「絕對命令」（categorical imperative）。假然命令是爲了達到某個目的而發出，像是「如果你要達到某目的，你應該這樣做」。絕對命令是無條件的，與任何目的無關，它所命令的行動本身即是善（陳特，1996）。康德超越了過去西方倫理學的主流思想，因爲過去功利主義認爲倫理道德行動之所以重要，只因爲它能夠帶來快樂或幸福，也就是基於假然命令。但若某一道德行動不能帶來幸福時就失去意義，那就非必然性，因此康德主張假然命令並非倫理道德的根基，絕對命令才是倫理道德的根基（陳特，1996）。

康德的道德「絕對命令」理論，基本上是絕對義務倫理觀。康德指出道德法則與實踐義務之必然性源自於「理性的禁令」，猶如法律和宗教禁令，只是儘管後者是外在性要求，而道德的禁令則來自理性的自由意志。康德說道：「絕對命令及一種行爲只源於本身，與其他目的無關，被看成是客觀必然的。」（李幼蒸，1997）因此，康德強調絕對命令及理性禁令都是客觀的、必然的、絕對性的。

康德認爲人是一種理性存在，他所尋找的不是來自欲望的目的，而是來自理性本身的目的，因此這樣的目的並非個人性、主觀的，而是客觀的、普遍的、必然的，也是所有理性存在必定具備的。這種非欲望目的所產生的原則即絕對命令。至於是否眞有這樣的普遍性絕對命令？康德提出了一個絕對命令公式（陳特，1996）：

　　你應當這樣行動，即在每一情況中，將人之人性（humanity；意指人之所以爲人之「理性」），不管是你自己人格中或是任何其他人格中的人性，當作一目的，而不只當作一工具來看待。（陳特，1996，頁246）

　　問題是普遍、客觀、先驗的絕對命令如何讓行動主體（每個人）接受，並成爲行動準則呢？康德稱每個人的主觀原則或行動原則爲「格準」（maxim），當個人格準符合絕對命令時，個人主觀原則就變爲普遍法則。於是判斷的標準便成爲「我是不是願意它成爲普遍法則？如果是，那麼這個行動原則就是符合絕對命令的原則，這個意志就是善良的意志。如果不是，那麼這個行動原則就是不符合絕對命令，這個意志就不是善良的意志。」（陳特，1996）

　　因此，筆者認爲此處康德倫理學有一明顯的斷點，即如何從超越性、普遍性的絕對命令進入每個行動主體之主觀中，因爲由此才可能引導個體行動。康德主張「主體行爲之必然性是內在必然的」，而內在必然性來自理性意志之「自由」。而且只有具備此理性意志自由者才能接受絕對命令，也只有具備道德人格者才擁有此意志自由（李幼蒸，1997）。透過如此觀點，康德讓主觀狀態接上客觀性基礎，個體主觀「義務感」也變成客觀「義務」，意即「絕對命令下『必然』的『自由行爲』」。

　　康德曾說：「絕對命令之理由根據在於它並非由個人任意性規定，而是由自由人格決定的。」換言之，他認爲絕對命令及理性禁令來自道德人格之自由，或者是一個理性的人朝向至善和崇高道德的必然性（李幼蒸，1997）。李幼蒸（1997）便評論道：「這也就是在道德決定的根本問題上，康德並未比歷史上其他道德理論更具說服力，他所依賴的是一種循環論證法：行善者必有道德人格，有道德人格者必行善。」但如此循環論證並未解決上述重要問題，包括絕對命令的來源、客觀理念如何進到個體主觀裡。李幼蒸（1997）甚至直言：「康德許多貌似客觀的命題實乃願望之表達，他說：『道德實踐法則相當於數學假定，不可證明，卻是絕對正確的。』」他並引述叔本華批評康德相關先驗概念毫無根據。另外李幼蒸（1997）也從其預設質疑「當他說『意志是這樣一種能力，它獨立於人性傾向，並只選擇理性認爲實踐上必然的東西』時，卻正好揭示道德命令是

假然的，而非必然的。」

整個來說，康德的邏輯主義和法律主義繼承了西方思想一貫的理性主義傳統，理性主義或邏輯主義不論對自然知識、社會知識，甚至是超越知識，都是以因果關係和推理關係作爲思想根源及支點（李幼蒸，1997）。康德確實努力超越先前西方倫理學的問題，但是他的理性主義卻不時顯露出邏輯的不一致或矛盾之處。例如：既然是必然的強制性（雖然是自身內在強制），怎麼會是自由？既然是超越性先驗而不依賴個體經驗，那絕對命令如何進入個體內在？個體如何獲得？還有先驗性絕對命令是超越個體與文化的，但它們又從何而來？無怪乎康德最後還是需要一個「哲學性的上帝」作爲終極來源。另一方面，康德倫理學自然同樣繼承了理性主義的弱點，輕忽感性層面的力量。雖然康德同意情感是行爲的動力，並提出道德行爲的實踐動力來自道德感（moral feeling），但他卻說道德感不同於一般感性，而且同樣是先驗的、必然的，又一個邏輯的矛盾，問題或許在理性與感性的分裂（陳特，1996）。

二、契約論

可以說現代個體主義的起點就是霍布斯（Thomas Hobbes）的哲學。因爲霍布斯提供了個體主義兩個基本特點：(1)每個人都是平等的，在自然權力上的平等；(2)每個人都是自利取向的，自我保存是最基本的利益（孫向晨，2009）。

霍布斯認爲在「自然狀態」中，人是依照自己的本性來生活，沒有太多競賽規則，且人與人之間的差異也微乎其微，甚至「最弱者也有足夠的力量殺死最強者」。由此霍布斯提出基本的人之自然權力：「『每個人生來都占有一切東西乃至占有他人的軀殼權力』，而且爲了自己可以『力圖摧毀或征服對方』，『不但要剝奪他的勞動成果，而且要剝奪他的生命或自由』」（孫向晨，2009）。

最後霍布斯得出的結論是：如果沒有一個共同的權力讓大家共同服從，則人的自然狀態就會進入一種戰爭狀態。因此人類建立社會或國家，就是爲了要擺脫這種人人自危的狀況（孫向晨，2009）。換句話說，霍

布斯主張因為每個個體欲望無窮，不斷自利行動之競爭，最終就是戰爭威脅的自然狀態。而國家作為一人造物，其意義與作用便在抑制這種衝突與威脅，他在其名著《巨靈》（Leviathan），便提出重要論述（陳特，1996）。

霍布斯認為理性不是與欲望對抗，而是幫助欲望得到滿足。因此理性會提出一些條約協助人脫離恐怖威脅的自然狀態，霍布斯稱為「自然法」。自然法是國家的基礎，也是道德的基礎，因為不論法律或道德規約都來自它（陳特，1996）。他提出的自然法的重要條約包括：

每一個人，如果有獲取和平的希望，都應該努力去獲致和平。如果不可能獲致和平，人就可以設法從戰爭中獲取一切可能的利益。

當其他人都願意的時候，每個人都應該願意，為了和平與保護自己，放棄為所欲為的權利；同時在容許他人如何對待自己的條件下才可以如何對待他人。

人必須遵守訂定的契約，因為若不然，契約就只是空話而沒有意義。人的為所欲為的權利若仍然保留，我們就仍然在戰爭狀態中。（陳特，1996，頁118、頁120、頁122）

至此霍布斯已推衍出社會契約（social contract）在倫理行為的核心性。但社會契約的有效，確實需要靠人們的默契或信任，否則怎麼確認其他人也願意遵守，霍布斯認為依靠國家的政治力量及法律制裁才能確保相互信任的條件，也帶來具有道德秩序的社會（陳特，1996）。

霍布斯之倫理學最大問題在於它本質上還是功利主義，倫理道德還是為了達到和平或避免威脅的工具，一旦道德行為無法達成原有目的時，也就失去意義。舉例來說，美國歷次的種族事件暴動雖然都有種族仇恨或歧視的事因，但群眾憤怒行動一起、社會約制力量減弱時，就會出現各種燒殺砸搶的集體暴力行為（維基百科，2013）。即便這現象完全符合霍布斯之哲學，但我們要問的是，如果倫理行為僅是為了自我保護、免於恐懼，當和平及社會契約不存在時，個體就可以對他人遂行各種強取豪奪或暴力，這樣的倫理要求會不會層次太低？而整個社會只是維繫在一個危險而

脆弱的平衡中？不過顯然霍布斯思想影響了現代個體主義發展，因此相當符合現今資本主義社會。

羅爾斯（John Rawls）根據社會契約論為基礎，進一步提出「正義論」，他的著作也成為影響當代美國最大的倫理學應用觀點。正義論致力建立社會道德規範系統，並認為社會制度和相關契約的關係約束可以影響個人道德能力及心理狀態。因此倫理制度作為必要而隱含的契約，可以確保社會合作（李幼蒸，1997；Hartman & DesJardins, 2008/2011）。如同羅爾斯所說：「正義之中心主題為社會基本結構或社會機構分配基本權利和義務之方式和通過社會合作確定的利益劃分的方式」（李幼蒸，1997）。

羅爾斯在其「正義論」裡提出公平正義原則，作為社會結構合作所需之契約的基本原則。羅爾斯假設每個群體或個人的「初始位置」（original position）都相同，意即被「無知之幕」（veil of ignorance）所遮蔽。因此在這個位置的狀態下，羅爾斯假設每個人自己在社會的位置、權力、外在資源、能力之優劣都不清楚，甚至所有群體也不清楚判斷「好壞」的認知及態度。換言之，他假設在所有人對背景條件一無所知的情況下進行相關決策或分配，所有人依賴的是最基本的公平原則，一方面人們具有公平正義的道德感，希望分配是公平的；另一方面人們也是理性而自利的，追求個人或所屬群體目標或利益之最大達成（Hartman & DesJardins, 2008/2011; Rawls, 1995/1998）。在上述的前提下，羅爾斯提出其公平正義原則（Hartman & DesJardins, 2008/2011; Rawls, 1995/1998）：

1. 每個人相對於其他人，都擁有平等的權利來享受最大限度的基本自由。
2. 社會與經濟不平等的安排是為了致使：a.有理由預期對每個人都有利益；b.對全體人員開放到任何位置及工作場所的機會。

簡言之，羅爾斯之正義論主張，所有社會價值包括自由、機會、財富及自尊基礎等，都將被平等分配，除非在對所有人都能獲利的情況下，才會允許不平等分配（Rawls, 1995/1998）。可以看到羅爾斯將社會契約論做更具體的推導，並聚焦於分配正義的主題，而且其論點也有助於後續在

倫理行動或決策情境中，進行實踐的參考或指引。可以看到正義論基本上還是延續利他或集體的功利主義路線發展，仍以「全體或社會最大利益或幸福」為終極目標，他竭力兼顧公平正義原則以及理性自利假設，可以說十分符合當代資本主義社會之境況與需要。

　　不過，羅爾斯正義論也有明顯之問題。包括「初始位置」、「無知之幕」之前提假設不容易在現實情境出現，現實的狀況很可能是在完全無知以及全知之間，更關鍵的是，不同個體或群體對於背景條件與訊息掌握常是資訊不對等，甚至落差很大（例如：企業經營階層、大股東或政府官員），這形成分配正義實踐上的最大障礙。換言之，所有人的初始位置很難是平等的（但並非指天賦或階級不平等，而是資訊不對稱）。第二個問題是所有功利主義的難題，利益或幸福如何被評估或計算，特別是終極目標指向整體社會或集體之利益或幸福極大化者。現實狀況同樣很少發生在對全體有利或者有害（或者這種情境不太會形成倫理決策難題），通常是在對部分群體有利、部分群體損害，至少是相對剝奪或損害的狀況。此時如何評估總體利益或幸福以協助決策及倫理行動時，其實相當不易，因為總體利益或價值不易簡單量化評估。

第四節　倫理學的轉向：社會建構論及交往互動論

　　前面2種西方倫理學的重要哲學觀也反映了西方文化下之思想脈絡，一方面反映從笛卡兒以來的主客二元論觀點，其次也還是維持個人主義下對人的理性自利假設。但隨著哲學思想之演進，開始發展出後現代主義思潮，這樣的思潮是在不同學術領域同時發展相互影響，而形成顯著的研究典範或哲學觀轉移、轉向。其中形成2支相互重疊、彼此影響的學脈路線，一是包括詮釋學傳統及敘事取向的社會建構論；一是以對話與反思為主軸，包含後續衍生發展之合作取向、行動研究等交往互動論。而兩者幾乎共享相同的哲學基礎，因此我們合併2種後現代典範觀點，並回顧它們的倫理學論述。

一、社會交往理論與互為主體性

哈伯馬斯在其完整的理論體系中有一顯著的轉向，即傾向於排除笛卡兒的主體本位觀。他對自我自主域的批判，成為其建立社會交往理論和話語倫理學的工作前提。換言之，哈伯馬斯將「自我」看作只能在主體間交流情境中起作用。因此哈伯馬斯說：「對主體間（或譯互為主體）觀點的朝向，在主體問題上產生了驚人的效果。在我之上不再有直接的和內在的意識。自我意識通過象徵中介關係網成為互動之對手。」（李幼蒸，1997）

哈伯馬斯在其發展的社會交往理論，同時也建立一種普遍性話語的話語倫理學或交往倫理學，聚焦於社會中個體與集體道德衝突的解決。他進一步說：「話語倫理學未提出任何內容、方向，只不過是一種前提程序，他將確保判斷行程之無偏頗性，實踐話語不是一種產生正確規範的方法，而是驗證假定規範正當性的方法。」（引自李幼蒸，1997）

哈伯馬斯在其理論中批判了交往溝通的重大阻礙，即「系統性的扭曲溝通」，他認為大型組織、官僚取得權力，並操控宰制了公共意見或論述的形成。解放的基礎 根於溝通行動，進一步解放的產生就在於創造出「理想的言談情境」，它使人們在公共領域可以自由、平等的辯論，成員之間相互關聯，互為主體性（Cuff, Sharrock & Francis, 1998）。換言之，哈伯馬斯提出「理想的言談情境」，它是理性、開放、論辯，並相互檢驗不一致的論述、邏輯，並依賴於共同的對話規則，主體作為行動者或實踐者，企圖透過對話改變與影響社會（洪瑞斌，2005）。

總結而言，哈伯馬斯的交往倫理學是一種程序主義的，它回到交往互動關係中，並檢視如何對話或溝通才是合理的，「理想的言談情境」即代表其理想狀態，必須能夠自由、平等、理性、開放的對話。另外，哈伯馬斯理論及其哲學觀所帶來的顯著轉向，則是從主客二元論或「我主你客」的長久傳統，轉為以「互為主體性」或「主體間際性」為核心之理論架構。而互為主體性的預設，也成為後續不論合作對話取向、行動研究、詮釋學、敘事取向等相互共通的倫理基礎或基本前提。

互為主體性的基礎根源可以追溯到馬丁‧布伯（Martin Buber）其以

「我—你」（I-Thou）關係爲核心的「相遇或交會」（encounter）哲學。Buber（1937/1991）在其名著《我與你》中，直接區辨了人因2種態度或哲學觀而形成雙重世界，甚至是2種知識體系，其一是「我—你」，其二是「我—它」（I-It）。但他強調不是區分爲兩類人，而是每個人都具有此兩極性。

「我—它」的認識論，即西方主客二元、我主你客的笛卡兒傳統。Buber（1937/1991）描述「我—它」是依賴因果性的自然科學界，既是秩序嚴明的知識，也是離異分化之世界。不過，「我—它」卻也是人們賴以生存的世界。「我—你」是另一個關係中的世界，「我」與「你」自由相遇，相互作用，不爲因果律所束縛。如同Buber（1937/1991）說：「我實現『我』因相繫著『你』；在實現『我』的過程中，我講出了『你』」。「我」與「你」相遇形成唯一的存有之所在，尺規與比較也就消失，換言之，眞實的人生皆是相遇或交會。他指出「我—你」關係是相互性的（reciprocity or mutuality），我的「你」作用我，正如我也影響你。

但區分兩者有何意義？Buber（1937/1991）舉了些例子說明，他說，當今許多世界的領袖根本不識「你」的向度，把所有人均當成其有價財富，或是爲了完成「它」之事業所需要利用的工具。他並描述眞正的師生關係便是「我—你」關係，爲了幫助學生潛能成長，老師必須把他看作潛在的特定人格之主體，當作一個整體來肯定他，當作夥伴與之相遇。於是學生便能成長，甚至老師也受到學生影響塑造（Buber, 1937/1991）。補充來說，「我—你」或互爲主體性哲學，並不止於人際關係或適於用人的身上。因爲它是一種基本態度或哲學觀，所以也可以用於人對待周遭環境、生物或萬物，而後也被延伸至文本閱讀（對待文本）之用。

二、從詮釋學到敘事取向哲學

高達美的詮釋學與我—你關係息息相關。高達美認爲，我—你關係構成了對話的根本前提，理解不但本質上就是對話，而且最終可視爲人的一種交往實踐活動。換言之，高達美也主張眞正的理解絕不是一個主體對客體單向涉入，而是「你」與「我」的雙向交流，理解者和被理解者不再

是主－客關係，而是主－主關係，即「我－你」關係。因為在「我－你」關係下的交往、交流、對話中，才能產生視域的溝通、融合，終成你中有我，我中有你的情形。基本上，這種對話、視域融合，當然就不是一方說服或依從另一方，而且理解並不預設或強求意見一致，而是意識的兩極的交互作用，且同時又依然保持雙方的差異（何衛平，2001）。

　　簡言之，高達美認為理解的基本前提就是我和你之間產生真正的聯結，善待對方，把對方從「它」改視為「你」。因此他直接視倫理學為詮釋學的基礎，並說：「如果說，同情是一切理解的基礎，那麼最高的理解要求愛。」（何衛平，2001）總結而言，高達美的對話現象學或詮釋學，同時也就是一種倫理學，因為它涉及到互為主體性，而且理解原本就包含著一個人與自己的「一致性」（verstandigung／agreement）或與他人「一致性」的關係問題。終極而言，其理論主張「只有在恢復了『我』與『你』的對話中，我們才能重新過倫理生活」（何衛平，2001）。

　　呂格爾是從詮釋學至敘事學的重要哲學家，他繼承了海德格《存在與時間》詮釋學路線，但他做了敘事或故事的迂迴，而進到《時間與敘事》的論述，認為人的存在需要依靠敘事。呂格爾認為「敘事」是介於「行動」與「倫理」之間，因為人必須先經行動後才敘事，並由說故事才達致倫理。在實踐的層面來說，一個人的行動總會考量到其他人，一個人進行某項行動，便一定有另一個人承受該行動（沈清松，1990）。

　　相關學者說明呂格爾所指的倫理行動者不只是言說者（敘說者），同時也是行動者和受難者，這是從語意學過渡到實踐論，所以倫理也從自我規範過渡到自我與他者的對話，自我良心不再僅僅建立於個人內在反思上（李幼蒸，1997）。因此呂格爾說：「道德許諾和責成涉及自我之外的他人；自我和他人的關係自然成為倫理學的中心課題之一。」（李幼蒸，1997）換言之，呂格爾哲學之倫理學也是回到人與人的關係之間，而他者也現身了。

　　因為呂格爾認為他異性（alterity）應該是多層意義的，至少有三層，包括身體（作為自我和世界的中介）接觸之他者；外在的他者；內在的他者，第三者是指良心的呼聲。對呂格爾來說，良心不來自反思，而是「體證」（L'Attestation），所謂「體證」活動是指對從自我和他者的接觸，

最終均歸結為「內部聲音」及「良心」。良心成為自我與自我（內在他者）對話之場所（李幼蒸，1997）。可以說呂格爾建構其理論與實踐的關聯方式，精準的描述自我和他者之間的對話與衝突結構，最終目標是驅使主體在自身內部接受他者。因此呂格爾所謂的「道德良心」，便成為接納尊重他異性以內化於自我內在（李幼蒸，1997）。

　　呂格爾將「倫理意向」（vise ethique）定義為：「在正義的制度中與他人並為他人而共度善的生活之意向」，倫理意向優先指向善的生活（李幼蒸，1997）。李幼蒸（1997）並說明呂格爾強調倫理涉及對他者的關心（sollicitude），「不但確立了自性道德在與他性共存的脈絡中才能全面實現自我，而且也由人際關係的相互關心提升至社會制度的公平與正義。此一看法是立基於『共存』的存有學基礎上，而且實現了『共度善的生活』的倫理價值」。或許沈清松（1990）對呂格爾的詮釋更容易理解「共存的存有與倫理學」意涵，他說：「自我的意義則是完成於相互的敘事。換言之，人的自我也是在與他人的相互交談，尤其是在與師長、朋友、親戚、所愛的人……等等的交談中形成的。」

　　呂格爾和列維納斯之哲學與倫理學很相似，都認為關鍵在自我與他者之關係，且自我對他者負有責任，但列維納斯更強調或偏重他者的重要性。列維納斯認為他者在互為主體的關係裡具有主動角色，因為自我被他者的面容所召喚，並且應負起責任（沈清松，1990）。列維納斯指出在一般關係中，我們對他者的理解其實是暴力，亦即透過理解占有他者，因為其邏輯是一種理解的自我循環（鄧元尉，2009）。換言之，在這種暴力的理解關係下，自我從未準備開放傾聽他者的聲音，他只是持續沿用自己的觀點與視框強加在他者身上，並享有他者，這就是馬丁‧布伯的「我—它」關係，或「我主你客」的關係。列維納斯並主張只有承認與接納他者才有倫理可言，而「絕對他者」便是倫理的最終根源（沈清松，2006）。所謂「他者」就是異於我的他人，也包含上帝（鄧元尉，2009），但沈清松（2006）進一步擴大「他者」涵蓋範圍，包括他人、自然與超越界等，因為他認為自我面對的都是「多元他者」，且每個他者的面容人們都應倫理的對待，包括自然萬物。

　　至於如何轉至「我—你」關係互動，列維納斯認為，在他者卑微性背

後就呈現他者的超越性，也就是無法被意識涵攝的他異性，此處召喚要求我們對他者有所回應，並質疑我們享有他者的權利，這個回應就是盡其一切接待他者。列維納斯形容「接待他者」的隱喻是「把嘴邊的麵包贈予他者」，換言之，不但不是暴力享有他者的形式，還反過來把自己掏空，在自己的家中接待他者（鄧元尉，2009）。

而後列維納斯將自我與他者關係置於文本（text）的閱讀與詮釋上，並視文本即是他者，或他者透過文本顯現。同樣的是，對文本若不採暴力性的理解，就要以接待式的進行「詮釋」。列維納斯指出詮釋的基本工作是質疑與接待，質疑自我之整體，並接待他者之啓示。他進一步指出詮釋者並非意義的創造者而是見證者，見證意義豐沛滿盈的來源——他者（鄧元尉，2009）。

最後列維納斯論及詮釋的意義，他說詮釋者替代他者來言說，爲的是向第三方（the third）陳述出新的所說。換句話說，閱讀詮釋文本（他者）所生產的所說，並非爲了占據文本原始的位置，是要往外投射到這文本所建立的社群（community；即第三方）中。他說，他者接待承納第三方，就如同自我接待承納他者一般（鄧元尉，2009）。鄧元尉（2009）闡述列維納斯的想法：「當我們接待文本，其實就是接待文本中的百姓——當我們詮釋，就是在爲人民創造生存的空間。文本詮釋因此而成爲一個抵抗暴力、庇蔭百姓的政治行動。詮釋作爲見證，乃是見證人民的受難。逝者透過倖存者的見證被保存下來，見證者代替逝者而活，發出逝者的聲音。」因此列維納斯所謂的「生存空間」（living space），即倫理性文本內部的政治空間，也就是容納第三方社群（例如：猶太百姓）在其受難史中存在的避難居所，或者說文本可作爲人民的家園（鄧元尉，2009）。

整個總結來說，列維納斯和呂格爾較屬文本取向，二人都涉及敘事或文本的迂迴，意即自我與他者之交往或理解必須涉及敘事文本。而哈伯馬斯、高達美比較偏向對話取向，偏向將交往互動過程直接視爲對話或言談。但是所有哲人的共通之處皆劃分並強調「我─你關係」或互爲主體性成爲社會建構論及交往互動論相關倫理學之基本前提或核心特性。

第五節　從倫理學回觀敘事研究倫理之核心原則

一、典範轉移之倫理差異

　　從倫理學再回觀目前人類科學研究之研究倫理原則，可以更清楚目前普遍接受之研究倫理原則都有其哲學根源，包括主客二元論、個體主義、社會契約論等重要基礎。這些哲學思想有其貢獻與作用，但也有其適用性與限制。宋文里（2007）曾討論在心理學實驗或研究方法使用的「subject」這個字，雖然此字中譯為「主體」之意，但他說此字：

　　只是很簡單地接受實驗處置的觀察對象，是主要題材（subject matter）的來源，但它也是個object，即作為對象的物體。心理學所使用的現代漢語把它譯成「受試」，但我們也可以用哲學裡的現代漢語，說它是「受觀察所支配的主體」，於是，那就等同於「客體」。

　　由此看出一般實證主義典範之研究，不論是醫學或心理學皆遵循笛卡兒主客二元論傳統。換言之，當「受試」被視為客體，就受到研究者主體所操弄，他的獨立思考、主觀感受就被視為不被考慮、重視，甚至是偏誤來源。

　　另外，從霍布斯的哲學裡，我們看到個人主義式的社會契約之生成，他假設每個人終究是自利的，但為了長久能和平的、安全的、幸福的生活，集體的社會契約、制度、國家的權力、法治便有存在之作用。在這樣的觀點裡，倫理僅只是工具性用途。於是我們明白，為何第二次世界大戰時，德軍與日軍能夠對於他國或其他民族的戰俘實施各種殘酷、無人道的人體實驗，因為如霍布斯所言：「如果不可能獲致和平，人就可以設法從戰爭中獲取一切可能的利益。」而且戰俘作為卑微的他者，當然是「客體」或「物」，多麼毫不遮掩的「我—它」關係。但或許這樣的研究關係只是極端血腥的版本，從物理、生物科學起家的實證主義典範，「我—它」或「我主你客」型態之研究關係是自然的產物。

還好隨著研究倫理歷史的進展，科學領域與研究者努力進行補救與修正。或者說，羅爾斯的「正義論」可能是現代研究倫理原則更直接的源頭。「正義論」作爲應用倫理學，嘗試將個體自利取向與社會正義結合，而後延伸出的分配正義、程序正義等概念，也確實使用於當代社會在制度、法規的設置，或許也包含研究倫理守則。而知後同意、風險利益評估、受試者自主決定、隱私權保密等研究倫理守則，也確實保護了受試者或研究參與者。

在社會科學的典範反思與變革後，實證主義典範不再是科學的唯一典範，質性研究打開多元典範與方法的可能性。基本上，不同典範之間的本體論、知識旨趣、方法論、研究關係等都有很大不同（洪瑞斌，2007；洪瑞斌，2010），因此不同典範本屬不同系統，彼此間有著「不可共量性」（imcommensurability; Kuhn, 1970/1994）。漸漸有研究或文獻指出不同典範應有其各自的研究品質與評價標準，不該彼此混淆、相互掣肘（洪瑞斌、陳筱婷、莊騏嘉，2012）。不同於實證主義典範，敘事研究屬於後現代思潮下的「社會建構論」，後現代典範的共通重要內涵，包括從單一客觀眞實轉爲多重建構眞實、從個體理性轉爲社群理性、從主流中心轉爲脈絡主義、從語言再現轉爲語言行動論等（洪瑞斌，2010；洪瑞斌，2012）。而敘事研究或社會建構論之研究關係也有所轉變，它從「我主你客」（「我─它」）關係，轉爲「互爲主體性」（「我─你」）關係；而且也從「社會契約或交易論」轉爲「交往互動論」。簡言之，敘事研究不再將研究參與者視爲客體或利益交換對象，因此，敘事研究似乎也需要不同的研究倫理原則，與實證主義典範不同的原則。

二、由社會契約朝向交往互動取向的倫理原則

可以說敘事研究的主要任務便在於建立一種有意義的人際關係，並因著人際關係中合作與對話的過程，進一步了解研究參與者所處的社會環境脈絡，並爲之發聲。意即敘事研究所產出的文本是一種關係文本、關係故事，是建立於社會層面中與他人互動下的相互合作或支持的產物，如此才能貼近研究參與者的生命經驗，讓生命故事具體呈現（邱惟眞、丁興祥，

1999）。同樣當一個敘事研究形成構想或研究計畫後，開始找尋與邀請
可能的研究參與者，自然涉及研究計畫之坦誠、清楚告知，並交由受邀參
與者自主決定是否參與研究。這看來和一般實證研究之知後同意程序似無
不同，但其實這和傳統慣用的研究倫理有著根本差異，如同Schroeder與
Webb曾清楚說道：

　　大學的期待是這樣子的：在研究一開始就簽下研究同意書的參與
者，已經被全然告知他們所同意的事項是什麼。這樣的期待隱含的意思
是：研究計畫在研究開始前就已經被全然闡釋清楚了。然而，合作性研究
的現實卻是，研究是會隨著時間而改變的。參與者在研究中的角色可能會
改變，……。這樣的角色，可能是研究者接觸參與者請他們參與研究時，
沒能預料到的。（引自Clandinin & Connelly, 2000/2003，頁247）

　　這樣的差異是有意義的，當傳統實證主義之倫理強調事先清楚而完
整的設計，明白告知參與者請求同意，然後完全照方案規劃嚴謹實施；這
對敘事取向研究而言，卻可能不盡然合於倫理，因為如此就可能完全限制
了開放對話、互動協商的空間。因此，敘事研究本身是一個協同參與、開
放對話以及持續探索的歷程。而這當中所涉及之與人建立關係和溝通的過
程，如同我們強調的，這不僅是一份書面契約化的研究關係，更是基於
「我—你」關係、互為主體性的協同合作。

　　對敘事研究者來說，研究參與者不只是提供事件經過的分享，而是
如何與研究參與者形成互為主體的過程。在這裡每一次接觸，都蘊含著豐
富且微妙的人際線索和互動，不僅包括基本的同理、關心的態度，更需意
識到個人與研究參與者價值觀是否有異。也就是說，敘事研究中的倫理
談的不只是正確行為的問題，而是人與人關係中責任的問題（Clandinin,
2000/2012）。如同Clandinin與Connelly（2000/2003）指出：

　　我們必須把倫理看成關係性的事情：「在每日生活中，友誼的概念意
味著一種分享，一種兩個或更多人之經驗場域的相互滲透。……同樣的情
形也會發生在合作性研究裡，這樣的研究需要一種類似友誼的密切關係。

就像McIntyre所暗示的，關係是藉著生活的敘說性聯合所結合的」。

　　整體來說，敘事研究視研究參與者爲研究中的重要關係者，而研究論文是在彼此關係中共同合作、創造的產物。在這樣的過程中，「互爲主體」的合作性研究是彼此都期待努力的一個方向。意即對敘事研究者來說，所謂的研究倫理不僅是外在契約的「研究邀請函」、「研究同意書」，更是一段有意義的人際關係之面對與經驗，並在關係中謹慎思考自我的位置，留意身爲研究者所需負擔的社會責任和知識、權力的文化霸權（蔡敏玲，2001；莊騏嘉、洪瑞斌、陳筱婷，2010）。

三、從「我―它」到「我―你」關係

　　如同前述列維納斯的觀點所提：

　　詮釋者（筆者認爲等同「研究者」）扮演了一個中介的角色，中介起文本與人民；藉著詮釋，文本與人民都獲得新的生命……。這位詮釋者代替他者之位，向第三方奉獻出自己，也就是講述出文本之言，供應人民存活所需；他見證了文本之啓示的光輝與人民之受難的記憶，並提醒我們，身爲一個詮釋者最重要的德性，就是忠於他者……。（鄧元尉，2009）

　　換言之，研究者對於研究參與者／他者之態度，必須視爲存有、視爲主體「你」，必須透過敘事文本的建構與詮釋，創造出一個研究參與者群體的生命存有或生命意義寓居的空間，不論參與者是二二八受難家屬、慰安婦阿嬤、失業者或其他弱勢社群。

　　因此敘事研究的重要倫理考量，除重視合作與對話的關係外，還必須關注社會弱勢議題，透過研究取得爲弱勢發聲的權力，且視之爲不可規避的學術責任。所以，敘事研究並非只是讓研究參與者充分述說故事而已，也非研究者自說自話的過程，乃是透過雙方對此議題（研究主題）的重新理解，有機會重新看見與肯定自身的生命意義與價值，這是敘事研究的核心貢獻，也是重要的倫理責任。

　　再者，敘事研究期望透過研究過程能對生命故事背後的社會結構、意識形態有所覺察，以啓動研究參與者生命動能，使之有重新觀看自我及生命價值的機會，同時也提供社會大眾如何看待此弱勢群體的新視框。甚至進一步透過研究論述爲弱勢發聲，提供有別於主流論述或大敘事的另類論述或敘事空間。這樣的作用或概念如同相關敘事治療或敘事研究文獻中提到的「另類故事」（alternative story; Morgan, 2000/2008）、故事「重寫」（re-authoring; White, 2007/2008；周志建，2012），或是「故事改版」（蔡美娟，2012）。另外，敘事研究如此爲弱勢研究參與者群體「發聲」，也相當於傅柯所提的發掘「在地的」（local popular）知識（White & Epston, 1990）。White認爲即便最邊緣的生活，還是一直存在著「活生生的經驗」，只是受主流敘事邊緣化（Freedman & Combs, 1999）。因此敘事研究在文本中接待他者的意義，也就是努力使研究參與者之邊緣、非主流故事重新賦予意義與生命價值，於是敘事研究文本也被期待成爲弱勢群體寓居生命意義的存在空間。

　　總而言之，開啓另類論述或敘事空間的作用，是爲了貼近與理解研究參與者的生命，重新賦與意義及價值，因他們大部分在主流論述與視框下，生命是受苦的、被壓制的一群。因此敘事研究之倫理要求研究者在研究過程中，必須有意識的透過自我覺察與反思，放下、去除主流的論述與視框，才可能貼近研究參與者生命意義。如此研究者與參與者間才可能眞正創造出互爲主體性、非暴力的「我—你」關係。

第六節　結語

　　總結而言，隨著後現代典範及倫理學觀點的轉變，亦即從契約論與道義論轉爲交往互動論，倫理不再只是先驗的絕對命令、個體的理性判斷，或是社會交易的定型化契約，而是關係中的相互性，「關係」重回倫理的核心。因此「互爲主體性」成爲敘事研究之主要倫理原則，將研究參與者視爲交往「主體」，視爲「你」，視爲存有。所以倫理的本質在於關係，回到關係的根本價值，其實不外乎關係雙方相互尊重、協商，進而互爲主

體性，而這也是敘事研究或社會建構典範所強調的基本倫理精神。

　　所以研究倫理其實是研究者與協同參與者間在持續交往過程中，相互尊重、開放對話，進而達到互為主體性。換言之，研究倫理不再只限於研究知後同意書一紙契約，而是在交往互動過程中，相互關係中的持續關懷與責任。如同前面所言，敘事研究的倫理，強調必須貼近參與者之聲音、經驗或主觀世界，當研究者執意按自身既有知識、觀點等套用或強加在參與者經驗上，而沒有開放對話與協商的空間時，就是一種暴力及非倫理。

　　這也顯示研究歷程中交往互動與開放對話之重要性。對敘事研究來說，研究本質上並非假設檢驗的歷程，反而研究如同探索式對話的歷程，而且是坐落在研究者與參與者互為主體性的交往互動中。準此而言，訪談資料蒐集是對話，文獻閱讀與整理是對話，與研究參與者討論研究結果並聽取回饋是對話，甚至與論文審查、IRB審查、讀者討論回應都應該是相互對話過程。其次，如同前述討論，透過敘事訪談與文本書寫為弱勢群體發聲，也成為重要的敘事研究倫理原則。研究者應在主流論述與大敘事之外，為弱勢或非主流群體提出異例或另類論述之不同聲音。換言之，敘事研究的重要倫理價值之一是為了創造另類敘事或論述，意即貼近弱勢或非主流群體生活世界的地方性知識。

　　因此依據敘事研究之倫理原則，舉凡工具性剝削的、我主─你客的、缺乏相互溝通與協商的、訴諸資訊或權力不對等的、強制性單一聲音與觀點的、複製主流論述觀點的研究，都是非倫理的情況。更進一步說，敘事研究是生命涉入的典範，研究者與協同參與者間之關係原本就是變化的，從陌生到相互涉入，但總是充滿關懷與責任的。我們很難想像，收完資料、做完研究就此抽身，如同銀貨兩訖，各不相干。因為敘事研究的研究關係是相互生命涉入的關係，甚至可以說是一輩子的關係及責任，因此研究者持續關心研究參與者或是背後的弱勢社群，也對他們有使命感。

　　最後，回到本章最初研究目的，嘗試回應台灣研究倫理審查制度推行之相關爭議問題。事實上對於國科會與教育部之相關政策推動，已經激起許多學術界之反思、討論及建議。2015年4月中研院社會學研究所曾舉辦「臺灣學術研究倫理審查制度的變異與檢討工作坊」，會中有各領域學者提出台灣研究倫理審查制度推行所衍生的各種問題，以及建議可能的

解決辦法。在會議報告及相關文獻所呈現的相關爭議問題，包括：從「人體研究」擴大範圍之適用性；以「倫理」之名行學術「治理」之實；審查程序之不合理狀況（過於形式化、表單化、外行審內行等）；「保護」或是「排除」易受傷害群體等問題（蘇碩斌，2015；戴伯芬，2014；周月清，2015；蔡明璋，2015；陳美華，2015；林開世，2015；林文源，2015）。

　　而且會議中經過廣泛討論，學者也提出各種改善建議。其中比較共通的意見包括：回歸與尊重專業（尊重各專業學門差異）；由上而下的一元標準強制推行，改為開放各專業組織參與（各專業學會可協助釐清倫理規範及教育訓練）；由全面審查制改為諮詢與報備制（一般研究者自治，補助單位並行倫理檢核，除非有敏感性之倫理疑義再申請審查）；落實研究倫理侵害事件案件之申訴、調查、保護、處置機制（王宏仁等人，2015；林文源，2015）。基本上，筆者支持相關建議之結論，因符合本章思考討論所得之核心精神。

　　透過本章的回顧、思考與討論，我們發現敘事研究之倫理原則與觀點是能夠對相關爭議問題有所回應。首先，研究倫理制度應該尊重多元典範及各專業領域差異，而非強制性行使單向度標準。如同林文源（2015）提到在現行研究倫理與治理上，統一標準通常造成暴力。透過本章之討論，這樣的論述也更加明晰，如同前述列維納斯觀點所指，當主體不斷採用自己的觀點與視框強加在他者身上，並透過理解占有他者，這種封閉的自我循環、「我─它」關係的型態，對他者的理解就是暴力（鄧元尉，2009）。換言之，不論是研究者對研究參與者之探究理解，或是研究倫理制度對於單一研究案或論文，同樣適用。因此，假設研究倫理制度是採生醫領域標準，而硬套到人文社會科學領域；或是採取主流實證典範倫理原則來對其他另類典範進行審查、評鑑、決策時，這樣的政策或行動本身就帶有非倫理性。

　　其次，不同專業學門或領域、不同研究典範取向之社群應該透過討論對話以形成倫理原則之共識。依據哈伯馬斯的「溝通行動理論」，他指出一個有效的言說行動（speech act）預設著4種有效宣稱，但當有效宣稱遭質疑，就必須靠論述（discourse）使溝通者重新建立背景與前提之共識

（張世雄，1987；陳更新、賀玉英，1992）。目前人類學領域已經對於相關研究倫理議題以及與IRB制度之關係有較多的討論與思考（林開世，2015；劉紹華，2015），但像心理學門領域迄今仍完全採取實證典範、實驗法之倫理原則思考，其他建構主義典範、批判行動取向等學術社群亟需持續對話討論，以建立是用於自身典範精神的倫理原則。對敘事研究來說，本章初步只從倫理學的哲學基礎探討，呈現相關的基本假設差異，但具體的研究倫理判準或規範、討論案例，都有賴專業社群持續討論、提出。

最後不論如何，對待研究參與者群體都應該以「我—你」關係的立場、態度、知識來進行。前述台灣研究倫理審查制度相關爭議問題之一，就是對所謂「易受傷害群體」參與研究之嚴格審查，究竟是保護或排除弱勢？也有反對意見指出，如此效果只會降低原住民、兒童等群體之研究參與的機會，因而也阻礙了這些弱勢群體的問題反映與知識累積。本章認為此一矛盾兩難問題之成立，是由於預設了研究關係都是「我—它」關係型態，於是研究參與者變成無主體性的「客體」，只能靠定型化契約來保護參與者權利，規範研究者責任義務。但是敘事研究視研究參與者為主體，研究關係為「我—你」關係，原本面對弱勢群體就希望能協助其發聲，創造其意義系統以及存有空間，其實沒有這個問題爭議。究其原因，當研究者視參與者為「客體」，我便總是思考透過操弄、控制，甚或剝削，能從他們身上取得什麼利益（知識），於是只能靠契約來規範我必須補償他們哪些利益或好處。但是當研究者視參與者為主體「你」時，我便不斷思考如何與你交往，更加認識你，是否帶著既存的成見加諸於你身上，最後希望為你創造出一個意義系統或論述空間。簡單來說，「我—你」關係之建立與維繫從來不靠定型化契約，或者說定型化契約反而可能簡化、扭曲了「我—你」關係。因此從敘事研究的立場來說，當然樂於將此觀點分享給其他研究典範，也願意推廣教育給所有的學術研究者，至此「如何不斷努力將研究關係視為『我—你』關係，將研究參與者當作一個『人』來對待」，便成為研究者的基本倫理責任。

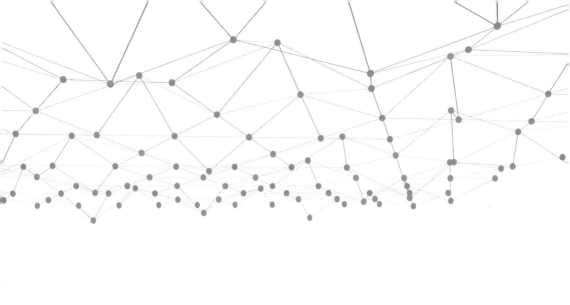

第二篇
各種領域議題之應用
與研究實例

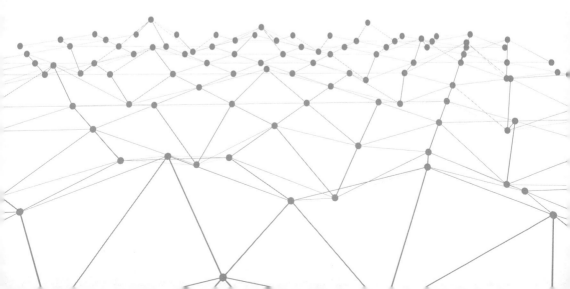

家庭關係與自我發展[*]

第一節　緒論

一、前言

　　本章將提供一篇敘事研究實例，即陳筱婷等人（2014）之〈穿越階級藤蔓——父女關係斷裂與再生歷程〉，它主要針對家庭關係進行自我敘說，透過研究過程，研究者重新理解父親，而後並與父親在關係中對話，重建父女關係。此研究以陳筱婷（2009）之碩士論文爲基礎，再行延伸改寫。陳筱婷（2009）碩士論文進行自我敘說研究，由本書主作者指導論文完成。陳筱婷（2009）之自我敘說原以母女關係爲核心主題或主軸，進行生命故事書寫，但隨著書寫開啓對更多家庭社會脈絡之反思，該作者發現其透過升學考試提升自己，以證明自己非失能者，那是對母親及其身上中產價值之認同。而母女緊密連結也影響該研究者與父親關係之疏離，因爲想脫離「貧窮」，這也進一步造成該作者與父親家族背後之農民生活經驗與歷史產生斷裂。

　　陳筱婷等人（2014）之研究即銜接陳筱婷（2009）碩士論文之部分文本並發現，轉向聚焦於父女關係之重新理解、接觸以及重構。包括從父女關係斷裂處，看見該研究者對「失能恐懼」背後的社會建構，包括「失業等於失能——父女關係斷裂」、「晉升作爲擺脫不利處境的策略」、「不斷向上爬——內化爲強迫性焦慮與動力」。以及理解後，該作者嘗試關係重建行動，包括：「父女相伴尋根」、「聽父親說他的生命故事」、「父親聽我說我的生命故事」、「召集生命故事見證人」、「父女關係位

[*] 本章之初稿曾發表如下：陳筱婷、洪瑞斌、莊騏嘉（2014）。穿越階級藤蔓——父女關係斷裂與再生歷程。應用心理研究，60，273-313。本章以此文爲基礎修改。

移」、「家庭關係挪移」等。透過這些新的理解與新行動，重新連接與建構新的父女關係。

以下便進入陳筱婷等人（2014）《穿越階級藤蔓——父女關係斷裂與再生歷程》之研究論文內容。以下本章所稱「研究者」、「我」都是此論文第一作者陳筱婷，陳筱婷也是本章之主要作者。

二、緣起：我們雖近在咫尺，卻也遠在天涯

在鄉野間，有一台野狼125載著兩個人，前座的男人穿著棉背心、深藍西裝褲、藍白拖，後座的女人側身而坐，穿著旗袍、皮鞋、手上拿著釣魚竿，釣竿上掛著新鮮的魚苗，機車不斷的前進……。車後跟著一隻汗流浹背的小花貓，牠想吃釣竿上的魚苗，但怎麼也吃不到，生氣的小花貓真想一口咬住女人的小腿肚。

我以一段隱喻來描述我與父母親的關係。這隱喻故事中的男人是指父親，他出生在農家，須辛勤勞動才能換取溫飽，也指涉供給者角色；這女人是母親的隱喻，她高雅、有能力，出生在中產階級的家庭，得到較優良的教育資源，於是釣竿魚苗是「成就」，而小花貓是我的隱喻，我為了得到所謂母親眼裡的成就，努力往上爬／向前奔馳，卻總是完成不了母親的期待，生氣又無助的我於是展開了一段冒險旅程，故事就是從這裡開始。本篇文章是我碩士論文的延伸，碩論原先定焦在撰寫母女情感糾結的疏通整理，但因為在寫論文後半段討論的時候，發現自己在論文書寫歷程沒覺察到……原來我與母親的關係緊黏且矛盾，其實和父親有關。

我父母都是四十五年次的，父親生長在務農家庭，而母親則在公務員家庭中生長，兩個家族的社會階級與兩人的個性相異，使得核心家庭產生一些微妙的變化。父親總是認為自己生來就是個「工具」，婚前為了原生家庭而努力，婚後又需為了二個家庭而奮鬥，民國七十幾年，父親任職的紙工廠無預警倒閉，他面臨失業，那年我才念幼稚園。父親失業這事件，或許對我們家族來說是一個震盪，母親期待父親放棄長子的房產繼承權，

到台北做白領階級的工作，至少可以有穩定的薪水養活一家四口。在母親的轉述下……我才知道原來為了這件事，他們夫妻爭執多次。父親曾讓我知道……，離開老家，是為了我和弟弟受到更好的教育，因為父親有能力繼續念，只是家庭的環境不允許，但這卻成他此生的遺憾……。

在寫論文後半段時，我突然發現自己靠近母親的動力，有一部分其實想替爸爸抱屈，喜歡靠近爸爸；可是又感覺爸爸沒辦法保護我，因為渴望被保護，於是我仰慕有權又有能力的母親，希望變成跟她一樣有能力，也希望爸爸可以爭氣一點。在這樣的矛盾心情下，我一方面提醒自己要獲取成就，另一方面我貶抑爸爸，我想……我對父親的要求也好高，「男人應該要有好工作、賺多錢、有能力才對」，這樣的主流價值將我與父親情感隔絕，我無法抵達他的生命，也拒絕他抵達我的生命（陳筱婷，2009）。

本文緣起於我碩士論文的自我敘說，我原先抓著母女故事的軸線進行生命書寫，歷程中也發現討論母女情感緊黏的背後，也使自己覺察到父女關係斷裂的現象。甚至看見我對父親的選擇性忽略，是由於長期刻意與父親關係撤離，一方面期待父親可以不是母親口裡稱的「沒用」，且又責怪父親不爭氣；另一方面也責怪自己與母親同盟是為了獲得利益。換言之，我在敘說自己與父親關係、母親關係時，皆呈現了自己的位置。如同胡紹嘉（2005）在〈于秘密之所探光：遭遇的書寫與描繪自我〉一文評論《多桑與紅玫瑰》，寫道：

……，透過書寫，這個『我』在追溯、尋找母親的印記的同時，研究者其實也在辨認長成於其中的自己，並將之『嵌置』（embed）於不同人物關係中。但最終，陳文玲在敘事的過程中，找到的是『自己』。就像《多桑與紅玫瑰》的副標題所透露的──『這個叫做劉惠芬的女人是我媽媽』，是的，她是我媽媽。」（胡紹嘉，2005，頁47）

當我察覺母女情感緊黏的背後，竟跟父女情感斷裂有關。為一探究竟，於是我試圖進入父女故事書寫，但由於我長期刻意忽略父親，並與他情感疏離，使得我無法順利進入敘事狀態。我看到胡紹嘉在文章中，將

「故事—關係—自己」做了連結，他指出陳文玲在書寫母親故事歷程，也同時看見自己（指陳文玲）。透過上述，我理解到說故事的本身，是一種關係的呈現，雖然我不易進入敘說父女故事的狀態，但我對童年與祖父母相處的故事卻依然記得。我便透過敘說祖孫3人的故事，發現「父親」嵌置在祖父母的故事裡，當我接起祖父與父親相像的地方，在認同祖父的過程，重新認同父親，也同時接起家族斷裂，亦重新建構自我認定。

而「父親」不只嵌置在祖父母故事中，同時也隱藏在我們母女的故事裡。猶然記得在我3歲時，媽媽已經開始訓練我說故事的能力。當年我發現，媽媽的話最有分量，無人可動搖，似乎我只有「靠近媽媽，當一個聽話的小孩」這一途，才確保有飯可吃（延伸含意指：有前途）。這到後來也演變成我多年來的求生法則。故事是這樣的：

「媽媽～巧連智來了！陪我聽故事啦！」迫不及待的拆開牛皮紙袋的封口，一邊催促媽媽到我身旁。拿了書桌上的錄音機，打開裝錄音帶的盒子，敲出卡在盒子裡的錄音帶，滿心期待的放入錄音機裡，按下play鍵。媽媽走到錄音機旁坐下，看著我說：「婷婷，媽媽要先去忙，妳坐在這邊聽故事喔，30分鐘以後我再來驗收，要注意聽！」「好！」我是這麼回答的。

目送媽媽離開，打開書，按下錄音機的play鍵。好奇這一期連載故事後面有什麼勞作可以玩，勝過於錄音帶嘰哩咕嚕的故事，不管三七二十一的研究起附贈的玩具。後來到了驗收的時刻，媽媽走進房門，而我低著頭，手玩著腳趾，嘟著小嘴，只是沉默著，心裡好害怕媽媽會像恐龍一樣噴火，也突然驚覺身旁的一切事物都靜止一般沉寂，只有我不安的心跳、急促的呼吸聲，還有時鐘滴答聲仍然持續。

「妳中午不能吃飯，直到妳把故事說出來給我聽為止，不然妳就一直坐在這裡好了！」媽媽嚴厲的教訓，我哭得更厲害，心裡想著：「為什麼一定要說故事給妳聽，妳以前都會陪我，為什麼今天好凶，我好害怕！」

後來阿嬤走進來，感覺場面不太對。她看著媽媽說：「a-mei！呷飯啦！囝仔人賣阿捏管啦！呼伊來呷飯啦！」「媽！我在教孩子，妳別管！」媽媽這樣回阿嬤。阿嬤搖搖頭走出我的書房。我知道沒人救得了

我，我哭著求媽媽給我吃飯，媽媽冷冷的說一句：「半個小時後我來驗收，說不出這個月的故事大意就別出書房！」接著砰一聲的關起書房的門（陳筱婷，2009）。

在這則故事裡，我的母親對我嚴管勤教，那我父親在哪裡呢？他確實不在此故事的場景裡，但他出現在不同場景的故事裡。故事中他常扮演逗我開心、默默陪伴、支持我的角色。

小時候在鄉下長大，念幼稚園前，我沒有其他的朋友，只有媽媽給我買的書、錄影帶與玩偶們。不過我還有一個超級大玩偶，只有他不會逼我念書，他是我爸爸，爸爸常常趴在床上，問我要不要騎馬。我二話不說地爬到他背上，在半空中揮舞著小手，開心的喊著，「爸爸是大馬」，他拱起腰桿，載著我行走在彈簧床上，他邊爬邊叫著，「婷婷，妳手不要亂動，抓著爸爸的頭」。他怕我跌下床，便叫我雙手抓住他的頭髮，而我繼續喊著，「駕！駕！快走～快走～」（陳筱婷，2009）

這是我對父女關係第一個有印象的故事，他在父女關係中扮演一個取悅女兒的角色，對父親來說，和諧的家庭關係比個人地位重要太多了，哪怕是成為一個「工具性」男人也無妨……。對我來說，父親以靜默付出的方式出場，他對我的呵護使我對他依賴，想起當年，不管再遙遠，每當乳牙動搖，我一定要他親手替我拔牙。他如農田裡的大牛一般默默做事，他可以輕易犧牲自己成全家人的態度，對自己的不在乎、不為自己爭取的行為，常讓我覺得他不重要，但他對我的關懷，卻又讓我覺得他好重要，被父親疼愛是幸福的。

我認為自己受到「我沒資格休息，必須努力追求成就，才不會被看不起」宰制之前，先受到「媽媽強勢，爸爸沒用，我要向媽媽靠近」信念的影響。或許兒時之我內心想與父親靠近、認同父親，認為母親太霸道，並想為父親出一口氣，但又擔心自己跟父親太相像而被母親拋棄，於是我先向母親靠近，並與母親同盟漠視父親，且認定父親失能。但此時我應已先認同父親，涵容他的失能，亦隱微的內化我個人失能，卻又為不讓自己與

父親太過相像，而反向迫使自己努力追求成就，進而形成我在父母親間的矛盾情結。

第二節　我的「失能恐懼」使父女情感築起厚牆

　　曾聽過「唯有通過自己的生命，才能抵達別人的生命」這句話，很打動我。正因爲我通過自己的生命故事，進而一點一滴的認回並承認自己不完美，也無須完美。從小我就愛說故事，也說自己的故事，故事裡有媽媽、弟弟與我，聽故事的同學小心翼翼的問我：「sorry，可以冒昧的問妳一個問題嗎？妳是單親家庭嗎？妳爸爸呢？」我總是笑著說：「我爸很少講話，他很無趣的，沒什麼好講的啊！」於是，現在的我，除了看見強勢的母親之外，我還看見了幽靈般的父親，去認回「無聲男人」、「務農的勞動家庭」、「田野土味」、「赤腳」，原先這都是我引以爲恥的，全都認回來了，最後它們變成我助人專業的後盾與力量。

一、對一個年幼孩子來說，究竟如何感受「失能恐懼」

　　我發現自我故事書寫具有重新檢視家庭關係的功能，在自我表達間賦予自己空間重新去經驗、創造或建構自己的生活。由於我碩士論文的故事以母女關係爲故事主軸，它不但是個人修通負向母女情感糾結的媒介，也是向閱讀者的一種宣告。我接納自己當年對母親的怨，並重新理解母親的嚴管勤教，從原先怨恨母親高壓的控制，到現在理解管教背後的辛苦。從「階級」來看，母親從所屬的白領階級嫁給勞動階級的父親，母親爲了帶著核心家庭脫貧之願望與決心，管教變成一種具體鞭策的力量。

　　當我到了讀幼稚園的年紀，母親爲了使我受到更好的教育，她將我從阿嬤家（父原生家庭：竹南鎮）送到外婆家（母原生家庭：苗栗市區）。無論我如何哀求，爸媽的口徑一致，也不更改此決定。於是那兩年童稚的求學生涯，儘管我多麼不願意，仍得與父母分離、離開家，過著寄人籬下的生活。當時發生了一個故事：

　　媽媽上班前來苗栗看我，我好想一直跟媽媽在一起哦！從走出家門到院子這段路，媽媽牽著我的手一路同行，而我越走越慢，越走越慢，到最後是拉著媽媽往回走。我哭著鬧著就是不肯上學，媽媽一面急著上班要來不及，一面苦惱著我哭鬧不休，死都不肯放手。終於她忍不住，開始不斷大聲的問我：「妳要上學！還是要關狗籠！」我嗚嗚咽咽的回答：「不要！不要！……」。氣急敗壞的媽媽直接把我的手甩開，如火山爆發的音量吼道：「什麼不要！妳不要上學嗎？」「不要上學……嗚……不要關起來。」媽媽一聽到我說「不要上學」，根本不理會我後來說了什麼，就一把將我推進哈利的大狗籠裡，關起來。（陳筱婷，2009）

　　研究者的母親背負著帶領家庭成員「往上爬」的使命，加上父親對於當年自己沒有「環境」接受栽培抱有遺憾，身為他們的女兒也被迫承接上一代「遺憾」與願望的產物，不斷被教誨「要努力」、「往上爬」、「什麼都別管，只要念書就好」……。

　　當年對一個年幼的我來說，認真讀書、求上進，這些是不動搖的家規，若不完成母親的這些要求，我就會被家庭拋棄，也為此深感「恐懼」。回觀這段自我敘說的歷程，研究者也發現這「恐懼」不是我獨有的，而是同樣在母親身上看見它。我與母親的「失能恐懼」背後，同樣是對於「被別人所排拒」的恐懼，也造成某種不易做自己的狀態。而父親的故事裡沒有提及其「失能恐懼」，反倒是因童年物質匱乏，使他無法受到較好的正規教育，進而產生補償心態。

二、又是什麼使一個孩子對「農村」愛恨交織

　　研究者也看見父女關係斷裂是母女間情感緊黏的原因之一。20年前，父親為了子女擁有較佳的教育環境，聽從妻子的建議，舉家離開原生家庭，放棄身為長子的房產繼承，成為父親與原生家族形成情感的斷裂。這裡的情感斷裂是因父親委身在小家庭，他為成全我們（子女），提供我們他當年無法獲得的教育資源，而選擇離鄉背井，離開同心合力、一起打拚的大家族。白手起家的父親，離開涵養他的農村，沒有家當可帶走，但

他卻將「無法親侍父母的遺憾」一直帶在身上。

父親讀了我的碩論後，隨即寫了一篇「閱後感言」給我，他在信上寫著：

> 　　我的心境深處，是一層層複雜又難理解的枷鎖，實話，自幼身處原生家庭務農的背景，在那時代，工業社會未發達，因討生活不容易，而不得不勤儉刻苦面對生活，身為長子，須承受多少局外人無法想像的壓力，自幼親見父親是一位果菜流動小販，清晨三點多必須起床到果菜批發市場批貨，使用腳踏車當載貨工具運送一百多斤果菜至苗栗附近沿路叫賣，遇到大坡路則請（給錢）當地小孩幫忙推送，期間長達十五年左右，因年紀漸老、體力不堪，則更換機器拼裝三輪車取代腳踏車，因時常故障影響顧客消費的時間，最後再忍痛更換貨車，生意做了將近四十年之久，每天清晨三點多必須起床到果菜批發市場批貨至苗栗附近沿路叫賣到傍晚才回家，我都利用寒暑假去幫忙，想像那種情境及心境，眼淚止不住地滑了下來，為何要那麼辛苦？家庭的父母為何要那麼辛苦？主要是為了家庭生活的穩定，雖然父親的勞力職業，卻讓我感到驕傲與尊敬，因為他的付出不是為他自己，而是為整個家庭而努力付出（陳筱婷，2009）。

　　而我的世界開始擴張，也是從移往市區念幼稚園開始的。3歲以前，我的世界很單純，只有涵養我成長的農村而已。這個環境允許我光著腳與阿嬤曬穀，可以與姑姑在田間遊戲。年幼的我所理解的「農村」是一個很率真、樂天、肯付出努力的地方。一直到母親帶著教育叢書訓練我、送我到市區念書開始，我的價值觀也被重新建立，彷彿「農村」變成一種相對於文明的野蠻象徵：

> 　　在我的記憶裡，「賣菜的、種田的、作業員都沒地位」、「爸爸家庭的貧窮」，親戚指著媽媽說：「妳看筱婷回去跟妳婆家住，光著腳在地上玩，好好一個孩子變成野孩子……。」突然，我發現，懂事以來，我一直試圖與爸爸保持距離，跟陳家保持距離，其實是想脫離「貧窮」，也想透過不斷念書來提升「地位」，而這反而是我與陳家的「斷裂」。當下，

我恍然大悟，光著腳丫是一種生命的禮讚，「土地」孕育了我與一家人的生命，而一輩子與土地為伍、勞動的阿公阿嬤原來是如此充滿生命力、他們勞動的汗水其實是有如珍珠一般可貴，這個明白，才讓我尋回我的根……。（2008年8月札記）

在研究者的家庭裡，我與母親一方面允許失能恐懼與失根狀態如影隨形；另一方面，我與父親又對老家（生命及歷史根源）帶有深深的眷戀與無法割捨的情懷。我是既想趨近老家的自由自在，又亟欲撤離老家的矛盾張力，是為了不被失能恐懼吞噬。但父親並無明顯呈現失能恐懼、失根狀態，而是以一種無聲、成全、勞動、付出的方式，來與他的原生家庭、小家庭產生情感連結。就如同父親寫給我的信上所說：

妳祖母是一位典型的家庭主婦、任勞任怨，我自幼出生在大家庭成員約四十人左右，三餐由六個妯娌輪流煮飯半個月，無料理三餐人員（含小孩男女）全部至田裡工作，到我13歲那年，妳祖父兄弟分家各自另組家庭。妳祖母因妳祖父做果菜生意，無法兼顧農田事務而一肩挑起迎風納雨（風吹日曬）。從早五點多到中午回家隨便充飢，立即出門至傍晚太陽下山，而我已經把晚飯、菜煮好，再騎著腳踏車載妳祖母回家，其他農暇之餘，我需要利用週六及週日假日幫忙銀紙加工，或撿廢鐵變賣賺取零用（陳筱婷，2009）。

父親的信沉穩內斂，字句表達了對家庭包容，也讓我重新理解父親故事，更清晰映照自己的失能恐懼、失根狀態。於是我開始理解，20年前母親為了追尋身為「人」的存在感，而服膺在「失能恐懼」心理趨力之下，而過去向認同母親的我也是如此。但當我再次承認自己對老家的眷戀，也才真正確認了「我」的存在價值，從「失能」走向「能動」。

三、無聲不代表不存在

我在讀碩士班時，曾與心理師討論我的父女關係，但因我長期心理忽

略與隔離父親，鮮少與父親互動，也未曾反思父女間的心理距離。就在與心理師諮商後，我嘗試透過與父親對話以建立連結。那時聽父親說：「我的感覺不重要，就算感受到又能如何？我的一生也只是一個『工具』而已。」勾動我對父親的罪惡感與心疼，亦對父親萌生敬意。

事隔多年，在我處理母女情感糾結告一個段落後，我發現聆聽與書寫父親故事能拉近父女間的心理距離，透過故事了解父親對自己情緒的漠視與壓抑，是由於文化上期許男性必須承擔家計角色。而傳統家庭認為長子必須繼承家業，於是身為長子的父親一生都在辛苦養家，高職畢業即投入職場，在離家近的紙業工廠當作業員，為了能就近照顧家裡，並提供一份穩定經濟來源。

父母婚後幾年，由於紙廠遷廠無預警倒閉，父親突然失業。母親因親戚的介紹到台北擔任代課教師，夫妻分居一年。母親期望父親可以在台北重新開始，找一份安定的公職工作。父親則認為台北的教育資源較多，子女能得到更好的栽培，於是放棄鄉下所有的土地房產繼承，離開原生家庭，舉家搬遷台北定居。

我發現父親搬離原生家庭對他來說是一段關係斷裂。他在婚前，選擇離家近的工作地點，以方便照料家庭；婚後，他放棄房產繼承，搬離原生家庭，並試圖以「薪水」修補關係斷裂。於是從此父親將賺取的薪水大部分寄回原生家庭，並滿足原生家庭與他情感維繫的連結，以彌補他心裡對於離家的缺憾。父親不只一次自喻為「工具」，並以一種消音的方式參與家庭生活。

第三節　失能恐懼背後的社會建構

研究者發現自身「失能恐懼」背後涉及一組社會建構。Berger與Luckmann（1967）認為，社會建構是指我們集體經驗到的真實是受我們的社會互動所建構，因為基於人對意義化與秩序的普遍性需求。Gergen（1985）認為社會建構論的重要觀點在於「世界被視為社會的產物，而且是在人們歷史中互動或交換後的產物，亦即理解歷程並非自然力量所致，

而是關係中主動協同合作的結果」。因此，社會建構論也成為探求科學知識的典範之一（Latour & Woolgar, 1986）。綜合而言，本研究發現研究者身上「失能恐懼」的建構包含來自：(1)社會對父親「失業等於失能」之評價，導致父女關係斷裂起點；(2)由於仿效認同母親，學習「晉升作為擺脫不利處境」的策略；(3)最後加上台灣升學考試體制的競爭與比較機制，「不斷向上爬」終於內化為研究者自身的強迫性焦慮與生涯動力。

一、失業等於失能——父女關係斷裂

　　研究者生於民國七○年代，由於政治政策的推動，鼓舞工商業蓬勃成長，經濟、社會組織與權力結構、聲望地位的分配有著顯著改變（張華葆，1987）。隨著工廠設廠林立，許多年輕人投入工廠，但也在民國七○年代初期，父親就職的工廠無預警關廠。父親面臨幾年失業生活，他在失業期間，轉而投入家族農業勞動工作。此時新婚的父母面對現實的挑戰，接受高等教育出身的母親，認為父親需要有穩定的工作，也考量後代的教育培養，必須擁有充分的資源，為了得到資源必須提升職業聲望，她認為坐在辦公室的白領階級才能得到更多的資源分配。因此母親堅持父親應該轉換社會階級，尋找白領階級職業。

　　洪瑞斌（2005）研究失業對男性造成的社會烙印及結構性壓迫，分別來自資本主義的意識形態以及性別角色分工之社會結構。在資本主義社會裡，失業者是勞動力市場的滯銷貨，所以是「沒有用的人」。在性別角色分工上，根據Parsons的觀點，男人在家庭中扮演「工具性角色」（instrumental role），相對於女性的「表達性角色」（Chodorow, 1979/2003; Voydanoff, 1987/1998）。所以多數男人認同自己在家庭中之「供給者」、「賺食者」或「主要生計者」的角色，另外多數女性其實也同意（王行，2012；周佩潔，2003；董秀珠等人，2004）。換言之，「父職即是供給者」（王行，2012）。洪瑞斌（2005）的研究也發現，父親失業確實造成子女對父親的低評價，「父親形象」破滅，並影響下一代之生存焦慮感，其結果與本研究一致。研究者的「失能恐懼」也是一種社會建構歷程，並且形成「失業—失能—父親」的內在連結。

一次父母爭吵。母親在我面前數落父親，並向我表示：「如果我們離婚，你們都跟爸爸喝西北風，我去過我的好日子，誰叫你們姓陳。」母親試圖讓我知道與父親靠近得不到任何資源，而我刻意與父親保持距離，心理上既同情父親的處境，又氣父親不爭氣。而母親以姓氏切割親子關係，並表示夫妻離婚後，我與弟弟都姓「陳」，於是監護權歸父親，她不要我們。母親的說詞使我產生遠離父親，終與父親關係斷裂。由於母親長期數落父親，使我為獲得母親提供的資源而壓抑對父親的同情，並跟隨母親數落父親失去功能。研究者此時呈現失根的狀態，對父親失去認同，並與家族歷史、農村文化產生斷裂。

研究者順應母親強勢的建議，並獲取關係資源與經濟支援，認同母親擁有控制感的形象。而母親認為研究者年少不懂事，於是為我掌管大小決策權，由於個人自我價值感低落，認為自己與父親同「姓」，都是失能的人。雖然我曾嘗試主張自主權，遇到母親決策意見非我期待，就與母親爭執，但隨後內在卻轉而自我批判，放棄自己的決策權並聽從母親建議。

個人自我價值感的建立在於他人評定。母親告訴我：「妳不要被那家人看不起，他們就在等著看妳的笑話。」由於國中時期我的學業成就低，於是轉而發展交友與文學創作，而後被班導師徹底放棄並視之「沒用、沒前途」。個人認為自己與父親一樣是失能的人，並為自己的失能感到羞愧。研究者恐懼失能帶來的羞愧感，於是不斷自我告誡：「我沒資格休息，我必須努力追求成就，才不會被看不起。」其背後來自於恐懼與父親連結（和父親一樣）。

二、晉升作為擺脫不利處境的策略

本文談到的階級就是「社會階級」，而評定階級的方式通常以職業聲望代表。但Thompson進一步擴展更寬廣的視野，他認為當一個群體的利益與其他人不同時，「階級」就產生了（Sayer, 2005/2008）。尤其母親敘說的一段生命故事，即可看出家庭內亦有階級之分，她透過完成父親的期待，護衛自己在家庭中的位置：

　　我從小就是領績優獎學金長大的，爲了妳外公的面子，爲了我在家裡的地位，我一定要領獎學金。妳看這支手錶就是我用獎學金爲自己買的禮物，妳外公很愛面子，他表面不說，但他很開心我能領獎學金。村子很小，一下就傳開了，別人就會當著他的面說：「你女兒很優秀。」妳阿姨是新竹師專的，功課又是我們小孩子裡最好的，我覺得我也是可以念的。那時候妳外婆本來不讓我念二專，我就跟她說：「妳不讓我念妳會後悔……」（研究者母親故事）

　　我在母親的成長經驗裡，看見「晉升」意義的建構，而此意義是具有社會性的，「晉升」可以穩固地位，並取得更多的資源，不論是在家庭、學校或職場。當母親在說這段故事時，也讓研究者想到我過去以「不斷向上爬」內化爲自身的強迫性焦慮與生涯動力，是因仿效認同母親，學習「晉升作爲擺脫不利處境」的策略所致。如同Crossley（2004/2000）認爲，在探索個人敘事的方式，重視人際對話，認爲個人需選擇一位聽者，爲故事提供有個堅強的支柱，這過程聽者可能也會開始思索他自己的個人敘事。婚後的母親，與丈夫共同經歷一段他失業的生活，母親曾鼓勵他參加國家考試，而父親也嘗試透過考試來改變自己的社會地位，抑或是家庭地位。

　　在父母身上，我看到他們共有的因應生存之道，母親在關係中完成他人期待而產生自我認定，擔心他人期待落空時，自己的地位不保，於是維持他人期待是她的生存法則；而父親對工具性角色認同，於是父親透過在職進修、參加考試與妻子親戚的社會資源協助，進而取得白領的工作機會。如同張華葆（1987）在討論社會階級時提出，白領階級的特色爲非勞力性工作性質，通常爲坐辦公桌的工作，收入高於藍領階級，且工作具有保障，失業的機率比較低，同時也有較爲優渥的福利，假日亦較多，白領階級子女的升遷機會也較藍領階級子女爲多。

　　而我則試圖以參加升學考試，來「脫離」農業勞動的不文明，卻忽視自己從何而來，個人認爲失根亦代表失定位與自我認定。由於個人透過自我敘說，反覆回看故事、反思並行動，看見個人與母親緊密不可分的背後，亦與父親有關。更精細的說，我認爲個人試圖證明自己非失能者，透

過升學考試提升自己，也往「文明世界」（代指「母親」）靠近，並排斥回返「不文明世界」（代指「父親」）。

三、不斷向上爬──內化為強迫性焦慮與動力

　　由於台灣升學考試體制的競爭與比較機制，再加上國中時期我的學業低成就，而後被班導師徹底放棄並視之「沒用、沒前途」。當時母親曾到校與班導師請益相關升學管道，但母親卻被班導師羞辱，因班導師認為我沒有能力繼續升學。此後，「不斷向上爬」終於內化為研究者自身的強迫性焦慮與生涯動力。

　　三年高中的歲月，我無時無刻不在告訴自己：「我必須要更好，我不要被別人看不起，我不要父母受委屈。」只是在這個我要更好的同時，我迷失了自己，在這個功利的社會價值下活著，追尋別人所認可的價值，並屈服在功利的價值下，成為一個更沒有自己的人，是為了社會價值活著，為了讓自己被社會所接納，就算剛開始不能苟同這樣的社會價值，卻也仍依存在這樣的社會下，甘心為這樣的價值而迷茫的活著。準備聯考這段時間，我的壓力很大，時常吃飯吃到一半就掉眼淚，每次我覺得自己撐不下去的時候，就想到爸媽替我做的一切，我沒有理由放棄，我也沒有理由瘋掉，必須為自己的生存價值而努力，也必須為自己與爸媽的面子而努力。於是，當我撐不下去的時候，親情讓我又有堅持下去的力量，我要挑戰的是遠離三流學校與三流學生的命運。（陳筱婷，2009）

　　從上述故事可以看出，研究者對自己「失能」的恐懼，而這種感受是源自於恐懼與父親形成連結，由於母親抱怨丈夫在婚後，將薪水繳回原生家庭長達16年，並無足夠經濟提供在核心家庭內，我觀察母親會不斷挪揄父親「沒用」，於是我潛意識將「失能─父親」畫上等號，且認知母親會嫌棄失能者，為了不被母親拋棄，我除了試圖證明自己「有能力」，並試圖與父親情感撤離。

　　於是我告訴自己要有成就，升學的路上我時常遭受挫敗，每次挫敗，我內心都會出現這樣的聲音，「妳這沒用的東西，妳怎麼還敢活在這個世界上？去死一死啊！」可悲的生命周而復始，這跟完成什麼學歷無關，縱使我已經碩二了，我還曾想過用「讀博士班」來證明自己的能力，那時被老師指出，「是什麼讓妳這麼急著去考博士班？」我才第一次反思自己的「急」，是為了趕快拿「高學歷」的撒隆巴斯貼住自己的自卑，我也清楚知道……貼著只是視而不見，自卑的傷口仍在持續潰爛中……。（陳筱婷，2009）

　　研究者在生涯發展上，由於恐懼失敗與失能，便透過「不斷向上爬」（升學）來提升社會位階，該現象雖促成階級轉換的動力，但也同時建構出「我不夠好」的負向自我認定。

四、小結

　　綜合上述，研究者身上的「失能恐懼」是透過社會建構而來，並包含3點，首先從主流社會對於失業男性的「失業等於失能」之評價，加上母親的說詞使我產生遠離父親，終與父親關係斷裂。研究者此時呈現失根的狀態，對父親失去認同，並與家族歷史、農村文化產生斷裂。

　　再者，透過仿效認同母親，學習「晉升作為擺脫不利處境」的策略。當母親看見「晉升」可以穩固地位，並取得更多的資源，於是婚後的母親，與丈夫共同經歷一段他失業的生活，母親曾鼓勵父親參加國家考試，而父親也嘗試透過考試來改變自己的社會地位，抑或是家庭地位。而我則試圖以參加升學考試，來「脫離」農業勞動的不文明。

　　最後則是台灣升學考試體制的競爭與比較機制，「不斷向上爬」終於內化為研究者自身的強迫性焦慮與生涯動力。

第四節　行動、重構與整合：父女關係再生與自我轉化

在研究者童年階段，由於母親爲了使女兒受到較佳的受教環境，於是我被迫離開原生家庭與祖父母的照顧。尤其對我來說，與祖父母共同的農村生活經驗是有趣而豐富的，爲了良好之教育求學，帶給我童年階段的第一次關係斷裂。所以我認爲個人的童年階段即開始內化失能恐懼，也顯出失根的狀態。

而後，我亦發現個人對失能恐懼，源自於恐懼與父親形成連結。父親爲了子女擁有較佳的教育環境，聽從妻子的建議，舉家離開原生家庭，放棄身爲長子的房產繼承，成爲父親與家族形成斷裂。而我爲了獲得較多的資源，選擇向母親靠近，並與母親同盟漠視父親，亦成爲父女間的斷裂。而母親抱怨丈夫婚後持續將薪水繳回原生家庭長達16年，在核心家庭內並無經濟貢獻，等於未能扮演好社會性別分工的「供給者」角色。我觀察母親會不斷挪揄父親「沒用」，於是我將「失能—父親」畫上等號，且認知母親會嫌棄失能者，爲了不被母親拋棄，除了試圖證明我「有能力」，還得拉開父女關係。

研究者在父女關係斷裂之處，看見「失能恐懼」背後的社會建構，包括「失業等於失能──父女關係斷裂」、「晉升作爲擺脫不利處境的策略」、「不斷向上爬──內化爲強迫性焦慮與動力」。過去因爲我的「恐懼」，將父親排拒在外，但實質上父親從未離開我，他一直參與我的成長歷程。在覺察與頓悟後，研究者透過以下方式與父親在父女關係斷裂處，搭起一座相互對談與理解的生命橋梁。

一、父女相伴尋根

我原先不理解父親何以不直接表達想與原生家庭連結的渴望，而後我發現父親在搬離原生家庭後，他透過「薪水袋」與家庭產生連結，以彌補長子不留守祖厝的失職，他爲安撫兩個家庭，便將「薪水」寄給原生家庭，而「人」留給核心家庭。父親在核心家庭失去發聲動能，他操作「寄薪水」的儀式，連結因離家而產生的斷裂，卻開啓核心家庭指稱他失能的

序幕。忍耐，是他唯一能做的，並認為關係斷裂的痛楚無人理解，於是長期忍耐的結果，使他習慣在核心家庭噤聲隱匿，亦無地位可言。由於父親在20年前放棄房產繼承，在祖父過世後，他在原生家庭更失去位置。

由於我發現「父親—原生家庭」與「個人—父親」這兩段關係，都為了取得較佳的社會資源而形成關係斷裂。我與父親有相似關係斷裂的感受，於是個人試圖回返童年故事，追想祖父母與我互動的情境，亦在冥想中看見已過世的祖父，並與之對話，我藉由「個人—祖父母」修補「個人—父親」的斷裂，於是我試圖敘說「個人—祖父母」的故事，並邀請父親敘說同時期的故事，將父親帶回「女兒—個人—父母」的脈絡中。我認為父親若要從噤聲發展到發聲，則他需要聽見家人對家族情感斷裂的感受，透過他者的故事，帶動他敘事與行動，並回返家族自我定位。

我認為祖父在冥想中現身，將連結研究者「個人—祖父」間的關係，而個人向父親提出邀請，「爸爸，我想回竹南一趟，趁假日我們找一天回去吧！陪我四處走走。很久很久沒回去了，想家了，我好想去古厝走走，小時候我在那邊跟阿嬤、阿姑一起曬穀，也想去我們的田裡看看，再繞去海口尾，那是阿嬤的娘家……，還有還有，我想抱抱阿嬤，抱抱阿姑，嗯，尋根吧！」我的邀請亦在連結「個人—父親—祖父母」間的關係，父親反應激動，甚至眼角帶淚，「那我也要帶妳弟弟一起回去，借小叔叔的車子給他練習開」，我認為父親受到我的親情推動，並努力連結其「子女—個人—手足—父母」間的關係，如同劉麗娟（2001）所言，故事敘說的歷程，並非只是單純描述行動者的行動，其實行動的本身隱含在歷史的脈絡之中，即「文化」透過行動者的「敘事」而展現，而自我也就在這樣的脈絡中尋求彰顯。

二、聽父親說他的生命故事：壯志難酬是1950年代的環境使然

父親參加完我的碩論口試後，一回到家就拉著我坐下來，跟我分享他聽完口試的感受，他認為「那個年代只能如此，別無選擇」是個事實，他覺得我們這輩很難想像那個年代的光景，他讓我知道他想表達的3個重

點：物質層面、精神層面與教育層面。

在物質層面，1950年代，都還普遍為農業時代，多種植水稻，而農作物即是經濟作物，收成並換錢養家活口，三餐都吃很稀的番薯稀飯，沒有幾粒米，幾乎整鍋番薯，父親認為在這樣的環境下，連物質層面都匱乏，更別提「夢想」。他舉了一個物質層面與精神層面的例子，「我們那個年代沒有什麼玩具，連基本的飲食都滿足不了，哪來的娛樂跟寄託，想要玩具的話，就要自己動手去做、去設計，透過設計玩具的過程獲得成就感，來滿足精神層面的需要」，他也評論我們這輩的人，認為我們能獲得很多的物質資源，在安全感的缺乏下，拿物質來填補精神層面的匱乏。

在教育層面，父親認為他的上一代生活更為清苦，無法接受正式教育，只能靠身教來做給孩子看，而從農業時代轉向工商時代後，有機會賺更多錢，在給孩子的教育上，會想與他者比較，盡可能的提供孩子更好的環境接受教育。父親的說法是，當年他的家庭只能給他這麼多，他別無選擇，但現在的他可以給孩子更多，這是他可以選擇的。

父親認為祖父是他的人生導師，由於他父親有責任感，也讓他在耳濡目染下成為有責任感的男性，他認為「家庭地位」對他來說不重要，因為他在乎的是家庭和諧，認為維繫家庭向心力是家中每個成員的責任，只要每個人扮演好自己的角色，「家庭地位」根本不重要。

三、父親聽我說我的生命故事：我們也有生長在1980年代的無奈

父親認為1980年代出生者物質層面充足，精神層面卻顯匱乏，產生無窮欲望，並以物質彌補精神層面的不足，而在教育上，學生中輟、打架生事，與他們那個年代差異極大。

面對父親對1980年代以後的年輕人稍有貶抑，認為我們並不珍惜自己所擁有的環境，我能接受父親對我們這輩的貶抑，因他身處1950年代時，物資缺乏，更何況想接受正規教育皆難，但我們可以有這樣的環境，卻認為理所當然，我認為個人並無機會參與父親的年代，對他們那個年代的環境與生活皆靠父母口述而來，無論接收再多，個人仍有無法全然體會

的限制，而父母經歷了他們那個年代，也同時參與我生長的年代，但我仍發現父親亦無法完全體會或理解生長於1980年代的我們，必須毫無選擇地念書，被長輩告知不念書就沒出息，我經歷第一屆啓用高中新教材與最後一屆大學聯考制度，才是走在這教育制度下的苦學生，在旁陪伴的父母，卻也愛莫能助。

父母生長於1950年代，那樣的環境不允許他們思索自己的需要，只要照顧到家庭的需要，於是他們努力往上爬，是爲了讓家人吃飽……。而我出生於1980年代，正迎接世代轉換，從農業時代正式走向工商時代，我與父母的生長環境已經不同，在承接或不願承接父母價值觀間……我分裂了。不知道自己該如何繼續走這人生路，既不甘心順從，但反抗他們又不知如何自我定位，這是我們這世代的自我失喪。

我們這個世代漸漸被教導與提倡「主體性」、「發展個人特色」、「合作學習」、「多元化呈現」等價值，這與父母那個年代所學習的典範已經不同，但若「主體性」等是我們認爲可行之法，何以我們需徘徊於承接與否的選擇上？或許在學齡前，我們已經在潛移默化中，接受父母這一輩的價值體系與教導，當接受正規教育後，接受新觀念的挑戰，個人會認爲新觀念的闖入是變動的開始，但在華人世界裡，文化上較著重關係取向者，接受新變動而推翻過去依歸較爲困難，更何況個人的價值體系乃承接父母教導，個人於廢與立之間難以抉擇。

我在國中時期，曾透過欲中輟學業來挑戰父母那一輩的價值觀。個人認爲上一輩爲了給我們更好的環境，有意無意傳達「唯有升學才有出息」的想法，聽到父母敘說他們的成長環境，個人認爲「走回頭路」或「過苦日子」是家庭禁忌，需肩負獲取更多社會資源的責任，於是求學不是爲了興趣，而是尋求認可的過程，「考上」才有前途，母親提到在我國中欲休學時，她說：「休學以後妳能做什麼？一個國中肄業生，把妳送去給人當學徒，一輩子就只有這樣了。」個人在升學過程別無選擇，必須一路往上爬，對讀書無興趣可言，僅是考試機器，爲達成父母傳承之「唯有升學才有出息」。

由於父母的管教與堅持，我沒有在青少年時期中輟。在發展階段來說，此階段正面臨自我認定的議題，並發展同儕關係。當中有人選擇用自

己的方式來活，而非沿襲父母的價值觀，但此時期的學生們都在自我探索的階段，甚少人能有清楚的自我定位，多數仰賴他者來為個人定位。換句話說，研究者的故事或許反映這世代某些群體的發展處境。我們這世代的某些子女面對從傳統農業至工商業社會之家庭，在成長發展過程中，要不就是順服主流，內化向上晉升的生涯策略，但卻承受與自己根源及歷史斷裂之缺憾；要不就是全然反抗抵制，但卻要承受實質關係決裂，被主流社會貶抑、放逐的苦果。這如同Erikson（1958/1989）同時提出「世代間的新陳代謝」（metabolism）社會概念，以及個體「自我認定」發展之聯繫性。簡言之，這類群體面對雙重斷裂與兩難處境，最終必須通過此兩難困境，找到自己的路徑，肯認自我價值的過程，也才完成其自我認定發展。

生長於1950年代者的遺憾，想念書卻因大環境而無法達成，當他們成為出生於1980年代者的父母時，他們離家打拚事業，隨此離鄉背井的工作型態，家庭結構也從三代家庭轉為核心家庭，並在物質、精神與教育層面皆匱乏的情境下，堅守賺食養家角色，為了給我們更好的環境，逐漸提升「物質層面」，但何以我們非以此為滿足，反而「精神層面」匱乏？

當讀書只為了考試，且考試只剩下競爭，會是什麼世界？生長於1980年代的我們，正經歷此競爭世界，相伴而來的即是人際疏離，我們已被物化或異化為「考試機器」，亦接收到「你們僅需讀好書即可」的訊息。父母的關心話題許多是圍繞課業，下課後並非與家人相處，而是進補習班補習，使得我們精神層面空虛，並學到以「成績」證明自己，或換取他者注意與關心。但畢竟學業成績第一名只有一個，無法在成績上取得成就者，容易貶抑自我價值。且即便是考試或競爭體制的常勝軍，卻還是帶者不斷向上的神經質焦慮，畢竟「一山還有一山高」，而且「學無止境，不進則退」。

我認為「精神層面」匱乏來自於「人」被物化，重新回歸於人是需要「關係」的注入。於是本文透過自我敘說的方式，探究研究者在關係中自我的發展，並在思考自己何去何從之際，探討個人從何而來？在什麼樣的成長背景下存活？是否須承擔上一輩的價值體系？以及兩代之間如何相互理解與尊重。這樣的問題或許並非只存在於1950世代與1980世代間，而是遍及每個世代間。研究者認為親子間產生代溝，若有人主動接受輔導專業

協助，透過心理專業人員協助他們進行自我敘說，除了對自身探尋，亦可能對親（子）代重新理解，使親子間的視角產生挪動，關係亦產生轉化。

四、召集生命故事見證人

敘事治療裡有一些方式來幫助當事人（說故事的人）強化他們的新故事，其中一項是「徵召觀眾」能夠厚實當事人的生命故事與延長持續的時間。

White與Epston（1990/2001）在其敘事治療的實務工作中發現，新故事的實行如果有觀眾，新故事的存在就會更加持續，也更加發展。故事主體讀到觀眾對新故事的體驗以後，也許是透過思考這些體驗，也許是直接的發現，會開始修改和擴展這個新故事。其中一個方法就是「徵召觀眾」，也就是透過一個公開場合，召集當事人的重要他人到場，同來見證與回應當事人的新故事。

在一次敘事家族聚會上，K成員以匿名的方式，重述了我在其他場合講的故事對他的影響。當K分享這段過程的時候，我就坐在他的正對面，這種感覺很奇妙，我的眼淚在眼眶打轉，內心傷口重新被勾起的痛……真痛，明明他在講的「那位成員的故事」是我的故事，我的確可以選擇避掉，但我選擇了承認……，我說：「K在說的那個故事的主角……是我」，選擇承認，是因為我又再一次的見證到「故事見證人」的重要，他重述我的故事的時候，我發現故事的分量與價值不一樣了，原來埋藏已久的傷痕、痛悔，是值得被看見、欣賞、不捨，甚至……K成員說我的故事也讓他回去想自己的故事。故事也有這種相互療癒的功能啊……。（2008年9月札記）

在過去經驗裡，研究者了解「徵召觀眾」對於延續新故事發展的益處。但因為華人文化下有著「家醜不外揚」的價值觀，所以會有東西方文化差異與適用性的顧慮。由於研究者接受諮商訓練數年，亦習慣「徵召觀眾」的方式延伸與開展故事的生命價值，但卻不確定此方式是否適用於父

親。於是我以「召集信件見證人」的方式，將我們父女故事以e-mail轉寄給朋友們閱讀，後續有多位朋友給予回應與見證。當父親見到我們這一輩對於他們那一輩新的看見與理解，並透過研究者的父女故事影響更多家庭願意兩代對話時，他的眼神裡透出滿足與安慰。

我看了妳父親寫給妳的「閱後感言」，除了感動您父親的回饋外，他文本中所提到……家庭的父母為何要那麼辛苦？因為他的付出不是為他自己，而是為了家庭而努力付出。我腦海浮現的是我的……（見證人的私人故事）。我和妳父親，都為努力為家裡付出的人感到驕傲，我也為妳父親的一雙兒女感到驕傲！（小原的回應）

當我們收到一封又一封的見證、回應，我與父親在同一張沙發上，看著這些朋友的回應，父女深刻的交談，我們都透過第三人的看見與欣賞，來凝視彼此的珍貴。由第三人而來的賦能（empower）讓父親鬆動了，他以童心般的幽默、活躍取代以往的沉默，且在家人面前自在、坦然。

有哪個父親願意放下自己子女對自己這麼直接情感的表達所引發的情緒，重新在自己女兒的論文中，回首自己的過去，並與女兒、家人一起走向共融的境界，這點是要對你爸媽給予極大的掌聲。我想，你不只是見證了你自己的成長，也見證了你爸媽在論文過程中，真實的靠近自己的家人，或許這篇論文會是屬於你們家走向另外一個階段的共同見證。（小文的回應）

研究者也在朋友的見證與回應裡，看見兩代間親情的隔閡是普遍現象，而兩代間價值體系的代溝，透過1950年代出生之父親的發聲，讓我們這一輩嘗試理解父母的辛苦，而我也有機會說出我們1980年代孩子的無奈，這樣的對話，給我們一個空間彼此靠近。那曾壓迫我們家庭的價值體系，以及阻隔父女間的牆垣，已然崩解，回到單純而親近的父女關係。

五、父女關係位移：站在兩個時代端點相互凝視

　　作者與父親結束對話後，發現自己想把時代鴻溝彌平，但我真的需要這麼做嗎？有任何一群人能做到嗎？每個年代留下的故事，那是「時代」的足跡，既不需要也無法融合成一個時代的大足跡。我透過生命故事書寫，完成現階段的療傷旅程，我的故事成為與父親對話的媒材，他嘗試認識女兒與她的無可奈何，而我也努力想認識父親與他所說的「環境使然」，時代鴻溝仍在，而我與父親的對話及故事的分享，能向彼此靠近。

　　如同在《舞動人生》電影中，比利與父親的關係已經產生位移，比利父親或許也不能理解比利何以放棄打拳擊，但比利父親看見他在練習芭蕾的天分與意志力，用欣賞與成全的方式看待兒子，並支持他的夢想與選擇；而比利或許也不能理解父親為何不離開礦坑與小鎮，但他知道父親為了支持他的夢想，而從罷工行列退出，不但給予經費支持，亦陪伴他至倫敦參加芭蕾徵選。而我與父親的關係也是如此，雖然他有那個年代的環境使然，而我也有我這年代的無奈，但我們透過說故事與對話的方式為自己發聲，並聽見對方的聲音，這是以往沒有的經驗，我們的關係產生挪動，並朝向相互理解之路邁進。

　　此處所指的關係位移，則是建構在「父與女形象」的轉化與再理解。父親形象在我的敘說過程不斷轉變，從原先對自己無法握有發聲權，而發現父親也與我同樣有著「失聲」的狀態，但我急著要爭取，父親卻「自願、被迫消音」，孤立無援下，我把對自己的挫折與情緒投射在父親身上，作者覺得父親沒有功能協助我完成追討發聲權。一直到我發現「失根狀態」對我來說是自我發展上的斷裂，於是邀請父親一起尋根，並重新進入父親的世界，父親說他不在意我們的貶抑，因他清楚知道家庭地位僅是本位主義作祟，此時在我心裡，父親形象便產生轉化：

　　我就如妳在文中所描述「工具類型」，就算有百般理想及願景，亦只能向環境低頭，我擁有學習動機堅定、學習領悟力強，若環境容許，今日的情境或許不同，個人性格一向不假手他人完成，盡力靠自己親手完成某些事務，「動機、規劃、著手施作、完成及滿意度」都是需要面臨種種挑

戰及挫折，價值觀爲何？其實只是證明自己的成就而已，並無其他意義存在。我喜歡「靜思」，我不喜歡妄想，因爲我無所求，在家任何人對我的「低貶」或「無聲工具」，對我已經毫無意義與價值，我的意義在乎能爲家庭成員盡多少責任與義務，就這麼單純，因爲，在我的親情世界裡，能讓我驕傲的是有一位「賢淑妻子」及一對「長進的兒女」，我已經心滿意足了，至於其他所謂「家庭地位」那是本位主義作祟、和諧之害。（研究者父親寫給女兒的一封信）

　　所謂「失能父親」是主流敘事之下建構的產物，但研究者卻被此社會建構耍得團團轉，無法與父親擁有親密連結，透過父女相互對話與敘說，研究者對父親的成長脈絡有了進一步的理解。研究者從前所認爲的「有聲音」才會被人看見，但父親卻在「失聲」形象上，讓我看見他對主流社會建構（家人的貶抑）全然的包容與接納，當他在信上說：「在家任何人對我的『低貶』或『無聲工具』，對我已經毫無意義與價值，我的意義在乎能爲家庭成員盡多少責任與義務。」他對家人的關愛方式，就是甘心情願爲家庭成員盡責任與義務，這不需要任何金錢、地位或成就來交換。他用他的「失聲」形象讓我感受到，關係的維繫不是交換來的，於是我可以卸下「主流敘事」的包袱，不需要再用追求成就來確認自己的存在與價值感。我雖不知道父親看待我的形象是否產生位移，但關係（形象）位移只要有一人開始挪動，系統就可能開始產生變化與位移。

六、家庭關係挪移

　　在透過寫碩論書寫歷程後，我以同理式的語言向母親表達自己對她「努力往上爬」的理解，「一個白領階級的妳，嫁給勞動階級的爸爸，而他們家還是代代務農，讓妳很難堪吧……想往上爬吧！想帶我們一起離開那樣的環境，一個人拖著大家往前走，很重吧！」母親欣慰的點頭。爾後，當丈夫說：「我只是一個工具，工具能有什麼好講的，工具也不會有什麼故事。」她亦開始同理丈夫，「工具很重要的耶，謝謝你一直以來都當稱職的工具，就像沒有水龍頭，那水永遠也出不來，你就像那個水龍頭

一樣，我們才會有水用」，於是關係在同理式對話中開始轉化，而我詢問
父親如何回應母親表達「丈夫對妻子而言的重要性」，他調皮的回應妻
子：「請好好照顧工具。」而妻子亦回應他：「好！我會好好照顧你。」
我認為我與父母得以互為主體的對話，即已通過自我轉化，彼此能辨識與
理解個人與對方的不同，從中學習尊重彼此，不再固著於既存的角色與期
待。

　　我認為自我轉化會帶動家庭關係的轉化，誠如賴誠斌與丁興祥
（2005）所言，在公領域說自己的故事，對自我轉化有重要意義。進一步
的肯定和整理生命故事，會更有能力在社會生活中，出現這些原先說不出
口的生命經驗，能說出有意義的話，並且與重要他人說話，相互敘事，相
互傾聽，相互回應，這對自性的形成而言，是健全之道的基本要素。

　　透過家庭內公開敘說，我也發現親子間對話歷程已經解構了男性
「工具性角色」之無生命、無聲音、被動的隱喻，並重新建構「工具」的
生命力與發聲權。同時亦看見男性在負擔生計功能背後的支持家庭力量，
共同重構家庭敘事，我認為這過程即為一種社會行動。

　　總結而言，本研究發現透過生命敘事與行動，促使生命轉化，將形成
自我賦權的動能，尤其是藉由親人間相互敘事，修補斷裂關係後，家族間
失能故事即產生轉化，透過父親聆聽我說「個人—祖父母」的故事，而父
親回應與敘說，亦回到「女兒—個人—父母」的脈絡，父女共同進行的關
係「修補」即是社會行動，此「能動性」是透過關係相互認可與同理式對
話而產生。

第五節　結語：以回眸凝望接起父女關係的斷裂

　　本研究即是一個理解與解構研究者身上「失能恐懼」的過程，並發現
家庭成員的宿命皆是不斷追求高成就「階級」的誘餌，不斷透過升學與向
上來提升社會階級，並且使家庭中的代罪羔羊（父親）被迫消音，形同隱
形，甚至潛意識將「失能—父親」畫上等號，並試圖與父親情感撤離。研

究者亦發現我內在欲與父親做切割時，便內化了不斷向上晉升的生涯策略與動力，但也同時建構出「我不夠好」的負向自我認定。過程中，母親是研究者父職功能替代角色，並成爲研究者學習仿效其策略之生涯楷模，即便如此，母親卻無法完全彌補父親心理缺席與失根狀態的遺憾。於是透過研究者與父親兩代的對話，道出父親生在1950年代的「環境使然」，與研究者生在1980年代的無奈，透過兩代的對話產生關係上的位移，並朝向相互理解之路邁進。且經由父女一同回返老家祖厝的儀式性活動，接續斷裂的關係與歷史。至於本文開頭所陳述的隱喻故事也有所轉變：

　　那個騎著野狼125的男人，踩了煞車，與機車上的女人一起望著後方的小花貓。氣喘吁吁的小花貓終於等到機車停下來的那一刻，牠一躍，趴在油箱上，看著時速指針在30上下左右搖擺。嗯~狂奔的日子過去了，原來迎著微風……是這麼舒服的事。或許，現實生活中踩煞車的~是我！（2010年4月的隱喻故事）

　　隱喻的轉變或許反映家庭關係也改變了。在透過這段敘事與實踐的歷程，以及「失能恐懼」的覺察後，我清楚看見「升學」對我來說曾是證明自己價值的方式。於是我決定暫緩繼續攻讀博士班的計畫，先好好學習「放過與接納自己」。而後，有朋友聞言，他們問我：「所以妳決定不往上爬？放棄不念博士班了？」我答道：「如果我往上爬是爲了證明自己可以，那我不幹！或許有一天我會念博士班，但就是不會爲了這個原因去念。」研究者發現我已經賦予自己做決定的權力，並重新找到認可自我價值的方式。

第八章

生涯發展[*]

第一節　緒論

一、前言

　　本章將提供敘事研究應用在生涯發展的一篇研究實例，即洪瑞斌（2017）之研究《「個我」與「大我」：以雙文化自我觀點建構臺灣大學生生涯敘說》。此研究蒐集台灣大學青年之生涯發展敘事資料，並嘗試跨個案進行分析。此研究最後蒐集10位大學青年，包括大學高年級生以及畢業2至3年之大學畢業生，包含4男6女。

　　此研究關切台灣青年之生涯定向不易之問題，並嘗試從這些受訪青年之生涯故事中得到答案。結果經研究分析發現，所有個案生涯敘事可歸納為4個類型或群體，分別為「他人取向型」、「自我取向型」、「居間取向群體」以及「無動力取向群體」等。此研究進一步發現，前述四者背後之生涯敘事主題即為「個我」與「大我」，並進一步加入本土心理學之「雙文化自我」觀點，與相關文獻進行反思及討論，並發現二股生涯動力之互動、拉扯，可能增加台灣大學生生涯定向之困難與複雜性。

　　此研究作為敘事研究有幾個特別值得參考的學習點。一是多個案之敘事研究如何進行分析，因為多數敘事研究通常大約訪談1至4名個案，而此研究已多達10名個案時，如何跨個案分析得到整合結果。其次，如何將個案故事概念化，可以萃取出初步理論概念之結果，再與相關理論做對話。最後，本研究也示範了敘事研究加入本土心理學觀點，並將研究之結果與討論朝向本土化或文化特殊性之議題。以下便進入洪瑞斌（2017）《「個

---

[*]　本章之初稿曾發表如下：洪瑞斌（2017）。「個我」與「大我」：以雙文化自我觀點建構臺灣大學生生涯敘說，本土心理學研究，47, 161-231。本章以此文為基礎修改。

我」與「大我」：以雙文化自我觀點建構臺灣大學生生涯敘說》之研究論文內容。

二、研究背景

從過去研究發現，台灣大學生具有高比例的生涯定向困難或不確定性高的問題（陳麗如，1996；袁志晃，2002；金樹人、林清山、田秀蘭，1989；田秀蘭，1998b）。部分文獻指出生涯決策為關鍵因素，如自我效能或生涯自我效能偏低的影響，造成決策困難（謝茉莉，2003；簡君倫、連廷嘉，2009；游錦雲、李慧純，2010）；另一方面則從生涯發展中相關生涯阻礙因素來了解。研究結果發現，共通的重要面向至少有二方面，即心理認知因素以及社會人際因素（田秀蘭，1998a；毛菁華、周富美、許鶯珠，2008；王玉珍、吳麗琴，2009）。前者是個體關於學習探索經驗、個人特質、能力、態度等所形成的個人因素，與前述自我效能、生涯決策等息息相關；後者社會人際因素主要以家庭、父母關係最普遍，較大程度影響大學生生涯決定或選擇。

家庭人際因素對個體生涯決定之影響，似乎有著台灣社會的文化特殊性脈絡。王秀槐（2002）分析大學生生命史並區分3個生涯發展類型，分別為「自我取向」（self-oriented）、「他人取向」（others-oriented）以及介於兩者之間的「居間取向」（in-between）。簡言之，台灣大學生之生涯發展似乎圍繞著個人自我發展以及社會他人影響2個重要主題或面向，而2種取向正好與陸洛（2003；2007）提出的「雙文化自我」（bicultural self）觀點相呼應。因此本研究將延續王秀槐（2002）之研究，分析台灣大學生生涯敘事之重要主題，並嘗試加入本土心理學之雙文化自我觀點，更深入討論與詮釋個人自我發展以及社會他人影響二面向之互動與關聯性，並希望能回過頭重新理解台灣大學生定向困難或不確定性高的問題。

第二節 發現台灣大學生之生涯發展問題與再思考

一、相關文獻發現臺灣大學生之生涯定向不易

　　針對大學生的生涯研究可看到一個常出現的問題，即台灣大學生的生涯定向困難或不確定性高。例如：陳麗如（1996）針對大學生的調查研究中發現，約有65%認為自己屬生涯未定向者。袁志晃（2002）的研究結果也顯示，約55%的大三學生仍處於生涯未定向（career undecided）狀態。謝茉莉（2003）的研究曾比較南台灣地區女大學生以及夏威夷女大學生的3個族群（華裔、日裔、夏威夷女學生）之生涯不確定感（career indecision），結果也發現台灣女大學生之生涯不確定感顯著高於夏威夷女大學生。

　　金樹人、林清山與田秀蘭（1989）採用Erikson以及Marcia的認定危機理論架構，區分為5類大學生，並調查946位大學生，結果得到各類比例為：自主定向為27%；他主定向17%；探索性未定向33%；焦慮性未定向11%；迷失方向12%。田秀蘭（1998b）又對467位大學生進行一次調查，得到各類比例分布結果接近。最大的變化則在於他主定向之比例有明顯降低，探索性未定向明顯增加。若對照Marcia（1980）的原初分類，探索性未定向及焦慮性未定向應屬於認定懸宕類，迷失方向即認定混淆，加總3類比例得到自我認定未能確認或定向者，1989年為56%、1998年為62%，和前述之生涯未定向研究調查比例接近，都算不低。

二、大學生生涯決定困難之來源或因素

　　從相關研究回顧可以看到2個有關的研究主題，即社會認知取向之生涯自我效能以及了解生涯發展或決策過程中的生涯阻礙。社會認知取向認為，個體之生涯決策自我效能或生涯自我效能會影響其生涯決定或未定向程度，換言之，大學生對自己做決策或生涯發展之信心，將影響其容易做生涯決定與否。例如：謝茉莉（2003）發現，女大學生父母依附關係、女性性別角色認定（越不傳統），可以正向預測生涯決策自我效能，生涯決

策自我效能可以負向預測生涯不確定感。簡君倫與連廷嘉（2009）的研究也同樣發現，生涯決策自我效能與生涯定向程度之間呈現顯著正相關。另外，游錦雲與李慧純（2010）使用台灣高等教育料庫資料進行檢驗，結果發現大學生大三時之生涯未定向程度會負向影響大四時的生涯自我效能；而生涯自我效能會進一步正向預測學生就業意願。相關研究結果顯示，生涯決策自我效能或生涯自我效能確實與生涯決定或未定向有關。

田秀蘭（1998a）研究生涯阻礙因素，結果發現女生在選擇理想科系的阻礙因素較高頻次包括：社會／人際因素中的父母期望、父母支持；心理／態度因素中的能力、興趣；背景／環境因素中的挑熱門科系、考慮畢業後的出路。男生在選擇理想科系的阻礙因素裡，頻次較高的包括：背景／環境因素中的聯考制度、挑熱門科系、考慮畢業後的出路；社會／人際因素中有家人期望，若加上頻次較少的家人支持、需繼承家業、兄弟壓力等，廣義的家庭期待及反對態度比例更高。

另外2個質性研究也得到類似結果。毛菁華、周富美與許鶯珠（2008）針對技職院校女大學生進行焦點團體訪談，結果可以歸納出體驗學習及人我關係二大影響因素，體驗學習又可分為學校課程、打工經驗及社團經驗；人我關係又可區分為家庭關係（母女關係、父女關係、手足關係）及社會互動（同儕關係及角色楷模）2類。王玉珍與吳麗琴（2009）則深度訪談大一新生其生涯抉擇之相關因素，結果發現生涯抉擇的相關考量因素包括外在環境制度因素（包括制度保障、學業要求、環境距離、家庭背景與人際影響）以及內在心理因素（含個性自我認識、過去決定經驗以及決定風格等）。該研究指出，人際影響因素中最直接與普遍影響的重要他人是父母。

綜合而言，約略可以看到大學生生涯決策或發展之阻礙或影響因素大致可分為三大面向，即環境脈絡因素、心理認知因素以及人際關係因素。心理認知因素似乎跟學習探索經驗相關，個體越摸索自己興趣、建立自己能力，就有越高的自我認識及自我效能感，也就回到前面的「學習—自我效能—決策」之認知取向。但另一方面，台灣大學生生涯決策或發展之阻礙或影響因素裡，人際關係因素也是相當重要的面向，尤其是家庭或父母親關係之影響。

三、增加本土文化觀點開啟思考

　　如前所述，增加家庭或社會支持，或者至少降低來自家庭或其他重要人際關係之阻礙，應該是提升台灣大學生生涯決定或降低生涯未定向的重要因素。換言之，青年之父母應該尊重並支持其意見，於是青年就投入各種學習領域之探索，確認興趣與價值觀，建立能力及自信，最終靠自己做成生涯決定。但若父母不同意並干預青年之決定時，青年應該拒絕父母干預，走自己的路；而過程中若青年已經拒斥父母期待或社會價值之方向，卻又尚未找到自己方向時，就是所謂的認定懸宕（moratorium）狀態。假設不放棄，最終應該能達成自我認定，並自主做成生涯決定；但上述個體生涯發展歷程或敘事腳本是相當反映西方文化的個人主義式自我發展觀點（Markus & Kitayama, 1991；楊國樞，2004）。而台灣青年之個人生涯發展是否完全符合這樣的敘事腳本或發展路徑？具體而言，台灣社會之多數父母能否都認同「孩子長大了，有其獨立思想及自主意識，他的生涯應該交由他自己決定，我應尊重並支持」？或者他們內在的聲音是：「生涯或前程是無法重來的重要抉擇，不論孩子多大，我有責任幫助他找到最好的方向」？

　　從相關研究發現，家庭對個體生涯之影響，通常可分為直接與間接的方式。其一是家庭對個體價值觀的形塑與內化，而後影響個體生涯抱負或生涯目標的形成，也就是社會化歷程（王秀槐，2002；楊康臨、洪瑞斌，2008）；其二家庭成員直接在個體生涯決策與選擇過程中提供建議與諮詢，造成各種程度的影響（王玉珍、吳麗琴，2009；楊康臨、洪瑞斌，2008）。有趣的是，若從西方相關家庭關係或系統理論來看個體生涯，便可看見相關文獻主張個體生涯未定向或決策困難可能來自家庭高度融合、個體自我分化不足或分化過程的高度焦慮；或者親子界限模糊、缺乏安全感等，致使父母過度涉入或子女過度依賴（吳宜真、賈紅鶯，2012）。這樣的論述或許呈顯了西方文化理論觀點之預設為個體發展是朝向獨立自足；反之，若是華人文化下互依自我之自我型態，那上述問題又會變成怎樣的界定與討論？

　　若以後設理論分析角度再深究「西方心理學」共通背後之觀點，

或假設如「分離一個體化」被西方學者視爲兒童至成人發展的必經過程及發展目標，所謂成長或發展是從心理脫離情感依附對象，邁向獨立自主，但有學者認爲東西方文化其實有差異（劉惠琴，2001）。或如Rogers（1951）主張人應誠實面對自己，做自己想做的事，活出「眞我」（the true self），也成爲其「個人中心學派」或多數心理治療學派的圭臬。換言之，西方文化或心理學所反映的西方個人主義文化之自我觀是強調獨立、自決、主控、獨特性等共同特性（陸洛，2007）。相對而言，有關研究指出華人在其傳統社會取向或集體主義文化下的自我觀，卻是強調互依共生、角色責任、道德修爲以及順應環境等不同形式與方向（陸洛，2007）。若是對照西方個人主義追求「成爲一個（獨一無二的）人」，或許社會取向的自我追求的是「成爲集體或社會中『有用』的一分子」。

四、從少數本土研究證據再探究

值得思考的是，我們是否應該全盤接受西方個人主義文化下的理論觀點或普遍敘事腳本？或者在特殊的文化條件下，台灣大學生之生涯有不同的發展樣貌。少數研究之資料似乎可以看到不同的可能解釋。劉淑慧與朱曉瑜（1999）的質性研究嘗試描述大學生生涯決策型態及因應等，最後歸納得到3種基本生涯規劃模式，一是理性掌控，訴諸理性，並以掌控爲目的；二是隨興自在，依賴直覺感覺，重視自我接納與欣賞；三是隨順接納，順應他人建議及情勢發展，強調面對與接納現實。劉淑慧與朱曉瑜（1999）進一步分析發現，受訪大學生「圓滿生涯」相關條件背後反映2種生命意義導向，一是內在導向，包括生涯是自己選擇的，應找出個人興趣、做喜愛的工作，走自己的路等；其二是外在導向，認爲生涯是被賦予的，受到大環境及傳統觀念影響，透過從小社會化習得之社會軌道及角色行爲規範。但也有一些受訪者認爲，應該在2種導向之間求取彈性平衡，找到立足或平衡點。

另外一項質性研究也有類似的發現。王秀槐（2002）曾針對20位台灣大學生以生命史的深度探究其生涯發展歷程，發現與西方發展理論不盡相同的結果。王秀槐（2002）發現參與其研究之大學生其生涯發展基

本上是由自我（self）以及他人（others）2個主題所構成的交互影響與動態歷程；他並進一步區分出3個生涯發展類型，分別爲「自我取向」（self-oriented）、「他人取向」（others-oriented）及「居間取向」（in-between）3類。王秀槐（2002）依據其研究結果做討論，並指出Erikson及Marcia之自我認定理論是基於西方個人主義文化之基本假設，因此個體需要朝向獨立自主的發展方向。但王秀槐（2002）研究中的個案有些並無明顯危機階段，透過個人特質或他人期望逐步建構，最後也能形成統整的自我認定。

　　王秀槐（2002）的研究對於了解台灣青年之生涯發展，並開始將本土現象與西方理論做對話有所貢獻。但王秀槐（2002）所區分的青年生涯發展三類型是否爲基本分類？還有細究其中「居間取向」群體似乎不是單純的單一類型，似乎「居間取向」的複雜性可以再探究。

　　相關文化心理學或本土心理學的研究脈絡，已經有很多研究或論述提及東西方文化對個體心理之影響。陸洛（2003；2007）沿著Markus與Kitayama（1991）的獨立我與互依我，以及楊國樞（2004）的個人取向／社會取向之觀點，進一步提出「折衷自我」的論述與研究。「折衷自我」的核心論述，即主張臺灣社會面對西方文化導入，華人傳統文化仍存在的社會脈絡下，身處其中的個體經驗到二套文化系統並存，講求「獨特性」的現代西方個人取向以及重視「關聯性」之傳統華人社會取向，同時作用於個體身上，形成雙文化自我（bicultural self）。由於個體同時承載雙重文化，因此2種取向自我的共存、折衷，甚或融合，就在不同個體身上具體呈現（陸洛，2003；陸洛，2007）。

　　因此，若台灣青年並非單純以個人主義文化脈絡來進行生涯發展，甚至集體主義、家族取向仍有重要影響時，台灣大學生如何發展與建構其生涯？而且家庭作爲他人取向的重要來源，如何在自我決定以及他人決定的動力間發揮作用，上述都是本研究關切的問題。綜合而言，本研究透過社會建構取向，嘗試探索「家庭期待」與「自我興趣」是否依舊爲大學生重要的生涯敘事主題，並希望藉由敘事研究，能更深刻理解台灣大學生生涯決定與自我認定確立之困難現象。具體來說，本研究主要延續王秀槐（2002）論文之發現，並進一步深入探討與思考，包括「自我取向」與

「他人取向」有何特徵差異、如何動態作用。本研究將從台灣大學生敘事資料分析相關問題，再進一步以本土心理學理論進行討論對話。

第三節　探究途徑與方法

一、社會建構論典範之敘事研究法

　　許多重要學者或論文紛紛指出，晚近「生涯」之基本假設、特徵或隱喻已經大幅改變了。例如：Fouad（2007）在一篇回顧論文指出，職業與生涯心理學領域過去的許多基本假設已不適用，像是「每個人都可以做生涯選擇」、「工作世界是可預測的」、「個體是在生命早期做一次的決定」等。「生涯」的後設觀點或隱喻也從過去的「穩定、直線、向上成長的階梯或軌道」，轉變爲「多樣性」（protean）、「無界限」（boundryless）（Inkson, 2006）以及「非線性生涯」（Cascio, 2007）的新隱喻。金樹人（1997）整理了後現代主義（postmodernism）轉向後生涯諮商的另類取向，他發現許多學者們採用了社會建構論（social constructionism）爲典範的生涯諮商，所採取的諮商方法稱爲敘事（narrative）。正是因爲多樣性與變動性等特性，也使社會建構論典範成爲生涯研究或諮商介入之新興取向。

　　本研究認爲生涯的基本假設、路徑、理想生涯抱負等重要主題，都與社會結構、歷史文化脈絡有關。換言之，這些是社會集體建構，因此本研究採社會建構論典範，並選用敘事研究法。敘事研究法可讓研究參與者透過故事敘說的方式，回到自身脈絡中談其生涯決定與發展歷程的重大事件，及其家庭互動之關聯。

　　本研究採用敘事研究的方法，也是基於它可以同時反映個體微觀以及社會環境脈絡或集體結構之優點。因此，本研究透過敘事研究，針對研究參與者進行個別深度訪談，以形成故事文本。嘗試歸納出：家庭經濟與家庭關係之互動關聯性，個體之自我概念、生涯抱負、生涯策略之間如何運作與動態性關聯，以及家庭如何作用於個體生涯發展，亦即社會化作用。換言之，本研究將受訪學生之完整生涯故事視爲一整體脈絡，並嘗試從其

生涯發展故事內容形成敘事結構，再進行跨個案的比較分析。

二、資料蒐集

　　本研究針對每一位個案進行兩次以上深度訪談，每次約1至2小時，以蒐集影響研究參與者其生涯建構與家庭互動之關聯性。第一次訪談偏重事實了解，包括：個案成長與求學過程、各階段的生涯抉擇因素、生涯抱負及自我概念等，第二次訪談著重歷程反思與原因探究，與個案共同探討各階段所形成的生涯抉擇、抱負與家庭互動之影響與意義。訪談問題包括：(1)家庭環境因素：a.家庭經濟與生產歷史、b.家庭關係變化歷史；(2)個人生涯發展：a.自我概念變化、b.生涯抱負或職業憧憬變化，對未來夢想、理想職業的想法及其原由、c.生涯策略；(3)社會化：a.家庭如何傳遞或影響個體的生涯抱負及生涯策略、b.學校的學習環境如何傳遞或影響個體的生涯抱負及生涯策略。

　　若資料整理後發現，對個案之重要問題與轉折點尚未充分理解時，便再聯繫受訪個案補充後續訪談，至生涯敘事完整而連貫為止。

三、邀請與訪談參與者

　　本研究在研究參與者的選取上採立意取樣（purposeful sample），並鎖定高年級大學生，因為高年級專業培訓較久，較多機會生涯探索，加上面對畢業時的未來選擇，所以是合適的研究對象。實際以A、B二所北部私立綜合大學來選擇及邀請研究參與者，因二所學校科系眾多，有各種學門之專業學院，有利於不同專業領域取樣。因此，在參與者的選擇上，盡可能朝向異質性。隨著研究之進行，後面階段為擴增個案差異性，並加入2位大學已畢業之參與者，其畢業約2至3年，以參照比較畢業後生涯實踐情形。由於最後2位參與者之敘事資料能擴增分析的觀點，因此決定納入分析。

　　最後本研究共邀請訪談10名研究參與者。相關背景分布包括：4男6女，8種科系（心理3人、兒家1人、哲學1人、法文1人、醫學1人、企管1人、統計1人，及新聞1人），分屬於7個學院（理學院、醫學院、民生學

院、文學院、外語學院、商管學院、傳播學院），並包含3種不同入學方式（推甄4人、聯招5人、插大轉學1人）在內。相關參與者基本資料請參見表7-1。

四、敘事資料分析

　　訪談內容經由錄音、逐字稿謄寫，成為資料分析的來源。本研究經過反覆不斷閱讀逐字稿，並根據時間軸從中歸納出研究參與者各階段的生涯決定、生涯探索、自我概念、家庭經濟與家庭關係等，且針對每位研究參與者的生涯發展與轉折進行深入了解，以形成其故事主題。

　　研究者經深度理解研究參與者所處環境脈絡，並根據訪談所提到經驗與例證，綜合成為一整體描述，以形成其故事文本。形成受訪個案個人生涯故事文本後，再將故事文本交由受訪個案進行閱讀、確認與修改。接著再將每個個案之生涯故事文本按故事時序抽取出故事主題，最後進一步將時序性主題再行歸納簡化形成敘事結構。

　　舉參與個案「維尼」為例，本研究從其生涯故事文本中按時序抽取出故事主題，即「『幼時父親因工作離家，但提供各種學習材料』—『國小搬家北上與父親團聚，父子關係佳』—『父親沉迷六合彩，父子關係破裂，不再認同』—『持續投入各種興趣與才藝之學習，父親支持』—『依靠才藝與興趣之成果，推甄上心理系』—『大二、三對未來茫然，藉探索體驗及角色楷模，確定走地下樂團及社會運動的路』」。接著再將前述主題歸納成更簡化的敘事結構，即「『對父親認同喪失，使父母影響力降低』—『透過探索學習各種興趣以建立自主性與能力』—『經歷認定懸宕期後找尋楷模協助認定定向』」。其他個案也依照相同程序歸納整理資料。

　　在每位個案之生涯故事皆歸納形成敘事結構之後，再進行跨個案的比較分析。此處本研究參考社會學家韋伯之研究法所提出的「理念型」（ideal-type）概念。「理念型」並非一般社會科學中的描述性概念之類型，因為根據韋伯之觀點，理念型是一純粹性心智建構，很難在經驗的真實裡被發現，但它卻有助於描述與解說（Giddens, 1971/1994）。因此在

表7-1　研究參與者基本資料

姓名	性別	科系/年級	入學	父職業	母職業	生涯決定狀態
維尼	男	心理大四	推甄	大型本土製造業作業員	作業員	決定投入地下樂團，未進行社會運動，謀生則用各種兼職打工
小可	女	心理大四	推甄	職員*	會計*	基於從小對出國、當醫生的憧憬，準備申請國外心理研究所
小嚴	男	兒家大四	推甄	工友	幼兒園園長	與母親協商取得共識，準備申請國外臨床心理研究所
小珍	女	哲學大四	聯招	警衛	自營服飾店	決定就業，可能打工補習班轉轉任。持續補習韓文、考慮之後考領隊執照或從事韓文翻譯
小青	女	法文大三	推甄	公務員	公務員	直接就業，不考慮升學。工作僅是謀生工具，一般文書類工作皆可
小原	男	醫學大六	聯招	牙醫	家管	選擇精神科作為醫學專業分科。期待長久未來可投入公益、社會服務
小庭	女	管理大三	聯招	公務員	國小教師	透過諮商協助與母親取得共識，從原本國內教育研究所改為準備考諮商研究所
小童	女	新聞大四	聯招	公務員	房仲人員	預備考記者證，並在男友影響下嘗試一同準備國內諮商研究所研究所考試
小誠	男	心理畢業	插大	建築工/營造小包商	家管/家庭代工	母親希望考企管所，但他諮商後堅持走心理學，並選工商心理學
小愛	女	統計畢業	聯招	信合社高階主管	自營商店	統計專業所學有限，進入職場逐漸建立與認定品牌行銷專業

*小可父母離異，由爺爺奶奶撫養長大，父母職業不太影響其生涯。而小可爸爸為退休軍官，奶奶為家管。

跨個案的比較上，本研究並非形成普遍性絕對的分類系統，反而是從過去研究發現及本研究個案資料中，依據所浮現的重要主題，將相似個案故事連結與聚集，以建構某一種「理念型」，若可能的話，找出此群個案中相對接近「理念型」的典型個案，以便更易理解、呈現與討論。

在進行跨個案比較分析階段，研究者反覆觀看本研究之個案敘事資料，發現整體個案敘事之型態很近似於王秀槐（2002）研究的個案以及類型。王秀槐（2002）區分大學生生涯為「自我取向」、「他人取向」及「居間取向」3類，因此便參考王秀槐（2002）之分類與個案敘事資料做比較與思考。結果發現在本研究個案資料中，個案「小原」是明顯接近「他人取向」之理念型，而「維尼」則接近「自我取向」之理念型。但其他較多數是介於「他人取向」與「自我取向」之間的群體，包括小庭、小嚴、小可、小青、小誠、小愛等個案。看起來此群體相當於王秀槐（2002）「居間取向」類型，但若就「理念型」概念來看，這群「居間取向」的群體似乎無法構成一種獨立的「理念型」，因為它並沒有獨自的特徵或命題，而是「他人取向」及「自我取向」同時兼有。最後，在上述類型之外，尚有2位個案其生涯敘事屬另類型態，既非「他人取向」，亦無「自我取向」的特徵與情節，即小童、小珍。此2位個案既看不到他人期待主導的生涯動力，也缺乏個人自主興趣的生涯動力，因此暫且命名為「無動力取向」（motivelessness-oriented）。

總而言之，經跨個案資料之比較分析後，在概念空間上本研究初步形成4種生涯敘事的群體或型態，包括「他人取向」、「自我取向」2種理念型，以及A聯集B的「居間取向」群體、非A非B的「無動力取向」群體。詳細結果將於後呈現。

第四節　大學生生涯敘事之類型歸納

如前所述在跨個案概念化過程，首先辨識與掌握的是「他人取向」、「自我取向」2種理念型各有一個典型個案，以下先說明。然後，說明兼具前述二類型的「居間取向」群體。最後，再說明非A非B的「無動力取向」群體。

一、「他人取向型」

「他人取向型」很接近於Marcia（1980）所提之「認定早閉型」，都是反映受訪大學生的生涯發展動力，基本上主要是由重要他人決定或影響主導，而父母尤其是重要他人的主要影響來源。在本研究之參與者中，小原可以反映典型的「他人取向型」敘事，他的相關敘事結構如下：

（一）家庭背景及環境內化清楚的社會價值觀

在小原生涯故事中，早期童年生活有個鮮明的家族背景脈絡，他出生於一個醫生世家，從曾祖父到同輩堂兄弟等，四代都一直出現醫師相關的專業工作者，如他所說：「曾祖父是醫生、爺爺藥劑師、爸爸、小叔叔為牙醫、堂哥中醫師等。」家族成員擔任醫療工作數量之多，自然形成家族風氣或傳統，也就是一種強勢價值觀傳遞。父親曾於公立醫院任職，後因組織內部衝突而離職，之後自行從事牙醫診所開業，因此他們「家中經濟也一直都維持穩定的中上階層水平」。而母親「原為老師，結婚後就辭去教職回歸家庭相夫教子」，母婚後從自我專業發展回歸家庭，也可以嗅出此家族對性別期待及價值觀的傳統性，而小原就在這樣的家庭環境下成長。

（二）父母意見持續介入生涯決策過程

在「醫生世家」的家風及價值傳遞下，父母持續介入小原的生涯選擇與決策過程。包括高中選組想選社會組以律師為目標，但父母堅持要他選自然組，以便朝向醫科。而小原也感受到強大的「醫生世家」集體價值期待，因而無力反抗，便這樣一步步順從下去。大學聯考上電機系而非醫科，又是私立大學，不符合爸媽的期待，當然重考。一次重考，考上牙醫系，父親可以「接受」（因為父親也是牙醫），但自己不滿意（「因為我喜歡的女生考得比我好」）。二次重考，終於考上醫學系，小原有選擇性，但是在2間學校的醫學系之間，為了離家（中部）遠一些，他堅持選擇北部的A大學，應該也是為了減低家庭的控制力。

中學開始，我覺得律師可以穿袍子講一些冠冕堂皇的話，好像還不

錯，所以想走人文、法律相關方向。但到了高中選組的時候，實在抵不住爸媽的堅持，最後還是選擇念自然組，在這過程中雖然我也有反彈，但礙於醫生世家的期待，我很難有說不的權力。（小原之敘事資料）

（三）較晚、較少興趣探索，個人興趣被置於末位

小原一直在家庭期待與升學軌道上努力，以致很少去接觸與培養個人興趣，直到大學時期才有比較大的空間，參加了社團及課外活動。透過參加原住民關懷社團、部落服務隊等，投入原住民服務與議題思考。雖然也擔任重要幹部，但只要涉及職業投入之不同選擇，就會遭到父母反對，例如：偏鄉醫療服務。最後只能想像及寄託於退休之後，投入社福機構或社工工作，來完成自己服務的興趣與理想。

高中舞會時認識一名原住民女孩，覺得對方很漂亮，所以想要更多認識原住民。大學開始就參加原住民議題社團，寒暑假長時間至部落服務，而且擔任團長，也加入行政院青輔會的青少年族群之青年諮詢小組。那時候我曾幻想在山地部落成立屬於台灣的Home stay。大學時也曾想到偏遠地方做醫療服務，但因媽媽反對而作罷。在大五那年才開始發現社工可以做很多改變社會的事，然後也想到或許以後，等醫生工作退休後可以做社工，用創立基金會來推動影響人、社會的行動。（小原之敘事資料）

另外，小原也曾參加舞蹈性社團後來退出，因為「爸媽並不贊成我繼續參加舞蹈性社團，因為擔心女朋友也有可能也是舞蹈社的，在他們的觀念中，還是認為這樣的女孩不好，也不適合結婚」。可以說父母對小原的生涯圖像與規劃是全面性的，包含家庭樣貌，因此介入也是全面性的。至醫學系實習及預備分科時，小原比較能了解自己偏向人文社會的興趣，因此希望選擇精神科，雖然母親也反對，但此次小原比較堅持，使母親較為接受。可以說小原在「當醫生」的範圍中，爭取到較接近自己興趣的選項。但截至訪談結束，尚無法確認小原對精神科的堅持最後是否成功。

　　大六開始進入醫院實習，也就更進入實務場域做專業訓練，也開始思考未來專業分科的問題。我還是對於人文方面很有興趣，也想嘗試精神科，這樣就可以有長時間了解人，也比較符合自己原本的興趣，媽媽雖然原本很反對，但在我的堅持下，現在已較能接受。（小原之敘事資料）

二、「自我取向型」

　　另一理念型──「自我取向型」，相當於Marcia（1980）理論之中，從「認定懸宕」到「認定達成」的發展軸線或腳本，相關生涯故事反映受訪大學生的生涯發展，基本上主要是由自我興趣所決定。而自我興趣主要是個體在成長過程中，需要有機會探索與接觸不同興趣活動。在本研究之參與者中，維尼是非常典型的「自我取向型」敘事，其相關敘事結構如下：

（一）對父親認同喪失，使父母影響力降低

　　維尼「父親在一間北部本土傳產製造業大型集團擔任工廠作業員工作，需要輪班，但收入與工作都相當穩定」。父親早期因工作關係，未與家人同住，父親對維尼來講，成為遙遠卻正向的形象存在。因為他說：「父親只有放長假時才回來，每次會帶一些玩具、書籍或錄音帶等給我們。我相當期待父親回家，也很喜歡父親送的禮物與陪伴，這些科學百科或恐龍圖鑑、教學益智錄音帶等，也刺激我的興趣與學習，所以小時夢想成為科學家。」而實質陪伴維尼成長的，是父親提供的各種豐富學習材料，這些材料也刺激維尼的學習興趣及未來想像。

　　小學低年級搬家，維尼終於與父親同住，他對父親認同而親近，也度過一段令他滿意的短暫時光。但三年級發生了一起關鍵事件，主因是父親開始沉迷簽賭，維尼不喜歡，但他的反應方式卻引發父親摑掌責罵，最後造成父子關係的疏離，從此他不再認同父親。而在維尼的故事中，母親似乎扮演傳統生活照顧者角色，所以對於維尼的學習或心理成長並無太大影響性。

　　小學三年級開始，父親開始沉迷簽六合彩，我把爸爸情況寫在學校聯絡簿上，卻換來父親一巴掌以及一句「家醜不可外揚」，父子關係從此改變。父親持續賭博，也造成夫妻關係、家庭關係的持續惡化。直到我高中畢業，父親所欠卡債已經到了無法自己負責的程度，只能對家裡承認。（維尼之敘事資料）

（二）透過探索學習各種興趣以建立自主性與能力

　　維尼從早期父親的鼓勵與提供材料，就讓維尼開始廣泛的接觸、探索與培養各種興趣。如他說：「我的個性獨立，從小就有廣泛的興趣，也對這些興趣有相當大的投入與著迷。從早期在父親影響下對自然、科學有興趣，後來對超自然現象的著迷，還有如寫作、學吉他、熱門音樂、國術、心理學等。」他後來在興趣摸索與學習過程總是獨立自主，主動尋求相關的學習資源以降低資本的耗費，甚至用自己已培養的興趣專長，再當家教賺取資源，如他說：「很多時候我有老師與社團提供資訊以及入門指導，加上我對興趣有種廢寢忘食的熱度，所以我通常不需花大錢補習，靠旁人輔助加上自學。」

　　且維尼不同於許多人興趣廣泛而不深入的狀況，他對各種喜歡的興趣通常都能學習到某種專精的程度，也就變成具備許多才藝的青年，「例如：我在高中的英文話劇比賽，自己創作劇本；還有同時也在輔導老師的指導下，完成心理學議題的小論文，獲得全國比賽第一名。」他自在悠遊於各種興趣、嗜好的學習與玩樂中，但是特別的是，「即便後來父子關係不好，父親在過程中始終是支持的態度，包括經濟上支持，像讓我聽音樂會、買CD等，母親反對時他還是支持」，這提供維尼一個重要的自由發展空間。最後，靠維尼培養的多種才藝表現紀錄，以及突出的作品，也讓他順利推甄上自己喜歡的心理系。

（三）經歷認定懸宕期後，找尋楷模協助認定定向

　　維尼這樣一路主動探索各種興趣，也熱衷投入各種嗜好，還能順著興趣考上大學。但他在大學時期也經歷了一段認定懸宕期，該時期他對未來焦慮、茫然、找不到方向。主要因為過去他都依照自己的興趣發展，但到

了準備從學校生涯轉到職業生涯時，維尼不免懷疑是否要回歸「常軌」，像是：「考慮是否考研究所，也思考是否收起玩心做一份『普通工作』」（文中提及在打工補習班繼續教書）。這個時期，維尼是不確定而焦慮的，因為似乎不容易有確切答案。

　　升上大四，我已經確認方向，不想盲目的念研究所，也不會走輔導，因為自己個性沒耐心。我想加入一個以音樂介入社會運動的樂團，我跟他們一樣用音樂與故事創作來進行社會運動，以他們為標竿。因為大學時有機會陸續參加日日春、國際勞工、樂生等社會運動，我從觀察學習到辨識自己立場，最後確認自己價值。期間我在活動中和這個社運樂團一起伴奏。我也擔任系上一位老師之助理，他專長於社會批判與文化研究，在老師帶領下，協同帶領社區的印尼勞工工作坊，從教他們唱國語歌，到教導創作歌曲。至於謀生方面我覺得餬口即可，只要靠吉他教學、補習班、助理工作等都能過活。父母其實反對我走社會運動，勸我當學生時期的體驗，玩玩就好。但我不在意他們的反對，也難以影響我的決定，我還要繼續玩下去。（維尼之敘事資料）

　　因為大學高年級在系上學習資源與氛圍提供很多弱勢團體服務及社會運動的場域可以體驗與學習，維尼也有機會擔任系上一位專長於社會批判老師的助理，讓他發現可以將自己喜愛的音樂與社會運動實踐結合。過程中他也結識一個從事社會運動的地下樂團，並把他們當作認同楷模。他確認自己要學習他們投入音樂與社會運動的實踐，他並規劃經濟謀生只要靠他會的各種才藝打工即可。當他確認清楚之後，即便父母反對，都很難影響其決定。

　　有趣的是，何以維尼可以如此堅持自我的決定，但某些青年就很難？其實關鍵還是在個體發展的環境脈絡，維尼從小就有自己探索的自由空間，而這與其父親有關。維尼的父親是大型集團工廠的作業員，雖是藍領勞工但卻經濟穩定，接近中產階層，因此維尼的學習資源不缺。但是，藍領勞工工作卻無法提供工作者較佳的成就感及社會評價，致使父親只能藉由賭博活動來消解無意義感。夏林清、王芳萍、冷尚書（1995）曾指

出，藍領工人在生涯缺乏成就感及升遷機會時，有些會藉由參與工會、政治性活動或地下經濟活動（賭博）來尋求意義與價值。但這些卻可能形成子女的負向認同。再加上有研究發現，藍領勞工對自己的職業生涯可能也缺乏正向認同，造成父親也期待「子女不要像我一樣做勞工」（洪瑞斌，2005）。就這樣，朝向自我取向的成長脈絡被創造出來：父親（或母親）期待子女不要走自己的職業路徑，也因此自覺在生涯發展上能教導孩子的有限；父母在經濟條件可行下，盡量提供培養興趣與能力的資源，並鼓勵他盡量嘗試發展（有時可能也補償父母自身早期學習資源的匱乏）；孩子對父親負向認同，並開始走向自我探索與尋覓認定的道路。

三、「居間取向」群體

「居間取向」群體相當於王秀槐（2002）研究中所提的「居間取向」類型，基本上是「自我取向」及「他人取向」之部分特徵或主題都兼具的群體。因此如同王秀槐（2002）的研究結果，此群體呈現各種不同生涯敘事的多樣性。

「居間取向」群體的多樣性就在不同個體之家庭差異，包括社會化強弱、父母親介入影響子女的形式與強度；另一方面則是自我興趣探索的時間點、所建立個體的自主性、效能感、能力之強弱。換言之，兩股動力之發展、互動、辯證而使個體之生涯敘事有所殊異。最明顯的敘事情節呈現在每次生涯決策的生命敘事舞台上，由於大學生與其父母（或替代的主照顧者）在決策的評估標準及偏好選項上可能不一致，因「居間取向」是他人取向、自我取向之發展動力都存在，所以每次生涯決策點便成為兩者差異矛盾之協商與調適過程及結果。

在本研究之6位居間取向個案中，其生涯決策也呈現了多元的型態，包括往復協商、折衷平衡、衝突堅持、迂迴化解等，而這些生涯決策型態也相當程度反映了他人與自我兩股生涯動力的互動方式。不同的互動方式從較為外顯的進行矛盾調解，諸如衝突堅持、往復協商；還有外表平和或較內隱的進行矛盾調解，像是折衷平衡、迂迴化解。以下便對4種生涯決策型態做呈現說明。由於居間取向的群體其他人—自我互動型態可以有非

常多樣性的方式，所以此處呈現的4種並非完整而固定的類別，僅是本研究個案樣貌之整理，因此可能有其他方式及型態。

（一）往復協商型態

在本研究之參與者中，「往復協商型態」者有小庭、小嚴。往復協商型態呈現出共通的敘事結構，包括從小父母高期望形成高理想與壓力、發展與探索自我興趣、課業學習表現一度低落影響自尊、與重要他人協商以確認生涯決定等。換言之，往復協商型態的敘事是父母對個體生涯有期望與介入，但個體也發展出自我興趣，兩者間透過反覆外在溝通協商，逐漸得出生涯方向與決定。

1. 家長的高期望形成個體之高壓力與高理想

小庭的家裡因母親原生家庭地位較高，父親原生家庭為務農，而母親原生家庭為白領階層，加上母親職業為國小老師而擁有家庭影響權。在小庭快升小學時，母親以孩子教育資源為由，要求父親離開鄉下，但父親是其家族長子而幾經爭執，「最後兩人放棄繼承家產，帶著全家至北部發展」。北上後，父親經由母親的親戚介紹至公家機關任職，家庭關係穩定。從小母親對小庭就抱持很高期待，並把期待實行在嚴格管教及各種教育培育上。因此，小庭也很早就接收到母親對她的高期待。

> 我的母親在家中握有最後決定權，只要我的想法不符合母親的期待，她便會極力說服我順從她的建議。母親對我有高期待，她從我3歲開始，就訓練我故事記憶與語文組織能力，她會播放一篇故事錄音帶給我聽，並要我聽完立刻說出故事大意。有一次我因分心沒專心聽故事而說不出，母親生氣便將我一人留在書房，要我完成才能吃飯。（小庭之敘事資料）

小嚴的家庭背景也有相似之處，父親原生家庭也為農家，本身也是藍領勞工，母親同樣原本也是白領工作，母親原生家族之社經地位亦較好。因為母親最後自營幼兒園而扛起家族經濟支柱，自然也是影響力較高者。換言之，母親同樣作為事業與家庭的主控者，只是小嚴是男性，但同樣父

母對其期望很高。如小嚴說：「父親對我管教甚嚴，動輒責打，但對弟弟不會。母親對我也期望很高，希望我出人頭地。」

父親家族是務農，其15歲去學修車，18歲學成，因介紹進入國營客運的修車廠擔任技工。母親學商原本是在地方農會擔任行員，婚後在親戚的幼稚園當幼保員。初期家庭經濟不佳，在我出生時，母親開始自營幼稚園，從未立案到合法立案，家中經濟也因此事業而好轉。父親因修車廠的次文化而沾染喝酒、上酒店、賭博等習癖，小時常上演母親半夜找爸爸回家，父親酒醉憤而對我出氣。（小嚴之敘事資料）

另一個與生涯理想及抱負有關的，就是兩人在成長過程中都從觀察長輩形成理想職業的目標。小庭從國小階段因為觀察母親及其姊妹都是從事教職工作，「認為當老師是一份穩定且愉快的工作」，耳濡目染下覺得教師是未來理想職業。

小嚴則是父母對其外語很重視，國小就送至國外念書，後來回國又讀雙語實驗班，高中時因社團活動有機會結識2位外交官的子女。小嚴也有機會直接接觸並與外交官互動，「看到外交官的溫文儒雅與幽默的風範，覺得崇拜而嚮往，開始立志要當外交官」。由於小嚴父親為藍領勞工又賭博喝酒，同學父親「外交官」可能成為替代認同的形象。

2. 發展與探索自我興趣

雖然有著父母的高期望，但2位研究參與者仍有機會發展其興趣與能力。小庭是在國中階段進入住校的私立學校，讓小庭有部分自由空間，也開始投入寫作或文學創作的興趣中。而接觸與投入除啓發小庭興趣，投入更多時間與精神，也一度以文學創作作為未來職志。

但在國中階段，我進入一所私立學校就讀且住校，此時我憧憬成為作家，將很多時間都花費在文藝創作上，於是課業成績持續低落。在升學主義掛帥的當年，我處在教育體制邊陲的位置上，被老師訕笑及放棄，而父母對我感到失望，但並未放棄我。那時我的自我感覺低落，並對從事教職

興趣缺缺，亦不認爲自己有能力達成。（小庭之敘事資料）

小嚴則是因爲小學中高年級成爲小留學生，有一段脫離台灣教育體制的自由時光，也因爲父母重視培養，英文也就成爲小嚴的能力專長。另外，小嚴「高中開始投入課外活動，高一下參加英文演講比賽、代表學校參加管樂比賽，甚至擔任學生會會長。因我有這樣的表現，父親對我的態度才有轉變」。顯然課外活動的突出表現也讓父親變得比較認可小嚴。

3. 課業學習表現一度低落影響自尊

但類似的是，在求學過程中，小庭、小嚴都曾經課業學習表現低落，而影響他們的自尊，而後才再積極奮發的回到一般求學軌道。如同上段引言所示，小庭曾因過度醉心投入於文學創作與課外閱讀，造成課業、升學考試表現不佳，也遭到老師嚴重鄙視，自我價值低落。所幸父母並未放棄，才讓小庭回到課業，並在升學軌道上發憤圖強，但也就減少了興趣之比重。

小嚴則是在求學過程中課業表現持續反覆大起大落的狀態。國小留學的自由快樂，國中回台卻難以適應升學體制的競爭，成績一直落後，但因家庭經濟資源，都還能進私立中學就讀。高中時，大量課外社團的亮眼表現，有助於改變外在他人的評價，提升小嚴的自尊。看起來，小嚴適合在社會互動、團體活動中，容易有較佳表現。小嚴有時在課業落後狀態下會因同儕社會比較之刺激，突然奮發振作，課業好轉，但有時又會因社會評價、人際關係等因素，適應及課業狀況又跌至谷底。

高二下，我因爲與教官衝突，致使軍訓不及格，必須留級。我內心焦慮而自責，不敢跟母親說，又無法解決，壓力悶燒。暑假時，企圖跳樓自殺，被母親發現，才告知原委，就醫才發現已經有憂鬱症。父母協助轉學，轉到同級私立學校的放牛班，同學都不念書、作弊，反而激勵我奮發，最後以全校第一名畢業。（小嚴之敘事資料）

綜合兩人的共通性來思考，似乎從小面對較高的他人期待及社會評價

是重要因素，可能其不符合或無法達成社會期待時，期待就變成壓力，就會掉進低落的狀態；但若社會期待還能承擔或負荷時，期待就變成動力，讓個體努力表現。而求學階段的課業學習，除了基本能力的建立外，若學習表現好，能提升個體自尊，也能再強化父母期望以及主流價值觀、生涯抱負。

4. 與家長溝通協商後取得生涯決定

由於家長（2位都是母親為主決策者）會持續介入參與者的每次生涯決策，所以參與者漸漸學習與家長溝通及協商，以形成雙方皆可接受的決定。小庭在高中升大學階段，自己想持續文學興趣選擇中文系，但父母都堅持反對，而推甄圖資系失敗，最後聯招考上企管系。在大學階段，母親期待她朝向早期目標考教育研究所，也讓她去補習，但小庭因參與學校輔導中心志工以及補習時對心理學課程產生興趣，興起想轉考諮商研究所的念頭，但又擔心母親反對。最後在諮商員的協助下，小庭與母親對話，母親轉而支持其考諮商研究所，便確認生涯決定。

在母親的建議與陪同下，至社區諮商中心與諮商師討論科系選擇的部分，透過諮商師引導我與母親對話，母親願意支持我選擇考諮商所的決定，我也著手準備考諮商所的科目。（小庭之敘事資料）

高中升大學，小嚴的理想志願是國立C大學外交系，但因需要考數學（弱點科目）而放棄。實際上小嚴推甄「申請五所學校，錄取了國立大學英文系和私立A大學兒家系……。而英文系雖然與外交有關，但是自覺語言只是工具，不想鑽研西洋文學，所以便選擇第二志願。選兒家系是因為想了解自己家庭」。父親因其考取學校都不錯，所以沒意見，並認為選兒家系是小嚴對母親的認同以及想繼承其衣缽（開幼兒園）。尤其小嚴母親「也一直在職進修，充實自己，包括幼教、家庭方面，其中曾在中部一大學進修，做了家庭回溯……」。有趣的是，母親反而因性別議題（「認為男生走幼教很吃虧」）反對小嚴讀兒家系，最後在小嚴強調朝家族治療而非幼教領域而暫獲同意。小嚴「大三到少年觀護所實習，與督導討論如何

考公職，決定考公職外交官」，顯然他心中對於外交官的理想形象與生涯仍難忘懷。但母親判斷難度高，因而找自己的諮商師與觀護人朋友輔導小嚴生涯決策。他們都認為缺乏任何政治背景資源不利於外交官生涯，以及既有專業已經有學習累積。討論後，小嚴表示，「（我）決定先當兵，然後出國念臨床心理學，之後繼續待在國外當臨床心理師，收入比較高」。

兩人共同之處在於，家長與個體共同參與了生涯決策過程，有時家長意見較強，有時個體自己意見較強，但經過不斷協商調整，最後形成相對折衷的決定。家長通常基於職業向上發展性、現實可行性來提建議，而個體則基於自己的理想（或夢想）職業以及興趣來選擇，最後都找到兩者間可接受的方向。

（二）折衷平衡型態

「折衷平衡型態」包括小可、小青，而他們共通的敘事結構，包括：社會價值規範的內化較強、較晚探索及培養自己興趣、晚期重要他人無法或不介入生涯決策，但個體會同時考量社會期待及自我興趣等。簡言之，折衷平衡型態的個案從小就內化了較強的社會價值及生涯觀，但較晚探索發展自我興趣，而重要他人並未介入其近期生涯決策，造成參與者在生涯決策時會試圖於內在進行折衷或平衡社會期待及自我興趣的可能選項。

1. 社會價值與生涯觀的內化較強

小可從小父母關係失和並且離異，最後全由爺爺奶奶撫養長大，如她所說：「雖然爸爸擁有監護權，但未曾負擔任何照顧的工作與責任……，而爸媽當時也沒有提供經濟支持。」另外因為爺爺是退休軍官，家中經濟依靠退休俸，雖不富裕但還算穩定。可能缺乏依附安全性，自幼便以乖順來換取接納。居住於不斷社會比較的眷村環境，從小就接受高成績、高成就的期待，而當醫生、出國深造等成為理想目標。

爺爺對我的教育是半軍事化的，包括做家事、功課等各種生活規範。而我因為害怕被拋棄，且渴望大家的愛與接納，所以立志成為「好小孩」，甚至對於各種標準與規範，還有重要他人對我的期待，都被我完全

接收。而因為居住眷村充滿社會比較的環境，所以從小我就認為當醫生、出國念書是最棒、最有成就的，而在課業上拿好成績也成為我從小具備的能力與動力。（小可之敘事資料）

小青則是父母皆為公務員，屬經濟穩定的中產家庭。基本氛圍是家庭關係和諧，但小青卻不會跟家人分享內在狀態。在其故事中並未直接談及小青如何被內化價值及規範，但在以下敘事資料中，可以看見小青在接觸與摸索興趣的過程，其實很清楚哪些興趣是很難被父母接受，不可能作為未來職業。因此，可以間接推測從小教養學習過程中，小青很早就內化了清楚的價值標準，並引導其判斷與選擇。

2. 較晚探索及培養自己興趣

小可從高中社團開始接觸舞蹈，培養了內在興趣，並開啟她課業外的生活世界，包括擔任社團社長以及情感交往。爺爺奶奶覺得她變了而管制她，但此時她已經不會完全接受爺爺奶奶的管教，不時會爭執，「甚至他們也請爸爸過來管教責罰，可是我和爸爸的關係早就疏遠，已經沒有影響力」。總之，小可還是不願放棄跳舞及課外世界的體驗。

在跳舞裡，我找到自己內在的動力與能量，找到屬於自己的快樂。在這一時期我也談了戀愛，有了許多生活體驗，才發現生命裡並不是只有課業。由於視野已開，我開始有自己想法，並發現課業以外更重要的事。這時候的我便不完全同意爺爺奶奶的管教與要求，我們會開始有些爭執⋯⋯。（小可之敘事資料）

小青雖身處中產家庭，課外學習資源豐富，父母從她幼稚園起，就讓她接觸不同才藝班（包括畫畫與鋼琴等），但她說：「我都並未認真投入而沒持續，也未引發興趣，只是讓我看到自己的限制。」似乎興趣培養未成，反而降低其效能感。但其實也不是沒有任何興趣的項目，譬如：「國小我加入田徑隊，也發現自己的運動細胞不錯，但並未有所延續」。似乎父母的教養態度讓小青很早就學習並辨識出哪些是父母允許的，就這樣形

成無形的框架，並限制了探索與選擇的自由。服裝設計的想法就是最好例子，「真正產生興趣是國中時想當服裝設計師，看到表姊畫服裝設計圖覺得很厲害，想像為自己的洋娃娃設計衣服的成就感，但卻清楚知道這不是爸媽同意的職業，所以就此放棄。」

就這樣，小青直到大學才真正投入自己有興趣的舞蹈社團中。因為能感受到舞蹈的快樂與學習，包含身體展現、人際互動與自信等，所以即便父母是反對的，但此時小青能夠堅持參與，因為她知道跳舞是其生命重要的嗜好，因此不願放棄。

　　大一開始在社團學國標舞，便開始迷上，因為跳舞讓自己很快樂，也增加了自信。甚至大二當社團幹部辦舞展，也常常參加比賽或表演。父母對我學舞非常反對，但我仍堅持下去。因為參加社團與學舞給我很多學習，學習調適面對別人的眼光、學習肢體語言表達、展現自信、學習跟人磨合。我視跳舞為自己生命中最重要的能量泉源，卻也清楚知道這不可能拿來當職業。……（小青之敘事資料）

3. 生涯決策時會折衷考量社會期待以及自我興趣

　　而在生涯決策過程中，研究參與者之重要他人可能無力介入影響，也可能因教育理念認為孩子已大，而將決定權交給參與者自身。小可在國中升高時選擇推甄方式，這時類似外在協商型的2位參與者，也是因為背負爺爺奶奶之高期待而壓力大。小可自己選擇推甄難度、志願皆較低的目標，比較確保能考上，長輩多覺得可惜或難以接受。高中升大學時，爺爺正好去世，失去依附與管教對象，眾多壓力困擾讓她去尋求諮商輔導，也因而對心理諮商感到興趣。在輔導老師協助下，她主要推甄心理系，但還是放了2個科系來應付周遭他人之期待，也順利進入心理系。

　　但是高三也是多事之秋，爺爺去世、社團領導不力、戀愛分手等，各種事件考驗著我。但也在此時，我從陪同學到輔導室，到自己去輔導，才開始對心理諮商與治療產生興趣，而輔導老師也提供許多資訊。而我也

才全心回到讀書與預備升學。但在升學的關卡上，我又採取了相同的策略——推甄，當然我的學力測驗還是考得很好。於是我選擇推甄選了三所學校，國立大學農推系、私立大學醫技系、私立A大學心理系，前兩者是為了應付他人期待，第三個才是我自己真正想要的。（小可之敘事資料）

　　進大學後，小可表示，「（我）真的開始獨立了，包括獨自在外生活，經濟獨立，靠打工賺取生活費與學費」。面對大學後的規劃時，爺爺奶奶過世已沒人會介入小可的生涯決定，小可更獨立自主了，她說：「對於未來生涯，我依舊想著小時候對出國的憧憬，因為喜歡，所以想繼續念心理學方面的課程，並且最想念臨床，但是因為接受機率低，所以想策略性先申請諮商，出國後再看機會。」可以看到，小可一方面滿足自己的興趣（心理學），另一方面即便爺爺奶奶已經管不到她了，內心還是會想做到他們的期待（出國留學、披上醫院白袍）。

　　小青在高中升大學的關卡，主要就由自己決定，可能因父母教育理念認為子女長大應該自主。小青從自己最喜歡、最拿手的科目——「英文」來思考，但因自己分數未達理想志願A大學英文系之門檻，而想改推甄法文系（「因為一方面也是外文，也可能進去再轉系」），即便有親戚建議選日文系（「認為法文太冷門」），但父母依舊尊重與支持其決定。至於大學後未來的思考，小青清楚區分跳舞屬興趣（如Super所稱的「休閒者」角色生涯）而非職業，她說：「我視跳舞為自己生命中最重要的能量泉源，卻也清楚知道這不可能拿來當職業。我認為興趣拿來當職業會漸漸改變扭曲。」職業方面沒有那麼清楚，只是確定不升學，並以法文、英文2項工具來找尋適合工作。

　　對於未來，我畢業後打算先找工作，沒有準備考研究所，但也不知道要找什麼樣的工作。打算參加一個教會活動，去法國做志工服務，去法國看看，以確認自己對法文的興趣。若能確認，就持續做法文相關工作，若沒感覺，就回到英文的領域。雖然不確定要做什麼，但我具有法文、英文兩項工具，也就焦慮稍減。（小青之敘事資料）

　　雖然小青看起來尚未完全生涯定向，但本研究仍將之歸類於「居間取向」群體。主要因為小青並非自身完全缺乏生涯動力，反而是逐漸有興趣的探索與確認，即便發展較晚；另一方面，雖然故事中沒有太多父母干預的事件，但確實也可聽到小青只能在明確框架限制下選擇未來職業，因此，本研究認為小青早期已內化清楚的社會價值。而為了平衡內在的自我興趣與社會價值，小青採用「興趣—職業分離」方式，舞蹈作為自己的休閒嗜好，會終身持續投入；因此職業僅是謀生作用，為了謀生也建立了外語能力，既然只是份「工作」，做什麼也就是次要了。換言之，小青試圖平衡內在2個力量，而不類近Marcia（1980）的「認定混淆型」。

（三）衝突堅持型態

　　本研究資料中有一位個案小誠的關鍵生涯決策屬衝突堅持型態，衝突來自父母與個體期待之生涯方向或目標選項有所矛盾，在兩股動力之拉扯與抗衡之下，最後個案選擇堅持自己的興趣或偏好選項。

1. 勞動家庭形成謀生價值並對父親認同喪失

　　小誠成長於藍領勞工家庭，經濟的有限條件下，使他感受到努力賺錢求生存的重要性，因為他「的父母是典型南部的農家子弟，脫離貧窮在他們這一代是最根本的生活型態……，抱著期待與理想兩手空空北上台北打拚」。「小誠父親是建築工人，……從小因父親長時間工作，經常趕工加班賺錢，所以關係不親近」；「母親做過各種家庭代工，從雨傘、塑膠花、毛線衣、成衣到電子零件等，也是隨著台灣的經濟奇蹟而變換」。但讓他的生存壓力感受具體化，則是國中時父親的長期失業，家庭經濟與氣氛的低迷，更加深他的價值觀，必須拚命維繫家庭經濟。失業經驗也讓小誠開始對父親負向認同。

　　國中時營建業景氣下滑，父親與朋友拆夥，離開營造工程行，接著父親開始失業長達約一年多。家中經濟只靠母親長時間卻廉價的做家庭代工苦撐。在那段日子裡我看見家庭經濟的困難，家庭氣氛的低迷，母親的辛勞，還有父親的退縮。更重要的是我發現父親的無能為力，我開始對父親失望，這份失落讓我不想變成和父親一樣的男人。（小誠之敘事資料）

2. 早期課業佳以及科系專業價值建立了菁英成就之生涯圖像

　　國小時，小誠在校課業及各種表現很好，也得到老師、同學的認可，於是「好學生」變成當時認同也達成的目標。就如他說：「國小的我是快樂的⋯⋯，我是多數老師、同學心中的好學生，靠著功課成績前幾名、擔任幹部等努力表現，換取『優良』的點券，以贏得『好學生』的標記。」這似乎變成各學習階段及升學體制的一種增強與篩選機制，大家都想當「好學生」，得到標章的大家喜歡，「好學生們」覺得自己有價值，也就更認同成為菁英的主流價值與競爭淘汰路徑；但無緣獲得「好學生」標章的人，漸漸就變成主流價值與路徑的淘汰者。

　　在升學過程，小誠雖考上前三志願的高中，但國中填鴨式教育、考試的壓力、成績下滑與競爭的挫折，讓他不想再讀高中，他選擇念K工專企管科，學校屬大型本土集團，每學年都規定到集團企業工讀實習，當時吸引不少經濟弱勢學生。專科時因為脫離了主流菁英軌道，但在其專業——管理學的價值觀及知識技術體系薰陶下，小誠也找到另一條追求成就及菁英的軌道，即成為商業高階主管的生涯圖像，當然也更強化了菁英成就的價值觀。

　　進入五專，脫離了主流的「建中—台大—美國長春藤」軌道，我想尋找一種不同的成功道路。此時企管科老師總是告訴我們：「身為管理者，我們應該怎樣思考⋯⋯」，我們在課堂上穿起襯衫、打起領帶做企業個案研討。就這樣，在老師的教導，加上管理學科的薰陶下，我想在企業界爬上高階，所以理想圖像是成為「非凡的領導人」。透過專業學習與生活磨練，我努力建立一套套成功的方法，如計畫與執行的能力、分析與控制的工具、口才與人際能力等。（小誠之敘事資料）

3. 較晚探索及培養自己興趣

　　即便在前述傳統主流價值觀社會化的機制與歷程中，使小誠同時建立與植入了「謀生」以及「成就」2種常見的社會價值觀。不過在一些空隙，小誠還是漸漸接觸與探索自己的興趣，只是比較晚些。在專科時期，

小誠開始有自由空間去碰觸內在世界，包括：思考、獨處、隨筆、閱讀等，也發現自己的特質是喜歡這類活動。他說：「我需要了解自己，貼近自己，因此我開始讀大眾心理學書籍與《張老師月刊》的軟性文章，這開啟我對內在心理世界的興趣。」

當兵時，小誠表示，「部隊裡也讓我有機會接觸來自四面八方不同背景的人，甚至有精神疾病的士兵，看見人的各種特殊反應，喜歡聽他們講和自己相當不同的生命經驗故事」，他便持續對人性與人心做觀察。這些經驗讓小誠對心理學更感興趣，並設定在插班大學時可以滿足自己的興趣，但只是當作輔助管理學之第二專長而已。

4. 拉扯中建構認定，衝突中堅持自我興趣

進入A大學心理系後，小誠才開始不斷自我探索，如他所說：「這是個轉向的開始。大學的任務變為深度的自我探索以及追尋，希望能了解『我是誰？』……。」學習心理學的真誠與關懷價值，讓小誠與舊的成就導向、工具性價值觀有所矛盾，如他所說：「執意想投入心理學，走向與專科同學截然不同的軌道，看見他們風光賺錢買車，感覺強烈的價值拉扯。」「過程中，專科信奉的價值──『追求效率最大』開始瓦解」。

當小誠愈發確認心理學的興趣，卻遇到母親期待他回企管領域的衝突，不過母親並非以權威的強制力，而是以犧牲委屈的哀兵策略。如此痛苦掙扎、拉扯的過程（「掙扎於親人期待與自己興趣、商學與心理學之間」），讓小誠處於低落狀態，但透過尋求學校心理師之諮商協助，逐漸增強其力量並脫離低潮，最後小誠堅持自我興趣，還是繼續選念心理所。也就是他脫離了懸宕期，達成自我認定之確認。

記得當時一次和母親深夜長談，母親以家中經濟及未來發展為由，希望我考企管所，別讀心理系了，讓我難以反駁，只能無奈地哭，內心感到深沉的悲哀。所以當時常會輾轉難眠，覺得撐不下去，為了能貼補昂貴的學費及生活費，暑假我都到建築工地打零工，以便短時間賺多點學費。（小誠之敘事資料）

有趣的是，當小誠確認自我認定，堅持選擇有興趣的心理學領域時，他同時還是有內在折衷平衡的調整。換言之，他最終挑選心理學中相對能兼顧家庭經濟需求的領域（「A大心理所工商組」），以回應母親的期待與壓力。

其實，小誠的敘事情節也和自我取向型的維尼有不少相近之處，尤其都有認定追尋的懸宕期、對父親的失望與負向認同。但不同的是，小誠的興趣探索與培養較晚；而且當小誠確認、認定時，他還是會折衷調整生涯選擇、平衡他人期待的部分。如此顯示，個案小誠還是有他人與自我取向的互動作用，因而決定小誠還是歸置於居間取向群體。

（四）迂迴化解型態

本研究參與者中，有一位個案小愛屬於迂迴化解型態。對於個案之生涯母親有期待，並持續干預科系選擇，即便小愛自小就培養清楚的興趣，但還是無力朝自己的興趣做選擇。在順從母親下，採陽奉陰違策略，大學畢業後個案選擇發展商業領域中最接近自己興趣的工作。於是，面對他人—自我動力矛盾看似無衝突或無力對抗，但個案並非真的放棄興趣且屈服於父母，而是實質找機會去接觸、磨練與興趣相關的專業學習，以時間換取空間。

1. 在經商家庭中觀察學習複雜人際、利益關係

小愛成長在經商家庭，包括：「在爺爺過世前，將手中一部分的生意交給了媽媽，所以媽媽自己經營一家店，是家中的經濟支柱」；而父親在金融合作社擔任高階主管，晚上經常要應酬，小愛說：「爸爸有時也會帶我去應酬，看看所謂銀行界的菁英分子如何爭權奪利，不過反正都有好吃的可吃，我倒也很悠遊自在。」小愛有機會觀察父母工作的業務往來者或客戶，包含了中下階層的複雜人際關係，以及「很多都像『藍色蜘蛛網』的劇情」故事，因此小愛除理解這些複雜人際，而且「這些事件都讓我明白這個社會都是『利益』在運作」。

2. 自小探索與培養自己興趣

小愛從小就有機會學習各種才藝，才藝班常見的很多項目都有學習過，如她說：「幼稚園時我住在姑姑家，……不過我要感謝姑姑那時候讓

我學了很多才藝，包括芭蕾舞、心算、珠算、書法、鋼琴、繪畫。」即便不是所有才藝小愛都持續發展，「不過我在美術、才藝方面的表現一直都很不錯，讓我找到肯定自己的理由」。清楚的興趣也影響小愛的生涯願景與期待發展方向，如她說：「在國中、高中時，其實我都考上過美術班，考大學時設計相關科系也一直是我的志願，只是過程都因為媽媽反對，想學設計的心願總是無疾而終。」

3. 經爭取但母親否決，無法就讀興趣科系

　　依著對美術、繪圖的興趣，小愛想持續念美術或設計，國中雖然有進美術班，但該班實際還是以升學為主要目標，美術術科僅為輔。高中小愛也考上美術班，母親卻要求小愛去念一般公立高中，因為成績排名較好，「但我和媽媽爭取要唸美術班，也因此，我和她的關係冷到極點，不過我終究還是屈服了，進入公立高中就讀」。顯見母女對生涯的發展圖像完全不同，但母親的權力與控制占上風。

　　由於小愛無法如願念美術班，於是高中就將焦點放在學校的各種課外活動參與上，也有很好的表現及肯定，如她說：「（我）除了參加吉他社，還參加各項活動，不管是班際籃球、啦啦隊、民歌比賽，或是代表學校參加書法比賽……，都有優異的成績。」而母親對小愛的控制不只在生涯方向，也包含課外活動、人際交往之嚴密掌控，她說：「媽媽管我管得非常嚴格，她會監聽我的每一通電話、拆我的每一封信，……我曾試圖抗議，卻被摑掌。」其實小愛是有自主性與積極性，但母親的控制力與控制欲顯得更強，因此她說：「那時候的我非常活躍，但是和家裡的關係卻緊張到極點。」

　　大學時期小愛進入A大學統計系就讀，但「其實根本不是我想要的。我的第一志願是國立C大廣告系、第二志願A大織品服裝系、第三志願E大室內設計系，可是當時媽媽堅持把所有設計相關的科系全刪除」。不同的是，大學離家就學，這使小愛有更大的發展與自主空間，生活上脫離母親的控制，「離開家後，我開始過著嶄新的大學生活，睡到自然醒、夜唱、夜遊、打工賺錢等」。由於無法讀自己有興趣的科系，小愛對統計專業也沒興趣，所以她就更投注於社團與課外活動，相關社團經驗也讓小愛增加

對社會服務的體會及興趣。有趣的是，小愛為了避免主權的衝突，但又能為自己創造更大的自主發展空間，她採取了「陽奉陰違」的策略，譬如：「終於不會有人監聽電話、限制行動，只要我定時打電話回家報平安、裝乖寶寶就沒事了」，而且此策略效果良好，讓母女關係相安無事。「陽奉陰違」策略不知是來自早期經商家庭之關係應對學習，還是華人習以為常的人際策略，總之此處發現在大學生青年的發展與生涯上是有正向的作用，而非過去負面的印象。

　　這時候我又被社團吸引，……因緣際會被另一個社團「PA少年監獄服務隊」所吸引，就此加入。PA隊是個很特別的社團，因為它的服務對象是受刑人……。在PA社團的日子非常忙碌，我常說我是主修「PA系」，副修「統計系」，不過這段經歷是我人生的一大轉折點。在這社團裡，真正感受到施比受更有福，那是一種很奇妙的感覺，以前感覺我都是為我自己而活，也讓我再次思考自己的意義，當時一度想去當社工師。（小愛之敘事資料）

4. 選擇投入與建立商業領域中最接近自己興趣的專業

　　小愛大學畢業後的就業選擇，因為對統計領域沒興趣，所以知識技術也不會太專精，自然不會朝這方向發展。當然也不可能真正去做一度感動憧憬的社工師，除缺乏專業知能，母親意見的限制也難成真。於是小愛在商業領域選擇有點相關性，而且跟「設計」緊密相關的專業工作，即行銷與品牌經營。

　　小愛第一份工作是在電子科技公司擔任行銷職務。不過在此公司行銷部被視為不受重視的「花瓶」單位，因此她1年就離開，不過此工作也讓小愛有機會順利進入行銷專業領域。第二份工作她進入嬰童用品產業，開始扎實的品牌創立與經營實戰磨練，如小愛說：「在這份工作中，我經歷了公司從無到有、從品牌的不被看好到第一品牌、公司重整等歷程，即便剛開始時常常加班，薪資福利又少，但我喜歡這些產品，看著品牌的成長，也帶給我很大的動力。」過程中小愛當然學習很多，但重要的是她

自己喜歡與眞心投入，「這樣的工作需要創意、耐力、市場敏銳度……，最重要的是對品牌的狂熱，因爲眞心喜愛，才會眞情投入，也才會感動顧客，而且品牌的形象傳達是無形的，即使是小細節都要注意」，因此她受到重用、肯定，也表現優異。

當小愛經過投入與學習品牌行銷專業，不但有自主性、符合自身興趣，而且其能力、表現都受到肯定，最後也對品牌行銷有很深的專業認定及自信。更重要的是，經過專業工作之摸索、嘗試後，小愛發現行銷確實是符合自己興趣與能力的工作，特別是它可以滿足小愛在美感藝術上的需求與實踐。甚至小愛發現在商業設計領域上，設計師並無太大主控權，反而品牌行銷人員握有更大決定設計概念與方向的空間，這讓小愛更認同行銷專業。

> 我做了行銷工作後，才發現行銷需要結合視覺美感及分析能力，而我其實是可以將這兩者結合在一起的；像視覺美感的部分屬於行銷裡的品牌管理，我以前念過美術班，所以這部分還不錯，而分析能力我想是來自於我的家庭，……我從小對做生意就有一些感覺，譬如說，我不太害怕面對客戶……。加上後來我有去外面上課……；所以透過感覺、上課還有實務，磨練、累積出我的行銷功力。這個時候我才慶幸自己當初沒有念設計系，因爲我發現到最後設計還是要聽客戶的，反而是做行銷工作才能掌控設計方向。（小愛之敘事資料）

小愛的敘事與前面個案都不同，假設她的生涯敘事只到大學畢業前，她的故事應該接近「他人取向型」，因母親持續介入生涯決策而無法朝興趣發展。甚至有可能像「折衷平衡型態」的小青，最後將工作與興趣完全分隔處理。但加上就業後敘事，就發現小愛雖未採直接衝突或協商的策略，也表面順從他人期待選項，但其實小愛的自主性與興趣建立從未消失。因此，此個案呈現了一種避免直接衝突，但迂迴而行的策略，也是以時間換取空間的策略。關鍵是個體需要巧妙的尋找讓自我、興趣、自主性能自由發展的空間，加上能在父母接受範圍中選擇自己喜歡的工作，於是隨著時間推移，父母權力式微，個體之能力、專業表現也日益茁壯，一方

面好的工作表現能減低父母反對，另外個體之自信與自主性都足夠持續生涯發展。此案例清楚提供了一種非主權衝突式的認定危機解決型態，而且最後也能達成自我、專業認定。

四、「無動力取向」群體

「無動力取向」群體似乎相近於Marcia（1980）所提之「認定混淆」類型（identity diffusion），相關生涯故事反映受訪大學生的生涯發展缺乏清楚的動力方向，包括早期社會化並未建立清楚社會價值或期待，而後也沒有太多自我興趣探索或能力培養。在本研究之參與者中，小童、小珍屬於「無動力取向」群體，他們的相關敘事結構如下：

（一）早期並未內化清楚社會價值觀

小時候小童因為是由外婆照顧帶大，所以外婆成為小童依附對象。加上父母對小童之管教通常為責罵處罰，並要求其擔負「姊姊」責任，使小童知覺與父母關係並不親近。但小學低年級發生重大事件，小童外婆自殺身亡，造成其情感衝擊。重要依附對象的消失，又無適當的輔導協助，從此小童的生命意義無法再形成重要的價值或目標。重要他人喪失及失落，造成小童無法期待正向未來。

小學二年級，外婆自殺身亡，這對當時的我來說是一個很大的衝擊，彷彿生活中最賴以生存的重心被迫永遠不能再擁有。當時的我找不到願意和我談談這件事情的長輩，其他弟妹都對「死亡」還沒有完整的概念，而家族習慣用「急病」來說明外婆的猝逝。直到出殯那天，我在喪葬儀式的過程中，從其他長輩口中得知外婆的選擇，心中雖難掩悲傷，卻也無法改變眼前的事實。從那天開始，我對生命的態度變得很消極，什麼都無所謂。（小童之敘事資料）

小時候小珍形容自己的生活或形象像「公主」，因為父親自營補習班，所以家庭經濟狀況富裕，「也買了房子，家中關係與氣氛都很好，沒什麼煩惱」。可能加上身為么女，所以家人對其寵愛大過責任要求，使小

珍習慣於依賴家庭關係。但國中時，小珍父親因持續積欠鉅額賭債，家庭事業倒閉，因此家道中落。父親失功能後，家庭經濟及責任重擔轉而由母親、哥哥分攤，但小珍之角色、功能並未變化，小珍只是從依賴父親、母親，轉而依賴哥哥、母親。換言之，家道中落使小珍之學習或文化資源變得不寬裕，但並未使小珍學習獨立自主。而其故事中也未顯示小珍從父、母、兄那裡內化學習任何價值觀或社會期待。

　　媽媽曾因爸爸給家庭帶來的許多麻煩與拖累而要求爸爸離家，這一走就是三年……。這時候的哥哥在家中成爲了替代爸爸的角色，而媽媽和哥哥的關係很緊密，且哥哥的意見也相當具有影響性，並因著哥哥的思考和想法很早熟，所以也常是指引與開導我的重要角色。……但因著對哥哥的依賴與景仰，我也會想如果以後要選擇伴侶，當然要選像哥哥這一種。（小珍之敘事資料）

（二）缺乏興趣探索或能力培養

　　2位參與者在大學專業分化前，皆沒有明顯興趣探索或能力培養。小童因爲對未來失去期待，在小學時課業學習並不積極，「但我總會讓自己成績維持在一定的安全範圍，也就是不讓老師和爸媽有取得聯繫的機會」，因此課業也不會明顯落後。而後「在父母的期待下，我被安排進入私中就讀，但我對人際交友、合作互動這檔子事，一點興趣都沒有，我總習慣獨來獨往，冷眼看待周遭的變化」，自然課外興趣或嗜好也就缺乏投入與參與了。

　　國三那年，學校輔導室施測生涯興趣量表，當時解測的老師提到我在空間感的表現優異，或許可考慮機械製圖科，但媽媽當時認爲高職沒有競爭力，所以這個提案就再也沒被提起過。（小童之敘事資料）

　　小珍早期也沒有明顯興趣探索及培養，倒是國中時迷上韓國男子偶像團體HOT，成爲追星族，追星成爲當時生活重心。可惜雖投注很多精神

及資源於追星活動（狂買偶像商品、蒐集偶像資訊、偶像來台時的相關活動也會參加），卻未轉化爲積極的興趣與能力的培養。確實追星讓小珍夢想成爲明星，但是「國中時曾參加歌唱比賽沒入選，大學時參加兩次校內外的歌唱比賽也沒成功」。嘗試參加歌唱比賽失敗後，就未積極尋求任何可能學習資源或發展路徑，自己歸咎於經濟資源不足（但因爲沒錢，所以並未投入歌唱或相關訓練），其實高職時小珍「也在學校參加熱音社，雖然學習不多」。最終總是想得多、做得少，使小珍沒有培養出相關興趣及能力。

（三）依賴重要他人代理生涯決策，但個人亦未承諾

在不同生涯階段的決策上，小童都沒有自己的意見，大多交給重要他人決定，因爲，「說穿了，我並不清楚自己對哪些事物感興趣或……有特別的好奇。我只想著：反正這一切沒有什麼好期待的，讀什麼也都差不多」。高中升大學，在父母建議下，她填法律系志願，結果卻陰錯陽差填錯，考到私立B大學新聞系。父母建議再重考法律系，但小童並不想再耗費精神，因爲對她來說選什麼科系並無差異。顯示小童因沒有自己意見而順從父母，但對於父母的決定並無任何內在承諾。

考完大學聯考後，我在爸媽的建議下選填法律系，而我的志願卡就畫滿了所有的法律系，但想必是畫錯了志願卡的科系代碼，放榜那天，上天開了一個天大的玩笑，我居然考上了B大學新聞系。（小童之敘事資料）

大學臨屆畢業時情況相似，小童覺得：「現階段的我對於自己唐突闖入傳播界，其實並不清楚這是喜歡還是習慣？而對於未來又該是繼續在媒體界工作，還是要轉換跑道呢？說眞的，我沒有想法」。倒是父母期待她考報社記者，但男友則希望兩人一起轉考諮商研究所，只是這次看來男友比較重要，因而聽從男友建議。

於是我聽了爸媽的建議，報考報社記者爲重。但因爲我的男朋友已有報考諮商所的規劃，所以我也在男朋友的遊說下，一同準備報考諮商所，

至於什麼是自己的理想或追求，我真的不知道，也沒有冒險的勇氣。（小童之敘事資料）

　　小珍在不同階段的生涯決策，主要由哥哥引導協助，因為父親失去功能。母親雖然對小珍也有建議，但對她期待不高，只是不斷告誡小珍：「女人要自食其力」（可能由於家道中落，母親的個人體會有感而發，又如「覺得我不想念書就乾脆工作比較實際，她也曾經建議我去當蛋糕師傅」），而且影響性似乎沒有哥哥強。哥哥其實是以小珍的興趣來找可能目標，例如：「最後媽媽無法接受『追星』，哥哥便居中協調，他也建議我可以讀韓文系，而媽媽也轉以觀賞演唱會或去韓國玩，作為激勵我認真讀書、準備考試的誘因」。在哥哥引導下，小珍「雖然國中之後，對偶像的狂熱程度減退，但我對韓國與韓文仍有興趣」。

　　「大學聯考後，哥哥很認真的和我去做落點分析，也和媽媽一起討論選填科系的決定」，而結果「落點大約可填北部A大學哲學系、北部B大學韓文系、南部私立大學中文系」，但實際聯考分數及志願填寫，哥哥卻建議選排名較佳學校優先於選韓文系，母親希望不要離家太遠，小珍也很聽從。進入A大學哲學系後，哥哥建議準備轉學考國立C大學韓文系，小珍也照做，只是考了2次沒有考上而作罷。對大學畢業後的職業，小珍對於歌手夢想或韓國領隊也並未積極準備或行動投入，反而考慮原補習班工讀生轉為正職人員。同樣顯示在生涯方向決策上，小珍聽從哥哥的引導，但對哥哥建議的目標或自己真正的夢想，同樣都沒有很強的承諾或動力，願意積極的投入或努力。

　　但我還是幻想自己有一天可以在PUB或民歌餐廳駐唱，因為聽說星光幫×××原本也不怎麼樣，最後都能成功了。……對於未來，目前正在考慮是否原工讀的補習班轉為正職，省得找工作的麻煩。另外當然還會繼續進修韓文，並想試試看考領隊及語言證照，希望可以朝向領隊或是翻譯員等跟韓文相關的工作。（小珍之敘事資料）

　　「無動力取向」的2位研究參與者之共通性在於，家庭環境或脈絡並

未內化清楚的社會價值或期待，自己也沒有發展或培養相關的興趣、能力，以致生涯決策還是交給重要他人代理，但自己還是沒有清楚內在承諾。也因為他人自我2種生涯動力皆缺乏，因此呈現出一種漂浮無方向的狀態，似乎近似「認定混淆」之特徵。

第五節　延伸討論

一、與王秀槐（2002）之研究比較

　　從上述本研究結果，可以看到與王秀槐（2002）發現大學生的3個生涯發展類型，即「自我取向」、「他人取向」及「居間取向」等，基本上是相一致及支持的。如同王秀槐（2002）之研究，本研究資料同樣顯示在不同大學生個案的生涯敘事裡，其方向究竟來自於他人期待、社會價值抑或是個人興趣與自主性，依舊是鮮明的主題。但是本研究發現「居間取向」群體與其說是一個界線劃分清楚單純的類型，不如說是多種樣態的集合體，即「自我取向」、「他人取向」兩者部分兼而有之的群體。換言之，「自我取向」、「他人取向」既不是完全互斥的2個類型，也不是同一主軸的對立正反兩極，而是在概念空間中可能存在的2種生涯敘事結構之理念型。兩者背後反映兩股生涯動力或2個敘事主題或面向，於是多數大學生個體皆受社會期望的社會化影響，只是深淺作用不同；每個人也在不同時間自我意識啟蒙，所以在過程中可能有人逐步擴增自主性，有人企圖兼顧平衡社會期望與自我需求，有人在矛盾衝突中試圖反抗或協商，也可能有人反抗未果或避免衝突而延長時間迂迴化解。

　　在概念空間上，本研究還發現了一個非「自我取向」、非「他人取向」的「無動力取向」群體，它同時缺乏「自我取向」、「他人取向」等2種生涯動力或敘事特徵。關於「無動力取向」群體，在王秀槐（2002）的研究結果中，並未提出相似或相應的類型。不過，若進入王秀槐（2002）研究之個案資料，可以發現其「他人取向型」之中，有部分個案呈現「迷失困惑」狀態（個案玲、維、荷），包括像是自覺大學沒學到東西、不想面對未來的工作世界、對未來採「船到橋頭自然直」或「隨波逐

流」的態度，似乎相關個案之狀態及敘事與「無動力取向」群體很相似。研究者認為，可能因為在建構或概念界定上的差異所造成的歸類不同，在王秀槐（2002）研究裡，似乎只要是生涯方向依循他人期望或社會價值就歸類於他人取向，但在本研究中認為，若個體只是外在依循他人期望，內在卻未接受或認同這些社會價值時，基本上並不接近「他人取向」之理念型。如同本研究將「無動力取向」區分出來時，可以看見即使個案之生涯決策交由重要他人代理，但他們對這些選項並無承諾或接受，依舊處於無動力、漂浮、可有可無的狀態。

　　換言之，「無動力取向」群體呈現的迷失、漂浮狀態，背後可能是主流社會價值並未確實內化於個體心中，或者原本接受他人期望卻因為學業、專業表現難勝任而瓦解；另一方面個體之自我興趣探索與建立也不夠，使其也不足以自主決策。因此將「無動力取向」群體區分出來，應該有助於清晰建構與區辨典型「他人取向」。

二、共通而關鍵的生涯機制與作用

　　經本研究資料分析結果，初步形成概念空間上的4種生涯敘事群體或型態，包括「他人取向」、「自我取向」2種理念型，以及A、B並存的「居間取向」群體、非A非B的「無動力取向」群體。但從研究結果可以看到，在不同生涯敘事型態之間存在著共通而關鍵的生涯機制與作用，且由於每個個體在這些關鍵機制的狀態與作用不同，而逐漸形成不同的生涯發展與敘事。

（一）早期家庭社會化機制：價值觀傳遞以及認同作用

　　對大學生來說，早期或童年影響後續生涯發展的部分，在於家庭是否能藉社會化機制，成功的傳遞家庭既有之價值觀、信念等，通常來說，這些價值觀往往服膺於主流的、傳統的價值系統。在本研究個案裡，例如：小原之醫生世家家族風氣或傳統；小庭、小嚴父母的高期望、高理想標準；小可的眷村環境以及爺爺期待當醫生、出國深造；小誠來自勞工家庭的生存、謀生為先之價值等。如同王秀槐（2015）研究曾歸納台灣大學生之父母期待主要有「成龍成鳳」、「只求穩定」，這與本研究發現一致，

一部分是高期待的「追求成就」，一部分是「謀生為先」的現實期待。過去研究也指出，由於家庭階層及社經地位差異，可能傳遞不同的生涯抱負及工作價值觀（Herr & Cramer, 1996/1999）。

當然也有些個案是家庭並未傳遞清楚價值觀，如同王秀槐（2015）研究所說的父母期待之「無所要求型」。例如：本研究個案的小珍，其家庭或父母並未傳遞相關價值觀；還有些個案家庭是有期待或價值要求，但最終並未有社會化效果，諸如小童。小童的父母期待他去讀法律系，顯示他們應該有「追求成就」的價值觀，只是小童因早期依附關係失落，也就失去生命意義與價值的追求。

另一個社會化機制，也與價值傳遞有關的是認同作用，當大學生能對父母產生正向認同時，父母所傳遞的價值觀自然容易被接收。例如：小庭早期就認同母親，也就跟隨母親將「教師」設為理想職業。另一方面，也有大學生個案對父母產生負向認同，像是維尼、小誠，正巧2位之家庭都屬藍領勞工階層。確實，如前所述藍領階層有兩方面易造成對父母的負向認同，一方面藍領勞工父母有些自身就不認同藍領勞工身分，也希望子女不要再成為勞工；另一方面，勞工父母有時也可能受勞工職業特性之影響，包括職業不安全易失業、缺乏升遷機會、同儕間常有賭博、喝酒的嗜好等，這些都容易使父母正面形象受損，形成負向認同。

（二）學齡後之學習發展

對大學生個案來說，學齡後之學習發展確實為生涯發展與敘事有重要影響作用。這又包括2個層面，即自我興趣的探索培養以及學業學科之學習與表現，2個層面的作用並不相同。

1. 透過自我興趣的探索培養使自主性、效能感、能力能建立

資料中顯示大學生個案之自我興趣探索與培養，對其生涯發展及定向有其重要性。一方面興趣探索有助於個體覺察自己的偏好、特質所適合及喜歡的活動，但更關鍵的是它能夠進一步建立個體的探索和自主性以及自信。維尼、小愛都清楚的看到他們從興趣培養中建立起自主性與自信，並從自己的能力與喜好確認未來自己想要的生涯方向。其他譬如小原、小誠、小可、小青等都晚至高中、大學之後才探索、培養自己的興趣，即便

如此都能在他們的故事中看到之後的自主性、能動性開始萌發與作用。

2. 透過學科學業之學習與表現建立自尊、效能感及能力

在資料中可以看到部分個案在學校課業的學習與表現會影響到個體的自尊、效能感以及能力知識的建立。例如：小誠國小時透過好的課業表現，取得「好學生」的社會認可，讓自己感覺受肯定以及有價值、自信，另一方面受肯定、有自尊又讓個案更服膺主流社會價值或升學體制邏輯。相反的情形，小庭、小嚴國中時都曾經課業學習表現低落，即便原因不同，但都強烈導致他們自我價值低落，甚至小嚴留級事件也致使他罹患憂鬱症。這可能由於背後反映強大的社會評價，老師、同學多數皆以學業成績來評價學生，同時也代表他們有很大的機會被篩出主流升學軌道之外，也造成他們面對父母高期望壓力的嚴重衝擊，或許是一個被社會認可或接納的危機。特別的是，課業表現優劣在台灣社會連結的意義並不是「學習落後vs.學習超前」或是「學習不利vs.學習有利」，而是「壞學生vs.好學生」，這背後可能反映台灣文化之某些集體價值系統。

（三）晚近生涯決策之父母介入以及個體回應策略

如同前述，本研究資料顯示，生涯決策之經驗或情節對大學生之生涯發展與敘事有其重要性及多樣性。而在生涯決策經驗裡，既是個體與重要他人意見之協商折衝的角力場，也是「自我取向」及「他人取向」兩股生涯動力交互或共同作用的過程。其中「他人取向型」個案小原生涯決策之父母介入以及個體回應策略，主要是父母強制干預、個體順從的方式；「自我取向型」個案則是父母自由放手或者提供意見，但個體皆為自主決定的方式。而如前面所述，居間取向群體在前兩者之間呈現多樣的、多種可能的方式，本研究個案包含有外顯呈現兩方協調或拉扯的往復協商、衝突堅持型態，或是外在未見明顯矛盾衝突的折衷平衡、迂迴化解等型態。研究者認為可能受限於訪談個案有限，否則可能還有其他型態。

最後無動力取向群體個案的小童、小珍，由於對自己生涯缺乏清楚的動力及方向，因此多是交由重要他人代理決策的方式。僅小童有一次特殊經驗，因選填志願卡失誤，致使其生涯決策最終是「機遇偶然」所決定。或許我們也可以推測，假設個案的重要他人（如父母、兄姊、男女朋友）

未提供生涯選擇之意見與決定時，無動力取向群體更可能依靠「機遇偶然」，此種所謂「船到橋頭自然直」的方式。

（四）綜合整理

前述抽取出幾項共通而關鍵的生涯機制與作用，由於每個個體在這些關鍵機制的狀態與作用不同，而形成不同的生涯敘事型態。典型「他人取向」的小原，在家庭社會化上呈現高期望及正向認同，換言之，其家庭期望內化程度高，且父母期望也是高成就；而課業學習表現也勝任，使父母期望維持，個體亦持續增強既有價值及生涯抱負；而另一方面個體在興趣探索上很晚開始，自主投入度也不強；晚近生涯決策也就呈現父母強制干預、個體順從的方式。「自我取向」的維尼，在家庭社會化上呈現低價值傳遞及負向認同，換言之，其家庭期望內化程度低；個體在興趣探索上很早開始且廣泛而深入，自主性、投入度非常高也引導個體之生涯發展；而課業學習表現還算勝任，但非個體之關注方向；生涯決策一直呈現父母未干預或無力干預，個體忠於自我興趣的方式。

「居間取向」群體在這幾項生涯機制也因部分不同而形成發展差異。「往復協商」的個案在家庭社會化上呈現高期望及正向認同（母親或替代父親），且父母期望也是高成就，只是有的個案之職業目標明確（如小庭之於「老師」），有的不明確；而課業學習表現初期勝任，但中間一度不佳，使個案之自尊受損，家庭期待一度失望；另一方面個體在興趣探索也有所發展與投入，只是興趣與課業形成拮抗態勢，因投入興趣而荒廢課業，或因課業表現不佳而熱衷興趣；由於家庭期望價值與自我興趣同時存在，但學業低落的經驗也讓父母稍微放鬆期待要求，晚近生涯決策也就呈現父母與個案協商取得共識。「折衷平衡」的個案在家庭社會化上呈現高度內化及正向認同，換言之，其家庭期望內化程度高，但家庭期望有的是不具體的高成就（小可）、有的是負面限制（小青接收哪些不是好工作之想法）；課業學習表現勝任，使家庭期望維持；而另一方面個體在興趣探索上較晚開始，但自主投入度強；晚近生涯決策時，因家人之教養理念尊重或年老無力而未加干預，也就呈現個體內在折衷考量社會期望及自我興趣來決定。

　　「衝突堅持」的小誠在家庭社會化上，內化「謀生」期望及負向認同，換言之，其接受求生存重要性，但不認同藍領勞工，而後學校培養高成就價值；課業學習表現也勝任，使其朝向社會主流價值及生涯抱負；另一個體在興趣探索上開始較晚，但自主投入度強，甚至轉系帶來價值觀解構與重構；晚近生涯決策在父母期望拉扯下，個體確立自我認定而堅持興趣。「迂迴化解」的小愛在家庭社會化上，家庭價值內化並不明確，但負面期望限制反而清楚強烈（藝術興趣不能當職業）；而個體在興趣探索上較早開始，而且自主投入度很強、興趣清楚，也引導個體之生涯發展動力；課業學習表現沒問題，但因主興趣被母親壓抑，使課業目標僅是應付而未認真接納；在生涯決策上母親持續及強力干預，個體雖無法選擇，但從未放棄興趣，並在可能的選擇範圍內持續接近自我興趣，最後在專業領域找到符合興趣之工作。

　　綜合而言，家庭的社會化機制是個體內化家庭期望與社會價值之重要且初始的作用，家庭價值與期望的嚴密傳遞、個體對家庭期望的接納、對父母的正負向認同等，形成社會期望內化的強弱；而所傳遞的期望內容則有高成就以及穩定謀生等，或是有些是具體職業（如醫生、老師）、有些模糊（出國留學）、也有的是負向限制（不要選設計、文學），總之這是

表7-2　研究參與大學生之生涯敘事分類及其敘事主題整理表

生涯發展類型	生涯發展敘事之主題		
	早期社會化情形	興趣探索與能力培養	晚近生涯決策過程
他人取向	家庭及環境內化清楚社會價值	較晚興趣探索、個人興趣置於末位	父母持續介入生涯決策過程
自我取向	對父母認同及影響力低	很早就廣泛探索各種興趣、能力	經歷認定懸宕、找到楷模以確認方向
無動力取向	早期並未內化清楚社會價值	缺乏興趣探索及能力培養	依賴重要他人代理決策、個人亦未承諾確認
居間取向	家庭傳遞內化社會價值觀	發展與探索自我興趣之動能	早期父母介入決策，晚期可能介入，青年與之協商／對抗，或不介入，青年於內在平衡人我意見

他人取向生涯動力的起點。其中以高成就期望、具體職業之影響力較強，例如：他人取向的小原、「往復協商」的小庭、小嚴；而穩定謀生及模糊期望之影響力次之者，例如：「衝突堅持」的小誠、「折衷平衡」的小青、小可；另外有時以負向限制期望作爲生涯選項的關鍵底線，也呈現很強的干預及影響力，像是「迂迴化解」的小愛。隨著家庭的社會化機制建立他人取向生涯動力的起點，接續的關鍵是個體的學業表現狀況，它成爲家庭和社會期望的測試與確認，透過家庭與學校對個體的教育期望，引導學生朝向好的學業成績表現。換言之，個體若學業成績表現良好，家庭、學校將給予高度評價，一方面提升個體自尊，另一方面也更增強家庭及社會期望，使個體順從，例如他人取向的小原、「衝突堅持」的小誠、「折衷平衡」的小青、小可等都是如此。反之，若過程中個體之學業表現不佳或無法達到父母期望，可能造成自尊低落，但另一方面也可能讓父母期望降低或調整，增加生涯可能的自由度，例如：「往復協商」的小庭、小嚴便是如此。

另一方面，個體之興趣探索與建立便成爲自我取向生涯動力的關鍵起點，一部分的差異在於興趣探索開始的早或晚，當然家庭提供探索資源及自由空間有所影響。換言之，較早展開興趣探索者，更早有自主性萌發、建立，這帶來個體自我選擇與投入的效能感，也造成後來生涯決策時刻，個體有更高自主、自信選擇自己的興趣方向，例如：自我取向的維尼、「迂迴化解」的小愛皆如此。而個體興趣發展上還有一個區別，即自主投入程度的強弱，例如：自我取向的維尼、「迂迴化解」的小愛都對興趣高度投入，而他人取向的小原、無動力取向的小珍、小童即便有其興趣，但自主投入程度卻不高。個體興趣之發展過程也可能與課業成績表現形成拮抗與衝突，因個體過度投入興趣而影響課業學習及成績表現，可能導致自尊低落而降低投入，再回到課業、升學的主流軌道，如「往復協商」的小庭、小嚴。或者個體想選擇興趣爲生涯目標，也可能引發父母之介入與反對，像「迂迴化解」的小愛就是一個例子。

總結而言，自我取向之生涯動力啓蒙於自我興趣的探索，若愈早探索，引發自主投入度愈高，則動力愈強，若過程未被父母反對或影響課業所壓抑，最終個體會在生涯決策時顯現自我興趣的力量，此時若父母干

預，個體可能堅持朝向自我興趣選擇。另一方面，他人取向之生涯動力首先來自家庭期望與價值之社會化，期望愈高愈具體、內化認同程度愈強，或對非期望方向之強力限制等都帶來愈高的社會期望動力；過程中環境會引導個體投入課業學習與成績表現，高學業成績帶來高社會評價，也更強化個體接納家庭期望與社會價值，另外有時須抑制個體對個人興趣的分心；如此在生涯決策時，個體會依循家庭與社會期望做選擇，同時父母也可能提供強制性或諮詢介入生涯選擇，以確保個體生涯能朝向社會期望價值。

三、加入雙文化自我理論視框進一步討論

如前所述本研究所形成的4種生涯敘事的群體或型態，包括「他人取向」、「自我取向」2種理念型，以及兩者皆有的「居間取向」群體、兩者皆未具備的「無動力取向」群體。四者背後其實反映兩股生涯動力或2種敘事主題面向，即社會價值期望之力量對大學生生涯方向之影響，另一個則是依循自我興趣與特質所培養及建立的自主性力量所驅動。更進一步說，一個生涯動力反映社會價值與他人期待的傳遞與影響，促使個體追求成就、地位、經濟資源、社會聲望等；另一個生涯動力反映個體經過自我探索而建立之自主性，以興趣、能力、價值觀等個人特質作為選擇生涯方向的主要依據；後者或「自我取向」也相當接近「西方心理學」所強調的基本觀點或價值立場。

接著我們加入陸洛（2003）的「折衷自我」或雙文化自我理論觀點來進一步思考，所謂「折衷自我」是指講「獨特性」的現代西方個人取向以及重「關聯性」之傳統華人社會取向同時作用於個體身上，形成雙文化自我（陸洛，2003；陸洛，2007）。有趣的是，本研究所發現的「自我取向」生涯動力或主題，正好對應於「個人取向自我」之發展；而「他人取向」生涯動力則可以對應到「社會取向自我」。於是我們嘗試進一步推論，由於台灣大學生身上承載雙文化自我，隨著雙文化自我之動態發展，「他人取向」、「自我取向」兩股生涯動力與敘事主題也隨之建構發展。

因此，此處再將華人雙文化自我之發展理論架構加入討論。楊國

楄、劉奕蘭、張淑慧與王琳（2010）曾以Loevinger（1976）之自我發展論為基礎，再整理與建構了雙文化自我之發展階段論。其中，個人取向自我的發展歷程包含前順從階段、順從階段、個人主義化公正階段、自主階段、個人主義化統合階段；社會取向自我的發展歷程包含前順從階段、順從階段、集體主義化公正階段、融合階段、集體主義化統合階段。楊國楄等人（2010）說明「自主趨勢」（autonomous trend）是個人取向自我發展的核心特徵，「融合趨勢」（homonomous trend）是社會取向自我發展的核心特徵；前者自我是朝向獨立且控制環境的，後者自我是與環境互依共存的。

　　由於楊國楄等人（2010）的理論主張前2階段雙文化自我之發展並無明顯差別，因此我們主要檢視後3階段之差異。以個人取向自我發展來看，第3階段「個人主義化公正階段」的重要內涵有：良心有其內在個人主義的準則（例如：公平正義）、判斷行為之準則是依自己的判斷原則、相信每個個體之責任與義務都具有選擇性及自主性、為自己的理想目標奮鬥並主動提升自己等。第4階段「自主階段」的重要內涵有：具清晰個人意識、重視個人主義價值，即獨特性與自主性、提升個別差異之容忍能力、強調社會角色平行排列（平等）等。第5階段「個人主義化統合階段」的重要內涵，則是以個人取向自我實現為統合理想。

　　其中第3階段的主要任務在於透過個人思辨建立價值觀以及理想目標，特別是公平正義價值。但這其實相當於Erikson提出的「自我認定追尋」任務，只是作者命名不同。

　　另一方面，社會取向自我發展的架構，第3階段「集體主義化公正階段」的重要內涵有：良心有其內在集體主義的準則（例如：關係和諧、重視家庭）、判斷行為之準則是依家人、同儕的原則判斷、認為自己對關係中的他人有道義，且道義是來自倫理規範、為家庭或團體理想目標奮鬥，並被動改善自己（反省過失）等。第4階段「融合階段」的重要內涵有：具清晰集體意識、重視集體性價值如家庭性、關係性及融合需求、理解與關懷他人、強調社會角色垂直排列（權力差距）等。第5階段「集體主義化統合階段」的重要內涵，則是以社會取向自我實現為統合理想。而根據陸洛、楊國楄（2005）研究指出，社會取向自我實現之內涵包括「以成

就回饋家庭」以及「自我安適，兼善天下」（修身、齊家、治國、平天下）。

社會取向自我發展的第3階段主要作用，應該是讓個體內化接受集體主義文化之道德準則，諸如仁、義、禮等，是故歷史上也流傳許多典型的「家訓」文本（諸如《朱子治家格言》等），因此，若以個體觀點來說，本階段的任務應是「修身與自制」。而「自制」的要求必須鍛鍊個人欲望節制以合乎禮儀（「克己復禮」），還有能否「犧牲小我，完成大我」。因此在生涯發展上，社會取向自我並不鼓勵依循自我興趣偏好，反而可能壓抑它，因為能否達成光耀門楣或養家活口之家庭期望更加優先。如此一來，社會取向文化之「生涯」變成達成「成就」或「謀生」目標的純粹工具，而「職業」原本就只是一種身分角色，它們並非協助自我概念形塑的方式。

若對照個人取向自我發展之第3階段主要作用「自我認定追尋」，社會取向自我並不會有「我是誰？」的問題，而是「我是否被大家（社會）所接受？」「我有讓家族丟臉嗎？」由於社會取向自我是建構在關係與角色位置中，所以不像個人取向自我被「真空化」後須重新定義（自我認定），但社會取向自我的考驗就是能否符合社會期待，被他人所接受認可。個體要通過這樣的考驗與危機，就要依靠德行修養以及苦讀勤學才能達到。如孔子在《論語》所說：「德之不修，學之不講，聞義不能徙，不善不能改，是吾憂也。」（參閱《論語・述而》）或者孔子談自己的發展階段也說：「子曰：吾，十有五，而志于學……」（參閱《論語・為政》）。又如韓愈道：「業精於勤，荒於嬉；行成於思，毀於隨。」（參閱《進學解》）因此，華人文化是期望才德雙修，若僅有一者達到，另一者不佳（失德或無才），都是丟臉的。只是現今社會「修德」不見得是普遍強調及檢視的嚴格標準，但「勤學」的功課卻還是存在，而且兩者在過去傳統文化中被頻繁而自然的連結了，亦即學習有了道德成分。相對而言，可以說社會取向自我在第3階段面對的是「社會認可」（social approval）任務，如此便能解釋前述發現，何以學業學習與表現會強烈影響個體自尊（甚至憂鬱），而學業表現不佳會被視為「丟臉的壞學生」。在本研究個案中，可能小庭、小嚴在青少年時期正受到社會認可危機的嚴

格考驗。

　　第5階段「集體主義化統合階段」關切的是自我發展的終極理想或目標，若以陸洛、楊國樞（2005）提出的社會取向自我實現來說，「以成就回饋家庭」顯然還是很接近現實層次，「自我安適，兼善天下」來自「修身、齊家、治國、平天下」傳統應該是合理的。「修齊治平」是華人「內聖外王」的傳統思想，指的是個人之才德修養層級，必須等同於他貢獻（治理）社會的層級，於是自我（修身）仍舊與社會（外王）合一（參閱《大學》）。但這應該不是發展或修練的終極理想或終點，終極理想應該是「天人合一」。「天人合一」是天與人的合一，天道與仁道的合一，最終讓自我及道德的實踐超越社會層面，而達天地宇宙萬物一體（陸洛、楊國樞，2005）。換言之，若成年晚期之自我統合要達到孔子所說「從心所欲，不踰矩」的理想狀態，個體必須得先「知天命」（參閱《論語‧為政》），通過天人合一的理想境界，最終超越社會規範與人倫的約制束縛。

四、敘事主題命名之再思考與再建構

　　經過本土概念之討論，研究者發現原本將兩股生涯動力或敘事主題稱為「自我取向」、「他人取向」，似乎還是略偏向西方心理學的觀點，因為「他人」總是我之外的他者，隱微有著難以「自我肯定」之感，但以華人傳統文化來說，人心的本體自始至終都將重要他人期待與社會關係內化到心裡。所以若從華人本土文化觀點來說，或許命名為「小我」、「大我」是比較合適的，但考量「小我」又有貶抑「個人取向自我」的傾向，所以決定暫且將兩股生涯敘事主題命名為「個我」（individual self）以及「大我」（self for collective）。

　　我們再以上述華人雙文化自我發展理論綜合本研究個案之生涯敘事資料，進一步詮釋闡述台灣大學生「個我」、「大我」等2種典型生涯發展動力或敘事主題。典型「個我」動力之生涯發展在早期是重視兒童的自我興趣探索及自主性培養；青少年時得面對自我認定追尋的任務，試著揚棄社會期望或主流價值觀，並建立個人的價值觀及理想目標；成年期朝向

自己的生涯目標於現實中實踐與累積成就（自我認定定義的）；晚年期希望達到「自我實現」的狀態以統合自我。另一方面，典型「大我」生涯發展動力或敘事主題，在早期是重視兒童的品德及自我節制之薰陶，實際作用是家庭期望及價值觀的內化，另還有課業才能勤學培養的重要任務；青少年時面對社會認可的任務，個人的學業成就及行為表現是否滿足社會期望，並能建立與接受榮耀家庭及所屬群體的理想目標；成年期朝向社會期望的生涯目標於現實中發展與累積成就（社會認可的）；晚年期希望透過「天人合一」、「知天命」的修練以達到圓滿人生的狀態。

　　但回到「折衷自我」的核心論述，它主張台灣社會在面臨西方文化導入，華人傳統文化仍存在的社會脈絡下，身處其中的個體其實經驗到二套文化系統並存（陸洛，2003；陸洛，2007）。由於個體同時承載雙重文化，因此2種取向自我的共存、折衷，甚或融合，就在不同個體身上具體發生。這也與本研究之結果相吻合，亦即「他人取向」、「自我取向」兼具的「居間取向群體」，便是同時接受承載西方「自我成長與實現」、「自主性」，以及華人傳統「社會互依與共榮」、「融合性」等2種文化價值。其實際生涯發展便落在「自我探索─自我認定─自我成就（自主性）─自我實現」以及「勤學自制─社會認可─社會成就（融合性）─天人合一」2種生涯路徑之間。

　　例如：「往復協商」的個案，從小就內化較高的家庭及社會期望，原本課業成績表現良好，但隨著自我興趣空間的探索與開展，課業下滑使自尊也低落，父母期望標準稍放鬆，個體再回復課業重心及表現，最後生涯方向決策就在父母意見參與以及自我興趣間協商產生。又像是「折衷平衡」的個案，從小高度內化家庭期望、社會價值，但並非具體職業，而課業也都表現良好；另一方面自我興趣較晚才開始探索，不過自主投入度高，個我發展動力漸增，而後做生涯決策時父母家人未干預介入，使其生涯決策是內在對社會期望與自我興趣間嘗試做折衷平衡的選擇。因此透過社會期待（「大我」）與自我興趣（「個我」）兩股生涯動力間往覆拉扯、辯證、持續協商的過程，臺灣大學生的生涯敘事樣貌也就充滿多樣性及變動性。換言之，「居間取向群體」因「大我」、「個我」生涯發展歷程、特徵不同，還有各種不同敘事型態的可能。

　　最終，我們可以理解臺灣大學生在生涯發展上爲何經常難以定向與決策，原因就是在華人雙文化自我的狀態下，多數個體都得面對與承載2種文化價值及其生涯動力的往覆拉扯、辯證、持續交互作用，也使歷程變得複雜與充滿挑戰。另外，部分大學生生涯也會看到自我認定延宕的問題，也是因爲華人傳統文化中，原本就沒有「我是誰」的問題，同一時期青少年正透過勤學苦讀與修養品德來證明自己是被家人社會認可之人，而正巧是透過升學機制作爲關卡，於是進大學之後才較有個我發展所需要的自我探索與反思的空間。於是，當我們帶有這樣的本土文化視框與理解時，當看到個體拉長時間採用「迂迴化解」這種事緩則圓、非衝突的策略，我們不該只用西方文化視框來批評其「非自我肯定」，反而可以欣賞它在「人我不離與和諧」的前提下，終能得到個體自在的空間。

第六節　結論與建議

　　本研究延續王秀槐（2002）之研究發現，並嘗試加入本土心理學之「雙文化自我」觀點，進一步分析臺灣大學生生涯敘事之重要主題。結果發現在概念空間中，本研究整體個案之生涯敘事可區分爲4類，即自我取向型、他人取向型、居間取向群體及無動力取向群體，而4種類型或群體生涯敘事背後有2種生涯動力或敘事主題，即「個我」與「大我」。大體而言，本研究之結果與王秀槐（2002）之研究相一致，或許可說「個我」（即「自我」）與「大我」（即「他人」）是台灣大學生生涯敘事之重要主題。不同的是，王秀槐（2002）將「自我」與「他人」視爲同一向度的兩極，但本研究結果發現兩者是可以單獨存在與發展的2種生涯動力或敘事主題，可以用不同形式同時並存。也因此本研究在概念上區分出同時缺乏「自我」與「他人」生涯動力的「無動力取向群體」，它在敘事特徵上與「他人取向」有明顯不同。

　　而在加入本土雙文化自我視框後，發現「個我」與「大我」2種生涯敘事主題正好呼應「個人取向自我」與「社會取向自我」之發展，而多數大學生可能或多或少承載西方「自我成長與實現」價值觀以及華人傳統

「社會互依與共榮」價值觀，他們的生涯發展可能落在「自我探索—自我認定—自我成就—自我實現」以及「勤學自制—社會認可—社會成就—天人合一」2種生涯路徑之間。因而多數台灣青年在他們獨特的生涯發展歷程中，或許都要面對社會價值與家人期待，以及自我內在興趣等兩股生涯動力在其身上並存，並且經驗到折衷平衡、衝突協商、迂迴化解等動態互動與辯證作用。於是回到本研究所關注的問題，何以過去研究經常發現台灣大學生呈現出生涯未定向或不確定之問題，就是因為「個我」與「大我」兩股生涯動力不斷拮抗、拉扯，或是同時缺乏動力，這些都將增加生涯定向上的困難或延長生涯決定的過程。

　　本研究僅針對台灣兩所大學的10名大學生進行生涯敘事訪談，敘事研究雖有深度與脈絡性之優點，但確實有普遍類推性問題。所幸本研究分析結果與王秀槐（2002）之研究相互支持，進而提升「個我」與「大我」作為重要生涯敘事主題之可能性。但當然台灣大學生生涯可能還有其他重要敘事主題，未來研究可再針對不同大學生族群（如技職體系、國立大學等）、不同階段（如成年中期後的回溯），再進一步發掘與探討。

　　另外在資料整理與討論過程中，本研究有將個案歸類以便進一步分析比較，依照嚴格的類型學來說，類型間的定義界線應清楚互斥，各類型也應蒐集足夠案例以達資料飽和。但是本研究之分類採用韋伯的「理念型」觀點，相關群體分類僅是人類認知概念空間中的相對位置，而非本質性的絕對類型，為的是便於特徵描述與分析。換言之，即便以嚴格的類型學來看，本研究類型區分不夠清楚，個案量未達資料飽和，但因本研究之群體區分主要是為了描述與討論各群體之生涯特徵及發展歷程，並提取背後之敘事主題，而非確認本質性的類型學。而從最終結果本研究確實能分辨出2種生涯動力或敘事主題，並能討論其間的關鍵差異，顯見前述類型學問題並未明顯干擾。而4種分類群體也僅能反映個體暫時性狀態，例如：若加上未來足夠的時間發展，或許接近「他人取向」的小原也可能朝「居間取向」群體的方向趨近。

　　最後，本研究結果應可提供生涯諮商與就業輔導人員參考。來自西方個人主義文化的生涯諮商理論模式，多數透過自我探索去單向增強個人興趣、價值、能力，而未將家庭脈絡視為重要探索與處理因素。本研究認

為，如此做法可能解決部分個案問題（若經增強後個我動力顯著大過大我動力時），但也可能加深個案的矛盾與衝突，特別若是身處強勢社會價值傳遞的家庭。其次，是否必然將家庭期待所代表的「大我」動力視為阻礙個體生涯發展的負向因素？在工業社會之前，「父業子承」是多數人的生涯路徑，但除了職業與專業之養成外，背後還有文化價值的精神性傳遞功能，因此若能跳脫職業選擇的爭執，便能看見與肯定文化精神傳承的正面價值。如同Erikson（1958/1989）所提出的「世代間新陳代謝」觀點，以及洪瑞斌（2012）的討論，都說明這應是辯證性超越與創造的過程，而非全盤接收（過於守舊僵化）或完全揚棄傳統文化價值（造成歷史斷裂性）。

如此一來，「折衷自我」或居間取向的生涯發展看似辛苦而反覆拉扯的漫長過程卻有了正向的意義，因在「個我」、「大我」雙動力下的互動協商中，個人才有可能兼顧文化精神的傳承，並保有自我興趣的發展。這也帶來社會革新與代謝的健康社會發展，而非造成歷史文化的斷裂。總結而言，本研究建議相關生涯協助之專業人員應具備本土心理學之觀點，以便增進對個案生涯的多面向理解，並能提升介入本土個案之適切性。換言之，這對長期接受西方心理學教育，並成為西方個人主義價值代言人的多數心理工作者或諮商師來說，應是關鍵的自我反思與專業挑戰。

第九章

成年男性發展*

第一節　緒論

一、前言

　　本章將提供敘事研究應用在成年男性發展的一篇研究實例，即洪瑞斌（2012）之研究〈向大海進軍：以李安的生命敘說反思成年男性的轉化之道〉。中年危機是成年發展之重要議題，它並非顯著之外顯危機（如失業、失婚等），卻需要深層的覺察與轉化。此研究特殊之處是筆者（即該研究作者）企圖增加此議題之個人知識，即如何面對中年危機之轉化。但此研究並非採自我敘說研究，而是從他者生命故事進行閱讀與反思，即以知名導演李安爲對象。

　　此研究參考心理傳記方式，廣泛蒐集李安導演之相關傳記、採訪及作品等次級資料，再重新建構李安的生命敘事文本，詮釋其生命主題。此研究進一步再嘗試以李安生命故事、生命主題爲素材，討論某些成年男性在其發展過程中，其面對危機或關卡時轉化成長的方式或歷程；並且將李安的生命素材與Erikson及Levinson的發展理論、「穿越歷程」視框做對話與反思。

　　此研究作爲敘事研究有幾個特殊參考學習點，一是如何參考融合心理傳記法，並且對非訪談的次級資料文本進行分析。其次，提供一個範例展示，如何從閱讀他者生命故事及反思，以增進個人知識或對個人議題之解惑。以下便進入洪瑞斌（2012）〈向大海進軍：以李安的生命敘說反思成

---

*　本章之初稿曾發表如下：洪瑞斌（2012）。向大海進軍：以李安的生命敘說反思成年男性的轉化之道。載於李文玫、鄭劍虹、丁興祥（編），生命敘說與心理傳記學（103-133）。桃園：龍華科大通識中心。本章以此文爲基礎修改。

年男性的轉化之道〉之研究論文內容。

二、緣起

　　為了個人理由，有種內在動力需要貼近與建構李安的心理傳記，才忽然明白，博士班時期的自我統整，其實過程除了跟著案子開始傾聽男性勞工的生命故事，重獲得某種階級認定之外（洪瑞斌，2005），我還透過讀與寫艾瑞克森的生命故事，協助處理了自己當時的內在混亂。現在重讀〈艾瑞克森——自我追尋的實踐家〉（洪瑞斌，2002），依然有些感覺。但更驚訝艾瑞克森與李安的某種相似性與對比性，或許因為都是自己潛意識投射的共鳴對象，自然有些相似。但的確，李安某種程度較艾瑞克森有時代的進步性。

　　為何是李安？或者在這忙碌的生活軌道何以有閒情逸致來研究一個導演？自己清楚的是，此工作跟面對40歲的我以及中年危機有關。40歲確實開始進入中年，但我有危機嗎？先前在母校分享，似乎有些聽眾對於我缺乏明顯外因（失業或失婚）而說危機，感覺我是為賦新辭強說愁。但我以為中年危機的關鍵特質並不在於外在因素或環境衝擊，而是一種內在危機，即便缺乏明顯外因。中年危機也是一種過渡或轉換期，如同榮格所說，中年如同一天的正午，過了正午就開始預備進入黃昏、夜晚、結束一天。換言之，這個過渡期界於成年期與老年期之間，他可能在如日中天或一切都不差的階段，但是卻在心理預備進入下坡的階段。所以這樣的內在危機是強烈的，即便可能從外在生活或環境看不出來（Karpiak, 2008）。於是中年個體的內在衝擊就在「理想vs.現實」、「生存vs.存在」、「責任義務vs.欲望」之拉扯。與青年期不同的是，中年階段已經做過一些選擇，有過一些歷練及累積，或許天真不再。他們為生存而奮戰過，為理想而投入實踐過，與現實主義的生意人交過手，也見過不同夢想家。如果他幸運適應下來，生活也過得不錯，這些生存遊戲的倖存者或贏家，卻難掩內心的存在焦慮或憂鬱感，如果他還有一絲絲意識的話。焦慮的是，他明白生命已經倒過來數，已經無法單純寄託於未來會更好；他了解現實環境與結構的僵固與嵌卡，烏托邦或夢想並不容易到達；他也發現自己生活方

式或境況雖多數人稱羨，但離他年輕時的理想卻天差地別；當他想要改變時，也發現需要考量因素太多，例如：所付代價、職責、對他人影響等，不再像青年時只需要義無反顧的勇氣就可以。

對我個人來說，爲了處理這樣的議題，我一部分透過熟悉的生命敘事方法來嘗試找出路，而研究及書寫李安的故事就是具體行動。生命敘事的療癒作用除了述說與書寫自我故事之外，我認爲「閱讀他者故事」也有重要特殊作用，且不僅止於作爲敘說自我故事之催化活動而已，尤其是在生涯發展與輔導裡。「閱讀他者故事」可能可以提供讀者一個情感認同或模仿學習的對象，在生涯領域即類同於生涯角色楷模（role model）或導師（mentor）的作用，因爲對自己的角色楷模重構與撰寫故事應該是深度的閱讀，除了會蒐集多重來源的資料，還會把自己的觀點與生命融入其中。

那爲何會選李安呢？我並非因爲迷上他的電影才對他好奇，甚至第一次看《臥虎藏龍》還感覺很不習慣。相反的，我是對他的生命故事有興趣，後來才儘量去找他的影片來看。最早吸引我注意的是，他在節目專訪談到電影碩士畢業後6年的失業，我好奇他這樣的過程及堅持的力量。而後我才開始蒐集他的資料與故事，也慢慢有些理解。對我而言，李安本身的特質確實有某種吸引力，也才會不自覺的開始研究他。

若依過去我所能辨識的3種生命實踐路線「主流邏輯、功名利祿」／「基進運動、草根團體」／「堅持信仰、脫俗隱士」。我在想能否走出不同於以上3種典型的路線，一種比較符合我自己生命敘事基調的路線。一種在體制內做生存調適，卻不忘記持續進行意識轉化與文化傳播的工作。在我意識覺醒的早期，我對於基進草根的戰鬥團隊感覺欽佩，也慚愧於自己無法犧牲式的投入；另外看到有些志節堅毅、不入俗流的修士也有明顯的骨氣。現在我逐漸肯認變革的另一種路線，而且我清楚這不是某類騎牆派的合理化辯解。置身體制內，卻致力催化變革，這並不是一種容易的修練。於是我找到李安作爲現階段的學習楷模，嘗試走一條入世修練以及溫柔革命（透過敘事文本之建構與發聲）的道路。於是我們必須具有後現代的能耐，能覺析各種意識形態、觀點的特性與缺陷，能穿梭於不同世界與文化之間，能夠運用敘事的素材與語彙，以促發自身與他人不斷轉化（可以用「巫師」作爲隱喻）。

　　於是體制內的變革者，工作的對象可能大多不是被常模軌道甩出或摒除的弱勢邊緣群體，而是意識模糊的普羅大眾，如同意識未覺醒前的我或現在碰到的多數學生。於是我們這類的入世巫師，得要使用大眾文化與敘事語彙（太過基進或直接批判會讓他們彈開，太過小眾或另類的敘事風格會讓他們難以進入），點燃這些一般人心中的燭光，映照自身內在的魔性（貪欲與畏懼）與佛性（受苦與慈悲），促進這些大眾或多或少的自覺與轉化。於是巫師與革命家、修士在不同場域與道路上，實踐相同方向的使命，殊途同歸。

第二節　探究路徑

　　既然希望能進入李安的生命，深度閱讀並建構其生命故事，我便參考心理傳記的研究方法進行。所謂「心理傳記」是指「明顯地使用系統化或正式的心理學知識或理論於傳記研究，並連貫出具啟發性的故事」（丁興祥、賴誠斌，2001；McAdams & Ochberg, 1988）。不過本文不似一般心理傳記研究，對資料完整窮盡地蒐集以及嚴格的考據，所以或許稱為「深度閱讀與書寫他者生命故事的研究取徑」更加合適。回到本文之目的，研究者主要是要獲取「個人知識」（personal knowledge; Polanyi, 1958），而非普遍性知識，因此這樣的方法與取徑應已經足夠[1]。

　　實際進行的過程，首先蒐集各種關於李安的文獻與次級資料，例如：傳記、報導、採訪、影片、電影作品或其他研究論文等。由於沒有機會訪談李安，所以我主要依賴各種文獻資料。因為李安是知名人物，也是媒體產業的一分子，各種公開報導、採訪資料豐富，以李安傳記或作品為對象之專書也有好幾本，故在資料蒐集上並不困難。通常李安在電影上片或參賽的宣傳期間都會接受媒體訪問，而他幾乎都會坦誠分享創作過程及

1　本文初稿於研討會發表時，評論人指出本文有此點之不足，並建議再擴增更多來源敘事資料。但詳加反思後，筆者確認對研究目的而言，本文研究取徑已經足夠，因為重點並不在於歷史真實或形成普遍知識，而是在回應個人議題與個人知識，因此與一般傳記研究之關切點略有不同，特此說明。

自己的狀態。但這些公開資料還是可能只反映出李安「公眾自我」的部分，而且我確實也缺乏李安的書信、日記等個人文件資料，所幸李安是「創作者」，電影是其創作作品，我認為透過電影作品的解讀，應該相當程度可以探照其內在狀態及議題。

接下來就讓自己充分浸泡在各種資料的閱讀與消化中。在眾多資料之中，我以描寫比較充分而深度的傳記性資料以及李安直接受訪與表述的資料為主，其他多手轉述層次的資料僅作為輔助理解之用。另外，電影作品有助於進入李安的內在世界，所以也花時間反覆觀看其各時期的作品，特別是在我「沒感覺要找感覺」時，往往就會挑部李安的電影來看。然後嘗試建構李安的生命敘事與傳記文本。我先整理出李安的生命史軸線，並在上面標註其各階段重要事件後，才開始動手書寫故事，並反覆編修。生命敘事文本建立後，再以生命史表格方式摘要分析與建構李安生命歷程與主題，詳細內容可參見表8-1。最後，透過生命歷程分析表再進行整體性反思與討論。

在進入與閱讀李安生命並建構故事的過程並不順暢，文章初稿寫成超過2年時間，過程一路走走停停，光是開場〈前言〉就經歷2009、2010暑假，至2011春假時才寫完，後面才漸漸能進入其故事。究其難處除了日常之教學、工作、生活事務的擠壓，剩下很小生命敘事所需中介空間可以迴旋之外，還因為他是依然生存於現在的活人。不同於過去心理傳記或生命敘事研究，不是研究已逝的歷史人物，要不就是近身訪談傳主整理故事。不容易之處在於我能準確理解嗎？我有何資格為其代言？他會同意我的詮釋版本嗎？一旦考慮這些問題，提筆就變得重重困難。最終，我只能仿效他將原著小說改寫為劇本的方式，看完原著幾遍之後，就把小說丟掉。當然他還是經常進入與揣摩作者與不同角色的感受與心意，這是擴大生命的會心與交織，而且他明白最終作品必然會融合二者。於是回到後現代的根本假設，沒有原初的版本，沒有單純「李安的生命世界」，或者沒有任何人回得去「那個世界」了，包括李安本人。所以寫故事的工作變為我必須與「李安」生命的交融，對其的理解試著外化或具象化為故事文本。所以，如果「李安的生命」是一本小說，而我所產出的生命敘事文本，將不可避免的將自己生命加入，成為融合兩人的故事版本。

第三節　李安的生命敘事：解構主流與轉化自我

　　李安是國際知名導演，拍了不少知名電影，也獲得許多大獎，如台灣金馬獎、柏林影展金熊獎、奧斯卡金像獎等。他的父親為公立學校校長，從小對他期望高、管教嚴，但他讀書成績卻一直不佳，缺乏自信。大學聯考兩度沒考上，意外考上藝專，找到戲劇作為投入方向，從此生命才開始活過來。從藝專到美國紐約大學留學，專業累積與進步快速，也展露天分，畢業作品《分界線》也獲學校獎項，受到矚目，因此留在美國找機會。但這一等卻等了6年，正好在人生的壯年——31至36歲。期間他寫劇本、改劇本、談合作、找機會，不斷重複，卻都沒能成真。他說因為自己什麼都不會，只會拍電影，所以賴皮撐下去，但是很少人能撐這麼久。過程中燒菜、帶孩子培養生活的細膩度，寫劇本則是重要專業訓練，更重要的或許是一種考驗，考驗他的熱忱，也讓他學習如何找資源與機會來實踐自己的夢想。後來《推手》、《囍宴》劇本獲選新聞局獎，也獲得拍片機會，雖然資源不多，但他抓住機會，把心中意念與情感具體化表達出來。而且他後續透過拍片工作，一部部專業提升，一步步碰觸與轉化自我。

一、乖順與壓抑的童年

　　李安的老家是江西大戶人家，高祖及曾祖父都曾是大財主，但爺爺出生時家道中落，幾乎所有家產幾乎都散盡。李安父親出生那年，爺爺發了大財，所以爺爺非常喜歡父親。而後爺爺送父親進洋學堂，希望家中有人在朝為官，庇蔭家族。父親之後考上上海大夏大學，兩年後抗戰爆發，轉入南京幹校就讀。抗戰勝利後返鄉，28歲就當上江西崇仁縣縣長，後來調至教育部任主任祕書，內戰時輾轉來臺（張靚蓓，2002）。

　　到台灣後，李安父親先後於嘉義、屏東、台東、花蓮擔任教職，最後調至台南，且在台東女中、花蓮師範，到台南二中、台南一中等校皆擔任校長。在嘉義教書時，有同鄉從大陸逃出來，帶來家鄉的消息，說父親老家被歸為黑五類，爺爺奶奶都被槍斃。爺爺臨終託人帶話給父親：「老家

全完了，你在海外另起爐灶。」李安父親聽到消息，傷心欲絕，想到廟裡出家，被朋友阻攔。直到遇見李安母親，結婚生子，才又重獲希望。在這種情況下，父親身為家族的長子，李安又是這代的長子，可以想見父親對李安有多大的期望，包括來自家族傳統的責任與使命（張靚蓓，2002）。

李安對於母親的描述不多，但李安說自己「娘胎就喜歡看電影」。因為母親也是老師，從年輕就愛看電影，包括懷李安的時候，以及李安小時候，都常帶著他一起看電影。母親曾提到李安小時候曾經問她，為何都看外國片；她答外國片好看。李安就說，那為何不把國片做好一點。母親認為李安後來的導演工作就做到了當時他所說的（溫懷智、蔡康永，2003）。李安母親是啟聰學校老師，所以覺得小孩只要健康就好，給予李安很大的包容，每次父親要打他的時候，母親都會幫忙擋。

李安描述自己的童年是快樂的，尤其是住在花蓮的那8年。父親除了擔任花蓮師範校長、「師訓班」班主任外，還是花蓮救國團的主任委員。由於「師訓班」集合了各種退伍軍人，所以各種康樂隊都會來此表演，像是歌舞特技、平劇、紹興戲、魔術、話劇等表演。李安小時候看了不少「秀」，因為父親的身分，李安總是坐在前排的貴賓座。李安也從小就展現表演的天分，當爸媽的朋友、同鄉來家裡作客時，他常拿掃把當吉他，帶著弟弟上場表演，逗大家開心；他也擅於模仿不同叔叔、伯伯。上小學之後，班上每週班會前李安也會表演一段相聲，甚至他還自編自演了許多話劇。例如：小學三年級時，李安便編寫劇本教導同學表演，男同學不願演女生，他就自己反串上場。

但升上小學四年級李安的生活有了轉變，隨著父親轉調台南學校，他也轉學到台南。這是他第一次面對「文化衝擊」，從花師附小一個「完全外省、講國語的、美式開放教育、沒有體罰打罵」的環境，轉入一個「完全本省、講台語、日式填鴨教育、體罰打罵、注重升學」的傳統國小，完全不同於附小那種美式的新式啟發教育環境。於是台南公園國小的那2年，李安的學校生活就在「考試、重視數學、打」的升學教育中度過。即便十分不適應，但李安也只能這麼捱過去。他在書中提到：「如今回顧小學歲月才發現，從小我就身處文化衝擊及調適的夾縫中，在雙方的拉扯下試圖尋求平衡。因為培育我的兩種教育制度，正代表台灣的兩種文化：外

省中原文化及日式本省文化。」（張靚蓓，2002）

　　但這個轉折也顯示李安快樂的日子已結束，因為無可避免的是升學體制與課業壓力的到來。他在課業表現並不好，因為對課業沒興趣，所以一直漫不經心，人也顯得愈來愈內縮與壓抑，但他還是進入了台南一中。

　　台南一中是中南部菁英匯聚的學校，相較之下李安就更形遜色。加上當時父親正是一中校長，李安心中的難堪與壓力更加放大。但這份壓力無法提升他的課業表現，於是在學校裡只好總是躲著父親。李安的青春期沒有叛逆，而是內縮自閉，總是胡思亂想，駝背又害羞。父親為了提升他的成績，增加了很多補習，老師全是中南部的名師，但成績還是不見起色。當時父親看他念書實在不行，也很憂心，就找機會跟他談未來生涯的打算。李安對父親說想當導演，大家都以為他在開玩笑。可是李安心裡清楚這是真實的想法，他特別想當電影導演，即便當時並不清楚導演在幹嘛。

二、意外找到出口以及自己的路

　　高中功課不佳的李安果然大學聯考二度落榜，第二年甚至只以1分之差落榜。因為李安幾乎每到大考就緊張，身體也起反應，如腹痛、頭昏，題目也看不清楚。二度落榜對李安家有如世界末日，他沒想到會有如此結果。心情極差的李安獨自到海邊散心，家人還以為鬧失蹤，回家後，沒人敢惹他。母親擔心他出事，還派弟弟盯著李安。專科考試沒那麼緊張，李安反而考得不錯，最後進了國立藝專影劇科（張靚蓓，2002）。

　　剛進藝專，李安像多數同學一樣，準備重考。他甚至戲稱戲劇科是一零八志願，直到他第一次上舞台參與演出。他說：「舞台，改變了我的一生。在此，我的靈魂第一次獲得解放。渾沌飛揚的心，也找著了皈依。」李安也清楚形容：「記得第一次站上舞台，強烈的聚光燈灑下來，面對燈光之後黑暗中的觀眾，我第一次感覺到命運的力量，是戲劇選擇了我，對它我無法抗拒。」於是李安一上舞台就強烈的感覺到「這輩子就是舞台」。舞台召喚著他，擦亮了他的雙眼，喚醒他的心靈。李安終於了解到，所謂升學主義的路，對他來說只是學習基礎知識，遵循常模軌道，但一生就此庸庸碌碌；反而去學戲劇，他就可能走一條很不尋常的路。於是

李安開始悠遊於演戲、編劇、導戲的藝術世界。

另外，李安接續母親幼時的陶養，開始接觸外國的流行電影與藝術電影。當時讓李安很有感覺的片子是Mike Nichols執導的《畢業生》。而藝術電影方面，他看的第一部片是柏格曼的《處女之泉》，看完他彷彿遭重重一擊，久久無法動彈（張靚蓓，2002）。「我覺得身邊一片寂靜；我癱瘓了、被電擊了。我拒絕離開放映間直到下一場電影要開始放映。在那之後，我的人生整個改變了。我再也不曾看過音量如此微弱，卻又如此暴力的電影」。於是李安對電影也開始開竅，他發現一部好電影並不只是把故事講好，還要對人性特別關注（李達翰，2007）。後來他嘗試拍了一部黑白短片《星期六下午的懶散》。拍片時李安發現自己應該有天分，因為他從攝影機的觀景窗望出去，看到一個跟平常經驗不一樣的世界，可以只「選擇」有意思的東西。李安感覺在那個世界裡，他可以盡情揮灑，並讓夢想顯影。對電影與舞台劇李安都有興趣，不過藝專時還是舞台做得多（張靚蓓，2002）。

李安如魚得水的學習戲劇、藝術，父親雖然答應支持，但內心一直很矛盾。討論過是否重考，李安當然不想；父親答應了，條件是畢業後出國念書。其實父親很不開心，因為他的想法裡，李安做的和軍中康樂隊沒兩樣，所以很傷心。李安不能光宗耀祖，居然還淪落為戲子，因此父親要李安出國，希望能拿到學位，成為戲劇系教授。李安說：「想來有趣，返家、離家、壓抑、發展之間的拉扯，都和父親有關。出國是他和我之間的『約定』，離家千萬里即是他的促成。」（張靚蓓，2002）

於是李安先到伊利諾大學就讀戲劇系，然後再到紐約大學（NYU）電影研究所，過程中學費及拍片所需花費家裡都資助。在伊大的學科與術科的學習都很充實，但與藝專最大不同，由於語言的問題，使李安無法如以往演出男主角或有重要發揮，於是他才動念想轉到學習電影導演。NYU的專業訓練很扎實，每位學生要編導5部作品，包括畢業作。過程他學到很多實務經驗，成為未來吃飯的傢伙。幫別人拍片時，接觸各部門的基本技術；拍自己片子時，練習創作歷程、領導統御及學習承受批評。李安覺得自己最愉快、最充實的日子，就是在NYU的求學時光。因為李安在一般生活情境裡，自尊一直很低，可是一到電影系就不一樣了。因為導

戲的時候，同學都會聽他的，而過程中的一些創意的點子，最後都能夠做出來。

三、6年蟄伏與試煉

李安原本打算畢業後先回台灣發展，但他的畢業作《分界線》在紐約大學影展中得了最佳影片與最佳導演兩個獎，美國三大經紀公司的經紀人當場就要跟他簽約，並力勸李安留在美國發展，一直跟他說機會很大。於是李安決定留在美國試試看，一部分因為當時太太也還在伊利諾唸博士學位，只是沒想到迎接李安的不是一帆風順，而是6年的等待（張靚蓓，2002）。6年蟄伏對李安生涯的作用不只是專精教育，而更像一種試煉，試煉著李安對導演生涯的意志與承諾，考驗著李安如何將藝術理想落實於現實土壤之中，考驗著家庭的支持力以及自身興趣的堅持投注。命運像是在質問：「你是否能容忍沒有盡頭的等待？」「在沒有什麼資源、條件下，你如何能找尋機會與出路？」

那幾年，李安主要做的是發展劇本的工作，寫出劇本初稿，若有人欣賞，就叫他改寫，來回的修稿，這樣一耗就是一、兩年。最後不是無疾而終，就是繼續發展，這就是美國所謂的「企劃煉獄」（development hell）。據說一個劇本從初稿到開拍平均要纏鬥5年，那還是拍成電影的少數幸運劇本。就這樣，一個計畫不成，另一個計畫又來，隔一陣子就有不同人跟李安談合作。總有幾個在進行，但也經常落空，所以人總像是懸在半空中（張靚蓓，2002）。在實際生活上，除了寫劇本外，就是燒菜、帶小孩及分攤家事，所以也練就一手好料理。在經濟上，靠太太薪水過活，為了經濟節省李安也不太亂跑，也多半悶在家裡。平常待在家裡無聊時，有時間李安就看報紙練練英文。當時如果有案子做，李安就會很高興，出去找人寫劇本或自己做研究，很有衝勁。如果李安看起來很忙，太太就會不管他；如果李安從早到晚無所事事，她就會問：「你到底在幹嘛？無聊的話找個事做，不一定要是賺錢的事。」（張靚蓓，2002）

的確，如李安所說，若不是碰到他太太，李安可能沒有機會追求電影的生涯夢。他說太太性格獨立自主，包括經濟與生活方面，理性聰明，而

且心思單純、不易焦慮。甚至在大兒子出生時，她還自己入院生產，不要李安陪產。專業上發揮所學，進行微生物科學研究工作，經濟獨立。在此關鍵的試煉期，她發揮極大的支持作用，一方面生活經濟靠其收入，不夠用時，雙方父母也會接濟一下，寄錢給他們救急。另外，當李安在想學電腦等謀生技能時，她還是支持李安專注做他的專業與興趣。太太也曾說：「我只是不管他，leave him alone。」李安發現這是他最需要的，她給出了極大的時間與空間，讓李安去發揮、去創作。包括這6年，她沒有要求李安為了收入要出去上班（張靚蓓，2002）。

當然6年那麼長，太太也並非都沒壓力。她第一年就有感覺了，覺得再等下去好像沒有盡頭，也覺得傷心。因為即便看李安講的東西有意思，但也從沒看到一個成形的東西，如何去期待與相信？但是她就自我調適，自己想法想通了，她就不再多說什麼（曹志雄、陳魯豫，2008）。似乎她就是接受李安這樣的人，有時看到他的片子喜歡，就很開心，不是因為他的成就。不論是在那低潮的6年，或是後來成名的時候，她都保持同樣的態度，信任李安，這真不容易。

過程中，除了寫劇本，李安曾嘗試做其他事，偶爾去幫人家拍片或看看器材，幫剪接師做點事、當劇務等，甚至也去餐廳打過工。但不論做什麼事都不靈光，李安覺得自己是潛意識的排斥，自嘲「除了拍電影外，自己什麼事都幹不好」。1990年暑假，老二李淳出生時是李安最消沉的時候，甚至他在想是否自己在人世的作用，就是為了傳宗接代，教好兒子。當時李安感覺完全絕望，全部死寂，自己精神銳氣已磨盡，也不知如何是好。要不要回台灣？國片那時也不景氣，於是舉棋不定、進退維谷。但就在所有計畫全部泡湯的幾個月後，最低潮抑鬱的時刻，《推手》、《囍宴》的劇本在台灣得獎了，整個運勢狀態自此谷底翻揚（張靚蓓，2002）。許多人好奇李安怎麼熬過那一段鬱抑時期，他回應道，當時自己沒法跟命運抗衡，只是死皮賴臉的待在電影圈，死撐下去，當時機來了，就迎上去而已。說賴皮是因為原本李安設定2年，若不成就回台灣，但又沒有規劃另外要做啥。他說等待其實沒有什麼不好，等到比較容易處理的局面，自然水到渠成（溫懷智、蔡康永，2003）。

四、父親三部曲：專業起步，解構父親形象

　　《推手》劇本發想來自武俠小說裡的太極拳，但故事的情節倒是李安自己構想，因為對練太極拳的老頭遲暮之愛有興趣，但他並未動筆。直到同在美國的好友馮光遠告知台灣新聞局有徵選劇本比賽，並提議寫個劇本來賺獎金，李安才動手將構想寫出來。過程中李安訪問了太極拳師父，到社區大學學太極拳，一邊將劇本寫出來，花了約2個月。完成後，就把《推手》以及原本就寫好的《囍宴》寄回台灣參賽。1990年年底傳來喜訊，《推手》獲獎第一名，《囍宴》第二名（張靚蓓，2002）。返台領獎時，李安居然已10年沒回台灣了。中影經理徐立功提議出資讓李安拍《推手》，預算1,200萬台幣，反倒李安考慮了一下。因為當初寫這劇本純粹為了參賽賺獎金，主題冷門，拍出來他懷疑有什麼觀眾會看。徐立功則因為它是第一名劇本，又具有濃厚文化意涵，願意提供輔導金。李安自然明白這是難得機會，只是也很擔心練功6年，萬一第一仗就出師未捷，恐斷送後路。最後，在侯孝賢等前輩的鼓勵下，李安終究開拍了，畢竟當時也沒有其他明顯機會（張靚蓓，2002）。

　　從第一部片《推手》開始，李安就找到「好機器」（Good Machine）公司合作，對其專業成熟有很大幫助，也慢慢摸索自己的工作模式。前二部片子因為資金很低，「好機器」協助李安採美國獨立製片模式，成功完成任務，當然其中很多事務都得靠自己處理。好機器公司教導他，在資金有限卻又想把片子拍出來的情況下，就得靠事先詳細的計畫，因為「計畫不花錢」。最後他做到了，《推手》24天、《囍宴》26天拍完，按計畫執行（張靚蓓，2002）。此二片等於是讓李安以從前學生片游擊戰模式，再進階提升品質，而且變成玩真的。最後《推手》所得成果算是不錯，台北票房達1,800萬，金馬獎獲最佳男主角、女配角及特別獎，於是徐立功又努力催生《囍宴》開拍。結果《囍宴》大放異彩，奠定李安在電影圈的知名度，也打開票房市場。主要是《囍宴》當年獲得柏林影展金熊獎而變得熱門。也順利賣到海外市場。結果《囍宴》在台灣票房達到1億2,000萬，全球票房衝出3,200美元，成本卻僅75萬美元，成為1993年全世界投資報酬率第一的電影（張靚蓓，2002）。

　　第一次獲得金熊獎，李安感到既興奮又茫然。當時他心裡想著：「往後的人生都要因此而改變了，眞擔心接踵而至的掌聲、曝光與更大的壓力，不知該如何面對？」而在事業上最大影響是《囍宴》開發了李安的國際市場，這是新的經驗。《囍宴》開出紅盤，各地開始高價收購李安的片子，自此確認出他的市場定位模式：在台灣及亞洲是「大眾主流市場」，到了歐美就是「藝術院線」市場。他清楚的認識到，拍電影除了能力之外，還要靠「市場潛能」，它包括各地片商、媒體對導演的支持、觀眾的期待。他說，「市場潛能」就是導演的「腰桿子」，有了群眾基礎，他不是摸黑冒險去面對未知的市場，或是只得聽從老闆的賣點去拍片，它讓導演比較有自主性（張靚蓓，2002）。除了最初得獎的關鍵影響，之後李安認爲去參加影展就是去宣傳造勢，讓國片走入國際市場。即便他對於宣傳的工作感到煩累，但他也很認分的去做。因爲認知到電影在本質上是都市屬性，必須把人氣、新聞炒起來，既然本質如此，所以就得甘願（張靚蓓，2002）。

　　由於先前成功經驗，徐立功再邀李安拍攝《飲食男女》，點子其實來自電視連續劇《四千金》。這次劇本主要由王蕙玲撰寫，李安再討論修改，最後「好機器」的詹姆士再加入修改，作爲西方觀眾能否接受的把關者。後來，這也變成李安經常發展劇本的鐵三角模式。劇本發展好之後，李安就返回台灣拍攝，拍了4個月，這次開始讓李安感覺到市場與藝術的雙重壓力。《飲食男女》也是李安首次嘗試多線結構的片子（張靚蓓，2002）。

　　開始打入西方藝術院線，問題就出來，很多是從沒遇過，沒有人能教李安，他只能無中生有或借用西方的東西來補自己之不足。他在中西混合的過程裡，有時候可以提升，有時也會水土不服，從《飲食男女》起，他開始面對這樣的掙扎。因爲市場的「中西跨界」，使李安經常陷入前後兩股力量拉扯的掙扎，想衝到西方市場搶地盤，但家鄉的反應形成一種後顧之憂。《飲食男女》接續《囍宴》在歐美藝術院線有不錯票房，但在台灣卻票房不理想，金馬獎全軍覆沒，批評聲音出現。這也讓李安自省自覺。許多導演因爲要跟好萊塢有別，要和它敵對，於是放棄了通俗性，但李安和這兩類都不同。李安在美國學電影，拍獨立製片起家，路數比較傾向通

俗性電影，但又必須跟好萊塢保持距離。李安自認自己路線大約是中間稍偏左，也明白這宿命的掙扎卻也同時是其出路。他說道：「這條跨界中西、兩面爲難，藝術、票房都沾上邊的電影路，成爲我的掙扎，也成了我的活路，一切都是應勢而生，機運加上我的性格、拍片路數，使我不得不然。」（張靚蓓，2002）

　　除了中西市場口味的拉扯，《飲食男女》拍攝過程也不順利，因爲這是他首度回台拍片。他把美國獨立製片模式引入，卻跟台灣拍片模式格格不入。美國獨立製片模式事先規劃，重視組織、效率；台灣拍片模式不計畫、不組織，全聽導演，邊走邊看、見招拆招，但也給足時間磨戲，比較有人情味。原本李安想要截長補短，相互融合，最後卻只能彼此折衷遷就，所以過程也很痛苦。但這過程也讓李安摸索學習，如何混合當地團隊與自己的方法，拍出李安想要的電影，最後他學到的模式可以應用到世界各地拍片（張靚蓓，2002）。

　　日後，李安回觀最初「父親三部曲」的3部電影，發現其實對自己有重要意義。他自覺處理「父親形象」十分有助於其創作與生活，隨著一部部電影的完成，父親壓力的陰影漸漸從李安的體系內逐漸滌除，有著淨化與救贖的功能。具體可見的是越往後拍，父親的形象越弱。《推手》裡的父親最強勢；《囍宴》裡的父親是位退休將軍，最典型的父權象徵，但他常打瞌睡，甚至送醫急救；到了《飲食男女》，家中無子，甚而安排把老爸給嫁出去。李安認爲《飲食男女》藉由年輕貌美的妻子，老爸得以過正常人的生活；恢復了味覺，又找到生命的第二春，這算是他對中國「父親形象」的最後祝福。有趣的是，李安得在美國，隔了一個海洋的距離，才得以開始凝視與解構「父親形象」，也是到第三部片場景才拉回台灣。但李安始終沒能知道父親如何看待這3部影片（張靚蓓，2002）。李安清楚說道：

　　對我來說，中國父親是壓力、責任感及自尊、榮耀的來源，是過去封建父系社會的一個文化代表，隨同國民黨來到台灣後，逐漸失去他的統御能力及原汁原味。從父執輩身上，我看到中原文化的傳承在台灣、在我身上所產生的變化。一方面我以自我實現與之抗逆，另一方面我又因未能傳

承而深覺愧疚。這種矛盾的心情不僅是我對父親的感受，也是我對國民黨／中原文化在台灣產生質變的感受。（張靚蓓，2002）

於是，父親權威、傳承以及社會時代變遷成為這3部電影的基調。例如：《飲食男女》裡，台灣社會正面臨新舊交替的轉型期，從封建、農業、一元化社會邁入現代、民主、多元化，社會價值進入一個脫序的狀態，在過程中人們會出現很大不適應。大時代歷史中的個人與家庭，或是社會變動處境下的人們都成為李安日後電影最常關注的主題與人性（張靚蓓，2002）。

五、凝視時代變遷的轉折與矛盾：進入西方文化與市場

李安稱《理性與感性》是他第一次拍大聯盟的電影。《理性與感性》是珍‧奧斯汀（Jane Austen）的原著古典小說，並由知名女星艾瑪‧湯普遜改編劇本，也演出女主角。原本製片想找英國導演，卻沒人有興趣，於是動念找外國導演，李安才有此機會。《理性與感性》全片在英國拍攝，因此李安願意接拍，因為當時他還是抗拒好萊塢生產線拍片模式，不過他也知道整體思維與運作方式還是屬大聯盟系統（主流市場）（張靚蓓，2002）。李安拍電影或寫劇本前都喜歡投入研究，嘗試理解與進入那個世界，特別《理性與感性》又是外國人看西方歷史，所以他下足功夫。甚至從此片開始，李安會在合約註明必須聘用私人研究員。他從研究學習過程中了解，「珍‧奧斯汀時代的理性與感性和景觀（landscape）設計有著密切的關聯，景觀即是人類以人工手法將自然帶入人生的具象呈現。那個時代大都會剛剛興起，工業革命正啟動巨輪，浪漫主義萌芽，所以出現理性與感性的辯證」（張靚蓓，2002）。

拍《理性與感性》時，李安第一次感覺到：「I've got a job.」也第一次感到可以去面對父親。李安拍《理性與感性》時，覺得自己像是從「小孩」跳入「成人」階段，要負起「成人」的責任。一方面他覺得別人僱用我，自己得做出水準以上的東西，而他們付的薪水，也讓他覺得真的可以養家活口。另外在專業上也是如此，他認為前3部片拍片的感覺和學生時

代差別不大，還不夠成熟。《理性與感性》是李安第一次跟全部專業的工作人員合作，每個班底的專業皆成熟，也讓他覺得進入了「成人」層次（張靚蓓，2002）。完成《理性與感性》後，迴響非常好，它拿下金熊獎、金像獎、金球獎、英國影藝學院獎，全球票房超過美元2億。結果被肯定了，李安從亞洲導演跳級到國際，也覺得有成就感。李安回顧認為《理性與感性》是他入行拍片後的第一個高潮，它算是把李安前3部做熟的東西，再改用英文古裝戲在大聯盟做一遍。但之後李安就不想再拍同樣類型的電影，企圖求變（張靚蓓，2002）。

　　《冰風暴》是李安當時很想拍的小說，他以一個局外人來看美國的轉折年代。說是歷史轉折的時刻，因為美國六〇年代末期是一個充滿熱情的巨變時代，性革命、種族抗爭、反越戰、石油危機……，人們企求心目中的烏托邦，於是努力改變世界。但1973年卻是個純真喪失的年代，也是個成長的年代，因尼克森的水門案聽證會、越戰停戰協定，終致「極端父權形象」（ultimate father figure）破滅。於是李安形容七〇年代的美國，「就像宿醉將醒，不再有浪漫精神、不再有革命熱情，代之而起的只有性與毒品，是對某種舊文化秩序的基本破壞」（張靚蓓，2002）。因此《冰風暴》是以1973年美國康乃狄克州的兩個中產家庭為場景，透過父母、孩子「平行」發展的架構，來看道德崩解的力量滲入一般家庭後對人們產生的影響，李安在敘事結構上做了新的嘗試，跟他以往電影比較，是「內容、結構」的雙重叛逆（張靚蓓，2002）。《冰風暴》最後在票房上並不熱賣，也是李安初嘗票房失利，回收不到成本一半（張靚蓓，2007）。但這部片子對李安仍有標示性意義，雖不叫座但是叫好，電影業界給予很好的評價（張靚蓓，2002）。另外，從這部片開始，李安脫離溫暖風格喜劇路線。

　　李安後來也覺察自己其實一直在拍不同的版本，《冰風暴》是美國康乃狄克州1973年版本；《飲食男女》則是台北中產階級轉變的版本。換言之，台灣九〇年代面臨的問題，可以參看美國七〇年代的歷史。李安認為美國六〇年代是嬉皮、反戰的年代；七〇年代，所有的政治性都過去了，熱情已冷，道德解構的力量卻開始滲入家庭，這才是引發社會結構具體轉變的關鍵（張靚蓓，2002）。

　　而後李安拍攝《與魔鬼共騎》，同樣被此小說所吸引。《與魔鬼共騎》是透過一個男孩的觀點，來檢視「美國化」的內在動力——洋基精神（亦即拓荒精神）的影響。劇情聚焦於兩個外來者（德裔移民及黑奴）及弱勢女人身上時，透過這些邊緣人的轉變及解放，讓人看到南北戰爭所掙扎的「人權」以及人性問題。但這又跟李安有何關聯？因為李安總是不斷面對東西價值的內在交戰。他知道中西衝擊的矛盾並非個人獨有，而是普遍的現象，全世界都在美國化。於是李安好奇，究竟美國化的動力為何？何以它能夠征服世界（張靚蓓，2002）？

　　李安認為「洋基精神」或美國夢可以分為兩個部分，一是「人人應有相同的權利追求他的夢想」，這是美國征服世界最大利器；另一個則是「人有獨處的權利」，這是彼此尊重的基礎。他認為《冰風暴》與《與魔鬼共騎》分別碰觸了這兩部分，1973年和南北戰爭，都是美國時代變遷的轉折點，美國人迴避，但他覺得應面對。因此南北戰爭是工業民主自由的新世界和封建農業的舊世代之爭，李安在電影裡探討了「主從關係」、「情感與認同的枷鎖」、「有無絕對自由」等議題。因考究史實，營造浩大戰爭場景，預算也一路追加到3,500萬美元，投資的環球電影公司也支持（張靚蓓，2002）。但最後《與魔鬼共騎》得到極冷的下場，不論是在票房或圈內影評的迴響。在美國票房只得到63萬美元，慘賠（張靚蓓，2007）。看來美國人原本就迴避的議題，加上李安「南北戰爭」的觀點挑戰西方主流，自然得到大眾的「冷淡」反應。

　　不論如何，這3部電影讓李安一步步進入西方文化的核心。包括在文化歷史變遷的研究學習，《理性與感性》反映工業革命正啟動，浪漫主義萌芽的英國；《與魔鬼共騎》探討美國夢的西部拓荒精神，南北戰爭介於工業民主以及封建農業的新舊世界間；《冰風暴》則反映自嬉皮烏托邦年代，進到傳統家庭道德解構的時代。另一方面，因為拍攝西洋電影，也讓李安直接去試探與碰觸西方觀眾與票房市場。但這些學習還有另外重要性，就是從西方文化發展再重新省思自己身上的東方文化，另外深入西方文化的探索也為未來中西文化融合的工作預作準備。

六、死亡vs.重生：中西合璧之模式

　　李安一直有心願想拍一部富有人文氣息的武俠片。拍武俠片對他來說，除了一償兒時的夢想外，其實是對「古典中國」的一種嚮往。武俠對李安最大的吸引力，在於「江湖」是個抽象世界，不存在於現實當中。武俠片，除了武打還有意境，最重要的就是講「情」與「義」，這對「俠」很重要。但對武俠片，李安其實還是愛恨交織：「我愛它，因為它是我們中國壓抑社會的一種幻想、一種潛意識的抒發、一種情緒的逃避。雖然是個虛幻的中國，卻是一個真實情感的中國。但我恨它的粗糙、不登大雅之堂。……」有著這些期待下，李安要開拍時，就已面對許多兩難的衝突，如雅與俗、武打與意境、中與西、古與今，要怎麼取捨？如何融合？才能為大家所接受（張靚蓓，2002）。最後，他選定王度廬的武俠小說《臥虎藏龍》，這部小說不算有名，但有些特別，因為主角是年輕卻桀敖不馴的少女。

　　玉嬌龍是個千金小姐，卻對江湖兒女有諸多幻想。像是碧眼狐狸的叛逆、不守江湖規矩的自由；俞秀蓮行走江湖的自在豪氣，與李慕白並彎行俠的情境，她都想追求；李慕白的超凡武藝、江湖稱雄，她也想超越。追求心性自由的玉嬌龍，從這些人身上找尋她的江湖夢，可是這些人都要教訓她，人人都想把她壓制到一個具體的社會規範裡。但無論禮教內外的任何形式，像是父母、婚約以及有肌膚之親的承諾，都無法鎖住玉嬌龍那顆想飛的心。李安並把俞秀蓮構造成玉嬌龍對立面的女性形象與角色（張靚蓓，2002）。

　　男主角李慕白是名副其實的儒俠，武藝卓絕且遵循社會規範，輕生死、重承諾，展現大俠當有的風範。但對於江湖的刺激感，其實還是放不下，李安比喻要李慕白交出青冥劍，就好比自己不拍電影，是不可能的。李安反覆揣摩在李慕白的心中，玉嬌龍到底是什麼？什麼又是「藏龍」？似乎有一種「自我毀滅」的力量在背後驅策著他，就像賭徒不是求贏，而是求輸的。「他看這女孩感覺將有不祥的事情發生，還是忍不住的往她那邊走去」（張靚蓓，2002）。武當大俠的功業在於「修道」，因為「修練」是性命雙修，修活也修死。李安為悶葫蘆李慕白編排了走向死亡之

途，死亡之境放在「窯洞」，窯洞是所有糾結的集中地，也是了結一切恩怨情仇的所在。李慕白一路追進去，追尋他的命運。「青冥劍」是寶物，又是不祥之物。青冥隱藏著一種神祕難測的力量，都是歸於陰，回歸至大自然，就是死亡。李安把窯洞做成「子宮」的形狀，李慕白追尋至終，就是來到那個孕育萬物的所在。生與死，都在這裡，極陰之處，卻最富生氣；裡面有個被迷倒、手持青冥劍的玉嬌龍，但同時也是碧眼狐狸的陷阱。最後，臨死之際李慕白終於可以放開修道與禮教，真摯的給自己與俞秀蓮的感情做表達與交代（張靚蓓，2002）。

　　但面對死亡與重生的也不只李慕白。玉嬌龍肆意的江湖走一回，李慕白卻因她而死，面對江湖規矩、傳統禮教、社會與家庭規範更強的壓力，最後她選擇跳下山崖。有勇氣面對不見底的懸崖絕境，縱身入深谷，她得相信一個簡單信念──「心誠則靈」，這是重生的關鍵，也是淨化的過程。但是，身背傳統與道義包袱的儒俠以及隨興追求夢想的單純女孩各自面對自己的誘惑與恐懼，並沒有相互結合或融合，或許預示李安後續還有轉化的需要。

　　拍片結束，李安與團隊決定投入奧斯卡參賽的目標。在世界各地宣傳，參加各種影展，整個發行所有活動都指向奧斯卡，整整花了1年的時間。期間李安團隊把武俠片的片型及歷史背景，一點一滴的介紹給世界各地媒體，然後推廣給大眾。為了《臥虎藏龍》的得獎，參與這個全世界最大的電影秀，李安卯盡全力，但過五關斬六將的過程也似乎讓他心力交瘁，因為它也是矛盾的活動（張靚蓓，2002）。李安說影展競賽很像選美，自己沒辦法做到完全無動於衷，就是一種「欲拒還迎」的心情。因為選美本身就是很表面的活動，又像是「喜宴」，本質荒謬但其中又內含真情，整個就是一個尷尬的過程（張靚蓓，2002）。李安雖明白電影競賽沒道理，但它還是宣傳推銷很重要的活動。經過漫長的過程，還是得到不錯結果，《臥虎藏龍》獲得奧斯卡10項提名，4座獎項，包括金像獎最佳外語片，這也是華語片第一次獲得。返台回台南老家，李安感受到什麼叫「光耀門楣」。家中大門口擠滿了人，但不論是媒體、鄰居好友，大家都是真心的一起高興。甚至後來陳水扁總統也到李安家裡，拜會李安與其父親，即台南一中的老校長，李安覺得好似古代的狀元及第（張靚蓓，

2002）。

　　另外在票房方面，《臥虎藏龍》在歐美獲得空前勝利，光是美國就有1億3,000萬美元，而且從藝術電影線走到大眾院線。西方觀眾見識到東方景觀的意境、武俠的奇觀，具有叛逆性與眞性情的玉嬌龍也改變的西方人對中國女性的刻板印象（張靚蓓，2007）。亞洲票房持平，香港、大陸不佳，台灣、韓國不錯（張靚蓓，2002）。但東方觀眾與影評就正反兩極，主要批評在於認爲李安採西化方式來拍中式武俠片，不夠道地。李安一反傳統武俠片陽剛與武打場面掛帥的型態，進入比較內在情感、儒雅的風格，確實挑戰東方觀眾的收視習慣[2]。不過奧斯卡獲獎後比較弭平了這些爭議，主要因爲東方人能在西方主流世界出了一口氣（張靚蓓，2002；張靚蓓，2007）。

　　拍完《臥虎藏龍》李安開始感覺已到中年。他形容這感覺很像爬山，以前都是往山頂爬，走上坡路，埋頭往前，儘量抓東西，累積各種經驗。但拍完《臥虎藏龍》後，他第一次覺得自己已翻過山頭，能從層峰往山下看，也才發現好像已累積了一些東西。不過李安也第一次感到體力上好像觸到了底，不再能肆意而爲。人生就這麼多，要懂得取捨，李安知道人生就如一場修練。李安獲獎時曾說：「我到中國拍片1年，處理了我的童年幻想與中年危機。」（張靚蓓，2002）李安確實進入中年危機，他也嘗試碰觸與融合中與西、傳統與現代、文化約制與心性自由等二元對立。但票房與獲獎榮耀擴增了他的名聲、資源與影響力，讓他看似在高峰狀態，但其實中年危機才剛開始，並未過去。功名的顯揚只是讓中年危機更加隱晦。

七、愛慾與死亡：正視與接觸陰影

　　《臥虎藏龍》的成功與知名度也讓李安受邀執導《綠巨人浩克》，它是由美國知名漫畫所改編。所以李安不但進入了大聯盟，還置身在主流好萊塢拍片，而且屬於暑假檔大片。有趣的是，當時李安捨棄《時時刻刻》

2　筆者也有相似感覺，第一次看《臥虎藏龍》時，覺得不好看，因爲武打不夠精采，情義不夠張力。後來，轉換觀點再看，才逐漸看到更深的意涵。

與3位實力派女星合作機會，吸引他的是浩克展現人們內在潛藏的憤怒，浩克就是「未經壓制的本我」（Mr. ID Unchecked）。李安認為這反映美國社會的潛在集體心理，在民主自由的表象下，壓抑了很多暴力與攻擊性，他認為這是西部拓荒精神的延續。經過《臥虎藏龍》後，李安覺得有些轉變，開始進入比較潛意識的世界。李安發現男性身上有一種動物性，潛藏的陽剛力道（李達翰，2007）。

在編劇上，李安抓住關鍵主軸，加入現代科技元素進行改編，包括放射線汙染、基因工程、奈米科技等。而憤怒本我的深層來源，他又回到精神分析式的父子衝突及矛盾情結。父親覺得兒子是自己生命的延續，愛他、控制他，卻又要讓他獨立成人；兒子繼承父親，卻又反抗他，爭取主控權，修正父親路線。「Father must die」，李安說（張靚蓓，2003）。於是在劇情中父親以基因工程傳遞特異體質給布魯斯，布魯斯這代研究分子生物，用奈米完成修正，但父親卻沒有完成。所以他沒有爆炸，父親最後爆炸了。潛意識憤怒的原型具體化變成綠巨人浩克，當憤怒力量越強，他就越大。這次和父親三部曲最大不同，李安過去多在兒子的角度看父親，這次他也看到自己身為父親角色。結局時「父親」爆炸，李安甚至不清楚自己到底是在爆父親，還是為兒子爆他自己（李達翰，2007）。

為求動作逼真，影片中綠巨人八成的戲分，是透過李安的親身設計與演出，再以電腦動畫處理。當看到畫面完成時，他驚訝的發現自己潛藏的另一面。因為過去他形容自己是個爛好人、有禮貌、拖拖拉拉、凡事逆來順受，個性像母親。但在拍此片的時候，李安覺得自己愈來愈像父親（李達翰，2007）。實際在拍攝過程，李安努力實驗一些新嘗試，包括結合劇場表演形式、漫畫與電腦動畫等。另外他也實驗「分割畫面」，乍看像漫畫，但實際上是「空間性」、非線性的編排與剪接（張靚蓓，2003）。因為求完美，他對鏡頭、表演方式、動畫特效等都做各種嘗試，預算也一路追加到1億6,000萬美元。

最後《綠巨人浩克》上映，在北美票房表現欠佳，美國票房1億3,000萬。觀眾與主流媒體的評價也並不好，像是「充滿冗長的說教」、「心理分析式的敘事節奏緩慢」等。可以想見預期在暑假觀賞一個娛樂強片的觀眾難免失望，他們很難欣賞李安的視覺實驗並理解深層的心理情結，他們

只在意動作與畫面是否精采、節奏是否明快。電影公司還為「浩克」做了鋪天蓋地的行銷，促銷各種衍生商品、玩具，甚至還有垃圾桶等，這讓李安覺得有些荒謬。最後結算《綠巨人浩克》創造的總收入，電影公司的錢賺回來了，他們也活下來了（李達翰，2007）。

　　但是拍完《綠巨人浩克》時，李安自己幾乎崩潰、精疲力竭了，甚至浮現就此退休的念頭。可見當時李安的精神狀態是前所未有的低落。他也經驗到所謂大片的沉重壓力（李達翰，2007）。一方面大型製作團隊須調度所有人員與任務，自然壓力龐大；另外，大成本、大卡司投入也讓李安扛下票房與風評的巨大責任；再加上步入中年李安開始感覺身體似乎已無法負荷繁重的腦力、體力活動。但我推測在其處境下，有二方面的壓力應該更有關鍵性影響。其一是他在專業實踐的路徑上，對於融合與超越的期待。簡單來說，過去他在文藝電影加入通俗的成分；在東方電影加入西方的元素；現在他正式進入主流好萊塢，他也希望在最通俗的影片裡，加入人性及影像實驗的元素。這是他過往的定位與生路，但現在卻形成他陷入兩面矛盾的位置。最後，票房與評論結果也顯示此片的尷尬性，確實兩面不討好。

　　另一方面則是內外交迫的壓力，因為李安拍電影所著墨的人性主題幾乎都挖掘自己的生命議題與情感作為素材，某種程度來說，李安也經常在過程中碰觸自己的議題。於是他在拍攝本片過程就面對內外交迫的膠著壓力。一方面，李安讓自己進入浩克的角色，碰觸自己潛意識憤怒與衝動，被壓抑的另一面；同時他也經常投射、轉換至父親的位置。在這樣相關議題與情感浮現，潛意識流竄的時刻，個體通常是高張力且敏感的。但是，在導演的角色上，李安又得負擔各種拍攝任務的順利運作，大小問題的解決，以及扛起影片票房、反應的成敗責任。在這樣外在期待與要求壓力拋不掉，內在議題與情感縈繞之內外交迫狀態，自然心理是脆弱的。李安描述：「有時，晚上睡覺，我會有一種自己幾乎要被壓垮的感覺。但起床後，我又會不自覺掙扎著去琢磨與電影有關的各種問題。這種矛盾一直困擾著我。」「我拍完以後，有半年多還做惡夢。這是我拍別的電影都沒有的。」（李達翰，2007）

　　於是李安開始想要休息或急流勇退，還好父親的鼓勵讓他可以繼續下

去。所以李安選擇拍攝《斷背山》的原因，正是他想拍一部沒什麼人要看的電影。李安覺得拍一部故事題材非主流、票房壓力不大的片子，就是自我療傷、慢慢養氣回神的方式。《斷背山》是安妮·普茹的動人小說，描寫2個男人（牛仔）的愛情故事。一開始李安研究故事坐落的場境，懷俄明州——真實的美國西部，他一面旅行勘景，一面進入這個世界。李安知道所謂的西部片是被建構出來的，真正的西部從來就不是約翰韋恩或克林伊斯威特電影的樣子。編劇本身是德州人，他告訴李安，西部人有一種不愛說話的文化。因此，李安進一步讓整部電影瀰漫著一種壓抑的氛圍（李達翰，2007）。

　　故事中，恩尼斯與傑克都是窮困的鄉下少年。因為成長環境是非常艱辛，他們除了每天都要對抗經濟困頓的難題，還要抵抗風雪、大雨及多變的惡劣氣候。如同觸目可及的動物死屍，在這樣環境裡，如何能活下去成為最重要的一件事。偏僻而遙遠的《斷背山》，成為他們逃開一切的庇護所。因為在山上可以避開世人、不受打擾；他們在山上可以活得自由自在。不過，當他們回到市鎮之後，所有美好的生活又消失無蹤。於是清新壯麗的「斷背山」影像更強烈的凸顯自由的感受，在老舊封閉的鄉鎮無法呼吸到的自由。李安認為，「斷背山」本身象徵主角對感情的渴望與幻滅；它像是一個懸念，一直盯著看就不知不覺會慢慢走上去。李安感覺斷背山是一個神祕的境地，也反映每個人內心的黑暗部分，過程中有時也感到害怕。由於李安元氣未恢復，只能用僅有的力氣進行這部電影的籌備、拍攝。由於他對這部電影很放鬆，正好形成這部片子很自然的氛圍，反而使《斷背山》成為非常好的作品（李達翰，2007）。

　　《斷背山》為李安奪得奧斯卡金像獎最佳導演獎，也讓李安成為歷史上第一位獲得此獎項的亞洲導演。另外《斷背山》也獲得觀眾與社會很大的迴響，除了票房不錯之外，觀眾與專業評論多很正面。當然，除了同性戀議題引發小部分衛道人士的攻擊，多數評論肯定李安在文化意義方面的提升。在李安努力於文化融合與超越的實踐上，我認為是非常成功的。李安回到人性根本的情感愛慾、社會壓抑及渴望自由等真實感受，使得這故事敘說令人動容。當然它很不像「同志」電影，「同性戀」、「異性戀」的分類與界線似乎在影片中被融化於無形，回歸更根本的人性。他也讓

「西部」的陽剛轉化爲溫柔。除了同性戀之外，也有很多異性戀及其他族群喜歡而接納本片，可能進而更願意接納同性戀。李安的兩個兒子過去都沒喜歡過他的電影，《斷背山》是他們第一次對父親的作品表示驕傲，甚至看了一遍又一遍（李達翰，2007）。

《色，戒》小說對李安來說似乎有種致命的吸引力，不想拍卻又逃不掉，如同他說：

色戒是我非常不願意拍的，張愛玲非常不願意寫的東西，可是它有真實的東西在裡面。那我們集體的記憶裡，很多歷史是我們要把它排斥掉的。色戒對我來講是一個很大的挑戰，因爲它是一個大逆不道的東西。可是也因爲這樣子，我們真誠的面對人性真的是什麼東西。對我來講很重要……。（陳麗玲、蘇育琪，2008）

可以說李安逃避不了，選擇去面對的是自己身上的、社會集體的陰影。在《色，戒》的故事裡，藏著一片陰影，而真實就藏在這片陰影黑暗中。張愛玲在她擅長的零碎事物描繪裡，在斷垣殘壁間，透露出一股令人絕望的氣息，那是一種對整個時代絕望，對感情的絕望。李安便被這股神祕的陰影所震攝、所困惑，最後決定拍電影的方式，去探究以及面對它（李達翰，2007）。

爲了進入電影故事，爲了進入陰影，李安把自己丟進幾個主要角色裡。他和女主角王佳芝的聯繫在於「她其實是一個戲迷，平常生活裡她好像沒什麼分量的；可是一演戲，她反而好像找到真實的自己」，這和李安很像。易先生與鄺裕民形成兩極，易先生是迷離的、邪惡的；鄺裕民是踏實的、正直的。兩者成爲象徵王佳芝心理狀態兩股力量，可能維持平衡，也可能折斷毀滅。如果是易先生觸動王佳芝心中「色」部分，鄺裕民卻不斷提醒她勿忘記「戒」（李達翰，2007）。

面對黯黑陰影的過程，也曾使李安難以承受與負荷，他說：「你進入那個世界，你就變成那個樣子，你沒有辦法的；因爲它的強度很大。」（李達翰，2007）甚至在記者訪談到那時，他還紅了眼眶，揉著眼說：「……講起來很奇怪，就是我在拍床戲那段時間，我不曉得爲什麼會那麼

挫敗，覺得自己好像被擊敗了，不曉得有什麼怪物，覺得好像拍不下去了，整部片子要叫停了。」（陳麗玲、蘇育琪，2008）最後李安慢慢的從陰影裡面找到感情的部分，才能讓他走出來，如同「從地獄走一趟要出來，人生還是有希望的、人還是有感情的。總之，要活著出來，不能陷在絕望裡。……不要太被張愛玲陰影控制了」（李達翰，2007）。李安以愛作為某種答案，如同易先生坐在王佳芝的床上流淚的一幕，「（愛的）本質可能是一團霧，摸不清楚。可是你的需求、當你感受到的時候，那是很人性的感覺，這個我是很肯定的，也一直是我不會放棄的。」他說。（蘇育琪，2008a）

於是《色，戒》、《綠巨人浩克》、《斷背山》，每部片子都像李安自我的轉化之旅，面對與碰觸不同層面陰影，再走出來。當他談「成長」時，也就反映自己的旅途與經驗。例如：「成長有很大一部分是面對，包括對衰老、對困頓、對死亡都要學習」、「成長有一個很重要的課題，就是對自己的誠實，包括你發現自己是怎麼一回事，包括你自己都不曉得的部分。這個地方有你個人的業障，也有你的共業，跟台灣這群人是share的，我們對於台灣歷史、中國歷史，都有一種共業」（蘇育琪，2008b）。李安的成長理論其實知易難行，唯「誠」而已，面對真實的自我，真誠面對自己的掙扎，就變成作藝術／成長（一體兩面）之道。這樣便會拓增個人很多空間以及思路，並且那個能量會影響到觀眾，他者就跟著參與進來了（蘇育琪，2008b）。

八、成為父親：一個時代的終結

前面提及在《綠巨人浩克》時，李安在自己身上，開始發現了父親的影子，像是在指揮若定的片場中。令他意外的是，同樣透過《綠巨人浩克》，父親與李安重新接通了連結。父親對李安說：「我看了《綠巨人浩克》，終於明白你在拍什麼了。」並希望提供影片，以便反覆觀賞。在他進入電影藝術這麼多年後，父親終於理解兒子，並表示讚賞之意。而當拍完《綠巨人浩克》後，李安覺得心力交瘁、幾近垮下的瓶頸階段，父親看出李安的心事，並直接跟他談。父親問他是否想教書，李安依舊不想。意

外地父親居然對他說：「你現在還不到50歲，後面的日子怎麼過？只能戴上鋼盔、繼續往前衝。」他繼續說道：「不做電影，你要做什麼？你會很沮喪。」（李達翰，2007）這代表父親不但理解李安的天分與個性，也認同他投入的專業，而且正面支持他，這跟過去態度是完全相反。父親的支持與父子聯繫給了李安力量，讓他可以持續走下去。

2004年，李安在紐約清晨接到父親病逝的電話通知，他立刻搭機趕回台灣。在治喪的過程中，李安進入過去父親的家長角色，有條不紊地對大家交代事務。李安說：「現在的我，和過去的我不太一樣了。我有時不喜歡父親對母親的權威，現在，我則走進父親的角色。」他也發現傳統的力量如此堅固，中國人數千年來的父系傳統。如今父親已死，李安承繼，未來持續的考驗與使命便在於他如何修正與轉化傳統文化，甚至融合與超越不同的文化，創造新價值。李安重新審視自己與父親的關係，覺得不同於當年的一事無成，自己現在已經取得不錯成就，父親應該會是滿意而安慰的。父親的去世，似乎象徵曾有的父子糾結已然釋放。郎雄（電影裡的父親形象）與父親先後辭世，對李安來說，猶如一個時代的結束（李達翰，2007）。

2006年7月1日，李安來到了法羅島，會見伯格曼。李安是受邀專程前來參加一項名為「柏格曼電影週」的慶祝活動。李安將參加大會最後兩天活動：包括參與自己作品《冰風暴》的特映會，以及進行一場演講——「我的野草莓滋味」，暢談伯格曼的《野草莓》（Wild Strawberries）。這次旅程對李安而言，如同朝聖之旅，因為李安認為柏格曼是所有電影創作者中最偉大的導演。同時，這也變成李安個人生命反思之旅。他說：「對五十一歲的我來說，生命仍舊是難以預料的。而且，我的想法還是不斷地被那些我們稱之為生命的各種困惑因子給占據著。」李安思索自己與柏格曼之異同處，兩人都在嚴父的管教下成長，一絲不苟；成為導演也都不是父親為兒子規劃的生涯藍圖；一父親是校長，另一是牧師。兩者差異的是，父親對李安的態度，在威嚴中仍有慈愛；柏格曼父親對其管教，則嚴厲到近乎殘忍的程度。母親方面也不同，母親對李安從小呵護備至，近乎溺愛；柏格曼母親因精神困擾，自身敏感脆弱，也和兒子疏離，但敏感的柏格曼卻對母親有著特別的依戀（李達翰，2007）。

　　在會見柏格曼之前，李安一度感覺近鄉情怯。李安獨坐在海蝕地形的岸邊石上，自問：「我是否真有資格享有這一切？」後來他在海蝕岩附近游泳，面對碧海藍天，李安得到難得的平靜。他覺得平時工作中，大家都不斷要求他，但當下在海裡的時候，李安覺得自己被淨化了。見到柏格曼時，柏格曼立刻就給他一個溫暖的、父親般的擁抱，這完全在他意料之外。他注視著李安的眼睛，對他說：「其實，我們早已在彼此的電影中見過面了。」而後聊到了兩人拍片經驗共通性：「我時常把自己當成是他們的裁縫師；當我拍片時，我會跟演員討論一些我甚至不曾跟老婆說過的事——如果這麼做對工作有意義的話。」結束前柏格曼告訴李安，希望自己能活到李安下一部影放映的時候。他還說：「《冰風暴》是一部大師級的巨作。」（李達翰，2007）

　　結束放映會活動之後，李安和兩個兒子騎著腳踏車到海邊欣賞落日。看見島上的景色和浩瀚的大海，他感覺有一種巨大的寬容力，讓人產生解脫的感覺。李安突然明白為何柏格曼會被這個地方所吸引，並決定終老於此。李安有所頓悟：「我想跟柏格曼一樣，少拍一些電影」、「工作很重要，但並非只為了最後的勝負成敗」（李達翰，2007）。

　　大約一個月後柏格曼在法羅島平靜的辭世了，雖然自己父親與專業父親先後離開世間，感動的是他們分別給了李安不同的支持與祝福，李安獲得力量與勇氣，繼續走下去。李安傳承了父親的傳統中華文化，有使命地融合與吸收西方或現代的文化優點，重新賦予意義。另一方面，李安接續柏格曼的精神，為電影藝術的高標準持續實驗與實踐，也繼續探究生命與人性的深度。他也將持續建構各種好看的敘事，透過故事的世界，療癒自己，也療癒許許多多的眾生。

　　當然李安生命故事的創作尚未完畢，不過我將先停筆了。雖然李安後續還有其他近期作品及故事，不過就本文所欲探討的幾段轉化發展歷程已經足夠了，因此就先暫且停筆此處。

第四節　敍事後的反思與討論

　　從前面李安的生命歷史裡，可以看到反覆出現的相近主題，一是他「與主流、傳統體制之關係」，包括主流體制以及價值觀要求，他的故事呈現多樣的面對形式。另一個是他不同時期還是浮現不同內在議題與危機，並都嘗試轉化。而因應與外在主流、傳統體制之關係，以及個人內在議題與危機之綜合效應，也形塑出李安個人的生涯策略及實踐之道。

一、與主流或傳統體制之關係

　　從李安的生命敍事與階段來看，一個顯著的生命主題是「與主流、傳統體制之關係」，而且在其生命歷程中是有逐漸轉變與發展。這邊所指的主流、傳統體制是多層次與多元的，它可以從父親所代表的傳統文化或父權體制的教育者或代理人，到更巨觀的教育體制、中原文化、社會主流價值體系等。另外，多元主流體制像是包括傳統中原文化、日式本省文化、美國好萊塢娛樂市場、台灣影藝娛樂圈生態等，在李安生命中特別的是，他並非只面對單一主流、傳統體制，並與之持續周旋，他會面對多重的主流體制，而且也不見得是面對面碰撞的姿態，他有時側身、有時解構，甚至有時會挾B主流的力量去影響A主流。

　　可以見到面對主流、傳統體制之關係而發展出的生涯策略與實踐之道，是李安非常重要與複雜的發展歷程與議題。從他進入台灣主流的填鴨式教育體制開始（10歲至大學聯考），他無力抵抗主流體制，只好採取「順從壓抑」，但他又無法真正達到主流的標準與要求（成績），在極度內縮與壓抑下，讓他難以發展也不快樂。但其實很隱微地，未被明白言說的，我解讀李安內在似乎有種蠻強的「消極抵抗」力量，這種力量讓他在面對主流要求的學習或工作任務時，他會進入一種不專注與失能的狀態，通常他會稱之為「不靈光」。所以包括面對主流教育體制課業要求的不靈光，待業6年碰到其他就業機會或工作的不靈光，但這卻似乎都變成為一種隱諱而柔性的堅持。也是這股力量帶領李安逐漸朝向自己認定的理想與方向。

表8-1　生命階段與生命主題整理表

時間與階段	重要事件	與主流、傳統體制之關係	內在議題及個人狀態	生涯策略及實踐之道
快樂童年 1954-64	· 1954屏東潮州出生 · 10歲從花師附小轉至台南公園國小	· 附小特殊的美式開放體制使李自由發展	· 展現表演的興趣與天分	· 不受拘束發展
壓抑歲月 1964-73	· 讀台南一中時，父任校長 · 18歲聯考落榜 · 19歲第二次大學落榜，專科考上國立藝專影劇科	· 受日式本省文化衝擊；打罵填鴨式教育體制之壓抑 · 課業成績低落、聯考關卡失利	· 自尊低落，內縮壓抑	· 順服主流、壓抑自己
專業出路 1973-84	· 1973就讀國立藝專影劇科導演組 · 1979就讀伊利諾大學戲劇系 · 1980就讀NYU電影研究所 · 1984畢業作品《分界線》獲紐約大學影展最佳影片及最佳導演獎	· 多數同學只想轉學 · 父失望，期待李出國留學（未來大學教書） · 邊緣的藝術領域土壤；國外的距離提供李自由發展、建立專業的空間	· 找到興趣：戲劇是自己生命的舞台與力量 · 投入學習專業的技能與意識	· 遠離主流：跑到邊緣領域、異地文化吸取養分、建立專業 · 折衷：依主流邏輯期望，獲資源至國外發展專業及自我
六年蟄伏 1985-90	· 準備返台，但經紀公司說服留美發展，而後6年企劃煉獄及待業	· 知名經紀公司給予進美國電影圈的夢 · 無業，但妻在經濟、心理支持 · 劇本計畫皆未落實，逐漸失望，但無轉業計畫 · 有機會參加台灣新聞局劇本甄選比賽	· 專業基本功的練習精進 · 磨練心性與容忍力 · 獲得配偶支持不走傳統生涯路徑的力量	· 不走台灣成就邏輯生涯，嘗試美國電影圈發展，但無機會 · 撐與熬：持續堅持不撤退 · 轉進：取得台灣政府的資源來實現

時間與階段	重要事件	與主流、傳統體制之關係	內在議題及個人狀態	生涯策略及實踐之道
父親三部曲1990-94	・《推手》獲台灣新聞局「最佳優良電影劇本」獎 ・1991《推手》完成 ・1993《囍宴》完成，首度獲得金熊獎 ・1994《飲食男女》完成	・拿台灣政府補助金拍電影 ・《推手》票房佳，獲金馬獎 ・《囍宴》票房爆發，獲金熊獎（國際） ・確認台灣大眾院線；歐美藝術電影路線	・碰觸中國父系社會面對現代化、西化的質變、失功能與堅持，覺察、弱化及處理內在「父親形象」	・取得台灣政府資源來實現 ・小成本而有效率的執行，並且拍出成績 ・走國際競賽路線 ・開拓歐美電影市場
西片三部曲1994-99	・1995《理性與感性》完成，獲金熊獎、金球獎、英國影藝學院最佳影片 ・1997《冰風暴》完成 ・1999《與魔鬼共騎》完成	・接拍「大聯盟」電影，影片規模擴大，薪水足以養家 ・因《理性與感性》表現成為國際知名導演 ・《冰風暴》票房不佳，但同業評價佳 ・《與魔鬼共騎》票房、影評皆不佳	・進入探究及了解西方文化、美國資本主義等歷史發展之變遷與動力	・嘗試西方主流電影，但偏藝術類 ・選擇西方文化根源、時代變遷轉折為題材，並探討共通的人性面
中西合璧1999-2001	・2000《臥虎藏龍》完成 ・2001《臥虎藏龍》獲奧斯卡「最佳外語片」獎項	・以中西文化融合為特色，進軍好萊塢市場 ・以最高競賽奧斯卡為目標	・實現童年幻想，將通俗武俠片改造為儒雅、文藝風格 ・逐漸進入中年危機，面對社會制約vs.心性自由；死亡vs.重生等二元對立	・巧妙融合東西文化，並以此特殊性推銷給主流市場 ・計畫性宣傳造勢，競逐金像獎

時間與階段	重要事件	與主流、傳統體制之關係	內在議題及個人狀態	生涯策略及實踐之道
中年危機與轉化 2002-07	・2002郎雄過世，返台頒發郎雄的金馬獎「終身成就獎」 ・2003《綠巨人浩克》完成 ・2004父親心肌梗塞過世，返台治喪 ・2005《斷背山》完成，獲奧斯卡「最佳導演」獎項 ・2006會見柏格曼，約一個月後柏格曼過世 ・2007《色，戒》完成	・接拍好萊塢主流娛樂大戲，嘗試加入影像實驗、人性元素，但票房、影評皆失利 ・壓力大到不想拍片，選拍邊緣冷門題材（同志牛仔），反而在票房、影評、獎項反應極佳 ・《色，戒》張愛玲小說及床戲變成關注焦點	・中年危機明顯浮現，走過頂峰感，主流期待之壓力，內外交迫之感受 ・透過拍戲接觸自身陰影面，包括憤怒、愛慾、社會規約、無秩序、死亡等 ・父子議題再現，與現實及專業父親交會，並得到鼓勵、祝福。面對父親們的死亡	・進入主流中心，企圖創新融合，但不成功 ・退到邊緣，保持放鬆及自己的興趣 ・回到東方文化根源找題材及力量 ・透過與專業認定楷模對話學習，決定增加自主性及自由度
進入後現代精神 2008-目前	・2009《胡士托風波》完成 ・2012《少年Pi的奇幻漂流》完成	・媒體保持對李知名度的基本關注	・回去尋找單純的愛、希望的烏托邦 ・可能關於自我、獸性、神、真實之探問與對話	・更放鬆及返璞歸真 ・嘗試多元的敘事與視角

　　到了進入藝專、出國留學階段，變成「保持距離，成長休養」的方式，遠離父親、遠離主流價值系統提供了李安充足的空間，得以做專業及自我的成長，所以他是自在悠遊並充滿學習動力的，只有偶爾再碰觸到父親時才浮現出矛盾性。另外在拍完《綠巨人浩克》的挫敗感，而後選擇議題冷門的《斷背山》，也可視為是「保持距離，成長休養」的方式。

　　而後讓李安能夠脫離6年蟄伏期的，其實是「借用資源，朝向自己興趣」。最明顯的是「父親三部曲」的前2部電影，都是拿台灣新聞局的獎助金才得以拍成，當然李安也能夠寫出很好的劇本，贏得獎項也才取得這

些資源。而從《囍宴》以後，李安就開發出歐美國際市場潛能（藝術院線），除了逐漸建立其導演的知名度，也為自己導演工作掙得更多自主權。相似的是從《囍宴》以後，李安也走國際影展競賽的策略，一方面建立知名度，一方面為市場宣傳。而在國際接連獲獎下，為李安提高知名度與聲譽，這也讓後續在尋覓資金投資拍攝計畫變得容易。另外，像是亞洲觀眾對《臥虎藏龍》的非傳統武俠型態也不是馬上能接受，但奧斯卡的光環也說服了亞洲觀眾可以改變自己固定的眼光。換言之，「借用資源，朝向自己興趣」要能持續奏效，另一方面也必須靠打出口碑，提升影響力，不論透過票房或者得獎，才能換取更多資源，這也是李安的導演生涯得以維繫與發展的重要策略。

如果說前項是李安與典型藝術型導演之區別，那李安持續「接觸或進入主流，嘗試解構轉化」的意圖與策略，便是他與典型通俗片導演的差異之處，因為通俗片導演對主流論述或大敘事是進行複製或再生產而非解構。李安從「父親三部曲」開始解構「父親形象」，「西片三部曲」去碰觸與剖析西方文化轉折與發展的動力，甚至到《綠巨人浩克》還是嘗試碰觸美國社會集體潛意識的暴力面，解析父子衝突的情結根源。當然對主流的解構並不一定成功，但那還是李安相當根本的關懷，如他所言：「就不是用好壞、絕對或者輸贏去做行為標準，或者用一個很簡化、符號性的東西去凝聚力量。有那種力量，我就要想辦法把它打散，把它解構掉。人家以為是怎麼樣，我就要把它解掉。其實事情更複雜，有各種視角。」（蘇育琪，2008b）而解構主流論述或敘事的目的，是為了相互溝通與了解，也為了達到自己所認定之「藝術工作」。就如李安曾說：「大家檢討、了解、溝通。彼此了解，就不會那麼劍拔弩張，而且真誠啊。因為凝聚力量的後面，有很大的虛假，你要把很多的feeling放在一邊，去達到那個公約數，那很多都是做假的。藝術是追求真的東西，真的東西就是很複雜……。」（蘇育琪，2008b）

在《臥虎藏龍》之後，李安比較明顯提到對他而言，回頭尋找傳統文化根源及力量的重要性。甚至，在他面對內在危機或轉化關口時，傳統文化的力量還是某種療癒因子，如同「想不過去的時候，真的碰到很困難的時候，你總要逃到一個地方去，讓你從最基本的東西去思索，然後慢慢

走出來。對我而言，那個東西永遠是中國的東西。」李安說。（蘇育琪，2008b）從李安的生命敘事中可以看到，面對主流體制的關係與應對，其實是可以有多重而複雜的可能性，而不僅僅是只有「對抗vs.順從」的二元選項。

　　對照相關理論來看，Marcia（1980）將青少年細分成四種自我認定狀態，包括迷失型認定、早閉型認定、未定型認定、定向型認定等類型（江南發，1991）。而Erikson（1958/1989）曾借用詹姆士（William James）的說法來區分二種人，一種稱「只出生一次」（once born）的人，是「很容易就融入時代意識形態之中的人，他們在這個意識形態塑造下的過去或未來，與現在科技下的日常工作之間並沒有什麼不協調的地方」；另一種人是所謂的「患病的靈魂」或「分裂的自我」，他們面對一個成長的危機（growth-crisis）或關口（a critical period），必須尋求一種「再生」（second birth）。但從李安的生命敘事來回應，或許重點並不在於「對抗vs.順從主流」或「順應社會vs.做自己」的二元分類，因為面對主流價值體系可能有更多重或複雜的因應或策略。另外，或許更重要的是，面對生命發展危機或關口時，如何轉化或超越它，接著我們便進入討論之。

二、生命發展危機及其轉化

　　從李安的生命歷程中，我約略可以找出3個生命發展危機或關口，包括一般理論所提出的「認定危機」以及「中年危機」（即Erikson所稱「生殖力危機」；crisis of generativity），還有比較特別的「六年蟄伏期」等。

　　首先，李安的「認定危機」（Erikson, 1958/1989）或者「成年早期轉換」（Levinson, 1978），約略在高中、聯考、重考階段，時間上和理論所說接近，但過程似乎不太一樣。李安對於自己的生命方向與重心的確有困惑，但他面對更大的壓力或危機似乎來自聯考體制，他雖不喜歡、不同意卻又逃不掉。另一方面他也無法在這體制標準下取得好的表現，因此造成他的壓抑與低自尊。但他似乎沒有出現所謂的懸宕或空檔期（moratorium），或許在教育聯考體制強大壓迫下，使他無法逃逸，更難

以流浪。最後此階段危機的終結與通過居然帶有某種運氣或機遇性，重考聯考還是沒上，專科卻考上藝專，而影劇也正好是他的興趣。但回看更早期的故事，其實李安一直有表演或電影的興趣，在高中一次跟父親對談，也表明想當「導演」。換言之，青年李安其實知道自己的興趣，只是無力與主流教育及價值體制對抗。所以聯考與重考的過程不知是他真的考試知識與能力不足，或者是潛意識的消極抵抗（那真是個大賭注），總之對主流價值而言，他「失敗」了，對自身發展而言，他「幸運」的找到有興趣的路了。

　　而後的危機，是李安生命中非常鮮明的「六年蟄伏期」。「六年蟄伏期」看來不太符合Erikson（1958/1989）提出的「親密危機」，反而比較像是Levinson（1978）的「三十轉換」（The Age Thirty Transition）。Levinson（1978）在其男性的生命週期理論中，提出於28至33歲間有一「三十轉換」期，過渡於成年早期前段與成年早期後段之間。他亦指出不是所有人在這階段都有鮮明的危機感，有些像是調整而非徹底的變革。但典型的發展危機是對自己目前生活結構難以容忍，而且似乎很難形成更好的生活，因此生活感受到威脅，對未來喪失希望。乍看相關描述似乎吻合，但思考後也發現李安生命也不太像典型「三十轉換」。主要是Levinson（1978）所提「三十轉換」主要是坐落在成年早期已經嘗試、探索與建立生活及生涯的狀況，特別是專業或工作生涯，邁向30歲時，對於生命的樣貌或生活結構已經可以漸漸具體落實，才有前述現實境況與理想之差距問題。但李安的「六年蟄伏期」其實是生涯發展略延宕的狀態下，至30歲才開始尋求入行（碩士拍片應該算實習）。而6年的時間反倒成為入行考驗與磨練的一個關卡，包括專業磨練他如何從劇本發展落實到專案得以啓動，以及考驗自己能否堅持的心志與韌性，包括家庭的支持容忍等。反倒這個階段有比較明顯的空檔期（moratorium），只是Erikson（1958/1989）並未指出其他階段或危機是否有可能也會有空檔期。

　　此處可使用「穿越」概念，應有助於此處詮釋與討論。穿越儀式（rites of passage）主要是人類學研究發現傳統部落或社會為了協助個人通過各種生命歷程之不同「關口」所舉行的儀式（李亦園，2004）。一般穿越歷程或儀式可以區分成3個段落，分別為分離（separation）、中介狀

態（liminality）、再整合（reintegration）等階段（何翠萍，1992；Turner, 1980; Stein, 1981）。穿越歷程如同「羽化成蝶」，穿越歷程必須進入特殊的中介狀態，這個臨界過渡、曖昧不明或空白的時期，如同結蛹般退到另一個世界或空間。可以說中介狀態其實如同Erikson所提的空檔期，李安「六年蟄伏期」確實過渡於學生與就業狀態之間，身分與未來生涯也是曖昧不明，應該是接近的。再整合階段或許可以視爲此時期的終止點，亦即李安劇本公告獲得新聞局獎項，並且返台受獎，與國內藝文、導演前輩們同聚，獲得接納、教導與祝福，進而決定帶著新聞局獎助金開拍電影。經過穿越歷程，李安也通過「六年蟄伏期」關口。

李安的「中年危機」可能在《臥虎藏龍》拍完至《色，戒》完成之間。比較明顯的是生命走過頂峰之感、《綠巨人浩克》後筋疲力盡及內外交迫感，約略狀態描述是接近Erikson（1958/1989）的「生殖力危機」或者Levinson（1978）所說的「中年轉換」。特別的是，李安在這個階段「父子議題」再度浮現。如同Erikson（1970/2010）指出「生殖力危機」背後之根源爲代際情結（generational complex），從過往的伊底帕斯情結再到自己成爲「人父」，如何能夠在精神、價值、專業上再傳遞給下一代。在李安的生命歷程確實可以看到他面對自己父親、專業父親的日漸凋零，以及交會接觸，重建了與「父親」的關係。另一方面，他透過電影敘事的中介空間，來碰觸自己身上以及社會文化集體的陰影面，同時也回頭尋找中國傳統文化的根源力量。最後，李安獲得自己父親及柏格曼的祝福，也更確定地成爲「父親」了，一個帶有某些傳統文化根源、柏格曼精神，卻又建構出不同價值與做法的「父親」。整個來說，這樣「中年危機」的轉化歷程實在不容易，但轉化之後又有力量或生產力往後面的生命旅程前進。

從幾段李安的生命危機轉化歷程來看，並與Erikson及Levinson的發展階段論來比較，可以發現皆有可呼應之處，但卻不完全相符。從Erikson（1958/1989）書中可以發現，其階段理論是坐落在社會文化脈絡的基石上。因爲同一社會文化的多數群體具有相同的生命常軌，才會出現一致的階段與危機。因此李安生命發展與前述二理論的差異，有可能是社會文化脈絡的差異。例如：楊康臨、洪瑞斌（2008）的研究也發現台灣大學生

的生涯發展多數並未出現Erikson（1958/1989）的典型認定危機，要不就是沒有典型的空檔期或自主性抵抗，要不就是嚴重延宕，吻合的屬少數。另外，不論Erikson（1958/1989）及Levinson（1978）的著作中都可以看到，其實不是所有群體都會出現或經過某危機。如此反映不同群體因其生活脈絡或文化價值差異，可能有不同的發展路徑或軌道，而非階段論所採的單一常模軌道假設。尤其是進入後現代或後工業社會的境況，人的生涯或生命型態更是多元、複雜、片段。唯一確定的是，當我們用敘事描繪個體轉化發展過程時，大約是接近「穿越歷程」架構，但更細緻的脈絡包括：危機原因、發生時點、癥狀的顯性／隱性、演變過程、協助資源等，都還是可能各有差異。

第五節　尾聲

一、從個人轉化到社會革新之道

　　原初書寫本文的出發點其實是極個人化的，嘗試誠實面對自己中年危機發展議題（雖然很多心理學家做過類似的事，卻不明說）。過程中進入李安的生命故事裡，然後返身而出，再透過其故事進行反思，也獲得很多學習與頓悟。

　　我想我的確是弄清楚一些事。我的中年危機當然是有「理想vs.現實」的拉扯，但更發現我的中年危機之情緒，經常跟「父親」角色扮演的挫敗與無能感有關，不論是家庭的或是專業父親。我常常面對兒女或學生時莫名憤怒以及指導過度（或不足），也發現學生慢慢會對我戒慎恐懼或保持距離，也常感覺找不到共同興趣的傳人而很失落。除此之外，我發現我的危機狀態也會因伴侶關係有時不協調，以及感覺缺乏同行夥伴而更加深問題。每當我狀態不好時，就會自己面對很深的孤獨感，感覺知音難求，孑然一身。另外，我面對權威形象人物時，還是會在順從內縮以及憤怒對抗間遊走、在反覆的情結中擺盪。

　　一方面從李安故事中發現，與主流體制與權威的關係，其實是有多重的策略與關係可以嘗試，而且主流體制與權威本身也是多元並存的，不再

存在唯一而至高無上的權威或體制。另外也發現，現在「成為父親」的議題是先前認定問題的延續，也是我中年危機的重要課題。相同的是，我得再次面對「弒父vs.認同」之辯證與超越，再次傳承文化積澱的良善價值精神，去除傳統文化的劣質成分，重新取得歷史與集體的力量。「成為什麼樣的父親」，自然還是一個不容易的問題，我也將持續發展與學習。但李安故事給我的啓示，約略關鍵點在於「碰觸自身內在深層陰影面」，以及與某些「好父親」形象或楷模的連結，應該都可以取得繼續走下去的力量與勇氣吧！

本文初衷雖然在於面對個人議題，但在整個寫作與探究的過程至接近尾聲之時，對於Erikson的工作和我的工作之近似性卻漸漸清晰起來。因為寫作過程中，我不斷參看Erikson的《青年路德》、《甘地的眞理》等書。透過心理傳記研究，Erikson想要透過路德以及甘地探尋他們取得內在力量的方法，了解他們如何透過內在力量獲得，發出自己聲音或進行某種實踐，進而影響了一個時代或一個世界。Erikson並且將路德以及甘地的途徑與方法，不斷與佛洛伊德的精神分析做比較。

例如：Erikson（1958/1989）提到：「路德向自己禱詞的基礎挑戰時，他並不知道自己會發現一個新神學的基本原理。佛洛伊德冒險地向內省分析挑戰時，他也不知道自己會發現一個新心理學的基本原則。這兩人都企圖將內省的方法運用到人類衝突的重心上，以增加人類內心自由的幅度……。」可以說佛洛伊德、路德都找到一種方式來傾聽內在聲音，並且發出自己的聲音，不論是精神分析或祈禱的方式，而這些方法，某種程度又協助那個時代的人們面對主流權威壓抑的解放。

另一方面，中年甘地為了實踐自己生命的眞理，從印度傳統文化中淬鍊了一個概念——「Satyagraha」（Satya意指「眞理」，agraha則是「行動實踐或力量」），意思是「眞理的力量」（Clément, 1989/1995）。且甘地吸取了印度文化「禁慾」、「不殺生」及母性文化的精神，鍛造出「非暴力與不合作運動」，一個完美的行動策略或器具，也是強過所有武器的一種力量（Erikson, 1970/2010）。Erikson（1970/2010）認為「非暴力抵抗」是一雙向轉變的方式，讓充滿恨意之人克制其自私的恨，透過學著將對手當作「人」去愛，就會更包容性地去面對對手，最後促使

他重新獲得自己潛在的信任和愛的能力。他甚至強調過程「重點並不怎麼在於獲得權力，而在於治療某種令人不可忍受的內在狀況」（Erikson, 1970/2010）。

Erikson（1958/1989）認為精神分析也相當於「在我們極為重要的良心和我們的怒氣兩者之間進行非暴力調停的一種方法，並以此推動我們的道德本質和我們的『動物』本質進入相互尊重的和解」。總而言之，「非暴力抵抗」必須透過某種內在治療才能得到強大的力量，「精神分析」也可以視為協助內在道德權威以及原始本我間的非暴力調解，兩者如同一體之兩面。而佛洛伊德、甘地則同樣建立自身的「真理」以及實踐真理的工具，並且努力用其工具，調解內在或外在權威的力量衝突。進一步可以總結說，對Erikson而言，佛洛伊德、路德、甘地相似之處，都在於他們致力面對自身危機或議題，並且找到轉化之道。

至於我對李安生命的整理工作則發現，李安有一套敘事或藝術的療癒理論，他經常透過進入與產出戲劇而療癒或轉化自己，我認為這接近一種「敘事或建構的中介理論」。而且理論的重點在於「互為主體性」（inter-subjectivity）與「文本交織性」（inter-textality），透過這兩點才得以讓不同文本與主體之間相互遭逢、勾動、呼應、感通。而藝術或敘事的建構品總是中介的世界，它存在不同主體之間，也是意義的容器，並成為治療或轉化的平台。換言之，李安創作藝術的療癒理論是與本書第三章的論點完全相通。

對照來看，Erikson工作所挖掘出的寶藏，包括傾聽內在聲音、清晰發出自己聲音，找到自己真理、朝向真理的工具等，都轉化療癒了個人危機。而且，當這些從個人問題與解決之道，透過關係與團體的媒介擴及影響其他人時，不但治療了一群相似歷史社會處境者，也促使歷史社會有了變革。而我的工作則發現，如何面對個人矛盾與問題，可透過書寫自己故事、借助他人生命故事反思，解構主流敘事、找到自己故事中的意義與出路時，也就轉化療癒了個人危機。同樣，當這些從個人問題與解決之道，透過故事文本或影像的傳播媒介擴散影響其他人時，不但治療了一群相似歷史社會處境者，也可能促使歷史社會產生變革。換言之，透過與「路德、甘地—Erikson」以及「李安—洪瑞斌」之間的交互平行參看，我確

實看見類似與共通的連結點，只是似乎從「精神分析現代版」有點進化到「敘事取向後現代版」。

　　而在Erikson的工作裡，一直存在一個關鍵焦點，如何能由一個人面對自身困擾，卻能轉而改革集體或社會歷史的問題。就如同Erikson（1958/1989）分析路德的例子，認爲他「似乎一度是一個飽經圍困的年輕人，他經驗到的衝突與困擾是一個複雜的病症……。在奧古斯丁修會明智的長上適時的幫助下，他找到了一個精神解決法。這個解決填補了歷史在西方基督教世界許多人身上造成的政治與心理上的眞空。這個巧合，如果再加上路德個人特殊稟賦的部署，就造成了歷史性的『偉大』」。

　　於是Erikson（1958/1989）在《青年路德》最後清楚提出「世代間的新陳代謝」（metabolism）觀點：

　　每一個人類的生命都是在某一進化時期及某一傳統層次中開始，這時代與傳統帶給他生長環境之模式與能力之資源，同時也容納了人對社會過程的貢獻。傳統爲人準備及綜合了生活方式，但由於傳統的本質，每一生活方式也不斷在瓦解沒落。我們可以說，傳統「塑造」個人，爲他的驅力找「出路」，但社會過程並不是爲了馴服個人才來塑造他，它塑造世代是爲了世代能回過頭來塑造並創新社會過程。因此，社會不能僅僅壓抑或昇華驅力，它也必須支持每個人的自我功能，就是自我須把本能的能源轉換成行動模式、個性與風格——也就是說，自我會形成具有整合核心（a core of integrity）的認定感，它來自傳統，但卻對傳統也有貢獻。個人追求的是自我綜合的最適狀態（an optimum ego synthesis）；而社會與文化奮鬥的是社會新陳代謝的最適狀態。[3]（Erikson, 1958/1989, pp. 302-303）

　　如果「父親」象徵傳統文化、體制及權威，那父與子的衝突、情結也恰巧變成這段描述的個體微觀發展歷程，於是個體發展開始與社會歷史進化相互扣連與共振。因此，個體面對自身的議題與危機，嘗試進行轉化

---

[3]　參見Erikson, E. H.著（1958），康綠島（譯）（1989）：《青年路德》。台北：遠流。但本段筆者有對中文譯稿稍作潤飾，以求通順。

與穿越，卻有可能帶來整個社會或時代的革新與進化。透過「弒父vs.認定」的辯證與超越帶來生產或創造性，於是我們致力於在傳統的接續中革新；在進化求變中傳承。因而歷史斷裂的失落與傷痕得以療癒，個體與社會也得以發展前進。可以看出這樣的理論帶有一個基本假設，它預設了「變動」較「穩定」狀態更接近世界的樣貌，當然這一點是比較接近後現代主義的觀點。

　　圖9-1約略可表達我目前對前述觀點的概念建構，基本上以Erikson的理論為基礎。大致可以看到我對Erikson理論的接續，只是從「發展階段論」改為「變化歷程論」，從分析式觀點加入敘事與建構的精神及方法，某些時候我們可以用「情節」來置換「情結」。於是從路德、甘地到Erikson；從李安到洪瑞斌等人之間，形成某些平行或交錯的參看、互動。似乎可以說，從「路德、甘地—Erikson」再到「李安—洪瑞斌」約略跨入後現代的觀點與視界，在承接中還是有些進化革新。

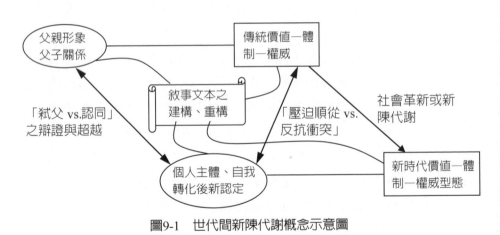

圖9-1　世代間新陳代謝概念示意圖

二、一起向大海進軍吧！

　　Erikson（1970/2010）在《甘地的真理》的最後一章為〈尾聲：向大海進軍〉，意指甘地從內在及文化而凝聚的力量，以及發展試煉而成的行動策略器具已經完備，並且對殖民政府的革命行動開始聲勢驚人之時，Erikson的研究工作也告終。「向大海進軍」是指1930年英國政府開

徵「食鹽稅」，禁止民眾私自製造與交易鹽，這影響到印度多數貧困的民眾，此刻甘地「眞理的力量」運動發起了一次「食鹽行軍」。甘地及其講經所的成員70餘人，自講經所出發走向丹第的海邊，總共走了24天、200多英里。移動的過程中，他們透過祈禱、紡紗、寫日記等共同規則來團結彼此。沿途的村莊都張燈結綵歡迎他們，甘地也發布拒繳稅金的呼籲。所經之處約有300位村長宣布辭職，許多村民跟著加入行軍隊伍，抵達海邊時已聚集了幾千人。接著經過一夜的祈禱，甘地做出象徵意義強大的行動，他向大海俯下身，掬起一把沖積而成的海鹽，面向眾人高舉向天，宣告印度人民有權享用海鹽。然後數千名非暴力運動的參與者也追隨著甘地的行動。而後，包括甘地在內超過5萬人被捕，而警察也對群眾進行殘酷的暴力攻擊（Clément, 1989/1995；Erikson, 1970/2010）。但是，群眾已經被喚醒、凝聚，反抗之火已經點燃、燎原。

在故事中，取「鹽」當然有著抵抗食鹽稅體制的意義，但其實「鹽」在很多文化中都有特別的意涵，像是「淨化」、「避邪」、「防腐」等象徵意涵。對我而言，這故事也提供極佳的隱喻與意象，召喚著我們繼續投入轉化，並朝社會改變一起前進。就像是甘地故事召喚Erikson，Erikson的書召喚了我和其他讀者；李安生命召喚了我，我的論文有可能召喚其他讀者們。

Erikson（1970/2010）曾透過進入、理解與學習甘地的生命，進行了某種歷史傳承與進化的工作。如他書中所說：「當我開始寫這本書的時候，我不曾預想要從眞理、自我受難、非暴力的角度重新發現精神分析。但現在我已經這麼做了，……而且是因為我感覺甘地的眞理和現代心理學的洞見之間有契合。那種眞理和這些洞見，是這個世紀前半葉留給後來者的遺產。……但是，當我們更有意識地進行歷史化時，我們也擔負起了某些傳統的重擔」（Erikson, 1970/2010）。同樣地，當我在進出李安的生命時、參照與理解Erikson的研究工作時，我似乎也漸漸傳承了某些精神與力量，並希望也能促進一部分社會的改變。

但是隱約之間，我覺得還有更重要的感覺。在我們5個男人與5段生命以某種方式的相互交織、參看、對話之際，在電光火石間，有時會突然出現感通與連結感，在那個片刻，似乎能讓我感覺不孤單。我其實不確定

我的孤獨感究竟是童年失落抑或是存在孤獨，我只知道面對生命深層的孤獨感總是特別吸引我。像是柏格曼選擇不出席坎城影展所頒的最高榮譽特別獎，他提供了一段影片在頒獎典禮播放，畫面中單獨出現他的背影，背對攝影機，面對著法羅島的大海，彷彿進入悠遠的沉思。就在瞬間，會場也陷入一片寂靜。柏格曼旁白道：「已經沒有人可以跟我討論劇本了；甚至，在電影完成時也是這樣。只有沉默。」（李達翰，2007）不知幸運的是李安還是柏格曼，如此孤獨敏感的靈魂，還是有一個難得機會相互交會、接觸，甚至傳承。

　　我想我開始能理解李安所說的，「溫柔的片刻，可以照亮一個人的生命全部」。李安用這來形容他與柏格曼見面時的擁抱，以及《斷背山》裡，恩尼斯與傑克再邂逅的擁抱（李達翰，2007）。但我覺得這也可以形容當不同生命間以及文本間對話、閱讀中所帶來的遭逢、交融、感通與連結。除了陪伴與接納之外，我覺得看見與理解生命（包括他者及自己的）也是一種可貴的溫柔。

> 我或許是脆弱敏感的靈魂
> 但我也是不斷再生之人
> 當我誠實回到自己的掙扎，傾聽內在的聲音
> 再生之旅就此展開
> 當我們將再生之旅化為故事
> 會流交融入大海
> 大海容納、承載了我們
> 我們也感通、接引了彼此
>
> 我們在不同時空中走向內在超越的道路
> 穿越核心的山洞，卻可能走出不同的世界
> 歷史的前進、社會的革新居然變成可能
> 我們也就成為變革代理人
>
> 不論你從什麼道路走向海邊

向大海進軍吧

因爲我們都是不斷再生之人

掬起一把海水

提煉結晶成爲地上的鹽

淨化之後凝結而出的力量

召喚大海的潮浪

潮浪中有你我的聲音、意象與情節

過去相互會通的是集體潛意識的洋流

如今變換成文本交織連結的意義之海

讓我們一起向大海進軍吧

不知覺間，歷史之輪又向前轉動了一寸

2012年4月12日於華岡大孝館

組織行為[*]

第一節　緒論

一、前言

　　本章將提供敘事研究應用在組織行為的一篇研究實例，即洪瑞斌（2010）之研究〈組織的多重眞實性：一個組織諮詢案例的敘事性反思〉。此研究以一組織個案之諮詢歷程爲起點，即SE學院之「組織變革專案」。諮詢專案過程首先對所有高階主管進行個別訪談，以了解個案問題，結果發現不同組織成員對組織問題有著很不同的故事，當時顧問努力釐清，企圖拼湊問題眞相。專案結束後，此研究形成研究反思團隊進行「個案學習歷史回顧」，發現可以組織問題形成3種版本（觀點）的故事，包含：(1)多頭馬車；(2)SE巨塔；(3)無法發揮戰力的夢幻球隊。而且不同組織問題的故事版本將導向不同介入方法，這些發現使研究者重回根本的典範問題做思考。

　　進入後現代轉向的關鍵點，包括從個體理性轉爲社群理性；從實證典範轉爲社會建構論；從語言再現轉爲語言行動論；從主流中心轉爲脈絡主義等，此研究發現組織多重眞實性是自然的現象。進一步再反思相關議題，包括如何探究組織多重眞實性，以及具有組織多重眞實性相關知識，組織多重眞實性對不同組織人員作用爲何等。

　　最後，此研究追蹤了SE學院9年後的組織發展狀態，並以此9年後的故事進行第二層反思。綜合來說，此研究藉由一個具體的組織諮詢案例，深入反思組織多重眞實性的相關議題，而且此研究也展示了如何透過組織

---

[*]　本章之初稿曾發表如下：洪瑞斌（2010）。組織的多重眞實性：一個組織諮詢案例的敘事性反思。應用心理研究，47，41-88。本章以此文爲基礎修改。

故事的多重建構，進行對組織的反思學習以及知識累積。以下便進入洪瑞斌（2010）之研究〈組織的多重眞實性：一個組織諮詢案例的敘事性反思〉的研究論文內容。

二、研究背景

當組織科學家（不論是組織研究者或諮詢者）企圖探究一組織現象，理解一組織問題，就開啓了一段認識組織的歷程。如果他欲研究或理解的是眞實存在的組織（而非某種純粹理念或虛構），他可能面對一情境，對此組織現象或問題的描述有幾種不同解釋，有不同版本的故事。那他該相信哪種版本故事？聽取何種解釋？是代表組織經營階層或所有權人的官方意見或正式文件？還是那些檯面下的意見，小道流傳的八卦故事？這些八卦故事或稗官野史是否眞的不足人道也，亦無須多理會？或者他應另闢蹊徑，從既有組織科學知識形成假設，再以實徵資料做檢驗？

以一般實證典範科學來說，當研究者或諮詢者面對組織多重故事或多元解釋觀點時，是要視爲幾種不同假設，並一一檢驗否證，推翻虛假的解釋或故事版本，留下無法推翻的解釋或故事成爲可能眞實。但在當代社會環境與思潮面臨後現代典範轉向之後，組織多重故事或眞實似乎是研究者或諮詢者面對的自然現象，「組織」如盲人摸象或羅生門，總是一個「組織」各自表述；甚至組織的多重眞實性亦可能成爲一個重要探究、對話、反思的起點。更根本的思考，這欲探究的「組織」究竟是系統？體制結構？是一群人？還是實體物理及社會場域？或者「組織」只是不同人透過故事或隱喻所投射的影像？其實不只是組織，任何科學（尤其是社會科學）所指涉的對象（隨意舉例如「性別」、「健康」等皆然），其實都逃不過語言學把戲的嘲諷或刁難。因爲我們眞的很難不透過語言媒介來指稱「○○」，甚至進一步精緻論述相關知識也要靠語言，一旦我們使用語言，就很難避免跳入它的遊戲規則與世界，承受它的不透明性（Weedon, 1987/1994）。

本研究的起點其實來自筆者參與一個組織個案的諮詢，幾年前筆者有機會參與了一個組織諮詢專案，即SE學院之「組織變革專案」，筆者擔

任專案中之諮詢顧問。該次顧問經驗引發筆者開始思考組織多重眞實的相關議題，包含組織故事或眞實的多重性是認識者亟需處理或解決的問題，或者它是可以接受的一個自然現象？在哪些狀態或時機下，認識者容易接觸或蒐集到組織的多重故事或眞實？還有組織多重眞實性作爲一種觀點、知識，甚至是能力，它對組織不同角色成員有何可能幫助或作用？

因此，本研究主要透過一個組織諮詢個案，進行行動後反思回顧，並且採用敘事性反思（narrative reflection），所謂敘事性反思是使用故事敘說的方式進行反映思考（reflective thinking），過程中使用敘事分析與理解來進行組織個案資料分析與整理；另一方面，建構成形的組織故事也成爲筆者反思的主要素材。換言之，本文所呈現的是一層層的筆者反思過程，過程所憑藉的是敘事與建構一個個版本的故事。所以整個文章包含：組織諮詢進行歷程描述、個案學習歷史回顧及所產生的3種版本組織故事、後現代典範轉向之討論以及典範轉向後第一層反思，再加上9年後追蹤個案之組織發展故事，及第二層反思等。

總而言之，本研究的特殊性與重要意義在於藉由一個實際的組織諮詢案例，深入反思了組織多重眞實性的相關議題；另一方面，也示範了如何藉由組織故事的反覆建構與理解來進行組織諮詢者的反思學習，並且進行組織研究者的知識累積。

第二節　組織個案與諮詢過程描述[1]

SE學院是在J市郊區的一所技術學院[2]。近來面臨相當大的競爭壓力，因爲這所學院雖然在國內排名並不算頂尖，但由於地域特性，許多學生皆爲來自本地鄰近社區之學子，學生來源也算穩定。但主要壓力來自一所同類型且排名優異的學校。這所DA大學已經籌劃在1年後至SE學院附近增

1　作者感謝當時參與組織諮詢專案之所有工作人員的貢獻，王思峰、劉兆明教授的專案諮詢督導，以及個案組織的相關成員之參與及協助。另外同時感謝反思團隊成員協助個案資料之回顧與整理，以及博士生周志明協同帶領反思團隊，在此一併致謝。
2　爲保護個案組織，個案相關背景資料已經過變造、轉換之處理。

設新校區，屆時勢必造成招生的相互競爭；而且以學校名聲與規模來說，
SE學院又居於劣勢。爲了因應招生可能日益困難的危機，SE學院的重要
願景與目標就是努力升格爲科技大學。

在這波因應外在競爭以及學校升格的明確目標中，近來陸續增加高
階主管，以協助學校轉型。原教務長O先生3年前升任「教學副校長」。2
年前自工研院延攬P先生爲「研究副校長」，希望借重其研究能力，提升
學校整體研究表現。半年前再從LH科大引聘Q女士任「行政副校長」，Q
原爲LH科大總務長，對學校行政管理、硬體建設有豐富經驗。而原本在
學校的高階主管，則有M校長與N副校長。十幾年前學校由國外禮聘M校
長，借重其研究與聲譽，在學校較屬精神領袖，很少直接觸及行政運作。
原本最資深的N副校長（比M校長更早進入學校）現在則擔任「發展副校
長」，負責學校與社區互動、企業合作之促進，以及其他校區與進修推廣
部等部分。

爲因應變局與組織轉型，SE學院也啓動「組織變革專案」，找來外
部顧問來協助進行，而筆者也是在此機會下擔任專案諮詢顧問。整個專案
進行爲期約3個月，起初對SE學院之高階主管進行個別訪談，包含校長、
副校長、其他校區分部之最高主管，然後對高階主管會議進行2次的參與
觀察，主要爲了解組織整體問題及高階團隊運作狀況。

在整體了解組織相關問題後，進行「回饋會議」，對先前之訪談與
觀察結果做初步回饋，並且討論後續進行之方向。顧問方面反映組織問題
與需求有2個部分，一是高階團隊之溝通與合作問題，其二是學校未來目
標、願景與策略之形成。會中與學校高階主管們確定可先就人際溝通問題
進行著力，所以同意進行高階領導團隊會談，日期訂於週末爲期2天。目
的在促成高階領導團隊之間，能夠面對彼此間溝通的模式與問題，提升領
導團隊合作效能。在會談中討論到改變「高階主管會議」之程序、規則，
以提升團體討論與決策有效性。另一方面，會中也觸及2位主管重複出現
的衝突現象，並由團隊來集體面對。

隔年此專案的「高階團隊會談」部分未延續，轉由另一組X顧問團隊
協助組織願景與策略規劃部分。原因筆者推測有二，一部分可能此問題的
處理太過耗費精神與時間，所以直接跳過去處理相對單純而具體的問題；

另外也可能組織欲迴避敏感的焦點衝突，這是長久歷史累積的恩怨。

第三節　個案學習歷史回顧與反思

　　SE學院的諮詢專案雖然結束，但過程中浮現的議題與疑惑卻引發筆者持續的思考。由於專案剛開始以分頭個別訪談進行，顧問開始聽見不同人對組織問題的不同說法，甚至有些是對立的觀點與歸因，以及高層彼此間複雜的關係。對當時的顧問來說，需要在幾種不一致的組織故事觀點間，努力辨認組織真實的樣貌，以及組織問題核心之所在。如同偵探一般，聽取與過濾所有證人的說法，辨認證詞與證據的真偽，企圖拼湊背後的事實真相。過程中雖然顧問發現組織故事如同羅生門的問題，也不斷的相互討論，在回饋會議也盡可能反映對組織問題詮釋的差異觀點，以及組織中複雜的關係與脈絡。顧問們最後還是對組織問題做了分析與定性，認為主要是高階團隊成員彼此與整體溝通、合作模式出了問題，會議中還是朝向此方向推進，因為顧問評估這是比較可以施力的點。

　　有趣的是，訪談過程中另一組以X為首的顧問（他們也都參與訪談與觀察過程）已經開始促動個別高階主管相互聯盟之可能性（主要是O教學副校長與Q行政副校長），這組顧問並未說明他們對問題的診斷分析，但似乎他們已經判斷高階團隊的某些人更有能力或實力帶領學校脫離困局，所以更適合擔任「變革代理人」的角色並取得權力。但其實這已經是基於對組織故事另一種問題診斷之介入，後面不同版本故事的描述可以更清楚看到。總之，雖然顧問們努力想找出組織問題真相，並包容多重觀點可能性，但組織故事仍然像是羅生門，即便大家身處同一組織，不同成員還是建構了不同的世界。帶著這樣的個案經驗與問題的思索，促使本研究持續的探究。

　　專案結束後2年，筆者組成反思團隊進行「個案學習歷史回顧」。反思團隊成員除了筆者外，主要包含主修工商心理學領域之研究生與高年級大學生共7名，以及1名博士生擔任協同領導者。此個案學習歷史回顧歷程是在一個國科會專案計畫下（劉兆明、王思峰，2006），該計畫主要在

整理實際組織顧問案資料，建立一個案資料庫，筆者與反思團隊在此計畫下，亦將SE學院個案進行整理以及討論[3]。整個個案整理與回顧過程並非預先計畫－執行的過程，反而是啟發式探究以及集體反思的摸索過程。實際進行過程，首先讓未參與諮詢專案過程的所有成員漸漸進入專案所有原始與次級資料，包含提供所有成員方案設計計畫、會談活動中使用的各種文件與素材、結案報告等書面資料，另外輪流讓成員直接傾聽與閱讀訪談與會議之錄音檔、會議及觀察紀錄等。主要讓成員主動認識個案組織，透過讓成員以自己方式閱讀、探詢組織資訊，並且建構自己對組織的理解觀點，同時協助個案資料整理。一方面搭配5次的團體討論，主要針對反思團隊成員在理解專案資料的疑問與困難做討論，但筆者原則上並不提供對個案故事的詮釋觀點，儘量只做個案資訊與相關事件的釐清。

　　漸漸經過成員各自進入個案資料理解，筆者發現成員間存在著對組織個案詮釋的歧異觀點。筆者為了了解個別成員對個案組織的詮釋，並讓差異觀點清楚呈現，便請所有成員依照自己對個案組織的理解，各自書寫一篇SE學院的故事，即「敘事性分析」（narrative analysis；意指建構故事文本作為一種分析）（Polkinghorne, 1995），再帶到團隊中參照及討論。經過反思團隊對各自故事文本的閱讀與討論，發現對組織問題故事的3種觀點逐漸浮現。例如：一位成員之故事標題使用「多頭馬車」隱喻，反映SE學院管理團隊的狀態。但再深入探究、討論後，發現此隱喻或觀點其實指向最高領導者的失功能，無法發揮團隊領導或協調作用。另外，也有成員在故事內容或標題中出現「宮廷內鬥」、「台灣藍綠政治鬥爭」、「台灣龍捲風」等類近隱喻或情節，背後反映的是「權力政治鬥爭」的觀點。最後，有部分故事之情節與主題皆在描述SE學院管理團隊間關係的衝突、每個人在其角色上努力付出，卻是相互拉扯抵消，無法發揮整體戰力，這類的衝突皆指向團隊合作的問題。

3　此專案計畫是劉兆明、王思峰教授主持的「工商心理諮詢師：以厚實脈絡顧問案為基底之數位內容開發計畫」（NSC93-2524-S-030-001），專案目的主要欲整理、盤點若干組織諮詢個案，以建立一個可以研究或教學使用的組織諮詢個案資料庫。計畫中涵蓋幾個研究小組，分別整理不同組織顧問案資料，筆者的反思團隊是其中一小組。

　　為了確認這樣的反思所得，筆者與反思團隊參考「敘事的分析」（analysis of narrative）（Polkinghorne, 1995）方式來分析這些故事。所謂敘事（故事）的分析是蒐集許多故事做資料檔（data base），再將之歸納分類，指出這些類型的關係與發展。「敘事的分析」通常蒐集許多個案的故事，每個個案形成一個故事。但本研究比較特別的是，針對一個組織個案（SE學院）資料，形成不同詮釋觀點，或不同理解版本的故事。總之，研究反思團隊將個別成員書寫的組織故事嘗試進行分類，當然同一故事文本中可能包含兩種以上觀點，但卻是以何種觀點組成該故事的主軸或主線為判準。如此「敘事的分析」的分類結果，正好也形成3類觀點或版本的故事。筆者以3類故事文本及其隱喻，重新萃取與結晶化3個故事原型，並建構出3個故事文本。

　　有趣的是，筆者因為身為先前諮詢專案的顧問，發現反思團隊成員所理解與詮釋的3種故事版本，正好反映SE學院高階團隊成員當時對其組織描繪的幾種解釋觀點。只是，諮詢專案當時，3種觀點是交雜包含在SE學院成員的日常生活敘事與訪談敘事中，而當時也進行沒有那麼清晰的抽取與釐清。經過分析與整理之後，發現3種版本故事可以獨立形成結構完整的故事，但3種版本之間並非彼此互斥的分類，例如原本某些高階團隊成員所敘說的內容其實同時包含2種故事觀點。3種版本（觀點）的故事分別是：多頭馬車——最高領導失能；SE巨塔——新舊勢力之權力鬥爭；無法發揮戰力的夢幻團隊——團隊溝通與共識建立困難。以下分別呈現：

一、多頭馬車：最高領導失能

　　多頭馬車是組織問題的現象也是隱喻，反映不同高階成員間之想法與做法彼此其實不同調。但此隱喻的背後其實還有一個關鍵，它反映整個馬車與馬隊缺乏一個掌握方向與韁繩的馬夫，能駕馭協調不同馬匹之更高力量。所以這個觀點將問題指向SE學院最高領導者M校長，他未能發揮領導的應有功能。

　　其實在SE學院未進入大環境與歷史的變局之前，它的高階領導並沒有什麼大問題。M校長長年作為精神領袖，當作一個品德與慈愛的象徵或

認同對象，很少碰觸實際校務運作，N副校長則是實質的領導者處理校務與行政運作。2人組成的領導組合，就算不是合作無間，至少在功能互補下也運作得宜。但是當SE學院開始面臨環境壓力與挑戰，以及組織需要變革與轉型的時刻，M校長與N副校長的領導組合與領導模式已經無法因應，及能夠符合當前危機與轉型之需要。於是陸續加入了O、P、Q副校長，變成新的領導團隊。不同的高階主管帶著自己的豐富經驗、專業與能力，的確需要一位領導者能夠指出未來的願景與方向，協調不同意見與想法，具體進行分工與合作。但實際運作下來，M校長並無法扮演這樣的角色與功能，領導團隊也變成不同方向的多頭馬車，於是其他主管開始認為校長實在無法勝任其位置。

對M校長來說，自己的確不擅長行政實務，但近來在局勢丕變下也想做些改變。不過有時出手反而讓其他主管覺得總是在狀況外，認為他乾脆別插手算了，因為那些作為更凸顯他缺乏整體管理、制度結構面的能力。其他主管總認為他不夠果斷或承擔，經常朝三暮四，背後其實反映M校長無法擺平或協調幾位副校長的不同意見，自己也沒有清楚的方向與決策。可能O副校長找他談某一問題的解決做法時，他就覺得有道理，就這樣試試看，但隔一會兒，N副校長對同一問題提出建議時，他也認為很有道理，應該改成這種做法才對。在重要會議的主持上，M校長也顯得缺乏效能，因為不容易掌握議事程序，加上經常沒有掌握議題的重點或焦點，所以開起會來往往鬆散、冗長而不易有效決策。在學校運作與經營上，M校長也不容易掌握問題的核心，例如：在學校升格的目標上應該思考如何吸引好的教授人才，但M校長並未留心，反而太關注一些枝微末節的小事上。

所以有些主管認為問題出在校長身上，如果校長繼續在任，應該接受各種領導能力培訓或鍛鍊，包含轉型領導、策略思考、管理技巧、開會主持技巧等，以勝任領導者的角色與功能。否則的話，就應該更換更合適、有領導能力的人來擔任最高領導者。但另一方面也有少數主管認為，校長對人很慈愛與關懷、形象也很好，能夠抓住人心，當初就是因為M校長才會到學校任職，所以甚至願意與其共進退。總而言之，當拉著馬車的不同馬匹個別速度與方向不一樣時，就需要能幫忙相互協調與調整，也需要馬

伕指出一個明確的前進方向，這就需要馬夫的駕馭藝術了。

二、SE巨塔：新舊勢力之權力鬥爭

巨塔或高塔是追求權力的圖騰，也可以類比爲陽具或權杖的象徵，亦即身處最高權力的中心點與至高點。背後代表對最高權力位置的嚮往，不斷驅使自己向上爬，努力獲取更大的權力，於是背後述說的往往是組織內部權力鬥爭與政治遊戲的故事。

SE學院過去由N副校長主導學校發展與運作許多年，所以實質上過去許多校內的建設與制度都是其一手建立的。另外，他努力推展了社區關係與合作，也進行不少社區服務工作，獲得很好的成績，使得學校聲譽提升。但N副校長領導上的斷然與霸氣作風，因而得罪了一些人。例如：他希望全校教職員秉持爲校奉獻的精神，實質上很多時候給教職員的福利都較苛刻；在教職員的管控制度上，他也採取比較嚴密管制的做法。同時N副校長在預算與成本控制上也做得十分徹底，總是節儉爲先，但多年下來也累積學校豐厚的資產；並且總是以身作則，自己優先做到節儉、爲校奉獻。所以即便不少人對他不滿，卻也敢怒不敢言。由於他實質握有直接主導學校運作的權力，加上霸氣的作風，有時忘記還有校長存在，逾越其角色太多，造成校長不舒服。但也因爲校長爲人溫厚、沒有心機，所以頂多一時情緒，倒不曾引發激烈衝突或積怨報復。

O進入學校6、7年，由於他的原本資歷豐富而且對行政工作態度積極，所以進學校後很快就擔任教務長。他的風格主動熱情、理想性格濃厚，常常直言批評學校的缺點，凡是看不順眼或覺得有問題的地方就會不斷放炮。O也很希望影響別人，加入或支持他的想法，所以常常倡議更高的理想、教育的最初理念與精神。同時他也會找些志同道合的夥伴，不斷提出學校的問題並期望改變，最後他儼然成爲學校「改革派」的代表。關鍵在於3年前O從教務長升任「教學副校長」，這時正是學校面臨環境改變與挑戰的起點。當然O的升任也並不只是表面上的單純。O原本就有認識董事會的重要董事，而且關係良好，他也常常有機會跟幾位董事反映學校興革問題，並且暢談自己認爲SE學院的願景與教育理想。因此校內

盛傳O去打N副校長的小報告，造成N副校長最後遭「冷凍」或「發配邊疆」。也難怪大家如此揣想，因為就權力位置的變化，N的確從唯一而握有實權的副校長改任位置邊緣的「發展副校長」，而O卻升任位居學校關鍵位置的「教學副校長」。

不論如何，當O針對學校原本管理制度、教職員福利等批評，自然與N開始對上，因為過去的制度與做法都是他一手建立。當O副校長開始呼朋引伴、集結力量時，改革派勢力就開始形成，而N與親N之成員變成代表舊時代、舊精神的群體。於是烽火在各地蔓延，一方面O對原有制度不斷開炮批判，而N則沉穩、譏諷卻力道扎實的回應，通常是回應現實運作的限制，並請他提出更完善而有建設性的方案。而O的同黨也在各種會議提出批評及改善的提案，親N之成員則反擊他們只會唱高調、批評現況，無法真正落實。私底下親N之成員也認為，O這個人表面理想講得很好聽，實際上卻不會做事，只會挑毛病與空談，其實也不會溝通協調、自己也很重階級權威，而且實際操作的是權力鬥爭伎倆。尤其當O向上跟董事會聯繫與反映，代表O尋求更高權力者的奧援與支持，以此來打壓N的勢力，也改變了權力狀態的消長。而O的一方形勢上取得有利位置與聲勢，N的一方暫時退居守勢，等待好機會再進行反攻。

實際上兩方派系的組成上，「改革派」主力群多數是TT公立科大畢業，以O及現任教務主任R為首，多數是在O之後陸續進來的新進教師或二級主管，他們彼此稱呼學長學弟，內聚力強，上下倫理濃厚。而「保守派」以N為首，主要是過去一起走過學校發展的資深老師與老臣，當然要剔除過程中產生宿怨的人。另外，N與P副校長都是CG大學畢業（以理工聞名的國立大學），但2人倒不是主動結盟。學者型的P沒有太大的政治興趣，只不過兩人是不算熟的老同學，加上P在主導修改學校研究之申請、審查及獎勵相關辦法時，O也很快開砲猛烈批判與質疑，使P與N在形勢上慢慢靠近。學校為了升格將增聘教授，於是新聘教師之甄選就變成兩方派系的關鍵角力點，雙方都想藉這個好機會擴增自己的勢力。

M校長在關鍵位置上，但他一方面雖然和N有默契，但也了解他的缺點，另一方他覺得O的改革理想很好，但實際操作起來卻對過去有貢獻的人有些殘忍、不夠厚道。他雖然想居中協調兩人之間衝突，但奈何M校長

從未掌握實權，所以也沒有辦法。簡言之，新舊勢力的鬥爭，其實才是高階不同心的癥結點。新勢力認爲舊制度與舊勢力是阻礙學校進步的絆腳石，舊勢力則認爲新勢力只會空談亂搞，揮霍祖產，早晚把學校搞垮。

三、無法發揮戰力的夢幻團隊

「夢幻團隊」是另一種常見的故事情節與原型。例如：早期的影集《虎膽妙算》、電影《X戰警》、《驚奇四超人》等，故事的結構主要都是這個夢幻團隊由不同成員組成，由於因緣際會讓他們慢慢聚在一起，不同成員擁有自己獨特而卓越的能力，但是若是獨自一人卻無法成大事。當夢幻團隊組合起來，經過磨合產生默契，就變成鋼鐵般的無敵陣容，他們最後一起克敵制勝或達成艱鉅的任務。但是前面是正面的故事原型，它也有對立面的故事，也可以稱爲「失敗的夢幻團隊」。例如：美國職業籃球賽（NBA）2004年的湖人隊就是一個鮮明的例子，它有號稱F4的夢幻組合[4]，因爲每位主力球員都有卓越的能力與經驗，皆超乎凡人層次，所有人都認爲他們可以拿下總冠軍，可是他們最後卻被一支年輕球隊——底特律活塞隊所擊潰。問題並不在個人的能力，而是他們缺乏超越個人之上的團體或集體意識及合作默契，所以無法有效協同合作；而SE學院的高階團隊也就是類似這樣的故事。

M校長與N副校長過去共事多年，也許互有意見，但也互有默契，彼此了解。M校長是精神領袖，N副校長實際行政管理；M校長重溫情與關懷，N副校長講求規範與成本的管制。由於先前學校面對環境危機與變局，所以陸續加入新的高階人才，希望一起協助學校度過難關。

O3年前升教學副校長，其熱情與理想主義風格，總是希望學校改革得更好，所以不斷直言批評學校舊制度。但他過於主觀，認爲只有自己的觀點才是最好、最理想的，這使他不易與人眞正協商與對話。其他人要不就是附和他，要不就是跟他起衝突，所以O的熱情與行動，其實無法廣泛容納與捲動不同觀點與位置的人參與進來，反而開始激化了對立與衝突。

4　當年湖人隊所謂F4即4名明星球員之組合，包括第一中鋒「俠客」歐尼爾、老將強力前鋒「郵差」馬龍、「小飛俠」布萊恩以及老將後衛「手套」佩頓。

主要因為他不斷宣傳自己心中理想，一方面想影響董事會，另一方面尋找同路人集結力量，形成拉黨結派的印象，也造成派系對立的局勢。N一方面感覺多年努力與貢獻被抹煞、被攻擊，自己還得背負不進步、守舊的原罪，動輒得咎。另一方面，N也對O頗不以為然，包括O只空談理想，表面說得漂亮，實際上運作起來沒經驗也難落實，而且對自己也很不尊重。另外，其他新進主管帶著自己過去的組織與工作經驗，卻不了解SE學院之文化與實際狀況。N知道以M的能力與特質是很難協調與統整幾位副校長間不同的觀點或意見，但由於自己形式上被邊緣化，失去使力位置，加上感覺過去貢獻卻被批評與誤解，所以N退居觀望位置，抱著「看你們多厲害」、「看你們能怎麼玩」的心情，只有偶爾實在看不順眼時，才忍不住出手指導一下。

P副校長由於身負提升學校研究能力與品質、協助多數教師再升等，進一步使學校順利升格的責任，但他一直覺得現況與目標距離很遠，所以心裡十分焦急。P從修訂「獎勵與協助教師研究制度」、「教師評鑑制度」著手改變，他構想若制度建立了，後面研究素質就會提升。但每次P將制度修訂草案提到正式會議裡，就面對大家意見分歧、冗長無效率、難以做決定的過程，這讓他挫敗而且更焦慮。加上在P的制度修訂提案時，O常於會議直接批評，挑剔諸多細節，但P原本性格就要求完美，深覺受到人身攻擊，於是更感焦頭爛額、灰心沮喪。他覺得如果當他無力的情緒超載，現況又難改變時，他就會退出。

Q副校長最後加入，身負以行政管理、硬體建設改造SE學院之重任。Q進來之前原本評估大有可為，覺得SE學院在此危機點應可全力推動變革，但進來後發現學校文化十分保守，對於改變、建設與花錢都再三考量，完全不像她原任學校的主動積極風格。其次她也發現，內部恩怨的歷史情結與複雜的權力關係，讓變革的工程變得複雜難料，她選擇謹慎的避開了，只好先做自己可以主導、安全的部分，剩下的就採取配合其他副校長推動項目的角色；一面觀察與等待是否有更好的施力點。

於是，每個高階主管都有其特色與豐富專長資歷，也都有心貢獻，想讓SE學院變更好，但每個人在自己的位置上卻都很難動彈，更別說充分發揮。因為尚未形成某種有效磨合與溝通協調機制，所以目前陷在互相嵌

卡，無法協同合作的處境，如同一個無法發揮戰力的夢幻球隊。

四、進一步問題提出

　　以上是SE學院組織問題的3種可能故事版本，也形成組織內部成員或外部顧問在看待與詮釋組織問題時的3種可能觀點。3種對問題解釋觀點卻導致完全不同的介入方法。若是採取「最高領導人失能」故事版本，解決方式將會導向針對高領導人校長增強或訓練其領導能力、技能等，如果難以提升時，就需要考慮更替領導人選，這也是許多校內高階主管的想法。若是採用權力鬥爭故事版本時，就是得用各種方式與策略取得更大權力優勢，例如：拉攏董事會、尋求與新勢力聯盟等都是介入手段，然後壓制對方陣營，以求儘早權力整合或整肅完畢，取得組織的主導權。最後「失敗的夢幻團隊」故事版本，則是朝向促進團隊溝通與協同合作來解決，尤其協助校長、副校長的高階團隊建立溝通模式，增加合作默契，使團隊戰力能順利發揮，共同度過目前組織的難關。而這也是在諮詢歷程中筆者顧問團隊比較採取的觀點，並且認爲這是能夠協助個案前進的方向。

　　事後回顧發現，這3種關於組織問題故事的觀點，其實存在當時不同組織成員或外部顧問的心理，並且形成組織介入的方向分歧。反思之後，筆者也發現此問題值得繼續深入討論。有趣的是，顧問的工作是什麼？顧問如同知名偵探或犯罪案件的調查員般，主要在抽絲剝繭，找出問題的眞相，證明哪個故事版本才是「事實」，然後說服所有成員按此方式來解決問題。或者是否可以換個角度來想，對組織問題的故事敘說原本就是多重解釋觀點。如果這是自然的現象，那麼爲何平時組織日常生活或正式溝通管道並不是那麼容易浮現組織多重故事版本？另外，若能夠具備組織多重故事之知識或能力，對不同組織成員來說，又有何作用與幫助呢？爲了更深入而根本的回應此一問題，我們將問題思考提升至典範與方法論層次。

第四節　後現代典範的轉向

　　若將前面顧問案例所引發的問題思考，放到典範層次，特別是後現

代的典範轉移或轉向上，將會有明顯啓發。以眞理或眞實來說，或者人們賴以解釋世界或現象的依據，從前現代的傳統社會到後現代的思潮轉變是有明顯不同。前現代的傳統社會的依據是道德主義（Schein, 1992），依照道統、權威者、傳統習俗規範等來解釋現象與說明眞理。另外一部分，對於未知、無法解釋的現象，則傾向使用「萬物有靈論」來理解。進入科學化與工業化掛帥的現代社會中，理性主義與科學主義自然成爲眞理的依據，於是只有合乎邏輯的、可觀察的、禁得起檢驗的，才是可信的眞實。於是「除魅」（deenchantment）變成從傳統到現代社會的重要革新與進步，去除所有不合理性的神靈、道統或個人魅力的權威。而從「現代」轉向「後現代」，有一個明顯的轉折，「眞實」（reality）不再是唯一而絕對的，反而是多重的、相對的、社會建構的（洪瑞斌等人，2007；Ashworth, 2003）。換言之，從現代典範所追求或逼近的那個唯一的客觀眞實，變成後現代關切不同人或群體間多重建構的主觀眞實（或生活世界），就後現代典範而言，人要跳脫出任何觀點或視框，觀察、理解或描述那個純粹的客觀世界，基本上是不可能的事。

　　若以研究典範或方法論來說，反映現代性觀點的就是「實證主義」典範，而後現代思潮的代表就如「社會建構論」。在笛卡兒心物二元論的長久傳統下，在認識論上長期有2種觀點的爭論，即「經驗主義」與「理性主義」，前者認爲知識來自外在世界，知識是自然世界的複製或替代品；後者認爲知識的核心在於個體的內在理念或思維歷程。而社會建構論超越兩者的對立衝突，它提出知識來自社會互動以及語言建構的過程，因此重點在於人對其生活世界的描述、解釋（Gergen, 1985；呂依眞，2002）。以實證主義來看，組織問題如同犯罪現場偵查，諮詢顧問要客觀觀察與分析，過程中排除主觀汙染以及誤導的訊息，保持中立，拼湊重要線索，還原問題現場與事件，找出問題之眞相與關鍵因素，最後才能針對問題成因提供解決建議。但若是採社會建構論典範，則對於同一組織問題卻有不同故事版本就不覺驚訝，因爲這是自然的狀態。後現代典範轉向究竟帶動哪些基本假設或觀點的改變？爲了讓本研究問題反思能更深化，此處先爬梳與整理後現代轉向的幾個改變重點。

一、從個體理性到社群共同理性（Communal rationality）

　　Gergen與Thatchenkery（1996）提出現代主義的組織科學建立於3個基本假設，其中之一即「理性行動者」（rational agent），他們指出現代精神從啓蒙時代就立下根基，諸如啓蒙時代的哲學家笛卡兒的哲學思想就變成重要基底。而後因西方社會之科學、技術快速提升的工業化發展，哲學與文化運動也隨之前進，並具體展現在邏輯實證論（logical positivism）與現代建築的全面普及。笛卡兒的「理性主義」建立在方法學的討論上，他主張「正確運用理性以尋求眞理」，換言之，人對外部世界秩序的充分反思，必須依照以人們可理解方式，謹慎逐步推論，加上精確的觀察等規則而得（Descartes, 1637/1950）。這不但成爲現代科學的重要基礎，也成爲「個人主義」或「資本主義」關於人的基本假設──「理性人」。

　　在組織科學發展上，泰勒主義（Taylorism）提供了組織生活最佳現代主義模式。於是在泰勒主義的影響下，管理被視爲一連串計畫、組織、協調以及控制的過程（Gergen & Thatchenkery, 1996）。科學管理（或泰勒主義）對現代世界產生重大影響，重要影響包括：精細的分析工作且加以分割簡化（當時主要是身體勞動的工作），並把工作方式與流程全部統一起來，這使得後來如福特汽車廠的大生產線作業成爲可能（洪瑞斌，2008a）。這是將傳統工作模式及組織方式的大變革，並將「技術理性」（Schön, 1983）放入生產模式與群體組織型態中。自然在組織科學領域裡的多數理論，也都建立在個體理性（individual rationality）的基本假設，典型的理論例如：Vroom（1964）在工作動機的「期望理論」、Locke（1968）的「目標設定論」、House（1971）在領導研究的「途徑目標論」等。而直到Simon（1957）的橫跨管理學、經濟學及認知科學之研究工作，才提出「有限理性」（bounded rationality）的重要觀點，在個體決策歷程之先前預設上，他確認了人類訊息處理的認知能力其實是相當有限制的。

　　Gergen與Thatchenkery（1996）回顧指出對個體理性的批判，文學及語言學運動主要從現代主義的基本假設質疑開始（如Derrida, 1976），該假設是「理性歷程引導人的外在行爲」，「語言」作爲現代主義主張個體

理性的清楚表達工具成爲主攻擊點。他們主張語言自成其系統，而且比個體層次更高、存在更久，因爲當一個人要如同理性行動者般說話，他得參與一個既存（語言）系統。進一步地說，理性行事並不是運作隱晦而內在的思維功能，而是參與一種文化生活的形式。例如：所謂理性說服並非邏輯優越而取勝，反而因爲特殊的修辭技巧或手段，因此相信「理性的論證」之下潛藏著理性運作歷程是理由薄弱的，反而比較像是在特定文化傳統下照遊戲規則玩（Gergen & Thatchenkery, 1996）。根據Wittgenstein（1963）的觀點，沒有所謂的「個人語言」（private language），意義是從在社會行動中的語言使用獲得，而非個體心智結構，亦即「語言遊戲」。Gergen與Thatchenkery（1996）進一步說，語言要能持續存在依賴社群的協同—至少二人以上的參與行動，且「釋意」（making sense）是一個社群的成果。Gergen（1994）亦主張理性的存有並非個體的存有，而是文化的協同行動。

Bruner（1986）承接Vygotsky的學習理論及思想，主張個體學習與成長最重要的部分必須透過「社會相互性」才能發展。他並借用Vygotsky（1997/1978）的「趨近發展區間」（zone of proximal development, ZPD）概念，認爲在此區間個體無法自行建構，只能追隨他人的活動與思想下進行組織，換言之是借用他人的意識與反思，透過他人理解與自身反思性理解之間的相互作用，個體能夠轉化並提升個人意識（Doll, 1999/1990）。簡言之，Bruner與Vygotsky同樣認爲人類之學習、發展與知識獲取，並非現代理性主義所認爲依靠個體的邏輯論證或認知歷程，反而是透過相互溝通與社群對話。

綜合而言，現代主義下的組織科學建立於一基本假設—個體理性。而此假設已被後現代典範挑戰，尤其是語言學運動。後現代轉向後的新典範，假設更重要的是社群集體之共同理性，更重要的組織活動是溝通、互動與對話，包含知識的建立與擴增都是社群互動所得。所以背後的方法論典範就屬於社會建構論範疇。其次，若回到SE學院的案例，組織面臨變革學習的需要，更應該回到學校各攸關群體做社群互動與對話。諮詢顧問也帶著不同的觀點與知識一起加入溝通與對話，並應協助社群做溝通與對話。

二、從語言再現到語言行動論

　　Ashworth（2003/2006）針對質性研究中各種不同方法論進一步區分了知覺者取向與建構者取向，即便兩者皆強調研究個體的主觀世界。故事文本是重要而特定的語言形式，透過Ashworth（2003/2006）對知覺者取向與建構者取向的區分，協助我們進一步思索「組織」與「故事文本」之關聯。他也指出現代與後現代的相關論述中，其中最大共識是後現代放棄了「再現主義」（representionalism）的信奉，轉而朝向「建構主義」。「再現主義」企圖以語言或故事文本再現或還原主觀真實或客觀世界；「建構主義」則主要興趣並不在於再現或還原的工程，因為當初那個世界或真實已不可得，只有層層相互建構。它研究語言本身的性質與形式，每個片段元素如何從整體網絡（文本或論述）中獲得意義，所有一切皆為建構，皆為文本。於是故事與組織的關係也可以約略區分為「故事再現組織」以及「故事建構組織」。其一是透過故事文本來再現組織，如同胡塞爾的現象學欲建立人類普遍性經驗，經驗是一組相互關聯的意義系統，而且它與生活世界的整體性彼此相依（Ashworth, 2003/2006）。換言之，從不同組織成員的敘事文本，可以歸納出共通的意義系統，進一步貼近或切近組織生活世界的整體性。

　　故事建構組織則是，當關於組織的故事被說出、傳頌、討論時，不論它的真實性、目的性如何，都將某種程度的影響組織發展。特別是故事被用在組織文化的傳遞與社會化時，故事傳遞某些價值觀或意識形態，並使符合故事腳本的組織行動或知覺更強化或成事實。簡言之，我們可以說是「組織即故事」（organization as narrative），故事就是我們所建構的世界，我們透過故事來描述與理解組織，也透過故事來建構組織之形象、生活世界與未來可能，進一步透過這個「建構出來的組織（形象）」來與其他人或團體做行動與對話。另一方面來說，敘事的力量也不在於證實為真，而是在於說服力、影響力（Riessman, 1993/2003; Smith, 2003），或者打動或受眾人接受的程度。諸如紀蔚然（2006）提到故事會有眾多版本，但有些故事若獲得大眾普遍青睞，版本不再只是版本，變成有普世價值的「真品」。一旦製造神話的敘事被賦予威權地位，神話便成為真實的

代表，如同西部神話深刻烙印在美國人心靈，並左右美國歷史發展。

相似論點卻是不同角度，Bergquist（1993/2000）也主張語言即眞實或實在（reality），眞實在稍縱即逝之際被創造出來，言談與眞實皆如曇花一現，即便將相同的話再說一次，因談話脈絡不同而有不同意義，可說眞實是流變與不穩定的狀態。總而言之，每個當下經驗世界的那層眞實（或者實證典範所謂的客觀眞實），具有不可表達或溝通性，經驗一旦說出或傳述就是建構的眞實。語言如何使用，組織故事或問題如何被說明或理解，基本上都是一些建構或溝通行動，有背後的溝通意圖與特定觀點，不論有沒有清楚意識到。同樣拉回SE學院的案例，3種版本的故事不只反映3種眞實，也代表3種位置的論述（discourses）（Parker, 1994），以及3種敘事觀點信奉群體的建構與實現動力，亦即3種故事版本應各有推進其敘事情節完成的動力。

三、從主流中心到脈絡主義

相對於後現代主義，傳統以及現代主義其實有個共通點，就是眞實或眞理具有唯一性與絕對性。在傳統社會裡，眞實或眞理的依據是道德、傳統、宗教信仰、君權等絕對權威；現代主義下，眞實或眞理的判準就是科學以及理性，科學或技術理性成爲新宗教或新神祇（Schein, 1992; Giddens, 1971/1994）。換言之，傳統或現代主義皆有其主流中心或權力核心，但對後現代典範來說，「眞實」並不是唯一而絕對的，而是多重的、建構的（Bergquist, 1993/2000；洪瑞斌等人，2007）。所以，後現代典範對於權威或主流中心是解構的、去中心的。

從語言學來說，他們對主流中心的解構是相當基進的，例如：在後結構主義之中，主張主體已消失或是去中心化（de-centered），主體只是語言、文化或是潛意識的結果或效果，主體性被視爲由社會和語言所建構起來的（黃瑞祺，2002）。又如哈山認爲，一切既成的原則都應受到批判，每個人在談論話語時，實際上就是作爲一個語言遊戲的參與者，遊戲規則是由遊戲者約定形成的，所以沒有什麼權威或既成規則（鄭祥福，1999）。在心理學領域也有討論，現代主義會探究放諸四海的準則或是

人的普遍特質，但是後現代不會，而且會注重個別獨特性或異質性，並會考慮到個人歷史的前後情勢脈絡（Gergen, 1992；金樹人，1997）。由於後現代主義（或觀點論者）視文化為意義的脈絡，也是知識產生的源頭，因此職業或組織行為原本就是充滿複雜性與脈絡性，若是抽離了這些行為發生的脈絡，行為的知識也就不存在了（金樹人，1997）。即便在整體的社會環境，後現代主義已看到世界朝全球化方向發展，但同時卻仍強調更加分裂（segmented）與差異性（differentiated）的趨勢（Bergquist, 2000/1993）。

回到方法論與研究方法的層面，後現代取向的研究法除多重建構性外，也強調解構權威、批判主流中心，讓邊緣或另類的論述或敘事得以浮現。如同傅柯主張發掘「在地的」（local popular）知識，並提供充分的空間，才有可能對主流知識進行有效的批判。所謂在地的知識是存在於社會邊緣，被壓制、排除或摒棄在正式知識和一般主流的科學範疇之外（White & Epston, 1990）。White認為即便最邊緣的生活，還是一直存在著「活生生的經驗」，只是受主流敘事邊緣化，並去除其權力。所以敘事治療的作用就在於使人的「活生生的經驗」能反抗主流敘事，進而超越主流敘事，擴充多種可能性（Freedman & Combs, 1999/2000）。

Lyotard（1984）指出，語言與權力彼此不可分割的糾結在一起。可以說語言用於社會真實的建構，主要基於言談者擁有的權力。像是主流論述賦予某些描繪社會現實的版本最大權力，也就是協助既存權力關係與社會結構合法化的版本，所以主流論述如此根深柢固（Willig, 2003/2006）。但即使如此，語言的建構本質，顯示永遠還有對立論述出現的空間（Willig,2003/2006）。總而言之，當我們越重視差異性、地方性以及各種不同脈絡下的知識，並視知識原本便與脈絡或文化相連，於是原本主流或權威的論述都只是一種論述或敘事的版本。後現代方法論的重心，在於挖掘在地的知識或者邊緣的敘事。若再拉回SE學院案例，3種故事版本除了有不同的群體採信，也有著版本背後論述或敘事權力的大小。但至少SE學院在組織大變動之際，主流權力中心的故事版本已失去絕對優勢，也無法壓制不同故事版本的浮現。

第五節　第一層反思

從上述回顧了後現代典範轉向之後，可以看到幾個重點，包括從個體理性到社群共同理性、從實證典範方法到社會建構論、從語言再現到語言行動論、從主流中心到脈絡主義等。筆者更清楚若站在後現代典範立場，組織的多重真實性是原本就存在的。但進一步的問題就變成：如何發掘組織多重真實性，因為在組織日常世界或正式溝通管道，並不易看見組織真實的「不同版本」，通常只會有一官方正式版說法。其次，那麼具備「組織多重真實性」這樣的知識或能力，對不同位置的組織成員或工作者，又有何啟發或協助的作用呢？下面即對這些問題做進一步反思。

一、方法論上的反思：如何發現與探究組織的多重真實性

Argyris與Schön（1996）曾提出一個組織諮詢完整案例（pp.52-72），該案例中顧問深入探究阻礙組織學習的既存行動模式，他們指出任何組織重大問題，版本通常有很多種，但是不同觀點彼此壓抑，只能私下流傳，無法公開而正面的討論或對話。這樣組織中對問題的不同或歧異觀點自然會被壓抑而無法對話，顯示如此的觀點差異並做相關溝通對話是可能引起衝突或攻擊，因而具有焦慮或張力，久之一般組織的重大歧異狀態會隱匿不現，差異的觀點或版本也極少溝通討論。這也是Argyris與Schön（1996）認為會阻礙組織學習的防衛性成規或模式。

（一）組織之重大問題與變革形成一探究裂縫

Schein（1992）曾提到舊組織文化「解凍」的力量有兩種：一是組織面臨適應環境的生存困難，其次是次文化間的內部權力鬥爭。Schabracq（2002）也指出組織文化要真能改變，需要一些裂縫或空隙，像是環境的劇烈改變帶來組織文化的失能（dysfunctional）、組織已經不再能夠達成其目標時，或如Argyris與Schön（1996）所提到「信奉理論」與「使用理論」相距甚遠時，都是組織文化能夠再改變的裂縫。組織文化變革或調整的契機，正意謂著既有的主流、單一解釋世界的觀點或意義系統已經失靈，此時便成為多重故事或真實觀點並存的關鍵點。如前所述，既有文化

或意義系統的失靈，往往反映組織外部或內部重大問題或衝擊的出現。

　　借用皮亞傑的認知發展理論，他認為個體的慣性是先用原有基模去努力套用或解釋新的情境刺激，這是維持不變的「同化作用」（assimilation），但當此方法失效時，迫不得已個體才會重新調整、擴充原有的基模，變成新的基模，即「調適作用」（accommodation）（游恆山譯，2004）。另外行動科學區分了「單路徑學習」（single-loop learning）與「雙路徑學習」（double-loop learning）（Argyris, Putnam, & Smith, 1985），也相當類似。「單路徑學習」就像同化作用，擴增了既有價值系統或參考架構的解釋與應用範圍，只停留在行動策略之改變，回過頭來也更穩固既有的價值系統或參考架構。當外界環境劇烈變化後，且既有組織文化模式或解釋架構不再有效，此時需要「雙路徑學習」，必須改變組織舊的主導變數或心智模式，或調整組織文化的基本假定。換言之，組織面對重大問題衝擊，舊有意義系統或參考架構已難以解決時，正是組織故事或真實多重觀點浮現的好機會，此時也正是探究組織多重真實性的縫隙。

（二）採後現代主義觀點有助於揭露多重真實性

　　Gergen與Thatchenkery（1996）曾對照現代與後現代觀點在進行組織診斷與介入時的差異，他們指出對現代主義觀點來說，組織介入實務是啟動一多面向的研究計畫，嘗試精準確定問題來源，定位特定人或特定條件的責任，基於研究結果提出改善計畫。但後現代典範不贊成此看法，因為當研究或介入進行之際，所謂「問題」是持續轉變的，所謂「可以正確反映問題成因」的預設也是很大的誤導。而且往往為了確保該解釋有實徵資料，為呈現該解釋具權威性，在所謂「科學判斷」之名下，壓制了其他競爭觀點的真實（competing realities）現身。

　　本研究所回顧之原初組織諮詢歷程，對於組織的多重真實雖有覺察，但立場與做法卻不清晰，至本研究反思過程所進行的後現代轉向後，才有更清晰的觀點。換言之，若採取後現代典範觀點時，筆者或顧問便不會努力去證明真偽，反而接受這是常見狀況，並視為寶貴的組織學習與知識來源。

（三）透過與不同群體的同理溝通以發覺組織多重真實

　　如前述，若組織處於重大問題或變動之際，再加上採取後現代觀點，要發掘與探究組織的多重真實或多重版本故事就不困難。通常只要尋求組織中不同成員或群體的探訪與交談，蒐集其敘事或言談資料。組織中異質性的成員，則包含不同階層、不同功能部門、不同世代、不同派系、不同區域等。實際組織諮詢個案可見於不少案例，通常也都是處於組織面臨劇烈變動或重大問題之下。

　　Garcia與Hardy（2007）研究一間身處澳洲教育改革浪潮中的大學，蒐集該校學術教員、資深行政主管以及行政職員的訪談及敘事故事。結果發現學術教員說著壓力以及巨變2類的敘事，並且認定自己是有壓力及負擔超載的學術人員，放置自己在受害者的位置。資深行政主管說著適應以及創新2類的敘事，前者視自己是護衛學校的管理團隊，後者視自己是協助學校轉型的管理團隊，但兩者皆放置自己在變革行動者（agent）的位置。行政職員則述說著壓力以及歧視二類的敘事，一部分認定自己是有壓力、有創造性的行政人員，但另外一部分認定自己是有專業、但受歧視的行政人員，同樣放置自己在受害者的位置。Garcia與Hardy（2007）的研究結果說明了在一組織中，不同群體或位置的行動者將採取很不同的認定或認同，也呈顯了組織認定的差異與複雜性。洪瑞斌等人（2007）在其研究的組織諮詢個案中，其中一個大專院校的案例也呈現很類似的狀況，當他們從不同族群的成員去接觸與訪談，包含高階主管、高階教員、低階教員、正式職員、非正式職員、學生等，發現他們所關注或述說的組織問題也是具有不同觀點與焦點。李志鴻（2005）在其博士論文中，也報告了一個組織個案，該個案正經歷組織變革的階段，在新舊成員與勢力更替之際，他使用逐步文化調查與訪談策略，也浮現2組對立的次文化系統相互拉扯，也就是組織中同時有2組故事或論述版本並存，而且是2個矛盾、有張力的版本，他並以「新舊黨爭」作為描述隱喻。

　　綜合而言，若是透過多重的族群或來源深入訪查，應該都不難聽到關於組織問題的不同故事或論述版本，加上探訪者須抱持後現代觀點，至少能包容與接納各種立場或觀點，並持續傾聽與理解，便能開始探究某特定

組織的多重眞實性。回到SE學院案例來看，因爲它正好面對組織重大問題與變革之際，並尋求外部顧問協助，也就形成探究裂縫。當顧問進入並與不同人訪談時，也就自然形成不同眞實觀點的版本。此時探取的典範立場很重要，若是探實證典範立場，抽絲剝繭檢證背後的唯一眞相，那就會消解了多重眞實的對話性與動力性。反之，採取後現代典範觀點就會讓組織多重眞實性清晰浮現。至於在組織訪談或觀察所得的敘事資料，可以參考本研究前述「個案學習歷史回顧」的方式做分析。另外也可針對組織不同群體（如新舊二派或是高、中、低階層等）進行敘事分析與故事撰寫；亦可使用論述分析的方式（Willig, 2003），找出不同主體位置的論述與建構。

二、實務上的反思：多重真實性的知識作用

另一部分的重要反思是，經歷後現代典範之轉向後，若我們發現關於組織現況或問題總是存在多重眞實或故事版本時，這樣的觀點覺察或知識增加對不同角色的組織行動者又有何作用或助益呢？

（一）組織研究者／組織諮詢者

Gergen與Thatchenkery（1996）指出後現代典範下的組織科學圖像，其中一重點是「組織科學家即那些組織之內的主動行動者」（organization scientist as active agent within organizations themselves），可能是諮詢顧問、內部員工、董事（理監事）會成員、評鑑者等。一方面是強調沒有所謂純然中立客觀的研究者，另一方面則在說組織科學是朝向多樣研究型態，諸如批判反思、理論概化、導向實踐等多重功能。換言之，後現代取向的組織科學，理論（學術）與實踐（實務）是一體兩面，難以切分的（Schön, 1983）。

1. 組織研究者／諮詢者是相關語言符號或論述的轉譯或交換者

Astley與Zammuto（1992）嘗試將後現代典範知識統整到組織生活世界裡，他們認爲組織科學家不應被視爲替管理者解決問題的工程師，而是在組織環境中概念與語言符號的供應者，組織科學家必須協助組織場域及學術界之間擴增更廣泛的相互交換。Czarniawska（1997）也主張組織研

究者不是系統的分析者，而是文學批評家，但還不到小說家。在其界分中組織實務工作者是組織故事創作的小說家，而組織研究者則是分析這些故事作品的文學批評家，至於組織的系統分析者已經是過去現代典範下的產物。當然若以極端的後現代取向來說，組織研究者／諮詢者就會演變為一體之兩面，特別是實踐／行動研究取向，兩者無法簡單區分。換言之，擴充Czarniawska（1997）的說法，組織研究者／諮詢者應同時兼具組織故事創作者及文學批評家2種角色功能。

　　簡言之，對組織研究者／諮詢者而言，他們不再被視為組織的修理技師或醫師，必須保持客觀、抽絲剝繭的找出問題核心或病因。基本上問題如何被說出與解釋就是建構，甚至在組織決定找誰是合適的諮詢顧問時，已經開始朝向組織真實及問題如何共構的準備。

2. 組織研究者／諮詢者協助促進多重真實的對話、批判及協商

　　當組織研究者／諮詢者已獲取組織真實總是多重存在的意識與知識時，組織研究者就不會急於證明與判定組織多重故事裡何者為「真」或問題本質何在。如同前面提及Gergen與Thatchenkery（1996）的看法，在現代主義觀點下，組織介入與諮詢主要是在釐清問題根源與責任，但以「科學」之名卻反倒壓制了其他競爭觀點的真實（competing realities）。

　　所以，具備組織多重真實性相關意識或知識的研究者／諮詢者，不但不會阻斷與壓制多重真實觀點的出現，反而是敏感覺察而且促進各種不同觀點的組織真實或故事浮現，並進一步讓不同觀點的組織真實或故事間相互對話、辯論及協商。在實際如何發現與探究組織的多重真實性方面，可以參照前面的反思與討論，至於如何協助不同觀點真實或不同版本故事間相互對話或協商，可以參考Argyris與Schön（1996）的「組織學習」方法、李志鴻與王思峰（2007）的「涉入型臨床研究法」、Mogan（1986）組織意象或隱喻的分析法、王思峰與劉兆明（2007）的「組織臨床研究法」等，都有助於協助組織對不同觀點或視框間相互對話與協商。

3. 留意現存組織科學知識也是某種論述觀點或大敘事版本

　　Gergen與Thatchenkery（1996）提醒道：「組織科學如同一般文化生活中的普遍性意義來源，在它們對組織的解釋、（介入）技術及協助上，

科學是文化意義的一個來源。」換言之，現行的組織科學的理論、視框等，都是特定觀點的不同論述或大敘事（grand narrative）〔蔡敏玲、余曉雯（譯），2003〕，並影響人們對組織的理解、詮釋及建構。所以組織研究者或諮詢者在使用各種組織理論視框時，需要有自我批判式反思的能力與意識，才不會任意簡化的套用而不自覺。

Gergen與Thatchenkery（1996）指出現代主義典型觀點下，「組織」概念化方式包含組織是科層體制、階層化、理性、控制的等現代主義論述；而組織科學的大敘事如同「朝向單一的最佳解、最理性、實證基礎的理論」。如前所述，現代主義的組織科學是建立在Taylor「科學管理」的「機械論」隱喻（Mogan, 1986），以及Weber「理想的科層組織」（Ideal Bureaucracy）之理性主義（Greenberg & Baron, 1995）。而「人群關係」（Human Relations）運動或「人本心理學」（Humanistic psychology），則反對「機械論」，開始視組織為「有機體」隱喻（Mogan, 1986），但其實這仍是現代典範的產物。對照而言，前現代傳統社會的思想，以往權力來源為傳統的、奇魅的（charismatic）權威（Giddens, 1971）。而傳統的方式通常採取2種形式的行政機構，即家長式宰制或封建宰制（Mogan, 1986）。因此前現代傳統社會的「組織」隱喻，應以「家族」及「封建王朝」最為常見。

後現代典範下，一般社會科學是受到語言轉向的影響，對人、世界或社會的隱喻也相對變為「文本」（text）或「敘事」（narrative）隱喻（White & Epston, 1990；丁興祥、賴誠斌，2001）以及「言談類比」（discourse analogy），前者將所有人類行為或社會真實類比為敘事文或故事書，後者視人類行為或社會真實為言談或論述（Willig, 2003/2006）。而後現代典範轉移對「組織」的隱喻或概念也有相對的改變。Bergquist（1993/2000）引用Stuart Kauffman關於秩序—混沌的隱喻，認為大多數組織都像處於過度與曖昧之臨界狀態的液態「水」，而非高度結構性的固態「冰」或高度混沌的「水蒸氣」，反映流動的屬性。Gergen與Thatchenkery（1996）認為「全球化組織」如同「後哥白尼學說」（post-Copernican），意指組織不再如同太陽中心論，有一明顯的權力與決策核心，而是存在於集體的網絡之中。另外有學者對照現代典範的

「system」一詞，提出「systase」概念，它是指組織沒有絕對中心、沒有既存運作軌道或秩序，如同語言實用主義下的「拼貼物」，它是隨時在擺盪，因為不斷在建立與打破之間（Lyotard & Thebaud, 1985）。

Boje（1991）則提出組織如同一個說故事的系統（a storytelling system），他的研究透過對個案公司的觀察，結果發現釋義歷程（sense making）的管理，如同說故事者與傾聽者間線索的傳送，還包括要決定故事要講多少、參考多少、這些解釋如何運用等。他也指出，擅長說故事與解釋故事的老手，才是有效能的組織溝通者。不論如何，關於不同組織理論或概念視框背後的後設理論、隱喻或大敘事，將影響研究者或諮詢者對組織的理解、分析與介入，故這也應該成為研究者／諮詢者自我覺察、批判與反思的一部分。

再回到SE學院的案例，筆者作為組織諮詢者時，尚未具備清晰的組織多重性意識與知識，所以並未扮演敘事符號與論述的轉譯與交換者角色。換言之，當時筆者雖然聽到多重組織故事，但未能進一步詮釋、分析、描述不同版本故事，也像一般顧問去解析問題的真相，並且推進此真實觀點的解決行動。當顧問具備組織多重真實性的知識時，他可以進一步將不同版本組織故事與大敘事或論述做連結，並且促進組織成員看見不同版本故事，並進行對話與協商。

（二）組織高階管理者

如上所述，一般在組織運作常軌中，並不太容易出現或察覺組織的多重真實或故事，因為代表此時組織的機制、權力結構、主流論述等都能正常發揮作用，但是若是組織問題大到既有機制、主流論述或文化模式都無法解決時，顯然需要第二型或雙路徑學習模式，即從封閉變為開放的學習系統。所謂組織主導變數、主流論述或價值觀等皆必須解構與改變。因此若組織處於這樣問題處境下，高階管理者的重要工作就是仔細發掘與理解另類故事或非主流論述聲音，而多重真實的知識作用就在協助高階管理者進行這些工作。

1. 促進組織的多重真實之敘事或論述浮現

對組織高階管理者而言，了解而具備組織多重真實性之知識是可能協

助其領導與管理實務的。當然，在組織正向發展的階段或時期，這樣的知識與意識並沒有關鍵性。如同前述，此時組織的核心結構、營運體制或是主流文化、論述都能有效作用，包含因應外界環境及整合組織。而組織承平之時，若高階管理者有意促進多重觀點或聲音的浮現，大約是建立某些組織機制或文化，能接收與包容不同觀點或聲音的組織敘事與論述。這相當於Schein（1992）所稱的「學習型文化」；Senge（1990/1993）的「學習型組織」；以及Argyris與Schön（1996）的「組織學習」等。

　　另一方面，若是組織遭遇危機或重大問題衝擊時，特別是舊有模式、策略難以解決問題時，顯然主流文化或敘事下的價值觀、視框或思維模式已經失效，無法有效因應新的環境變化。此時，原本隱藏的其他競爭觀點（competing realities）或另類敘事就變成協助組織革新、學習或擴充新價值觀、視框之可能性，並進一步可能改變營運模式、策略。因此這個狀態裡，高階管理者需要敏感到非主流的敘事或論述觀點，甚至鼓勵或促進關於組織問題的多重敘事或論述能夠浮現。

2. 重視與了解非主流敘事或論述觀點

　　在高階管理者鼓勵各種差異敘事或論述觀點後，高階管理者更不容易的挑戰是如何接收與理解這些可能差異很大，甚至原本可能不見容於組織主流敘事或論述觀點，所以才會被忽略或壓制。當這些不同的聲音被正式表達出來，組織氛圍可能是有張力或焦慮的，而代表過去主流敘事或論述聲音的代言人，還是可能發言抑制。此時高階管理者可以有意識的包容或保護這些邊緣或另類觀點的故事或聲音，以免組織防衛機制又將之消弭於無形。而讓多重故事版本或聲音清晰存在之後，如何促進相互理解與對話就是下一步重要工作。

3. 促進不同敘事與論述間的對話與協調，以形成新的行動策略或模式

　　促進不同敘事與論述間的對話與協調的工作涉及「視域融合」（horizontverschmelzung），這是來自高達美的概念，王思峰與劉兆明（2007）的「組織臨床研究法」也曾使用類似的觀點協助組織研究或諮詢的開展。換言之，不同敘事背後反映特定的視框或視域，高達美也說明視域融合並非A視域臣服或者推翻、統攝B視域，兩者是辯證後的超越，形

成一種新視域或視框（何衛平，2001）。

　　而實際的做法可以參考Argyris與Schön（1996）的水星公司案例，去蒐集與探尋不同身分成員所認爲與組織問題有關的故事，過程需要包容與鼓勵不同故事觀點。然後，從述說的各種故事版本進行歸類與整合，將類近或重複性的故事情節等簡化成幾種基本類型，可以用隱喻或核心故事主題來表達。最後，再將整理浮現的幾種基本故事類型呈現出來，邀集組織核心成員對這些不同故事主題進行詮釋、理解與對話。並且，從主流故事出發，分析或詮釋主流故事背後的可能大敘事、論述觀點或歷史視域，以及主流論述或視域在當下組織情境的可能問題；並嘗試理解與加入非主流故事之論述觀點或視域，形成一種新的可能性。

　　如果高階領導者的核心任務是協助組織適應外部環境與內部整合以促使組織發展，那以Schein（1992）的觀點來說，高階領導者即「組織文化工作者」，包括建構、解構與重構。回到SE學院案例，3種故事版本的來源皆來自高階管理者，若粗略歸納，舊勢力的領導者傾向採用「權力鬥爭」的敘事版本，指向新勢力的爭權破壞和諧；改革派新勢力領導者則傾向「舊權力核心失效或失能」的敘事版本；而新進的高階管理者或中立立場者則採「團隊溝通協調」問題的敘事版本。對SE學院的高階來說，最大的困難倒不在包容非主流敘事觀點，因爲前2個版本也反映新舊主流勢均力敵的張力。最大難題在於如何理解對方故事版本，並且持平的進行對話與溝通。因爲在各自的故事版本裡，對立陣營者都扮演了反派的角色，如同改革派故事視舊領導核心是失能而且是阻礙進步的大石。但在傳統派的故事中，新興勢力領導者難擔大任卻自命救世主，而且強勢奪權。2種有張力的故事版本又如何可能視域融合，得到一種超越的敘事觀點，應該相當不容易。但筆者認爲還是有其可能，如同改革派故事除了指出舊有的權力核心，領導風格及相關體制已難適應當今外部環境及變動局勢之外，也能擴充視野，看見過去主事者與領導核心對過往組織發展也充滿貢獻與付出；另一方面，傳統派故事除了說明新勢力領導者缺乏運作整體組織的經驗與默會知識，其推動變革、獲取影響的做法往往激化對立、傷害老成員情感，同時也能看見其具有熱情、理想，並有協助組織提升的動能，此時視域融合就有可能產生。換言之，除非擴增、調整自己的視域，才有可

能把對方視域容納進來，也才有超越、形成新視域的可能性。如高達美哲學的主張，視域融合的背後要靠「互爲主體性」才有可能，不否定、取消你（或我）的視域，也不完全以你（或我）的視域爲主。

（三）基層員工或工會

對基層員工、代表員工立場或權益的工會組織來說，關於組織多重眞實性的知識，比較大的作用應該是，思考如何將受組織主流敘事或論述壓制已久的自身故事，尋找可能的管道或平台重新發聲。

1. 非主流敘事或論述之集結與發聲

如前所述，由於一般組織生活及狀態中，邊緣敘事或另類論述總是被忽略或壓制，所以這些聲音隱而不顯。特別是組織變革、轉型或精簡之時，因組織內外在環境變動及衝擊，會使不同位置的成員浮現很多感受與聲音。但是，一般的組織變革與轉型在理論視框與論述上，是偏向經營管理階層的觀點，而形成某類的敘事版本。例如：「組織面對環境重大挑戰，面臨救亡圖存之際，組織變革代理人或團隊（管理高層）看見整個局勢丕變，試圖喚醒整個組織的危機意識，並呼籲共體時艱，然後展開大刀闊斧的變革行動。但是基層與中層人員因爲守舊防衛的習性及保守的思維，加上只顧慮個人利益，因此產生集體性的抗拒變革；最後變革代理人只好採取霹靂手段，明快的消弭抗拒的雜音，此後變革才大步邁進」。但是如果有機會實際聽見基層的聲音，高階的變革手段不會被描述爲「正義之師」，往往也帶有自私或陰暗的層面；那些被詮釋爲防衛、守舊、自私的基層其實有著不同的故事，他們並非神經質的恐慌，反而是焦慮於生存的根基可能被摧毀，同時，他們對組織的歷史、光榮、關係及自己的職位或許充滿難以忘懷的情感。但多數組織隨著變革或轉型的進行，這些聲音也逐漸消音。

所以對於基層員工的工會或代理組織，首要工作就是集結這些基層員工的邊緣敘事與聲音。這樣的工作可參見新光士林廠關廠勞工生命故事，及抗爭實錄《那年冬天，我們埋鍋造飯》（台北市勞工教育資訊發展協會、新光關廠抗爭戰友團，2003）；士林紙廠關廠後，由勞工運動組織者所採訪編寫的基層勞工故事《前輩勞動紀念者：士紙老人老照片圖文故事

集》（郭明珠，2007）；以及《台北市沒落產業勞工歷史研究》專案（丁興祥等人，2003）是橫跨不同產業及公司的勞工口述歷史及田野紀錄等。

而從這些案例與故事中，可以看見對關廠的敘事，經營者或高階管理者說的是大環境不變，經營虧損、無力持續；相對基層員工或勞工運動者的故事是，營利雖下滑但尚未虧損；反而是傳統製造轉向金融、服務產業之動力，加上土地變更與開發之暴利，造成公司拋棄了本業，也背叛了員工。同時也可看見，推動昔日工廠建立紀念公園或圖騰（如舊煙囪或立碑）的也是基層員工或工會，而非經營管理階層。

2. 從批判主流敘事的壓迫性到促進另類文化傳播

對基層勞工或勞工運動工作者來說，集結這些基層員工的一般工作、生命故事，或是關廠、裁員或工傷等特殊故事，基本上都是為了在組織或社會中的弱勢階層或族群發聲，讓這些邊緣聲音或在地知識有敘事權，並得以表達。而讓邊緣或另類敘事呈現與發聲的作用是在批判主流敘事或論述的強制性壓迫，另外，透過故事的傳播也讓組織或社會中的其他位置社群擴增理解的觀點與視框。因為弱勢或邊緣族群常常受到主流論述的偏見與汙名化，而這些另類觀點的故事正好提供去汙名化與重新理解的可能性。而目前採用敘事取向的文化傳播方法，產生不小的社會影響力。例如：日日春關懷互助協會與工作傷害受害人協會等，他們透過故事出版、舉辦畫展、攝影展、音樂會、紀錄片等故事與文化傳播的方式，透過這些傳播管道與其他社會位置群體對話、溝通，達到去汙名化及重新理解的目的。相關故事及作品文集可參閱《工殤——職災者口述故事集》（郭明珠，1996）、《木棉花開了——工傷者的生命之窗》（顧玉玲，2002）、《日日春——九個公娼的生涯故事》（夏林清，2000）等。總而言之，對基層員工或弱勢族群來講，讓自己觀點或版本的故事發聲是很重要的，它將促進在地知識、對立論述及邊緣敘事的累積與影響，另外它所倚重的也並非實證典範的客觀效度，而是故事的說服力與感動人心。

再對照SE學院的案例，在當時諮詢過程中，並沒有機會聽見基層員工及不同群體的聲音，3個版本故事皆來自高階管理者。在變革與諮詢過程中，若有機會聽見一般教師、職員、學生等不同聲音，應該會浮現很不同的故事版本。而另類的敘事與論述，應有助於組織轉型與變革。

第六節　故事外的故事：9年之後的演變

因爲好奇個案組織──SE學院後續的發展與演變狀態，在當時SE學院變革專案啓動後9年（即研究論文開始著手撰寫之際），筆者對SE學院後續發展做了追蹤與訪察。理想上，應完整的追蹤當時參與專案的所有高階主管，訪談他們對組織現況及當時變革過程影響的想法。但因事過境遷，人事更替，要再詳細追蹤訪談每位專案參與者，實務上有很大困難，只能就實際可及之關係與資訊做蒐集。包括搜尋該校之公開資訊與檔案資料，並且就可接觸關係，追蹤訪談了當時專案中不同顧問，以及關鍵內部成員。這部分礙於個案現實情況有些可惜，否則應該還是可能形成多重故事版本，但這也是個案研究的常見限制。無論如何，蒐集結果還是可以看見有趣的演變，筆者就所得資料，又試著建構了一個追蹤個案之後續組織演變故事，簡述如下。

第二年組織變革專案其實有進行，不過由另一組顧問群來主導介入。該顧問群核心人物X在第一年專案過程就開始與O副校長結盟，並試圖促成Q副校長與O合作。O作爲改革派，當時確實站在變革代理人位置，於是與X一拍即合，聯手推動了第二年的變革方案，他們主要從建立組織與願景以及策略規劃兩方面進行。但實質變革工作與動員，O副是從他以下的一級主管開始（三長與其他主任級），其他副校長並未直接參與，只有M校長形式上背書，及Q副在行政相關業務提供支援。所以第二年組成的變革團隊小組中，並未包含其他校長、副校長。變革小組就此啓動，除了在五項修練（Senge, 1990）、團隊合作等給予訓練，也定期開會設定工作目標。經過各處室溝通、協調、動員，在該年10月辦理了全校性大型共識營。現場反應良好，氣氛熱烈，也建立的SE學院的共同願景，不過事後M校長卻指出，部分教授其實並非眞心相信願景可能實行達成。最後所得願景目標包括：(1)5年內升格科技大學；(2)重整學校行政與教學系統；(3)建構SE學院之文化特色；(4)實現對學校學生、社區、員工的培育與照顧。

該年11月開始啓動策略規劃委員會，將前述願景再展開爲較具體之策略目標，此時校長、其他副校長才參與進來，但因變革團隊動能已經捲

動，此時角色作用已不大，就只提供意見，以及承接其原本專業角色功能之目標項目。第三年X的顧問群不再多做介入，由O副校長及其變革團隊持續主導變革任務推展。該年仍續辦全校性大型共識營，以凝聚情感。

第四年M校長退休，由外部空降S接任校長。S校長也是TT科大畢業，是O的優秀學長。S在第三年時，也就進入SE學院擔任校長室特聘祕書，漸漸熟悉學校環境以及校長相關事務。

在變革專案大舉推動後，N退出決策核心，鮮少過問校本部重要事務，退回專心經營進修推廣部業務，以及社區服務之推廣與學習活動，結果獲得不錯的成績以及外界、社區的良好風評。甚至到第八年，他也榮獲教育部頒發社區服務學習與輔導有功人員，爲校取得榮譽。另外，P副校長在變革過程中也不屬核心，但他也盡心做好其角色，除了重新制定了校內研究獎勵與升等制度，另外也透過其與工研院的關係，取得不少實質研究合作案，及產學合作案的機會，提升了學校做研究的能力，也協助校內教師升等。也確實爲後來學校評鑑上提升教師專業水平。在處理好相關業務後的第四年，他又借調回工研院協助主持一重要的大型研發專案。第五年他就辭掉SE學院專職，全心回到工研院投入研究工作，但他仍保留SE學院兼任教職之授課，也和校內部分教授維持了相互合作研究的關係。到第七年時，他升任了工研院的XX研究所所長。

倒是Q副校長從變革啓動開始，就很稱職的扮演輔佐角色，她並不出頭，卻是精確有效率的執行確定的策略目標。她主要協助處理學校行政系統的更新與統一，以及重要硬體建設與強化，例如：第五年新建教學行政大樓完工，成爲學校最先進、具代表性的建築；而Q就在SE學院穩定而持續的扮演這樣的角色。

變革專案初開始第一年，當時SE學院一般生3,976人、進修推廣部1,570人，總計學生5,546名，教師200人。第二年所設定的願景目標，希望5年後（第7年）擴增爲一般生5,500人、進修推廣2,050人，學生名額增至7,550人。而9年後實際數據爲：一般生4,363人、進修推廣2,455人，學生共6,818人，教師增爲247名。9年之後，SE仍然是技術學院，尚未升格爲科技大學，但在第六、七年間，陸續有4個科系獲教育部核准設立研究所招收碩士班學生。

就在第九年，O從教學副校長卸任，回到一般教授的位置，可以說階段性任務完成。有趣的是，接任教學副校長位置的，正好是N，也反映N又再度重回權力及決策核心。這背後究竟是「鳥盡弓藏」（又一波權力鬥爭結果）、「十年河東，十年河西」（組織環境及歷史變遷之動力情勢使然），還是「美好那一仗已經打完」（O辛苦完成變革階段任務，爲休養生息，主動決定之生涯規劃）呢？相同的是，採取角度不同又會發展出不同的故事。當然故事還沒講完（也許難有完結篇），剩下就留給讀者想像與詮釋的空間了。

第七節　第二層反思

上面建立的9年之間組織演變的故事，可以提供我們做第二層的反思，原則上，筆者先就9年後的新版組織故事，加上先前對組織變革狀態之理解，做重新思考與整體詮釋，包括重新觀看與詮釋組織變革過程與後續結果。而後筆者再以先前3個版本故事與9年後組織故事進行對話，亦即針對組織多重真實性做反思。要強調的是，上面9年後的故事並非組織現況的唯一真實，它可能比較接近公開或官方的故事版本。因此前後故事的對話，並非做介入成效的檢驗，而是延續本文主張的多重真實性，嘗試追蹤與反思不同敘事版本間情節實踐與建構的動態和互動歷程。

一、重新觀看組織變革過程與後續組織狀態或結果

從後續SE學院的歷史發展足跡，再回觀當時的組織變革與諮詢歷程，可以有很大的學習與啓發。在研究團隊未再參與變革專案的第二年，O副校長作爲改革派，確認了組織變革代理人的角色，並與外部顧問X結盟，聯手主導了變革行動，組成了變革團隊。可是變革團隊的組成與捲動是從他以下的一級主管開始，似乎除了Q副校長從旁協助行政與硬體建設，其他校長與副校長並未直接參與。換言之，高階管理團隊的凝聚與建構並未形成。

但這似乎不影響整個局勢，變革的列車已經熱烈開動，願景目標設

定了，制度做了調整，新建設也開始構築。一方面，SE學院因應環境衝擊，像是DA大學的競爭；另一方面，他們設下升格科技大學的重大願景。除此之外，第二至三年看起來有一個也很重要的實質作用，就是協助階段性權力交接，讓資深的M校長卸任，再由S接任新校長。可惜在後續追蹤資料上，並無法確認S校長與SE學院原本之淵源，至少有意思的現象是，踏在變革浪頭上的第一人O副校長，又是變革代理人角色，卻未接任校長位置。一種可能是，O在當時的資格尚未到達接任校長的要求，而另一種可能的猜測是，背後有更高權力來源的影響—即董事會。在先前與9年後故事中，學校董事會的角色皆隱而未顯，可是作為學校更高的權力機構，在學校這個救亡圖存、亟待興革之際，沒有任何規劃或動作也是奇怪的事。只是因研究團隊進入組織是從校長、副校長層次作為主要接觸案主，所以組織故事就未浮現董事會的故事線或情節；但是筆者合理的猜測，董事會可能是隱藏的故事線。我們可以建構某種可能的故事，關於校長或學校高層權力布局，董事會其實有思考與盤算，N副校長退出核心，O副校長的興起或許都與董事會的布局有關。於是，這盤棋是董事會思考著學校如何做改革以及權力交替，O副校長被他們視為協助推動這一波變革的帶領者，因為他的理想性特質，但董事會卻不認為他適合做最高領導者（在這種故事版本裡）。因此董事會找了合適的人選做權力交接，O副校長只被視為階段性變革的發動機，而非最高權力接班人。從組織變革之後，SE學院確實順利而持續的運轉來看，權力交接工作應是順利完成。

另一方面，從組織發展9年後的狀態與結果來觀察，原本願景目標，希望第七年（第2年設定5年後）學生數擴增至7,550人（原本5,546人），並且升格科技大學。9年後實際狀況，學生數共6,818人，教師增為247名，但仍未能升格科技大學。似乎以理想的願景目標來說，並未完全達到。從持平的角度來說，學生人數確有擴增；在學校評鑑時，學校的師資素質、研究表現、硬體設備等，確實有很大進步。雖未能升格科技大學，但還是有4個科系獲准設立研究所。整體評估而言，SE學院雖未達到完美目標，卻也有大幅提升，尤其是面臨環境的競爭衝擊，還能有這樣表現，應該算是相當不錯。總而言之，當時的組織變革行動應對後續學院的發展，產生了相當的作用。

二、關於3種故事版本

最後，我們可以將此9年後，SE學院組織發展的故事版本，與先前組織變革階段所形成的3種觀點故事版本進行對話。當然，這並不是以最終結果的有效性所進行的3項假設檢驗。而是當初組織真實背後有3種（以上）敘事的故事軸線，透過組織利益相關人士相互社會行動，以及與外部環境互動下的建構、形塑過程，它本身應該是一種敘事建構的動力學。有趣的是，若從9年後故事版本作為結局，似乎當時故事的發展，並未朝向任何一個敘事原型或純粹理想型的故事軸線或腳本來演變。

（一）多頭馬車：最高領導失能

第一種組織問題故事版本是「最高領導失能」，這可能與「偉大領導者神話」（the one）論述有關。傳統文化中，人們認為一個英明、全能及聖人般的君主（最高領導人）就能引領眾人度過危機險境或創建偉大王朝，或營造太平盛世。最高領導者在一個組織的角色功能，影響確實很大。特別像是SE學院處於危機或變局之際，領導者若失功能，影響應該更大。而「偉大領導者」敘事原型將使人不斷期盼、仰望真正的救世主，但採此敘事原型的成員，將免除責任的壓力，同時卻又感覺對組織問題的被動與無力。此敘事原型的難題是完美領導者可遇不可求，至少領導者要能夠符合當時組織情勢所需的角色功能，也不見得容易。另一方面，在很多組織情境中可見，最高領導者常常也不是至高無上，反而是各種力量的折衝協調者，甚至在某些情境中會有領導替代的現象。

在SE學院的故事裡，M校長在環境劇變下無法負擔變革領導者角色，而後O副校長實質發揮了變革領導者角色，但他卻未更進一步取得實質最高領導者位置，反而是由M交接給S校長，形成當時領導者功能的替代或分散。亦即最高領導者角色功能，切分特殊任務的變革領導部分由O來擔任，而一般行政領導則從M到S來擔任。所以SE學院後續故事，未按此類典型故事腳本來走，其實有令人疑惑或不同於原來劇本之處。例如：O副校長取得關鍵變革代理人位置，卻未再受簇擁登頂取得最高領導者位置；S校長順利接任之後，也並未樹立其崇高形象與地位，同時他也未解除O的變革領導的角色，統一指揮權。

　　當然一種可能的故事情節，像是S與O建立了合作默契，形成高層領導班底，但若是如此，O應該就不需在9年後退下高階領導的位置。另一種可能的隱藏故事前面已經提到，上面或許有更高權力機構的介入，如前所述的董事會，董事會介入了權力角色的布局，領導位置的分配，致使表面故事如此呈現、演進。

（二）SE巨塔：新舊勢力之權力鬥爭

　　第二個組織問題版本是「O與N副校長的權力與派系鬥爭」，就與Mogan（1986）的「政治系統隱喻」之論述有關，或者是「權力鬥爭」（power strugle）的故事原型，聚焦於利益、權力、衝突等情節與觀點。筆者認爲在華人文化下，權力鬥爭故事原型是一個很容易誘發、邀約各個成員進入演出的故事腳本，因此在各種組織極常聽見，甚或在顧問經驗中碰到（洪瑞斌，2008b）。組織成員定不乏有人懷有「逐鹿中原、問鼎天下」的雄心抱負，加上2種次文化群體相互對抗，任一方將對手的行動解釋爲鬥爭伎倆，將進一步激化鬥爭的實現，進入權力鬥爭的故事劇碼（洪瑞斌，2008b）。而一旦進入權力鬥爭的典型故事原型，其終點就是在權力的競技場分出勝敗，勝者爲王，登上頂峰取得大位，敗者就被消滅或流放。權力鬥爭故事原型的關鍵問題在於，此故事有可能走到殊死惡鬥、兩敗俱傷，帝國內部內耗而崩解，或因組織虛耗而無法因應環境壓力。

　　在SE學院的故事裡，似乎也沒按權力鬥爭的故事劇本演出。雖然O副校長藉由與X顧問團結盟，再取得M校長形式上的支持，順利取得變革代理人的位置與權力，在推動組織變革的浪潮下，也創造了不錯的聲勢與權力。但是O並未順勢謀取大位（若尚未符合資格，一般就會新立虛位元首），也未對N趕盡殺絕，而N副校長也未見絕地反攻，或團結舊勢力做抵抗，換言之，後續鬥爭並未激化發展。何以權力鬥爭的故事劇本演一半？一種可能揣想是O、N 2人有著成熟的品格與道德修爲，O順利取得關鍵位置與權力後就只嘗試實踐其變革理想，而未有圖謀私利；而N在失去權勢與位置後就卸甲歸田，休養生息，不再抗鬥，以組織大局爲重，因此雙方皆未進一步激化政治鬥爭。

　　但以另一種隱藏故事線來做解釋，也同樣合理，就是前面提及的

「更高權力結構介入」，也就是可能董事會的干預、調節，使得O、N之間無法再做進一步爭鬥，而更高權力結構的存在，也使雙方明白即便繼續採用鬥爭手段，也不見得能改變局勢。

（三）無法發揮戰力的夢幻團隊

第三種組織問題的故事版本是「無法發揮戰力的夢幻團隊」，它使用「夢幻團隊」或「兄弟（姊妹）神話」（兄弟同心，其利斷金）論述來解釋組織問題的癥結。如此建構的作用，在呼籲或期望大家應該團結合作，放下自我成見，朝向共同目標。「夢幻團隊」或「兄弟神話」的敘事原型關鍵情節，在於相異能力與價值的人組成團隊，透過凝聚力、信任、義氣等結合為一，成為所向無敵的戰鬥團隊。而這也是筆者所屬顧問團，當初採取的故事版本，希望能推進高階管理團隊，透過相互理解、溝通協調以磨合成為一夢幻團隊。因為此類故事原型的優點在於，它促使組織成員能發揮自身長才，較重視平等與協調，而且所有人都分攤了責任與權力，所以趨近筆者顧問團的價值觀。但反面來說，它的缺點就是夢幻團隊形成其實很困難，因為團隊不是封閉系統，所以當團隊內缺乏吸引力或充滿張力；當成員評估團隊形成的條件明顯不足時，就會各尋出路或舞台（特別是能力強的成員）。換句話說，夢幻團隊要在條件、機會具足下才會形成。從SE學院的後續故事來看，很清楚最高管理階層的團隊並未形成。

當初筆者所屬顧問團，企圖透過高階領導團隊會談，進而促進高階團隊的形成與凝聚，其憑藉方法是Schein（1988）的歷程諮詢模式，以及Argyris與Schön（1996）的「組織學習」中的「反映式對談」（reflective conversations）。該方法是透過觀察與歸納團隊間溝通型態、規則，以及反映成員之溝通模式、談話背後的推論假設等來進行。但會談過程中，開始浮現組織問題敘事與論述的差異觀點，以及觸及團隊成員關係的既有衝突，因此團體的張力與焦慮自然大增。現在，筆者回頭再做反思的評估，確實在這短短2天會談的嘗試裡，尚無法增進團隊內部的信任或正向情感（也是難度很高的任務）；此時該年度正好終了，這提供高階團隊一個迴避衝突的機會〔和Argyris與Schön（1996）所舉案例類似情況〕。另一方面，在X顧問與最有聲勢的O副校長結盟下，變革方案的方向就此自然轉

移（原本組織願景與策略規劃是另一既定方向，但高階團隊建構部分卻就此終止），就在這一退一進的動力之下。

從SE學院後續發展故事來看，高階團隊未形成似乎影響不大，因為組織變革工作依然推進，而權力交接也順利移轉，主要依靠O副校長搭配Q副校長輔助。但有趣的問題是，如果夢幻團隊真的成形，後續組織變革工程是否能夠更有效能？變革成果是否能夠更豐碩？甚至完成升格科技大學的夢想？基本上，如此提問並不能導致唯一肯定答案。但是，若以高階團隊個別成員的能力條件來看，O副校長能夠帶領學院進行組織變革，其變革的理想性與熱情動力應是十分有力量的；Q副校長在行政制度的改善與硬體建設方面確有不錯的專長；N副院長在社區服務及推廣教育上確有其專業與熱忱，甚至榮獲教育部獎章；P副院長的研究能力卓越，甚至能升任工研院XX研究所所長，確實個個都是一時之選。所以，想像四合一的團隊若能磨合成功，發揮各自所長，包含理想熱忱、研究、軟硬體建設、社區推廣等，整體組織效能應該十分驚人才是，此時最高領導者功能好壞應該就無關緊要了。

所以我們若暫且推估這樣的團隊若建立，應有助於提升更高的變革效益，那麼問題重點就轉移到在這樣的組織狀態下，如何促進團隊形成呢？因為SE學院的高階團隊確實缺乏一個能有效協調與催化團體的角色，如此就更需要團隊內部具有信任、正向情感、共識等條件，團隊才可能建構穩固，才有可能從多頭馬車變為夢幻團隊。若是原本高階領導團隊會談的設計模式，需要團隊成員都抱持心理契約或承諾，願意有一段長期參與投入，才可能有效果。倘若直接對此高階團隊操作願景共識的活動，又可能會流於表面分享，不易使相互印象與關係改變。若是此方案重來一次，筆者在有限的時間與接觸面下，將嘗試改變設計為「組織歷史與個人生命敘事」取向，希望以此增進催化性，創造成員的相互同理及信任關係，才可能讓團隊後續有意願朝向建立默契、共識，甚至合作模式而努力。所謂「組織歷史與個人生命敘事」取向會談，基本上，可先從敘說SE學院發展史故事開始，讓成員回顧與重新建構學校的特色、使命或精神、優勢與劣勢。操作上會從資深成員開始說，搭配事先整理的SE學院發展大事紀與相關學校故事文本資料。接著再轉至讓高階主管敘說個人學術專業生涯

來時路，以及投身SE學院對其專業生涯與實踐的關聯性，企圖從組織轉至個體專業生命的理想與價值實踐。預估此部分有助於催化團隊成員之彼此深度接觸與理解。最後再從每個成員的專業實踐理想提出對SE學院發展的期望或願景，並進一步嘗試異中求同，求取團隊共享的SE學院願景，試著建立團隊共同感與共識。至於團隊的溝通問題及焦點關係衝突，則在團隊開始累積信任、同理的基礎上，才較有條件面對與處理，以免團隊反射性迴避敏感議題。

綜合而言，筆者認為以現況故事來看3種先前故事版本，與3版本的典型故事情節都不完全相符，比較明顯的是高階團隊並未凝聚，所以未按「夢幻團隊」故事情節走，後續故事似乎較接近前二版本的折衷版。雖然單一「救世主」並未降臨，但新的權力核心確實形成（O為變革代理人；Q為行政輔佐；S為繼任領導者）。另一方面，O借X顧問外部奧援，以及內部整合工作，也的確取得更大權力與合法性，但O的權力似乎只用在推動變革，並未更激化鬥爭或更加擴權。再次強調，這裡並不是在做實證的預測及結果檢驗，而是多元敘事與權力相互建構的動力及過程；現況也不代表理想的發展狀況或最佳解答。當筆者顧問團採用的「團隊溝通」方案未被進一步採納，就反映有實權的高階主管不傾向「夢幻團隊」版本。而O與X的權力結盟策略，不但取得主導變革權力，同時也較大影響組織敘事建構，也因此「領導失能」版本是相對較接近的故事。至於O與X實施的「願景與策略規劃」介入方案部分，筆者認為策略規劃的具體擬定應有實質的幫助，但在集體願景形成部分，筆者推測它會流於表面形式（還是依循O的願景為主），實質上比較是取得正當性與營造聲勢的作用。

如此一來，當初選擇哪種故事版本及相對介入策略是否影響並不大，都有可能協助組織轉型？認真思考下，筆者認為，這個答案是無法確定的，因為未來故事線的實踐與建構並不總是走到正向版本。例如：有可能爭權惡鬥而撕裂組織；也可能自命為救世主卻能力不足，帶組織走向衰敗。唯一可以確定的是，如果組織領導者與諮詢者都能具備多重真實的知識，那麼傾聽組織不同故事版本，並促進相互對話、辯證、融合的機會就越大，於是組織內部就會更具整合性、協調性與學習性，最後組織找出超越性視域以及新方向的可能性就越高。

第八節　結語

　　本研究從SE學院的顧問經驗發現問題，然後針對個案資料進行回顧與整理，透過敘事分析與協同反思，得到3種關於組織問題的故事版本。接著筆者進入後現代典範與方法論層次進行回顧，然後帶著後現代立場，進一步反思了組織多重真實性議題。包括我們如何探究與發掘組織的多重真實版本，以及組織多重真實的知識如何協助不同組織成員或工作者。最後筆者再追蹤探訪9年後SE學院，建構了後續組織演進的故事，並且對照先前3個版本故事與此9年後故事進行第二層反思，也進一步討論了3種敘事原型的特性與影響。

　　當社會、組織世界以及典範思潮逐漸朝後現代轉向時，組織研究者或專業工作者也將開始解構與重構「組織」之隱喻和意涵。組織不再只是完美運作的大機器，也漸脫離理想「理想的科層體制」的主流想像。組織可能是在不同人或不同群體心中的片段投射形象之集合體；組織也可能是不同人述說的故事文本以及背後交織的意義網絡；甚至組織如同對話與交談，是不同主體、論述與權力間的往來對話。

　　於是當我們聽見組織故事的多重版本時，我們並不急著如刑案調查員般，蒐集蛛絲馬跡的證據，交叉比對驗證，找出「事實」的真相，確認哪個故事版本為真。因為「真實」原本就是多重而建構的，一個「組織」各自表述成為自然的狀態。端視故事敘說者在組織中位置、群體關係、觀看角度、涉入程度、認定狀態、參與歷史等不同，而有差異的版本，於是會有經營階層、中階主管、基層員工、工會、老臣、空降部隊、股東董事、諮詢顧問等故事版本。面對多元的故事文本，我們似乎該進一步探問，這究竟是「誰」的組織？「誰」的故事？你該選擇或採取誰的故事，哪種論述？故事版本說服力與影響力的背後，可能還是涉及權力，也就是敘事權與論述權。誰最有權力說組織故事？誰最能代表組織說故事？誰規定故事該說成怎麼樣的版本？這些可以說是反映組織的主流敘事或論述，通常大家會同意，經營階層以及董事會的故事版本具有優先性，或應該最看重，那基層員工或勞工運動者的故事版本呢？往往認真聽的人不多。要小心故事敘事權，相當容易受到組織經營權與所有權的操控與主宰。當然我們明

白組織故事不是，且不應只能那麼講。尤其當組織面臨難解問題，顯然採用原本組織的主流敘事已經無法使問題解套，甚至建構問題的糾結與循環，此時在主流敘事或主流論述外，邊緣或替代敘事、對立論述往往是變革的可能機會，它們可能提供了創新與超越的力量。

　　至此我們可以說，組織研究者變成組織故事的寫作與評論家，組織諮詢者可以轉變為協助成員說故事的催化員角色，協助不同故事版本間對話與交談，與協助成員編寫過去與未來的故事，協助故事與組織交互建構。但是，當我這樣說時，你得留意這只是眾多可能論述或故事版本之一，甚至敏感到前面文本的「我」、「我們」究竟是誰？只是如果對你而言，這確實是個有說服力的故事版本，因為它提供你理解組織世界的不同視框或觀點，或是刺激你有新的想法或反思浮現，那應該就可以算是本文的重要貢獻或效度來源了。

第十一章
研究關係中的敘事交會*

第一節 緒論

一、前言

　　本章將特別討論敘事研究中的研究關係議題，因為敘事研究之研究關係不同於其他研究取向。一般研究之研究關係通常講求關係之投契，主要就是希望透過好的關係，能蒐集到豐富的資料，一種純然工具性關係。但敘事研究的研究關係不僅止於此，研究者以及研究參與者可能透過研究交流中獲得學習、成長，甚至療癒。如同第十章提到敘事中介空間之特性，敘事研究需要在互為主體性與文本交織性的中介空間中進行，因此研究關係便成為此取向研究倫理的核心。換言之，敘事研究之研究關係並非只是公平、自主決定的交易關係（一般研究倫理），而是兩人生命與生命交會、故事與故事交織的關係，有著特殊的屬性（詳見第五章）。

　　在Goodson與Gill（2020/2013）的專著《敘事教育學：生命史取向》中，他們曾專章提出一個重要概念「敘事交會」（narrative encounter），正是說明了敘事研究中研究關係的本質。因此本章將先介紹敘事交會之核心概念，而後再提供一個研究實例，嘗試顯示出研究關係中之研究者與參與者如何透過故事的相遇與交流，然後促進彼此的學習與成長。

　　此實例是筆者之博士論文《尋覓噤聲的畫眉：對「男性失業者」的理解與重構》，在研究過程中所遇到的研究參與者——楊大哥，事實上整體博士研修及論文研究進行等於是筆者深度自我探究及統整之過程。如第一

---

* 本章之主要內容來自筆者博士論文之第四章〈重要他者的啟蒙——聽與寫楊大哥的生命故事〉，該論文之資訊如下：洪瑞斌（2005）。尋覓噤聲的畫眉：對「男性失業者」的理解與重構。輔仁大學心理系博士論文。本章以該論文之單章內容為基礎修改。

章所述，就讀博士當時曾參與台北市勞工局的「台北市沒落產業勞工歷史研究」專案（丁興祥、潘英海、翁開誠，2003），而楊大哥就是新光紡織關場工人，於專案中相遇及訪談。不過與楊大哥之關係，並非一般單純受訪敘說者說故事，筆者作為研究者負責理解並產製他的故事。某種程度可以說，楊大哥是筆者的啓蒙者，聽與寫故事的過程，啓動了筆者的勞動意識與情感，使筆者得以堅持以男性失業者作為博士論文主題（在主流工商心理學領域中），甚至決定回到核心問題，轉而訪談自己的父親。以下先介紹敘事交會概念，再進入楊大哥生命以及我們互動交會的故事。

二、敘事取向研究關係之重要概念：敘事交會

「交會」（encounter）一詞過去有翻譯為「會心」、「相遇」、「遭逢」等，此處沿用Goodson與Gill（2020/2013）專書中譯版之譯詞。Goodson與Gill（2020/2013）是從Gadamer的詮釋學哲學中回顧整理出交會本質的4個面向：

1. 交會需要專注他人與相異處。
2. 交會開展了關於他人的新事物，也包含了自己當中「相異」或「陌生」的部分。
3. 交會是鑲嵌在社會和歷史傳統的相互作用中。
4. 交會涉及語言的差異，即不同的表達方式在實現視域融合具有不同角色。（Goodson & Gill, 2020/2013，頁93）

換言之，如同第十章的敘事中介空間所說，這是在互為主體性或是「我－你」關係的狀態下，兩人在故事之文本交織中，便能產生視域融合、情感認同、感通、自我認定等作用。如同Goodson與Gill（2020/2013）指出，透過傳記資料與情感的自我揭露帶來敘事交會，而這種交會讓敘說者及研究者／讀者雙方能發展出共享的深層情感理解，這種理解可以讓研究者／讀者帶入自己的聲音，這便成為身分認定的交會與改變。而且當雙方的關係愈好，協同合作的意願愈高，研究者／讀者便更

容易進入敘說者的世界，最後更有同理性的形成再建構敘事文本。另一方面，透過敘事交會這個對話、反思、意義建構等協同合作過程，敘說者可能會有新理解而超越舊版的故事（Goodson & Gill, 2020/2013）。

　　Goodson與Gill（2020/2013）回顧相關文獻，整理出生命史研究的大致階段。

1. 敘述（Narration）──準備分享個人生活中的生命敘事。……
2. 協作（Collaboration）──在初始共享之後，研究人員和參與者檢查草稿，並提供和接收彼此的反饋。……
3. 定位（Location）──對敘述中意義的協作閱讀和理解過程，可以與協作解釋和分析的過程相結合，在更廣泛的歷史時間和政治背景下，個人故事可以得到更好的定位，甚至形成某種社會和文化實踐。通常，個人故事之間的連結可以形成更大集體經驗的圖像。（頁102）

　　總結而言，Goodson與Gill（2020/2013）主張研究關係或協同合作關係是敘事交會最重要的，而敘說者與讀者／研究者之間對話環境的建立必須依賴互惠關係（reciprocal relationship）。Goodson與Gill（2020/2013）甚至進一步提出「互惠教育學」（reciprocal pedagogy），他們主張故事敘說過程可以帶來理解與改變，這就是人類學習的一種基礎，如同他們所說：

　　學習不是傳遞認知的能力和內容，相反地，它是往復對話交會的相互作用，其重點是增強理解自己、他人和一個人在世界中的位置，而產生更符合一個人價值、信仰和世界觀的行動方案。（頁105）

第二節　研究及訪談背景

　　和楊大哥相遇相當有緣分。2002年中，我開始參與「台北市沒落產業勞工歷史研究」（丁興祥、潘英海、翁開誠，2003），但是我參與倉儲運輸業小組，而非新光紡織小組。但到了案子的後面階段，新紡工作小組邀我幫忙訪談一關鍵受訪者的生命故事，也就是楊大哥。總之，在半推半就下我答應了，就和楊大哥約時間開始訪談，前後進行3次、8小時的訪談。訪談過程十分順利，他總習慣約在下班後，我們外勞諮詢中心的討論室談，他會泡一大壺茶，我們邊抽菸邊聊。順利是因為3次的訪談他近乎無保留的攤開他的生命情感，以及深沉與痛苦的生命經驗，彷彿早就在等待一個人來聽他的故事。對我來說，這是第一次聽見比我年長的男性敘說其生命的苦痛與深處，而我也毫無阻礙的聽懂他的故事，就這樣進入他的生命之中。他低沉的聲音帶著力量，他悲哀的故事中有著對社會結構清晰的控訴，總之他的聲音與生命震動了我的內在。

　　由於「台北市沒落產業勞工歷史研究」必須於2002年底結案，我將楊大哥的訪談資料做整理與抽取，提供新光紡織小組撰寫結案報告，但楊大哥的完整生命故事並未書寫完成。因為當時筆者正要準備博士資格考，所以想等資格考後，2003年暑假再來好好撰寫楊大哥的生命故事。但2003年2月意外接到工會組織工作者的電話，希望我儘快協助完成此故事，並希望我慎重考慮，因為新光士林廠關廠勞工生命故事及抗爭實錄《那年冬天，我們埋鍋造飯》（台北市勞工教育資訊發展協會、新光關廠抗爭戰友團編，2003）趕著要出版。我告訴他們很想幫忙，但時間恐怕不允許，而且我也擔心一旦投入，我會整個投入很多。

　　幾天的考慮時間，其實很快就有了清楚答案，沒有勉強的就決定要接，因為我想到這事的意義，能夠讓大眾或其他勞動者看見這樣獨特的生命故事與情感，對累積勞工的知識與文化是重要的，對楊大哥個人應該也深具意義，甚至超過我只為他個人寫故事，因為他不斷強調「勞工教育」的重要性。而在當時所有材料中，就是缺乏深刻的男工故事，楊大哥在抗爭中也有重要的位置。我也知道自己應可以寫得出來，倉促把逐字稿交由別人寫，也很難寫得比我動人。在這番思考之後，心裡突然明白我應該

接，這是一種使命，我有機會、有能力幫勞工（單數及複數）呈顯豐富的生命內涵，我無法推辭。這等於是回答我先前自問：「我能為勞工與自己做些什麼？」的具體答案。所以資格考雖然很重要，比較之下，自然就放到後面了。

我花了約1個月時間，把先前兩次訪談的內容抓出主軸，編寫成一個完整的生命故事，並取用他所寫的一首詩的標題——「勞動者的烏托邦？」作為故事的標題。寫完之後，我把故事先寄給楊大哥，並約了一次碰面，聽聽他的回應與意見。寫完他的故事，我自己很喜歡，也常常重讀故事，一再沉浸在深沉的悲傷情緒中。但我不知道他會怎麼看，擔心他會不喜歡。

碰面之後，當場他並沒有直接回應喜不喜歡我為他寫的故事，只是又補充了許多故事。但是後來夏林清老師幫新紡抗爭夥伴辦了一次聚會與回顧，我看到楊大哥在聚會中的投入與興奮感，彷彿生命又活起來，原本已經不太想再接觸抗爭的一些夥伴，我看到他又跟他們融合在一起。似乎在講完、回看自己的生命故事之後，他已經不是原來的他，而聽完、寫完他的故事之後，我也不是原來的自己，一種深層的、集體的生命情感把我們兩人聯繫在一起，就像聚會後他一直拉著我要一起照相。

最終我通過博士資格考，而且也繼續堅持博士論文進行「男性失業工作者」的研究主題，而這正是與楊大哥及其生命故事交會，帶動筆者對勞動者情感認同提升所帶來的影響。因此，後續撰寫與整理博士論文時，便將楊大哥的生命故事以及與楊大哥相遇的經驗放在該博士論文第四章。

楊大哥身上十分豐富的生命，如果沒有機會深談，只覺得他是一個頭髮斑白、身形佝僂瘦小，卻親切有禮的阿伯。整體而言，他的生命基調是個悲傷而有些沉重的故事，如同他常講「啾悲哀ㄟ！（台語）」，而訪談及書寫過程我也常常陷入深沉且悲傷的情緒中。或許他的深沉與悲傷感染了我，也或許他的情感只是挑動了我身上，來自我父母作為勞動者的悲傷與無奈情感。但是與楊大哥的接觸、書寫其故事，對我有很大影響，尤其對於最後決定做失業工作者之論文，有關鍵性的作用。因為過程中的感動與啟發，讓我決定做一個靠近廣大基層工作者與勞工的題目。下面我們將試著進入楊大哥的生命軌跡。

第三節　楊大哥生命故事：勞動者的烏托邦？

來自陸地、來自山巔、來自海邊

勞動者以血、淚、汗水、迆邐過

不確定的年代—冷戰—談判—戒嚴—解嚴

民主—共產—政黨替換

奮起的力量交織著些許失落感

誰能告訴我兒時記憶中的童年

曾幾何時一樣的月光照在

基隆河、淡水河、大甲溪、濁水溪、愛河畔

不再美麗，不再哽咽；只留下幽幽的輕嘆

生命的躍動，銀色的漂帶幾時再出現

阿里山日出、中橫山川、東西海岸線

勞動者的身影哆嗦在資本主義的長鞭下

沒有意識，失去尊嚴，迷失在高度文明長欄

生命一如時序在運轉

生活宛若爬行在蜿蜒的黑暗坑道間

喘息中看不到青春的容顏

目色裡呈現內心無助的吶喊

舞動著雙手企圖揮去昨夜枕邊的纏綣

晨曦中徒留步履的蹣跚

都市叢林中有著不朽的傳言

世代的圖騰驅策勞動者邁向新紀元

冷漠中有執著、觀望中有期待

欺騙、謊言堆滿載政客的嘴臉

猜疑、虛偽是世人們口中的信賴

勞資的故事是一本演不完的經驗

傳誦了五十年，八百萬勞動者，傳誦了五十年

走過殖民、戒嚴期間
雨水依然滋潤著玉山，蒼茫又巍然
勤勉工作帶來了金色華年
汗水堆砌的51層摩天大樓是勞動者的榮典
夜色中更顯得輝煌璀璨
站在鋼構上，勞動者的戰歌，我獨自吟唱
儘管我已齒牙動搖、白華斑斑
只因繁華之背面，有我半生之證見
台灣是勞動者的天堂？台灣是勞動者的想望？
何處尋找我的烏托邦？
工作在這塊土地上，目前
維士比加咖啡是我體力的泉源，檳榔是我提神的口香糖
米酒與我為伴，聽我訴說衷腸，忘記悲傷
讓我又能面向明日的太陽、迎接挑戰
誰來體恤我疲憊的身軀？晚飯後面對妻兒之舒坦
唯有一盞的昏黃

農地改革，勤奮的農民耕耘在戰後的台灣
夕照、水牛背上的烏秋、剛升起的炊煙
黃澄澄的稻穗隱含著大地芬芳
滿籮香蕉鑄成了金碗，這不是夢想
斗笠、簑衣、稻草人已淹沒在八七水災的夢魘
不復見

一時間，基隆、台中、高雄港口
南北高速公路上，車輛
動了！船隻、飛機來來往往
希望的五〇—七〇年代，擺脫貧窮，勞動者生存力量具體的展現

客廳即工廠、以廠為家的口號響遍半邊天

中小企業如螞蟻雄兵躍上國際經濟的櫥窗

勞力密集、資金之挹注，換取了高額之外匯

勞動者以血汗烙下了MADE IN TAIWAN

無數的勞動者創造了奇蹟，不朽的台灣經驗

財富帶來了歡顏，尊嚴中有一份淒愴

不知是——

高樓的燈光妝點著繁華還是繁華妝點著高樓的燈光？

勞動者隨著機器日以繼夜的運轉

沒有音樂、沒有詩篇；只有殘喘

財閥用貨櫃裝滿了貪婪

寶島成了資本家擄掠的戰場

勞動者眼中的天堂

勞動者心中的烏托邦

回首望一望

誰給我們答案？勞動者的晚年！

敘說者楊大哥的詩

　　前面是楊大哥所寫的詩，也是他生命情感與想法的再現。他的生命故事容易讓人進入一種低迴與悲傷的情感中，而且是相當細緻的一面。抗爭夥伴說，在抗爭時，楊大哥都是扮演開心果的角色，讓大家開心，不容易讓人察覺他的這一面。楊大哥是新光紡織關廠抗爭的重要領導者之一，在民國77年新光紡織士林廠關廠前，他在士林廠空調股工作了15年半。離開新紡嘗試許多工作，後來一直在工地打零工，將近10年時間。後來營建業景氣跌到谷底，他幾乎無工可做，等於二度失業。之後才有機會進入勞工局，擔任外勞查察員。

一、難忘那一戰：從關廠到抗爭

楊大哥第一次失業因為工廠關閉。談起關廠抗爭過程，楊大哥回想起來依舊歷歷在目。但對他來說，那一段是很難做一個簡單意義與評價的總結，對他來說這有複雜意義，也是他不斷思索的問題。如同他一直思考，他這樣的一個人，在抗爭過程他扮演的角色究竟為何？但不能否認的，這段經歷在他生命留下深刻的痕跡。

（一）徵兆

在新光紡織關廠前，楊大哥和一些工人其實有意識到工廠會有所變化，只是沒料到那麼快。

新光在士林區大概有5、6甲的土地，從新光醫院的興建，楊大哥和幾個同事朋友也都注意到公司對附近土地似乎有計畫性開發。後來工廠生產線慢慢縮編，包括織布機、針織機也停產，產紗量也慢慢縮減，每個員工都有感覺。後來工廠也請顧問公司來做合理化，所謂合理化就是淘汰掉不必要的人，結果從1、2千人減到剩下4、5百人。公司進行的方式有鼓勵提前退休、輪調等，即鼓勵年資高的提前退休，可以優於勞基法退休，那時叫「五五專案」。另外把臨時人員調到桃園廠，一些公司眼中頭痛的問題人物也被調到桃園廠，許多都是在地台北人，去那麼遠的地方生活無法配合，只得自行辭職。

新光的工人雖然慢慢感受到整個環境的改變，但是因為傳言工廠要結束已有多年，漸漸就覺得應該沒那麼快。

（二）一紙公文宣布關廠

民國77年10月24下午5點30分，公司送來一紙公文宣布關廠，公司方面片面關廠，並沒有跟工會商量，甚至公文貼出來時，工會內部還不完全知道，過程顯示其粗糙與獨斷。只有告知工會公司停工決議，並請工會召開會員大會，說明公司決議。公司方面以機器老舊、經營虧損為由，決定全面停工。且要員工須在兩日內登記有意願調至桃園廠工作，否則視為接受資遣，按勞基法規定資遣。

公司這樣突然的公告，讓所有員工措手不及，驚訝間楊大哥和一些工

人都質疑，新光紡織獲利雖然衰退，但還不到經營不下去的地步，爲什麼不繼續經營下去？他們並發現片面關廠絲毫沒有跟員工商量，也顯示經營者的粗暴，未曾如先前所說「以廠爲家」的把員工當作一家人。

（三）員工的憤怒以及投入抗爭

所以資方片面關廠，而且是無情的對待方式，激起楊大哥和其他員工不平的憤怒。不平的是，爲了巨大利益，新光就把所有工人都拋棄，不顧他們的死活。不管工人未來的出路與生死，不管這些人過去的辛勤貢獻，也不管他們爲工廠賺了多少錢；當然也不考慮許多人在工廠待了將近半輩子，還有許多兄弟姊妹和夫妻眞的是以廠爲家，更不在意工人對工廠存在的情感。如此用完即丟，清楚表示只是把員工當作工具。工人這才想到吳火獅常對員工講的話，「好天要存雨來糧」的眞正意思，在營收大好時用這句話安撫員工，依舊只發1個月的年終，關廠時才發現原來存的糧只存進企業與老闆口袋裡。所以楊大哥質問：

工人未來的路在哪裡？工人未來的工作權在哪裡？生存權在哪裡？我們要爭的是爲什麼要關廠？爲什麼這樣做？難道沒有考慮到這些長年累月在那邊辛勤工作的工人！所以當初我們在面對這一個殘酷命運的時候，我們工人憤憤不平。這是很不公平的，他們有沒有想到，工人在這個工廠的貢獻是有多大？

但是勞工要的是什麼？他們沒有考慮到建教生後續的安排怎麼樣？那二十幾年的面臨退休，你又沒有給他們工作機會，那又怎麼辦？那像我們這個半老不老的，介於中高齡的又怎麼辦？很多夫妻檔的，還有兄弟檔的，都同時失業，所以整個家庭的經濟重心都沒有了。我40歲沒頭路啊！眞悲哀啊！甚至有些人是做日薪的，有些人是論件計酬的（臨時工），結果公司把日薪和臨時工的年資部分取消掉（沒有遣散費），那他們的生活又怎麼辦？

除了這股憤怒之氣，楊大哥還有豁出去的勇氣，以及「沒出來，誰要出來」的道義，就這樣的投入關廠抗爭的過程中。

　　我那時候是豁出去了！資方片面關廠，也沒有跟工會協調，那時我跟他們工會幹部講，他們都同意我們可以這樣來做（抗爭），但是那時實際要走出來，有的人還是顧慮到後續的路。我那時三個孩子都還小，正需要照顧，反正就是——沒出來，誰要出來。

　　由於工會的功能不彰，無法爭取所有員工權益，所以楊大哥便和幾位好朋友一起推動了關廠自救小組的成立，多數員工投入長達76天的抗爭，訴求工廠復工，保障工作權。

（四）凝聚

　　在抗爭過程中，楊大哥原本與許多女工、建教生並不算熟識，因共同經歷這些事件，並一直持續投入，而漸漸獲得眾人的信任與倚重，這是楊大哥回想起來覺得最安慰與最值得的。過程中那種相互融合，不分彼此，生命緊緊相繫的感覺，也是他覺得最珍貴的部分。

　　那時的那種內聚力所喚起、所發出來的力量，哇！那也是滿大的。像是有人主動去剪布條、幫忙整理、煮一些吃的，大家分工合作，然後做編組。所以那時所展現出來的力量，是很團結、很合作，而且相當蓬勃有朝氣。還有那時都沒在分你是誰，大家都不分彼此。最好的、最珍貴的就是在抗爭過程中培養的情感。以前因為各個單位不同，不可能完全融合在一起。

　　就像當時讓人印象深刻的片段。由於要求資方協商，進行復工，自救小組在停工後仍持續上班，且不讓公司讓剩餘原料、產品運出。有一次，公司方面派人及貨車強行要運走剩下的貨品。楊大哥與其他成員眼見車子已經進來，然後已經裝好東西準備要出去了。就有人大喊「全部躺下來！躺下來！躺下來！」那一剎那，在場成員未多考慮，大家就全部躺在工廠大門的馬路上，相互緊緊簇擁，以肉身擋大貨車。那一刻，大家突然深刻感覺到彼此是生命的共同體。

（五）啟發新的視野

　　抗爭過程對於參與成員都有著豐富的學習與新的體驗，因為很多經驗是過去工廠單純的運轉生活沒有經歷過的。因為楊大哥身為抗爭過程中的重要領導者之一，所以他感覺過程中其實有許多新的學習經驗，也因為當時面對的各種處境與壓力。像是如何動員、組織內部成員；如何製作文宣、提出訴求；如何與外力接觸、借用其力量；如何與一般民眾溝通抗爭在做什麼；如何與資方、官方談判等，都是他重要的學習。

　　員工在過程中學習到什麼？像是任務編組，在抗爭的隊伍裡面能夠展現團體的力量，都自動自發。還有每次都會開會，策劃哪些活動要來進行。以前哪個工人能想到這些！甚至我們在抗爭的過程中還辦了一個勞工文化晚會，做一個晚會讓員工在抗爭過程中去抒發他們的情緒。但是你要知道，要如何去綜合這麼多人的意見，整理出一條路，讓他們去選擇，這是很不容易的。即使你經過問卷調查，但是你今天說要做什麼事，需要大家來配合，你要需要有多少的說服力，講出多少的道理，來讓他們感受到，你絕對是為他們在做的，而且你可以幫助他們完成某些他們不知道的事。

　　而我原本只是一個員工，但是我勇於這樣站出來，我站在自己什麼樣的眼光來看待事情。到後來我整個過程中，我經歷很很多，因為我看的層面更廣，我面對的社會人士包括各路人馬。所以我常常想，這一段讓我的人生更豐富。

（六）複雜的社會力：外力的互動與判斷

　　對楊大哥來說，過程中對外力的判斷與互動是很重要的學習，也是他迄今仍持續觀察的議題，因為長期來看，這些來自不同方面的團體或個人，究竟秉持何種理念？究竟是否真的關心勞動者，是可以一目了然的。而抗爭作為一社會事件，外力反映來自各方的複雜社會力，這對抗爭的發展與前進有很大的影響，身為抗爭領導者之一自然要謹慎的判斷與互動。由於外力不同的立場，還有在關鍵事件上的態度，也使得抗爭成員會出現

不同的方向與路線。

　　在以前我就對臺灣整個的政治環境有觀察，甚至我也曾了解這過程臺灣社會的演變，跟一些政治環境的變遷，所以我才會對一些政治人物來參與我們這新光事件時，他們的看法和我十多年的觀察，去了解他們到底是想利用我們作為他們政治的資本，或者是說他們是長期陪我們走下來，而且他們到目前為止還能始終如一的，真的是不多見。政治人物他們的理念，要是真能關心這些所有勞動朋友，我看真的是很少，長期以來的觀察就是這樣。

　　有些人是好像沾醬油，沾一下就走，沾一下就走，有的是長期投入，而且會跟每個不同層面的人做一些接觸和了解。甚至可以協助他們做組織性的編組，做功能性的發揮，甚至說訴求的主題是什麼，灌輸一些勞工的意識。那這些人在長期的耕耘裡面慢慢會獲得員工間彼此的信任。那有些人會把外力當作好像救星一樣。那樣不同的觀點，會導致說員工參與的熱情有沒有衰退，到最後為什麼有中途離開的，這要做深入的思考。……勞資在對抗的時候，勞工所承擔的是什麼？……那外力在抗爭的過程到底扮演什麼樣的角色？是不是帶領抗爭者走向他們訴求的方向？或是在凸顯法令、政策不足的地方？還是只是一味的叫我們往前衝？

（七）各方壓力

　　在抗爭過程中楊大哥承受各方的壓力，包括經濟、家庭壓力；抗爭中面對資方、官方的威脅與壓力；難免也有內部紛爭猜疑的壓力，但是更吞噬人心的是不確定的未來。

　　那時有一次我出去參加一個座談會，正好資方叫流氓來打人，我回去才知道。資方還假好心拿一些傷藥，明明是他們叫人來打的。兩個被打的，其中一個是我課裡的同事。被打之後會驚惶，我們不曾面對這種打架的事，沒想到有這種暴力的動作出來。好幾個人打一個人，再勇也會倒，都打沒討。還有我們去面對官司啦，資方控告我們說，那我們是保持什麼

心態去面對的。其實我老婆也會怕，她會想說我要是受傷，她以後要依靠誰，都有想到啦。

因為夫妻同為新紡員工，新紡關廠其實整個家庭經濟頓時失去依靠，加上自救小組成員抗議公司不合理停工，集體拒領遣散費，而楊大哥又一直持續投入抗爭直到結束，所以家庭其實承受相當大的壓力。期間太太只得帶著3個孩子回娘家，幫忙看顧娘家的小雜貨店，勉強維生。另外，家人也擔心他參與抗爭及擔任領導者的危險性所帶來的壓力。甚至公司還運用同為公司員工的哥哥，進行親情勸說與施壓。可以說當時家庭與經濟所帶來的壓力一直在背後拉著他，我們可以想見這種前後夾擊下的強大心理壓力。

我有三個小孩，我想到說那時我老婆用兩人坐的娃娃車，再背一個去買菜，當我想到這樣的情景，眼淚就流下來。

（八）走孤獨的路

經過76天集體抗爭的努力，從在廠區生活，到總公司大樓前埋鍋造飯，及不斷的抗議與談判，最後終在經濟家庭壓力下告一段落。在抗爭事件落幕後，楊大哥卻選擇不再與新光及抗爭的成員接觸，除了原本的好朋友之外。或許是因為參與抗爭實在是承受家庭的壓力以及沉重的經濟壓力，另一方面即便到了最後，仍然有人對楊大哥之動機有著謠言及猜忌，對他來說又情何以堪。也許是這樣的心情讓他在抗爭結束之後，選擇走孤獨的路。

因為那時我離開新光的時候我覺得很孤單，如他們說我選擇一條清靜的路，跟過去這些同事say goodbye。這要怎麼說，畢竟那一戰也是打得很漂亮，很美好的。問題是說，在抗爭的那段過程中，我看到裡面很多同事的衝突、懷疑、猜忌，我們可以感受得到。而且那時我老婆常常不諒解，大家這樣做，不求什麼回報，不求什麼，求的就是自我忠心。那有人會來

懷疑我們的時候，我們面對的就是，我跟你們走這麼久了，你難道不相信我！我是從你們這邊得到些什麼？為什麼我要去面對這些質疑的態度，你情何以堪！後來就想說，畢竟走過來了，走了這麼久，走到一段結束了。我被推舉為領導人的時候，甚至有人認為我是私下作業的，我拿那個做什麼啊，對我來說沒什麼意義嘛（激動）！後來他們有年度聚餐，都有人打電話來啊，但我不會去。有時候在路上遇到，除非他們主動打招呼，不然我不會打招呼。我不曉得我的心態怎麼會變成這樣，從那個事情以後我就覺得說，人如果一生都為別人活，那實在是痛苦。

　　到後來有一次我在蘆洲遇到徐××（抗爭領導者之一）的時候，沒有說話，兩個人就這樣抱在一起。不一樣的際遇，不一樣了⋯⋯。怎麼說，人生的變化很大，當你去面對這麼一個人的時候，他已經沒有很大的精神。可是當初從這個事件引起，是牽繫到多少人的期望啊！希望我們把這個事件做怎麼樣一個（收場）⋯⋯。

　　多年之後兩人在街上重逢，這是怎樣的存在時刻？彷彿拉他們重回那段戰鬥的時空。昔日並肩戰友，卻早已今非昔比，十幾年前通過那段濃縮而充滿張力的歷史交會點，他們各自面對不一樣，卻同樣不好走的生命際遇。這次他們偶遇、相擁，歷史突然出現了空隙，片刻讓他們安置彼此的身軀，然後道別，於是又各自繼續走著未完的人生路。

二、重頭開始

（一）各種嘗試

　　抗爭結束，楊大哥收拾起紛亂而複雜的情緒，重新面對新的生活。等待他的是不確定的未來，唯一確定的是都不輕鬆，也開始他不穩定的工作型態。那時他40歲，3個孩子也都還很小，正是家庭及經濟上負擔最重的時候，卻也是最不容易找工作的時候。那時他嘗試找了許多種工作，像是飲水機買賣送貨維修、大飯店水電維修、補習班的招生企劃工作、推銷不鏽鋼炊具等，但都沒有做下去。有些是人家不要他，有的是薪水太少，不夠養活一家5口，有的工作內容又和個性不合，在這樣失業與找工作的狀

況過了將近半年。過程中也曾接觸股票，因為沒工作也會進出股市賺些差價貼補家用。而從新紡拿到的三十幾萬資遣費，也一年後就花得差不多。其中做得比較久的是在貨運行做貨運司機兼搬運工，做了約1年。然後也嘗試開早餐店，但是也才半年就維持不下去。

可憐我那在新光領的36萬，一年就差不多開完。因為美而美也要資本，那時加入美而美也要5萬塊錢加盟金。那時房租負擔太大，一間要3萬5，一個店面2、3坪。又要請歐巴桑倒（幫忙）包裝，又請一個比較專業來包三明治。二個夫妻從早上4、5點起來，忙到下午2、3點收攤。我太太就不堪那麼操，就胃出血……。因為那種工作是搶時的生意，你上班人潮一過，人就少了。

離開新紡工廠的大傘，楊大哥被拋擲進入紛亂而現實的社會中，畢竟這是個適者生存的競爭社會。工廠雖然單調、疲累、機械化，但起碼提供員工一個棲身之所，一份安定、穩定的防護，所以工廠人所習慣的邏輯通常是固定、機械性、日復一日安分的做自己分內的工作。因為中年無特殊專長（失去紡織廠的空調機器，他等於就失去專長）等不利求職的條件，加上楊大哥有想法而有所不為，也就更難找到工作。也嘗試自己開小店與太太一起工作，如果做得下去，雖然辛苦，但能夫妻攜手合作，似乎是不錯的選擇，可是還是做不下去。或許楊大哥雖然不笨，但他卻缺乏一項邏輯，就是商人都熟知的鐵律，「壓低成本，增加收益」的資本邏輯，可是這又恰是他所厭惡的。

（二）賣體力

因為有一個專門包工的工頭是楊大哥鄰居，缺工找人就邀楊大哥試試，沒想到這一做就是10年。所以之後楊大哥都在工地做零工，開始打零工的生涯是湊巧，可是在中年不易找工作的狀況下，原始的體力勞動，似乎是最後可依靠的。所以，各式各樣的工作，只要是有工就做，他說反正就是「賣體力」。10年光陰如他所說，從黑髮做到白髮，從有體力做到沒體力，從孩子小做到孩子長大。但可想見四十多歲的年紀，加上身體並不

太好，重新進入如此體力勞動的工作，其中的辛苦，並非三言兩語可以道盡。但是楊大哥沒有退路，爲了生活，爲了家庭硬撐了下去。或許如他所說，在不向現實低頭中，顯現出其生命的強韌性。

這樣做將近十年，我老婆那時都不認爲我可以做一個月，可是爲了生活我就是這樣拚。……那時就做到手全結繭，嘛感覺身體越勇，其實是沒勇，都是靠「維士比」加咖啡，都是這樣硬吞，嘛這樣做十年，有時想一想，回首前程不堪回憶，眞的是不堪回憶。

那時每天工作我就告訴自己，比如說我要看料多少，要幾包，……裝好後就自己調整一下，好！今天我要戰勝四樓，我要戰勝五樓的頂樓，加蓋的頂樓，要用多少時間。到後來我在工地內學會跟家人喝需要體力補充的，像是維士比加咖啡，甚至加米酒，主要就是要忘掉肉身的痛苦，和補充體力不足，這都不容易的啦。我記得我出來的時候頭髮都是黑亮的，到現在10幾年頭髮都白了，白倒不代表什麼，白就是閱歷豐富，不會向現實低頭。這是自己生命強韌的象徵。

（三）不再爲誰賣命了

不論做什麼工，楊大哥都要求工資當天拿現金，做多少就拿多少，而且不扣稅，不受僱在任一公司或老闆之下。或許在被新紡關廠背叛之後，這樣的調適方式是可以理解的，如此國內績優大企業都可以因爲自身利益任意把員工拋棄，那又有什麼企業或單位能給一個持久的承諾？唯一能相信的就是自己的血汗，再也不將自己情感投注在僱用關係上，忠誠變成一種可笑的騙局，所以出賣勞力就得銀貨兩訖，各不相欠，已經不會再爲誰賣命了。

我不要一定的雇主，我不想要侍奉一樣的雇主，但我是希望可以認識很多人。雖然有人建議我去跟固定班底，但是我若跟了你，有工作的時候一起做，但沒工作的話我怎麼辦？但是我單純的做就好了，又可以認識不同的人。所以有一點好處就是說，不用報稅還有工資報表什麼哩哩摳摳

的，我就不讓人家知道我是做這一途ㄟ啦，我基本上的看法是這樣。但是人家要求我做什麼我都知道。

（四）學習與成就感

　　因為不挑工作，讓楊大哥有機會接觸各種工作，接觸各行各業的人。雖然處在中年的階段，過去也缺乏相關背景，令人驚訝的是在各種工作中，他顯現了驚人的學習能力與欲望，各種行業範圍之廣，像是泥水、土木、水電、油漆，甚至園藝，另外從最簡單的小工，一直到看設計圖、算工價、抓水平線等相當專業的技術。他也喜歡接觸各式各樣的人，學習各種不同的工作。

　　雖然一般以為反正就是工地打零工，但楊大哥在做工中享受到成就感。隨著他專業技術與知識的增加，工作夥伴對他越信賴與倚靠，甚至監工、建築設計師也都會聽他的意見，這是一種專業被尊重與肯定。另外，隨著他四處的工作足跡，任務一件一件被完成，自己也看到成果，不論是新的建築、重新裝潢，甚至是拆除，到處都有自己的成品。或許對工人來說，「這棟大樓是我做的，有我的血汗在裡面」，這樣的成就感是任誰也奪不走的。

　　我甚至連國慶閱兵那個觀禮台，那個搭架我也去做過。我們在做園藝的時候，種草皮、種樹，每個陽台都有花圃，幫人家種，很快樂。為什麼很快樂，因為想說這個行業也可以做得很專業，就是這樣。只要我走過以前的工地，就會想起以前做過的事情。雖然不知道自己怎麼走過來的，每次我去工地有時候做一、兩個月，半年的也有，甚至也有一天半天的，像是那個店面裝修換過好幾次，我們也是在做。大飯店也有幫忙做過，環亞的五星級客房也要完全翻修啊。ㄟ！環亞的舊招牌就是我拆下來的。到現在那些一樓的商店，很多我都曾經去弄過，我覺得滿好的。

（五）賺到單純的家庭生活

　　雖然楊大哥透過經驗的學習，累積許多的專業技術，但他不想像許多

人一樣,包工程來自己做。他自己覺得工廠人就是穩定保守,也或許經過
這些生命的波濤起伏,也看盡了各種不同人的生活方式,他發現維繫家庭
的穩定才是他最重要的追求。

　　這10年也真的是看盡了人生,各階層的人都看過了,挖土的、開怪
手的,幾乎都看過了,他們的生態就是這樣子。為的是什麼?就是過生活
啊!有的賺的賺到、了的了到(台語),遇到景氣好的,真的是賺給全
家,有的就是一輩子受僱做工。但是他們有一個好處就是會保護自己身體
不會受到傷害,還可以累積自己明天的體力。現在想想,這10年真的是看
盡各階層的人是怎麼生活的。我唯一一個安慰的地方就是說,有賺到錢,
房貸可以繳,小孩的學費可以繳就好了。

　　楊大哥十分珍惜自己的家庭。他覺得妻子一直在旁邊協助他,不論多
麼消沉、壓力多大,始終如一,可以說是他最珍貴的資產。對孩子,楊大
哥更加珍視,他陪伴他們的成長過程,並用相片幫他們記錄生命的樣貌與
歷史,反映出他對小孩的疼愛與重視。在他最低潮的時期,家人也是支持
他走下去的力量。

　　我的妻子,從結婚跟我生活開始,每天都有記帳,每天開銷、買多少
東西、用多少錢等……,每筆金額都給我做統計。到現在,快二十年了,
這是我娶這個老婆是我最大的資產,我覺得很敬佩的地方。常常在我表現
很消極的時候,她都還是支持我。

　　我的孩子成長過程中,我曾經陪伴過。我的孩子成長每一個年歲,我
都用攝影來記錄。甚至每人都有一套不一樣的,只有他們共同生活,可是
我給他們完整的,讓他們以後可以去看看。……從小孩子出生,醫院給我
們的腳掌紋等一系列的東西,這些都保存得相當完整,許多東西,我老婆
都還拿去護貝。所以對於孩子還是交代得過去。

三、絕境──無工可做

　　工地打零工的生涯中，景氣也開始轉壞，而且最後兩年近乎寒冬。對楊大哥最直接的衝擊就是無工可做，那表示家庭經濟又陷入困境中。經過了工廠的背叛，中年辛苦的重新適應社會環境，最後他有韌性的靠自己的勞力過日子，企求的也只是一家溫飽，安穩的生活而已，但現在似乎連景氣都不站在他這邊。

　　那時曾經我們做滿工，做滿30天，每天都沒休息，有工就做，不管是跑工地也好，跑去民間「改修」（重裝潢）也好，做十年。慢慢到88年後好像就走下坡了，到後來一個月做沒有10天，甚至只有2、3天。那時壞到什麼樣的地步？就是為什麼有那個氣力可做，那ㄟ沒有機會去做。機會不再來啦！

（一）算銀角仔的日子

　　可是這段無工可做的時間，卻正是經濟負擔沉重之際，孩子正值求學階段，也剛買了國宅，有著不少的貸款壓力。這麼湊巧，彷彿老天開了一個玩笑，但卻硬生生壓在他的肩上，最後連原本工作的熱誠都消失了。為了經濟只得跟朋友借錢，我們可以想像，重視尊嚴的他，如何承受那份難堪，去開口借錢，但也沒別的辦法了。

　　就是這樣，人會自我墮落就是這樣，眼睛睜開，就是面對生活壓力；眼睛睜開，就知道說今天要花多少錢。失掉了對工作的熱誠，剩下維持生活的基本目標。所以每次都需要靠朋友、鄰居的幫忙。還有就是貸款。但是這些都是需要還的。我也曾經跟新光的同事借過錢，那是人生中最壞的時候。十年過去，以前我們的一些老朋友，會感到疏遠、生份多了。當你在最糟糕的時候，要開口跟他們借錢，你知道，那要鼓起多大的勇氣，來開那個口嗎？

　　所以那時候出門時候，攏是算銀角仔（銅板）。算銀角仔（銅板）ㄟ日子歹過！因為就是不多嘛！數都可以數得出來。看是要吃十元的饅頭，

還是吃十五元再包一粒蛋，這都要去思考，至於豆漿就免了啊，家裡的開水就可以啦！

（二）深淵與繩索

生活陷入絕境，環境景氣有不見起色，生活經濟的重擔已經壓得楊大哥喘不過氣來。他想很多，卻無助於整個處境的改變，卻只讓自己心情更加無奈與心酸，最後他只能用酒來麻痺自己，企圖隔絕自己的情感與思考。

反正就「做一天，算一天」。有做就去做，沒做，我就醉茫茫。喝的酒，我兒子幫我排起來，跟閱兵分列式一樣，排得好整齊喔！就是最便宜的米酒頭啦！我曾經一天二十四小時都是在喝，因為睡不著，會想一些問題，會思考很多不同層次的問題，後來慢慢的體會這日子怎麼過下去……。曾經一個禮拜喝了二十幾罐！呵呵呵！日以繼夜的在喝，因為沒事頭嘛（台語），所以，吃飽了就喝。因為那時吃東西都失掉味道了，呼吸的空氣感覺都是臭的，都是酒臭。我太太都跟我說，沒效啊啦！

靠喝酒來麻痺自己，雖能暫時隔絕痛苦和縈繞的思緒，卻還是找不到一條出路。生命彷彿墜落無底深淵，連哭喊都聽不到自己的回音，此時他開始出現放棄的念頭，因為他感覺已經找不到自己存在的目標了。這時還拉著他，讓他沒有迅速墜落的繩索，也只剩家庭和孩子。

甚至我在最後那兩年，一個月工作沒有幾天的時候，我問自己說，我的人生烏有去啦（台語）？懂得會去喝酒來麻木自己，以前酒並不是我生活唯一的寄託，我不是說一定要靠這玩意兒我才能夠感覺過得實在，當我了解到我喝了酒之後，我不用去思考很多問題，不願意更透徹了解這個社會。但我自我放逐，到自我墮落，到自我摧殘。我本來身體還好，喝了酒之後弄壞了。嗯，自己在摧殘自己，好像要加速死亡。社會好像沒有我追求的目標了。真悲哀！這種日子足足走了兩年。那種日子真正啾艱苦行

（台語）。甚至於有時候我會想，乾脆—拋棄這一切，什麼都不要了！

　　沒哭的時候啦！已經不知道感情了！所有的官能都沒有了。吃飯的時候，東西都沒有味道了。每天面對著社會的環境、家庭的環境，就會思考是否走到這程度已經是盡頭了。盡頭就是沒有指望了，不求什麼了。但看到小孩子，看到他們比我高的時候，才又知道我的責任未了，而且會愈來愈重。後來有一次就是人家叫我去做工時，結果我竟然醉倒在工地！透早就醉倒在工地！那當時結束，我才覺醒說，靠北（哭爹）啊！變酒鬼啊！是不是「酒精中毒」了。

　　那一次工地醉倒的經驗，讓他驚覺自己喝酒已經不受控制，也發現喝酒無法解決問題。於是他再試著起身，尋找生路。

四、逢生——進入勞工局

　　生命低潮的轉機出現了，楊大哥應徵而且進入勞工局的外勞諮詢中心，擔任查察員的工作。這份工作薪水不高，但足以讓楊大哥的生活較為穩定，經濟也得以喘息。進入外勞諮詢中心至今約2年時間。

（一）相同的容顏

　　外勞查察員的工作是屬於公部門單位，和楊大哥過去熟悉的環境，像是工廠、工地環境又大不相同。查察員主要負責追查雇主非法僱用及使用外勞的情形，並依《就業服務法》做處理。但在過程中他卻發現，面對外勞的問題，和過去面對新光紡織資方，對待與手段是如此相像，這麼多年下來卻沒什麼改變，甚至現在他身處公部門，所能提供的幫助仍舊相當有限。當他看到那麼多人在茫茫大海浮沉待救，但是他怎麼可能救得完，所以他覺得無力，甚至一度不想再繼續做下去。

　　十幾年前自己面對的，現在同樣也那樣……，故事都一樣。當我去處理工廠的事情，所面對的都是同樣的問題。就好像一片大海中間，許多人都掉下去海裡，你一個一個救，哪救得完！面對不同的工作，面對著——都相同的面容，當他們面對不同的遭遇時，他們的眼光都是有期望的、有

企求的。他們也說：「我們怎會遇到這樣的事情」，我們也都儘量幫他們度過這一段艱苦。……但看到積欠工資的部分，拿不到，甚至到法院告，也不一定能拿到。看他們眼神也真的是滿可憐的！那我的看待就是，從他們，看我們，再看以前，都是同樣的，體制的問題，整個結構面的問題。

（二）戰將

終究楊大哥還是待了下來，因為一方面經濟好不容易稍微穩定下來，他需要這份收入。另一方面，他還是使用自己多年勞動生涯裡累積的歷練，盡力發揮作用，抓出壓迫外籍勞工的雇主，也盡可能幫他們維護權益。所以在同事眼裡認為：「他是這邊的超級戰將。因為他的辦案方法、效率，以及對案情的分析都是戰將級的」。這也不是沒有原因的，他經歷過的勞動變成現在的資源，他以前吞下的苦也變成一種動力。

這工作是有辛苦的一面啦！但想到有時候在處理完個案或某些case後，那種感激之情，不是用言語所能夠描述的。尤其每次我們在處理完事情以後，若獲得圓滿結局，那真好。

五、再回觀生命旅程

再回頭觀看楊大哥的人生路，有起有落，可以說相當豐富。但對他來說，他又是如何看待自己的人生，他又是如何衡量自己生命的價值。他的口頭禪就是：「講卡咩輸贏乀！……」但人生的輸贏又該怎麼算，誰輸了？誰又贏了？輸了什麼？又贏了什麼？可是哪是那麼容易加減的，算一算或許就是沒輸贏吧！

（一）辛苦的童年

楊大哥的童年幾乎都是在鄉村度過，他還記得小時候像是竹槍、泥巴球等童玩。但是他也有一個辛苦的童年，因為家裡貧窮。父親身為木匠收入並不差，可是中年病倒無法工作，而且一病就是十幾年，家中經濟只得

靠哥哥支撐。而楊大哥有機會讀書到高職，也全賴叔叔的幫忙資助，在兄
弟姊妹中也是少數。其他3個兄弟都做木工，就是延續父業，而只有楊大
哥因為眼睛不好關係，父親便沒有讓其進這行業。

　　我的童年因為父親比較早病逝，所以連學費都繳不出來，但我有遇到
好的老師，幫我付學費，也有壞的老師，要我要回去拿學費再來。我從小
感受到，貧窮好像很可恥，我的畢業證書也是我同學拿回來的，因為沒錢
繳學費，不敢去拿。

　　不過我求學經過也都不錯啦，憑良心講我只是說，我要是有機會再
讀，也許現在成就不同了，就是中途家道中落，求學學費都是靠別人周濟
出來的。而且那時候眼睛不是很好，要不然我搞不好今天也是一個木匠。

（二）早年的勞動

　　因為家庭經濟並不好，楊大哥從讀高工電子科之時，就開始有工讀
及勞動的經驗。包括像是小加工廠、文書工作、身體勞動等不同的工作。
楊大哥最早的工作是做鞋子的包裝紙盒，就是讀高工時，在一家很小的工
廠。工作包括要先打紙版出來，然後人工下去拗，就折成直角，然後打釘
子，做成像運動鞋那種的盒子。它是半手動的，全部人工操作，用腳踩
的。有時會有危險，像是被釘子扎到手，有時釘子甚至會貫穿。

　　畢業後等當兵，楊大哥再去一家製作小型冰箱的工廠，那是中日技術
合作。當時，因為那家工廠要升等，必須經過評鑑。所以楊大哥就進去做
品質管制（QC），幫助工廠做文書資料，以便升等。做了將近半年，因
為父親中風病倒了，在家裡需要人照顧，也就回家照顧。

　　回家後，白天楊大哥仍去在傳統的磚窯廠打工。楊大哥負責前段的
供料作業，就是用圓鍬把黏土放上不停運轉的輸送帶，送到泥土攪拌機。
楊大哥第一次體驗到身體勞動，他記得第一天回去的時候，連床都爬不上
去，回去趴了就睡，實在太累了，因為那個輸送帶不停運轉。然後一次的
量弄完了之後，就要搬運到廣場，一層一層好像在疊牆一樣，在那邊受陽
光的曝曬。他看到那裡工作了二十幾年的男工人，皮膚整個曬到古銅黝

黑，看不到毛細孔，雨水滴下去就馬上滑下來。58年那時候，一天工資是40元。楊大哥在那邊做了幾個月，就去當兵了。

（三）當兵的日子

當兵的日子，整個來講是愉快的。雖然楊大哥剛進去因堅持不入黨之因素，而無法擔任文書參一。但後來還是有機會接受醫療護理訓練，成為醫護士官，受訓完在醫務所擔任護士，打針、抓藥、包紮樣樣來。當時因為醫官也不是正統醫學院的，甚至比楊大哥還生嫩。所以楊大哥驕傲的說：「醫官藥名也不會寫，我就好像是醫官一樣。還好我英文還可以。」也因為楊大哥年輕時透過教會外國牧師、西洋歌曲、美軍電台用心學英文。在部隊的生活，楊大哥有特別的學習與體驗，也有很大的發揮。

（四）工廠的歲月

楊大哥60年當兵、62年退伍，退伍之後不久，就開始進新光紡織工廠工作。因為哥哥已經在廠裡當木工，看到缺人機會，就通知楊大哥來考，通過招考，擔任水電相關的空調技工。

1. 工作：全廠走透透

楊大哥因為是在空調股，所以主要負責空調、給水設備之控制、維修、保養的工作。除了機器保養之外，一般工作中占最大、卻最重複的是空調的控制，溫溼度的控制有相當專業性，因為影響的因素很多，除了需要調整時，對冷凍機或蒸氣的調整，多數工作就是跑遍整個廠區記錄各地點的溫溼度。另外就是相關空調機器設備故障時，當班的空調師傅就需要做處理，以便能恢復空調正常運作，繼續協助廠房維持恆溫。

真的我全廠走透透，那時候針織在二樓，那一樓的話有織布的，有精紡、筒子紗，全部都在。等我一廠二廠跑完的時候一個小時了。……抄那個溫溼度表啊。我這邊如果溫度太低或怎樣我要調整啊。怎麼調要調風量啊，調加溼的量啊。不只是我們觀察而已，後面還有一個QC的，還要品管控制。他來看看我做的有沒有確實。都一個盯一個的。他也要填報表。

而紡紗品質的優劣，空調有相當大的影響性，紡紗的過程必須控制溫

溼度在一定的水準。雖然空調的技師可以透過不斷的記錄與監控各地點的溫溼度，來做調整，但較細微的如何用各種方式來調整廠內溫溼度就有相當的訣竅，尤其考慮廠外氣溫，或有時根本溫度計看來沒問題，但卻發生「花台」斷紗的情形，這就需要靠師傅豐富的經驗來累積專業了。

　　所以如果說紡織廠的女工是「逛街機器」，那空調的男技師就逛得更遠了，因為領域遍及全廠，但相同的是，不逛不行。全廠走透透，並不是輕鬆的散步，或是威風的巡視，而是強制的必需。層層的管制，是為了讓工廠如同完美的實驗室，精準控制，進一步為了讓機器順利、不間斷的運轉，當然最終目的是要增加產量或品質，就是確保利潤累積的邏輯。工人的行動其實是完全配合機器的，也是協助機器的工具。

　　紡織的工作環境其實是不好的，包含空中飄浮的棉絮，震耳欲聾的紡織機器終年未停歇，長年運轉下來，工廠工人早已習慣在這樣的環境生活，直到有一天離開工廠，才發現這些環境在身上的影響。

　　環境很汙濁，你可以肉眼看到那棉絮，那你看一天吸多少？那我是處理空調的，我還要去處理積在空氣對流的通風口。回風部分都是我在處理，在通風口那地道不知爬了多少年！就是這樣把那些積棉都清出來，這樣才能保持空氣對流，這樣整個溫溼度才能控制。還有紡織機器很嘈雜，戴耳塞又不方便，待久了就容易重聽。以前還有染整廠部分，染整廠更毒，因為有很多化學藥水。

2. 生活：全年無休的運轉

　　在新光紡織工廠的歲月，由於楊大哥在原動課的空調工作，因為原動課也需要隨時從旁協助紡織機器的24小時運作，所以原動課的人員也需要輪三班，而輪班的工作型態就有其辛苦之處。

　　為什麼過年還要做，為了多賺一兩天的錢，因為那時是一天工三天價。因為空調的部分要保養，因為噴水的地方被煤氣汙染，有殘渣，需要

清理。就是大保養。所以過年是我們在加班，因為只有過年機器才會全部停。你知道嗎，那個時候我們回家過年，都是遊覽車一輛一輛載回去。他們來的時候都好高興，每個人都大包小包，要回去也是大包小包。等他們來的時候我們就知道一年又過去了。是可以補休啊，但是氣氛就不同，有什麼意思，就加減領加班費啊。

除了輪3班的運轉方式，因為空調設備平時不能停機，所以無法進行年度大保養，只有過年紡紗生產線都停機休息時，空調也才能停機，所以過年時就變成空調大保養的時候，所以也往往需要加班，變成全年無休的運轉，連空調機器都可以好好保養一下，空調師傅卻不能休息。

3. 情感：一段沒有結局的戀情

楊大哥在工廠時，有一段沒有結局的長戀，是年輕時的豐富情感，卻透出許多悲情與無奈，即便現在回憶，也都是心底塵封的一塊。苦的是雙方真心交往，也互有情意，卻沒有好結局。無奈的是，談感情都很好，要結婚就面對實際的問題。所謂實際，其實是社會結構對「工廠男工」的認定與評價，「工廠人一輩子沒有出息」。強大的社會評價力量，早已經預示這段的戀曲沒有結局，不論男女情感是如何真心與濃烈。

當時楊大哥與工廠中一個台東女孩交往，家裡是台東的大地主。交往7、8年後，兩人一起試著回女方家。

她父母就問我們情況，就說：「你工廠人這樣，一輩子這樣沒出息……」，到最後就不是很好。頭一次是她父母反對，後來是她大哥反對，她大哥曾經是議員，也反對。第三次她姊姊鼓勵我再去提一次，結果是她本人自己反對。那時請我的兄長一起去提親三次，被拒絕了三次，真沒面子。每次等的時候，台北的天空都是灰濛濛的，下著微雨（苦笑）。那個心情很沉重，還要再去上夜班，什麼世界嘛！——不只這樣ㄟ！每次去看她，都是從台灣頭繞一圈。我從台北坐車到高雄，再到台東花蓮，最後才到台北，每次差不多都走400多公里。回來的時候身心俱疲了。

可是看到她也滿安慰的，因為一年也見不到幾次。可是還能執著的走

這麼一段長路。到我要結婚的時候我告訴她，談戀愛我們兩個談就覺得很好啊，但是談到結婚面的時候，就涉及到兩個家庭。一個人去求婚求三次不行，你還要求什麼。談到結婚就是談到實際了。唉！我一個戀愛談了10年都沒有結局，到我結婚到孩子這麼大。我結婚她也來看我，我生小孩他也來看我，到最後幾年就完全失掉聯絡。我託朋友去打聽，才知道她沒結婚。

4. 工廠生涯一場夢

　　工廠生涯也真是一場夢啦！當時談戀愛那個女孩子對我不錯，我們有共同生活的理想，她想要我跳脫出來，而且她走得比我早。她出來就做保險，當時保險剛開始，還很有市場。她已經跳出來了，但我還是守在那一個工廠。她鼓勵我出來，自己做點生意，好歹也是做自己的事業。但你要知道，整天在工廠工作，生活的重心都被公事綁住了。想的也只有明天要做的事，並沒有想到未來。因為這實在很單調，真的很累，長期運轉下來，有時候連過年都沒有回去。

　　一個男人如果在工廠待久了，是一個沒有企圖心的人，禁不起考驗，因為你會跟社會脫節嘛，除了工作就是生活。外面的世界到底人家是怎麼累積財富啊，去營造自己的生活，都不了解。等到要去買房子的時候，人家已經漲3、4倍了，有夠傻的。那時候有能力付貸款買房子，卻不會這樣做。不會去置產啦，為未來做一點準備。所以我覺得社會變化很快，不是我們可以掌握的。

　　我做了15年才升技工長，是做最後一年才升技工長，我連專員都沒有資格，人家不願意給我升。那時我要是跟她結婚，也許我就不會在工廠了，會跳脫出來，因為我知道她不會讓我在工廠待那麼久。我在工廠那麼久才升一個技工長，最基層的，等於是沒「出脫」，我如果是一個中高層的人，講一勒卡哖輸贏ㄟ—（台語），還好啦！我不是啦！

　　當初喜歡的女孩要楊大哥出來，因為待工廠不會有前途，她自己也已經先到外面的世界闖一闖了，可是他還是守著那一個工廠，沒能離開。守

了15年，升一個技工長，人家說沒「出脫」。他不禁想：「要是我離開工廠的話……」、「如果我是中高階層……」，想一想他卻覺得，還好自己不是那樣。守了15年，工廠卻這樣就把他們給丟出來，難怪他說工廠生涯一場夢。

六、何處是工人的置身所在？

雖然楊大哥對自己的經歷覺得十分豐富，對自己做過的工很驕傲，也很疼愛與珍惜自己的老婆與小孩，可是他自身卻沒有「存在感」，而且有很深的孤獨感。

我為什麼會離開新光以後沒有跟這些朋友聯絡，基本上還是相當孤獨，啾孤單ㄟ（台語），孤單到有時候晚上睡夢起來，會覺得——奇怪！——我現在置身何處？都會覺得奇怪，因為換工地，常常在工地睡，又去哪裡，起來的時候，想說我那ㄟ在這個所在，都會覺得真不合適。

在我的孩子生活領域和成長過程中，只有一個老爸會忠實的去記錄他，但沒有我的存在，我都是做這些。我孩子和老婆的照片永遠都是最完整的，沒有我的存在，因為我永遠都是攝影的那位。

憑良心講，我從小就是一個失敗主義者，什麼是失敗主義者，凡事都以最壞來考量，想像會淪落到什麼樣的地步，我跟那些街友也可以對談。為什麼會發覺這樣，因為有些人從家庭走出來，願意去流浪，願意有一頓沒一頓的，甚至一生都是又髒又臭的，為什麼他們願意過這樣的人生，睡在公園，又下雨又寒冬，生病的時候怎麼忍受，還是這樣拖啊，跟流浪狗一樣。常常看到他們還會笑，不管是有意的或是無意的笑，那他們又是怎麼看待他們的人生？

某個角度來說，楊大哥找不到「置身所在」的感覺，或許跟他身為工人、男性的處境與境遇有關。而從新紡抗爭開始，就啟動楊大哥勞動意識的覺醒與學習，而後的生命軌跡雖然不順遂，即便從事辛苦的純體力勞動，他還是持續觀察社會與思索勞動者的處境與問題。現在他以外勞個案

的經驗，把他自己所見、所思，以及自己的想法寫成文章，發表出來，作爲一種發聲，也希望讓其他勞動夥伴有機會看清眞相，意識覺醒。他清晰的看到，社會結構所存在的問題，勞動者面對的是結構性的不利與剝削，所以他質問：「台灣是勞動者的烏托邦？又何處才是勞動者的烏托邦？」

　　從來就都是活生生的「弱肉強食」！今天讓你感受的是，即使你今天付出了勞力，卻不一定能得到相對的報酬。那你檢驗一個人的勞力是用報酬來看待的嗎？或者是説報酬對他賦有一個基本的肯定，誰曉得！許多人忽略了，勞工是能夠改變社會進步的最大原動力。勞動的人口那麼多，誰帶動社會的進步跟繁榮？可是當你要的時候，這些資源，好棒喔！不要的時候，是垃圾，而且很殘忍的。所以說勞工的意識若只在遭受不平等的對待才發起，就太慢了，應該在平常的勞工教育做，讓他們接觸珍貴的勞工教育。從學校到社會，最起碼要對社會有個基本的認識。

七、後記

　　楊大哥離開勞工局了！他說在官僚體制內，那份工作已經失去理想性，加上原本支持的上司也走了，所以早就想走。因爲是約聘僱的，他覺得那工作比基層公務員還低等，整天在外面奔波，薪水卻不對等，所領薪水不夠家用。因爲家裡房貸未清，3個孩子又正好在中學到大學的求學期，他說三十幾歲生小孩太晚了，現在常覺得累、力不從心。同事、朋友都勸他不要走，現在外面不易找工作，但他還是決心辭職，甚至沒有待到領完年終。

　　離職之後，又大約半年找不到工作，原本盤算和太太開便利商店，但也沒實行。半年他多數待家裡。

　　現在，他又重新找地點，和老婆又開起早餐店，至今4個月了。2、3坪的小小店面，租金要2萬。問他是否有賺？他說有盈餘但不多，甚至沒有在勞工局的薪水多，因爲營業時間不長，只限早上。每天4點半起來，到收攤完下午2點多，然後才吃午餐。他說手腳慢了，比十幾年前慢多

了，還好小兒子暑假來幫忙。他說有時兒子看到他煎得滿頭大汗，知道賺錢辛苦，以後也比較會想。

楊大哥依舊勞動中，不同的是，他花白的頭髮，留得很長。

第四節 研究者的低吟回聲

一、看見男性勞工的處境

從楊大哥的生命際遇與處境，其實也反映眾多男性工人的生命。他從生命的際遇與體會質問台灣是勞動者的烏托邦？也讓我思索何處才是工人置身之所在？不利的社會環境與結構，讓工人生存都困難，經濟不濟與生活的壓力，任誰都會被擊垮。而所謂利益共享常常只是懷柔的煙幕，在商品運作邏輯之下，在工人失去使用價值時，就是棄之如蔽屣，傳統恩義式的家父價值早就不敵商業資本邏輯。所以工人的處境是連安身都困難，那又如何立命？勞動的價值在哪裡？在市場運作下，勞動的市場價格被等同於價值，所以當你不再被需要時，似乎就失去了價值。

雖然在勞工的經驗中，努力透過完成工作的真實成就感受，還有對技術能力的學習來肯定自己，透過家庭來支持自己，但是這盞燈火實在太微弱了，從社會環境與結構而來的意識形態掩蓋過這部分，彷彿狂風黑夜的強大氣壓。這股氣壓就是社會結構，就是意識形態，這股狂風似乎放肆的嘶吼著：

工廠男工就是沒出息！打零工不算一份工作！不是成功男人就不應該存在！

這股氣壓強大，如影隨形。多數人告訴你的話，也只是重複這股氣壓的聲音。這聲音不斷不斷告訴勞動者，如果你不符合，就不應該存在。特別是男性的存在與價值相當程度依附於工作中，在工作中無法展現價值，格外讓人痛苦，常見的結果或許放棄自己、流浪，或是結束生命。此時或許悲哀與無奈都不足以表達我們的共通情感，可是到最後我們還是想追

問：到底何處才是工人的置身所在？

　　看過楊大哥的詩，我覺得由他來寫自己的故事或許更動人更貼切。他說「寫不出來」。我想我有點能理解，不是沒有能力，而是或酸或苦的情感那樣濃烈，曾經直接沉浸在其中，又哪是這麼容易從中跳開來好好動筆。3次、8小時的訪談，還有許多個熬夜的夜晚，其實也只是看到他生命的片段，這些生命情感，我只是淺嘗，就已經感覺暈眩。訪談及書寫過程常不自覺進入深沉且悲傷的狀態中。可能他的深沉與悲傷感染了我，也或許他的情感只是挑動了我自己身上，父母作為勞動者的悲傷，喚醒我細胞內深層的情感。

二、理解楊大哥的生命

　　反觀他的生命歷程，我產生許多種圖像。在工廠時，生命如同終年運轉的機器，每天重複單調的公式，不曾停歇，也難以思考。但重複與不變也帶來一種安全感，所以忍受著這樣的單調與疲累。在抗爭時，他又像有勇氣與智慧的鬥士，雖然不是衝最快，卻是最沉穩的，也照顧多數成員的需求。在這樣濃縮而具有張力的處境中，他自己卻承受強大的壓力，對自己他承受家庭的、經濟的，還有不確定的未來的壓力，對抗爭團體，他則承受來自資方、官方的打壓，內部意見的整合，以及複雜的外力作用，置於他身上的壓力，恐怕不是三言兩語可說完。不過他還是挺下來了，和大家一起走完全程。

　　結束抗爭離開了工廠與團體，他獨自進入與面對社會環境，此時他好像一絲棉絮或蒲公英被拋擲到無邊的空氣中，那樣輕盈，只能隨風飄蕩。一方面關廠的背叛讓他看清楚謊言，所以選擇不再依附任何組織，因為安全感通常只是假象。但如此一來他只能獨自面對外界大環境的陰晴風雨，失去了任何的防護傘。另一方面，這樣的狀態讓他內在容易浮現一種深沉的生命感覺──「找不到置身的所在」，不知道自己可以屬於何處，哪裡可以安置自己的身軀，這是一種失根的感覺，因為沒有穩定可落腳的地方。但在實際生活方面，生命又像面對往上看不到頂的好漢坡，只能咬著牙，拖著疲憊的身軀，緩步卻不停歇地向上爬，而且沒什麼機會能好好休憩喘息。此時唯一安慰他的，是家的那盞昏黃的燈，讓他感覺溫暖，也是

這盞小燈，讓他在寒風呼嘯、蒼茫深黑的夜裡還能走下去，以及在深淵中拉住他，讓他沒有墜落到底。

整個來看，他給自己一個很貼切的譬喻，他說，他的生命就像又黑又狹窄的「（空調）回風道」。看不清出路，還是得前行，而且是在周遭的棉絮塵埃中匍匐前進，幽黑深邃中只聽到自己的喘息聲。但是爬到了盡頭，卻又得倒著爬回來。我深刻的覺得那需要勇氣，一種能夠在這樣處境向前爬行的勇氣，到了盡頭還能倒著爬回來的勇氣，我想並不是每個人能夠做到的。他說他是「失敗主義者」，雖然看來帶有灰色的底調，我覺得卻是他存活的重要力量，「最壞就這樣，不然還能怎樣」，這般的「失敗主義」讓他在低矮、汙濁的甬道裡，拖著自己虛喘的身軀，還能來回穿梭，踽踽前行。況且，在充滿棉絮與塵埃的甬道中，灰色似乎是基本的底色。另外他還有一種特別的能力，在這樣埋首爬行的喘息中，在這樣幽暗、汙濁的複雜甬道中，他還能張開眼看清楚周遭景物、環境，以及背後的道理。

楊大哥透過其整個生命其實呈顯了一個可貴的價值。因為楊大哥的生命樣貌與姿態的呈現，其實在表達對結構與體制的抗議，抗議財團企業的欺騙與不公義，抗議資本社會對工作的異化，抗議主流敘事之意識形態的壓迫。所以他以生命的抗拒姿態與行動，取回自身的主體性。實際經驗裡，他投身於新紡關廠集體抗爭中，即便在失業的情況下，他仍能有所不為，還有他選擇當一個不受僱於人、拒絕上升的自由勞工，透過這方式他讓自己有更多自由空間，以及工作更豐富多元，楊大哥努力增加工作的意義感，也更有主體性。換言之，楊大哥透過抗拒大環境的嚴酷異化、壓迫，取得自身的主體性，我們可以說能抵抗強大體制的自主性，如同岩縫中的小花，其實更值得欣賞與肯定。

我喜歡卡謬詮釋的薛西弗斯，在此能呼應楊大哥的生命意義：

使我感到興趣的是薛西弗斯一駐足，再回首的那頃刻。一張如此緊貼著石塊的面龐，其本身也已僵化為石了！我見到那人拖著沉重但規律的步伐踱下山崗，走向永無止盡的酷刑。那歇息的一刻，如同他的苦難一般確鑿，那正是他恢復意識的一刻。每當他離開山巔，踽踽步向諸神的居所

時，他便超越了命運。他比那塊千鈞磐石更爲堅強。（Camus, 2001，頁141-142）

另外楊大哥在他辛苦的生命歷程中，雖然諸多不順遂，但他仍能保持撐下去的態度與勇氣，這使他的生命呈顯了「態度的價值」（弗蘭克，1991），也超越了無法改變的「命運」。所以第一次失業後，尋職不順利，最後他仍能接受打零工的工作，並鼓勵自己支持下去。甚至當第二次失業，兩年「無工可做」的艱難困境，最後他仍能撐過去，並起身找出路。楊大哥透過生命告訴我們，不論處境如何嚴苛，命運如何強大，人依然可以走下去，生命依然有其意義。最後，仍借卡謬的話，來呼應楊大哥的生命價值，並當作段落結尾：

幸福與荒謬是大地的兩個兒子，他們是不可分割的。……「縱經如許磨難，吾遲暮之年與崇高之靈魂使我得到一個結論：一切都很好。」伊底帕斯如是説，就在他失明與絕望的那一刻，那是一個神聖的告示。它迴響在人類野蠻和狹窄的宇宙中。它教訓我們道，一切都沒有——從來都沒有——被耗盡（本段稍編修）。（Camus, 2001，頁141-142）

三、回聲

雖然很不容易，但我其實衷心希望，他能透過不斷湧出的情緒，開始動手寫更多的詩、文章、他自己的或他所見的故事，因爲他有這種能力，因爲他清晰看見他所走過的路，我希望他能自己發出聲。因爲用血汗寫出來的故事很難不打動人心，透過他的文字、故事，有可能喚醒更多人的勞動意識，細胞裡的情感，而且這對他自己來說應該是有重要意義的。或許低迴的吟聲在狹窄的地底通道中會漸漸放大，產生回音的共鳴，最後有可能匯成一股洪流。我覺得很像一種感覺：

每當捷運列車通過大漢溪的河底隧道時，會持續發出一種吼聲，這

嘶吼會在四周迴盪，我會閉上眼睛，用心去聽，好像這樣的嘶吼貫穿通過自己，這股嘶吼似乎是屬於集體的，當嘶吼通過自己，我覺得自己也是集體的一部分。這嘶吼似乎來自地底深處，是許許多多的人們，爲了想存在卻無法存在而發聲。或許當這樣生命底層的呼喊能逐漸匯流成爲集體的聲音，它會更有力量，或許能夠衝出地面，重見陽光。

第五節　楊大哥與我的敘事交會

楊大哥的生命故事對筆者博士論文之前進有深厚的影響，書寫論文時我再回觀楊大哥和我自己生命的關聯以及與楊大哥的關係，爲何會產生這麼大的影響。

一、生命交會而成作品

重新回觀，我發現自己的生命經驗、父親的生命與楊大哥的生命有許多部分的交疊性。

以自己的經驗來說，大學時兩年的寒暑假爲了賺取學費，就經歷過建築工地打零工的生活。當時經驗到強度的體力勞動、零碎無意義的工作，最後我只能靠「一天一千」撐下去，過一天我在月曆劃掉一天，其中一個暑假我賺了6萬塊。我也跟著師傅喝維士比加小虎咖啡。不過有時我還是滿喜歡純粹身體的勞動，腦袋不必想任何事，大汗淋漓的快感。另外我專科工讀的經歷，有兩次至紡織廠工讀，對紡織的整個製程、紡織廠環境有著了解與熟悉。因此楊大哥多數在說其工作的經驗與故事時，我很容易就了解，並能跟隨。

而我也經歷過「算銀角仔的日子」。碩士班時，爲了念自己想念的心理學，而非母親期待的MBA，學費靠助學貸款，生活靠獎助學金，因自己年紀已長，我不再跟家裡拿錢，以免加重他們負擔。當時也爲了脫離對家裡的依賴，讓自己專心學習，我住在學校宿舍中。於是我不斷在生活上精打細算，省吃儉用，甚至犧牲多數娛樂。偶爾會冒出心酸的感覺，小小的享受與放縱需要如此精算，念自己的興趣需要如此辛苦。當時我兩年畢

業，不是因為特別優秀，而是沒有條件閒晃。因為這樣的經驗，使我在書寫楊大哥的這段故事時，能夠體會那種感受。我更進一步想到對年輕的我來說，或許把苦吞下，還能寄望未來夢想，但對將近50歲的人，面對這種處境時，是多麼難以面對。

比較父親與楊大哥的工作經驗，他們都有在建築工地工作的經驗，也可以說他們都曾在建築產業的外包體制中討生活，只是在位置與專業上的不同。父親做過小工頭、小包商、營建公司幹部，但楊大哥純粹是現場工人。另外父親一直在做水電的部分，而楊大哥是什麼都學、有工就做。

另外父親和楊大哥相似的是，他們都有某種堅持的風骨，所以有所不為，也沒有資本累積的邏輯。他們都曾幾度失業，因此他們都被社會標定為「不算成功的男人」。但除了當兵與失業之外，他們都一直勞動未曾停止。

有一點明顯不同的是，楊大哥面對環境的壓迫有積極對抗的力量，經歷關廠抗爭的洗禮，他的意識覺醒，善於口語言說，而且具有清楚的勞工身分認定。父親並沒有清楚的勞工意識與認定，而且相當沉默木訥。如果說「語言是存在的居所」，那顯然父親的存在空間更壓縮。他在比例上最多的話是，對政治與社會環境的批評抱怨。但即便如此，此時通常還是會被母親「漏氣」，使他很快住嘴。不知是否因為父親尚未有機會讓意識清晰，所以沒有太多的言說空間。

有一點是我們3人共通的，身為「男性」，我們都無法逃避社會結構對男人的評價標準，所謂一般的「成功—失敗」，以及這評價對男人產生的強制性壓迫。也是從這點，我才清楚意識到我們3人（甚至所有男性）面對這無所不在的社會評價之辛苦，也才更能理解父親長久的隔離與沉默，其實與這社會評價的壓制是有關的。

最後這個故事作品——「勞動者的烏托邦？」可以說是我和楊大哥生命交會或相遇（encounter）之產出，我透過父親與自己的生命經驗基礎，才得以進入楊大哥的生命。更重要的是，交會與相遇引發的生命情感才是關鍵的鑰匙或通關密語。我聽見楊大哥的苦痛與悲傷，呼應出自身生命的痛苦，引發我父母身為勞工的悲傷。另一方面，我最後看見楊大哥的生命意義與價值，也促使我想回頭重新理解父親的生命意義與價值，並肯定勞

工的價值。總之，我欣賞楊大哥的生命，喜歡自己所寫出來的故事。

二、一種協同合作的關係

　　從我和楊大哥的互動來看，我們並非傳統實證典範的「研究者—受訪者」關係，我並不是採取一個有距離、不帶情感的立場，僅僅採集他的資料與敘事文本，然後自行採用其資料撰寫論文；我們建立了一種協同合作的關係。

　　對我來說，一方面是內在動能的發動，與情感的引發，因為訪談與書寫其故事，讓我有許多感動，與清晰的生命情感浮現，進而讓我開始做不同的選擇，並能持續做失業研究。第二是整個過程給我相當大的學習，聽楊大哥的故事，看見他面對某些生命處境的行動與態度，就是一種價值的學習；還有楊大哥對社會結構的清晰批判意識，也提升我的意識覺醒。

　　也因為和楊大哥的關係中收穫很多，所以也經常在想，自己能為他做點什麼？我發現自己目前很難對他的經濟生活壓力有所幫助，頂多能告訴同學，有空可以去光顧他開的早餐店，所以先前會先放下資格考先幫他寫生命故事，就是因為那是少數我能為他做的事。在他的故事中，我聽見他找不到置身所在的感覺，而《那年冬天，我們埋鍋造飯》是少數勞工抗爭的出版品，對當時參與抗爭勞工來說，也是重要的回顧與結晶，所以我想幫楊大哥在當中安一個「存在的位置」，而且能清楚呈現他有價值的生命。另外，因為他勞工意識清楚，不斷強調勞工教育的重要性，我知道他的生命故事正是勞工教育的好素材，如果他的故事感動我，使我學習，那也能讓其他人有所學習，這或許是他生命更大的意義，換言之，我想使他生命的存在擴展更大的意義，所以寫出〈勞動者的烏托邦？〉便是具體行動。93年5月我有機會帶領就業服務中心之就業促進團體，面對失業者，我想把楊大哥的故事作為材料，徵詢楊大哥意見，他也大方的同意。果然楊大哥的故事引發團體成員深刻感受，並反觀自己的失業與生命經驗。

　　對楊大哥來說，完整的說完生命故事，並回看寫出來的故事文本也有些作用。一方面讓內在糾結的深刻情感在關係中流動與呈現，有種釋放的作用。另外，他有機會重新完整回觀自己生命，找到統整的生命意義。或

許我能看見並理解他的生命意義，且肯定其價值，也能增加他一些力量。原本長久以來，楊大哥不太想再接觸抗爭的夥伴，但給他最後完整版的故事，我看到他在新紡抗爭夥伴聚會中的投入與興奮感，彷彿生命又活起來。

後來，我打電話給他，問候他的近況，我得知他離開勞工局，而後再開早餐店。我徵詢他，是否能把他的故事放到「就業促進團體」當素材，他答應了，他說反正「行將就木」。另外我告訴他，我的博士論文做失業方面的研究，想把他的故事放進論文中。他問我爲什麼想做這題目，我告訴他因爲自己父親失業，當然還有先前他給我的啓發。他說好在還有些學生會關心工人，爲工人發聲，也算安慰。

2004年8月，我抽空去他的店裡看他，也了解他的近況。心底其實一直擔心他的店會撐不下去，因爲競爭激烈，聊過之後我才鬆口氣，雖然辛苦，但還有些盈餘。我中午過去，爲了避免影響他的工作，他看到我有些驚訝，但高興的跟我聊很久。我帶了出生不久的兒子照片給他看，他提醒我一些照顧的事項。他問33歲生小孩算早或晚？我說現在社會算是一般。他說，他也是33歲生小孩，但現在常常覺得很累、力不從心，因爲五十幾歲小孩正在念書。

我們聊了很多。結束前他叫我以論文爲主，趕快畢業，才有生活基礎，特別是孩子出生了。他說，畢業後就可以接些案子來研究，雖然資源不多，至少可以做有興趣的事。我們聊到很多研究都隨便發發問卷，甚至沒到過田野現場，有些根本沒人看，有些卻嚴重影響政策制定。

「我得要做有意義的研究」，我在心裡告訴自己。

三、導師

某種程度來說，楊大哥可以算是我的啓蒙導師，協助我意識覺醒。他也是我在博士論文研究的引路人，帶領我貼近勞工的世界，引發內在情感與動能，使我在恐懼與猶豫中能堅持不放棄做失業的研究。我認爲我們雖然需要馬克思、傅柯等學者的論述，但勞工活生生的生命故事讓我們有情感的力量，確認自己立場。

　　另一方面來說，楊大哥又像我的「藍領父親」，因為他有著清楚的勞工意識，強烈的勞工身分認定。對照來看，我自己父親身在勞工位置，卻嚮往白領生活與身分，形成某種矛盾性，這使我身為勞工後代，卻無法傳承勞工的價值與認定，但在這個部分楊大哥填補了這個空缺，所以可以說是「藍領的父親」。因而在兩人相遇、敘說生命的過程中，透過情感認同的強烈聯繫，他將生命境遇與經驗所形成的清晰意識與批判力量傳遞給我，我有心理承諾必須繼續向前推展，不論在學術領域以研究論文發聲，或是在組織場域行動介入的實踐。這變成我無以迴避的使命，也是一種精神或生命意義的接續與傳承。

　　就這樣楊大哥變成我論文方向能夠堅持與前進的重要力量。有時感覺在主流工商心理學領域做「失業」主題的博士論文，必然面對意識形態矛盾與價值觀衝突，需要對抗許多內外在難以言說的壓力。所以在論文沒什麼進度，狀態低沉無力時，和楊大哥的關係及接觸的情感，常成為某種情感與動力充電器，持續推動論文的前進。

四、楊大哥對博士論文最後回應：為你感到驕傲

　　因為論文進度的緊迫，口試前一週，我才有時間開始聯繫楊大哥，想讓他知道我論文最後的狀態，也想在上場口試前見見他。但我撥他手機都無回應，留話在他家，也未回電，我心裡覺得有點奇怪。口試前一天（2005年6月），我中午抽空直接去他的早餐店，到時才赫然發現已經變成檳榔攤，詢問之下才知道早餐店已結束7個月。我隨便吃過午餐，難過的在附近公園抽菸，一直在想為何好人得不到好的結果。我又撥電話給他，正巧他在家，於是我們約晚上碰面。

　　晚上我們在市立圖書館外面聊了3個小時。他說先前那陣子接連3個兄弟過世，他必須花時間、精神來處理，所以早餐店收掉，目前又處於失業的狀態。我告訴他論文最後的狀態，包含訪談自己父親。

　　但多數時間他告訴我最近失業的狀態與心情。他到就業服務站卻不能登記，理由是因為已經領完勞保老年給付。他有時做零工，像中午送便當，每小時120元。先前去應徵2萬塊月薪的守衛卻被拒絕，感到挫折。他說：「失業者從『我想做什麼？』到『我能做什麼？』，最後只能想『我

還能做什麼？我還有什麼剩餘價值？』」「不知自己的精神還能撐下去？面對一再的衝擊與壓力」。他說如果重來，不會選擇婚姻，因為建立在不穩定的基礎上，有時覺得只是為別人活著。講到激動處，他說：「叫失業的人談失業，是很殘酷的！」

於是我有著複雜的感覺。面對生命深層的探問，我無言以對，或許他也不期待我回答，因為這些問題可能在他心裡問了幾千次，卻無答案。直接面對他深沉的情緒，這次我並沒有一下被壓垮，只是心裡不斷在想：「能為他做些什麼？如果很難擺脫貧窮時，我們又能做些什麼？」當時，在關係中我一下無法轉化成可以前進的行動。談話結束前，我把重要論文文本交給他（包括：楊大哥生命故事——含後面「楊大哥與我」、父親的生命故事、我的生命故事）。最後，我只能老實跟他說：「我在想能為你做些什麼？卻想不出來。」他拍拍我的背，跟我說：「沒事的！我會再跟你聯絡。」

後來我把楊大哥的狀態告知指導教授夏林清老師，正好蘆荻社大申請了一多元就業方案，其中有個工作，她便要負責人邀請楊大哥擔任。後來楊大哥並沒有接那個職務，因為他又找好了一個地點，準備重開早餐店，不過他還是參與其中一部分「工人說故事」的方案。6月25日一早，楊大哥要去蘆荻社大參與討論，他以為我有參與此計畫團體，便撥電話給我。由於我從睡夢中被叫醒，所以我們沒有談太多，只是他問我口試是否順利，我回說很順利。最後在我意識迷濛之際，聽到他對我說了一句話，也是我最想聽到的回應。他說：

「我為你所做的，感到很驕傲！」

這是楊大哥看過我們3人的故事，以及交織的關係與生命，直接給我的回應。對我來說，這比我論文高分通過，獲得其他人的肯定還要有意義與價值。下面一段詩文，是我與楊大哥相遇與交會的感想，也表達我對楊大哥的敬佩與欣賞：

初見到
頭髮斑白、身形佝僂，卻親切和藹的阿伯
卻發現，在抗爭中，他是忍受壓力，仗義挺身的鬥士

他的文字與思想，卻又如詩人、藝術家般的細膩
不容易一眼看出他身上藏著這些動人的故事
而他就是這樣豐富的一個人
如多數歷經磨難卻又堅毅的人一樣
我彷彿看到他蒼白又孤獨的身形背影
有韌性走在自己的人生道路上

當30歲的男人遇見50歲的男人
除了發現自己也不年輕
也發現男人的生命就是會有人拿著算盤核算你的輸贏
贏了給你榮耀、雨露均霑
輸了就好像不應該存在

他的口頭禪就是「講卡哞輸贏乁…」
但人生的輸贏又該怎麼算
誰輸了？
誰又贏了？
輸了什麼？
又贏了什麼？
可是哪是那麼容易加減的
算一算或許就算是沒輸贏吧！

我不知道我的看見，對他有何意義
也不知道他對自己的生命會不會下不同註腳
畢竟生命的際遇往往不能挪動，只能品嘗
關於人生的話，他比我能說更多
我只能感謝
他讓我聽，讓我有機會看他走過的路
讓我遇見他這樣的一個「男人」

或許同樣在睡夢迷濛中輾轉醒來

寒風蕭瑟的深夜裡

點燃一根孤獨的菸

深吸一口

聽見心中不斷追問的迴聲

何處才是工人置身的所在？

哪裡才是勞動者的烏托邦？

什麼又會是勞動者的天堂？

如果有一天，我們都能有幸看見勞動者的天堂

我相信，那一定跟富人的天堂很不一樣

第六節　故事終點：只是另一個故事的起點

　　多年之後，看到這段我與楊大哥相遇交會的故事，還是喚起很多感動。其實很難推論假設博士班階段沒有遇到楊大哥，我還會完成男性失業者的博士論文嗎？假設當時沒做失業論文，而是做了一般社會期待的典型博士論文，我會變成怎麼樣的「教師」及「學術工作者」，我還會是同樣一個「人」嗎？

　　當然生命無法重來，平行宇宙也只能靠想像。重點是我想當時與楊大哥相遇的經驗確實改變了我。而本書章節架構幾經調整，雖然不清楚原因，但本章內容的安排我一直都想放在最後一章。現在（2023年9月）最終校稿時讀完，突然明白了。原來，轉眼間我已經到了五十幾歲的階段，當年楊大哥遇見我的年紀。三十多歲時，我在博士論文對自己生命及議題做了總整理，而這艱辛任務的完成有賴遇見楊大哥的陪伴充能。博士畢業後，我一直在大學中忙碌地進行教學、研究、輔導、行政各方面的工作，本書出版也算是總結這些年自己學術工作上的累積。

　　於是，本章放在最後，等於是回到三十幾歲的我遇見楊大哥之時。當時我對自己和他在心裡所做的承諾：「我得要做有意義的研究」，這應該

是我形成「學術工作者」重要的自我認定與認同價值。這些年來，我經常進入不同的生命，再嘗試整理出知識結晶，也費力穿梭典範哲學論述，盡力歸納出方法論的基礎。而且我也有機會指導研究生，陪伴他們理解他人故事，或是回觀整理自己生命。整體粗略來看，我覺得應該還算對得起自己與楊大哥的承諾，這些年來我沒有一篇論文是純粹為了學術集點遊戲、升等等外在利益而純工具性的做研究。似乎五十幾歲的我能夠對三十幾歲的我說：「**別擔心，我並沒有違背我們的承諾**」。

　　本書整理後將近30萬字，裡面不斷穿插出現不同的理論概念論述、故事文本，就是想儘量提供讀者進入敘事研究的概念框架、方法技術以及研究實例。如果要跨越這麼多文字內容，下一個最最核心、最精煉的結語，我還是想到多年前聽過的一句話，但抱歉已忘記出處來源。

　　　　「**終究我們必須認清，我們只能用故事交換故事，用生命交換生命！**」

　　就在本書最後完稿之際，出現同時性巧合。收到一位不認識的劇場工作者透過臉書私訊說，他們將新紡關廠的故事改編成舞台劇，他有研究《那年冬天，我們埋鍋造飯》以及我博士論文中楊大哥的故事。他想邀請我去看舞台劇，也希望能聯繫上楊大哥。由於這個故事的讀者與再敘說者的回應與漣漪，我發現自己也很久沒有跟楊大哥聯繫了，心想也應該跟他報告本書的出版。但因為太久沒聯繫，我已找不到楊大哥的電話，只能向共同認識的工運朋友詢問。2位共通的朋友也久未聯繫，其中一位知道楊大哥近年有投入協助外勞事務，我請他再進一步詢問朋友聯繫方式。隔了一陣子，他告訴我楊大哥近況，大約2年前他跌倒受傷後，復元狀況很不好，目前行動不方便，很少外出，多在家休養，但也謝絕朋友到家探望。朋友跟我說明之後，我想跟楊大哥講講話。打了家裡電話有通上話，他稱我洪教授，說那位朋友有跟他聯繫，但他已經沒法出門活動。我說就是年輕一輩看了他的故事有感動，想回應而已，沒辦法也沒關係。詢問他的身體，他大致如前述說明。關心他的生活與經濟狀況，他說生活主要是太太照顧，經濟則是兒子都已在工作會供應。他簡單問我近況，大致說明狀態，也告知本書即將出版，並將博士論文中他的故事章節收錄進來。我再次感謝他，當時讓我訪談，有機會聽他的故事，對我影響很大。最後，感

覺他很快累了就結束通話！

　　聯繫之後，我回覆那位劇場工作朋友，大致說明情況，但他還是很想邀請楊大哥看舞台劇。我告知感受到他們的熱情，但有些機緣是不能強求的，重要的是楊大哥知道他們的行動，知道有年輕一輩受他故事影響並有迴響，也就夠了。我並鼓勵他們將從故事中所吸收的精神、所召喚的力量，儘量用他們的戲劇或行動再繼續傳播下去，這樣就不枉當年我跟楊大哥相遇及激盪那些故事的機緣了！

　　最後，如果各位讀者對於敘事取向的研究或介入有興趣，歡迎參閱本書的各章節主題內容。但假設你對敘事有著強烈認同或使命，那請你用本書的方法與精神持續嘗試與其他人、不同生命相遇與交會，並且將敘事的精神與典範價值繼續傳播與傳承下去，讓它生生不息。我／我們謝謝你／你們！就讓我們一起繼續向大海進軍吧！

國家圖書館出版品預行編目(CIP)資料

敘事研究與敘事心理學：本土之探索與實踐／
洪瑞斌，陳筱婷著.--初版.--臺北市：五南
圖書出版股份有限公司，2024.04
面；　公分
ISBN 978-626-393-215-9(平裝)

1.CST: 社會科學　2.CST: 研究方法
3.CST: 質性研究

501.2　　　　　　　　　　113003904

1B3R

敘事研究與敘事心理學：
本土之探索與實踐

作　　　者 ― 洪瑞斌（165.7）、陳筱婷

發 行 人 ― 楊榮川

總 經 理 ― 楊士清

總 編 輯 ― 楊秀麗

副總編輯 ― 王俐文

責任編輯 ― 金明芬

封面設計 ― 徐碧霞

出 版 者 ― 五南圖書出版股份有限公司

地　　　址：106台北市大安區和平東路二段339號4樓

電　　　話：(02)2705-5066　　傳　　真：(02)2706-6100

網　　　址：https://www.wunan.com.tw

電子郵件：wunan@wunan.com.tw

劃撥帳號：01068953

戶　　　名：五南圖書出版股份有限公司

法律顧問　林勝安律師

出版日期　2024年4月初版一刷

定　　　價　新臺幣650元

經典永恆・名著常在

五十週年的獻禮——經典名著文庫

五南，五十年了，半個世紀，人生旅程的一大半，走過來了。

思索著，邁向百年的未來歷程，能為知識界、文化學術界作些什麼？

在速食文化的生態下，有什麼值得讓人雋永品味的？

歷代經典・當今名著，經過時間的洗禮，千錘百鍊，流傳至今，光芒耀人；

不僅使我們能領悟前人的智慧，同時也增深加廣我們思考的深度與視野。

我們決心投入巨資，有計畫的系統梳選，成立「經典名著文庫」，

希望收入古今中外思想性的、充滿睿智與獨見的經典、名著。

這是一項理想性的、永續性的巨大出版工程。

不在意讀者的眾寡，只考慮它的學術價值，力求完整展現先哲思想的軌跡；

為知識界開啟一片智慧之窗，營造一座百花綻放的世界文明公園，

任君遨遊、取菁吸蜜、嘉惠學子！